형법판례연구

이재석

대구대학교출판부

序 文

본서는 필자의 연구성과물 중 당해 형사판례를 중심으로 우리 대법원이 채용하고 있는 이론적 논거, 법리적 쟁점들의 당부를 분석 · 검토한 것을 주제별로 정리하여 편찬한 것이다.

형사법학자의 임무란 형법이론의 사회적 의의 및 기능을 재평가해 이들 속에 내포된 비합리적 측면을 보완하여 현실의 각종의 분쟁과 갈등을 조화롭게 해결하는데 기여하는 일이라 할 것이다. 우리에게 있어서도 대법원 판례의 상당한 양의 집적과 함께 실천적 학문으로서의 형법이론연구에 있어 이들 판례의 분석을 통해 추상적이고 관념적인 법이론이 현실의 문제상황에 있어 어떻게 적용되고 있는가에 대한 비판적 고찰의 필요성은 漸增되고 있다. 그것은 형법이론이 실무와 유리된 난해하고도 도식적인 개념법학의 논리를 전개하고 있지 않은가 하는 우려에 대한 자기검증의 면에서도 그러하다.

판례를 중심으로 한 문제사안들에 대한 우리의 입장을 정리하면 다음과 같다.

형법은 시민의 자유에 대해 우리 법질서가 인정하고 있는 가장 가혹한 制裁를 그 수단으로 하고 있기 때문에 형법이 가져야 하는 최후수단성과 투명성, 예측가능성을 고려할 때 한계영역의 사례(예컨대 의료과실 등)에 있어 사법적 판단은 다양하며 반드시 안정된 판단기준이 확립되었다고 할 수 없다. 특히 일정영역에 있어서는 이론적 타당성과 무관하게 일반인의 법감정에 의지하여 처벌을 확대하고 있는 점은 법치주의의 요청과 부합할 수 없다 하겠다.

다음으로 형사과실의 운용에 있어서도 범죄화의 기준을 위시하여 양형면에서도 안정적인 공정한 법적 평가기준이 형성되어 있다고 할 수 없는 것이 현실이다. 민사사건에 있어서는 합리적인 배상의 타당성이라는 관점에서 인과관계의 엄격성을 완화하는 입장에 서 있으나, 형사사건에 있어서는 보다 엄밀한 논증이 필요하다는 것에 대해서는 異論이 없으며 여기에서 '합리적인 의심이 없는 증명'의 원칙이 대체로 견지되고 있음을 알 수 있다. 그러나 실제에 있어서는 중대한 악결과가 발생하면 형사사건에 있어서도 결과론적인 approach에 흐를 가능성이 있다는 점에 유의할 필요가 있다.

또한 가벌성의 여부와 관련하여 기소기준의 운용 및 사법적 판단에 있어서도 좀 더 치열한 법리논쟁과 함께 신중한 음미가 필요함은 물론 풍부한 선진사례의 비교법적 검토가 요청된다.

마지막으로 지금까지 형벌제도의 기능을 보충해 운용되었던 사회보호법이 폐지된 것은 보호감호제도 자체가 갖는 해악성보다 입법기술상의 오류인 이중처벌의 문제, 그리고 피감호자의 처우 등 집행현실의 문제에 기인한 인권침해에 연유된 운용방법의 전근대성에 비롯된 것임을 상기할 필요가 있다.

끝으로 이 책을 발간함에 있어서 도움을 준 대구대학교 출판부 여러 선생님들에게 감사의 마음을 전한다.

2005. 12. 저 자

次 例

제1장
의료과오와 위험증대이론

Ⅰ. 판결요지 및 이유[1]

1. 판결요지

(1) 전신마취에 의한 개복수술은 간부전을 일으키고 간성혼수에 빠지게 하기도 하는데 특히 급만성간염이나 간경변 등 간기능에 이상이 있는 경우에는 90% 이상이 간기능이 중악화하고 심한 경우에는 사망에 이르게 하는 것으로 알려져 있어 개복수술 전에 간의 이상 유무를 검사하는 것은 필수적이고, 피해자의 수술시에 사용된 마취제 할로테인은 드물게는 간에 해독을 끼치고 특히 이미 간장애가 있는 경우에는 간장애를 격화시킬 위험이 있으므로 이러한 환자에 대하여는 그 사용을 주의 또는 회피하여야 한다고 의료계에 주지되어 있으며, 이 사건 사고당시 의료계에서는 개복수술 환자의 경우 긴급한 상황이 아닌 때에는 혈청의 생화학적 반응에 의한 간 기능검사를 하는 것이 보편적이었다면, 응급환자가 아닌 난소종양 환자의 경우에 있어서 수술주관의사 또는 마취담당의사인 피고인들로서는 난소종양절제수술에 앞서 혈청의 생화학적 반응에 의한 검사 등으로 종합적인 간기능검사를 철저히 하여 피해자가 간손상 상태에 있는지의 여부를 확인 한 후에 마취 및 수술을 시행하였어야 할 터인데 피고인들은 시진, 문진 등의 검사결과와 정확성이 떨어지는 소변에 의한 간검사결과만을 믿고 피해자의 간상태를 정확히 파악하지 아니한 채 할로테인으로 전신마취를 실시한 다음 이 사건 개복수술을 감행한 결과수술 후 22일만에 환자가 급성 전격성 간염으로 인하여 사망한 경우에는 피고인들에게 업무상 과실이 있다 할 것이다.

(2) 위 (1)의 경우에 혈청에 의한 간기능검사를 시행하지 않거나 이를 확인하지 않은 피고인들의 과실과 피해자의 사망간에 인과관계가 있다고 하려면 피고인들이 수술 전에 피해자에 대한 간기능검사를 하였더라면 피해자가 사망하지 않았을 것임이 입증되어야 할 것인데도(수술 전에 피해자에 대하여 혈청에 의한 간기능검사를 하였

---

1) 대법원 1990. 12. 11, 90 도 694.

더라면 피해자의 간기능에 이상이 있었다는 검사결과가 나왔으리라는 점이 증명되어야 할 것이다) 원심은 피해자가 수술 당시에 이미 간손상이 있었다는 사실을 증거없이 인정함으로써 채증법칙위반 및 인과관계에 관한 법리오해의 위법을 저지른 것이다.

2. 이유

피고인들의 변호인의 상고이유를 본다.

원심판결 이유에 의하면 원심은 피해자 이원형이 원판시 난소종양절제수술을 받기 위하여 1980.11.5. 연세대학교 의과대학 부속 세브란스병원에 입원한 후 같은해 11.28. 극도의 간괴사에 의한 간성혼수로 사망에 이르기까지의 증상, 그 변화 및 치료의사의 진료경위사실과 피해자의 사망에 관계되는 전신마취에 의한 개복수술과 간이상 유무의 검사, 마취제 할로테인(halothane)의 사용과 간손상과의 관계, 뇨검사에 의한 간기능 검사와 혈청에 의한 간기능검사와의 차이 등 그 판시와 같은 사실을 인정한 다음, 그 판시 사실들을 종합하여 보면 피해자는 수술 후 약 1주일 정도 경과하여 급성전격성 간염의 증상이 진단된 간부전으로 사망하였고 그 원인이 될 만한 다른 질병의 감염이나 마취제 할로테인 이외의 간에 독성을 미칠 만한 약품이 검증되지 아니하였으며 피해자의 증상이 할로테인간염의 증상과 유사하고 피해자가 위 마취제 할로테인에 과민반응을 일으킬 만한 특이체질이라고 인정할 아무런 자료도 없을 뿐더러 원심판시와 같이 피해자에 대하여 실시한 비(B)형간염의 항원 및 항체 검사결과가 그 검사시기에 모두 발견되지 아니하였다 하여 이것만으로는 피해자가 수술 당시에 비(B)형간염에 의한 간장애가 없었다고 볼 자료도 되지 아니하는 이 사건에 있어서 위 간부전의 원인은 피해자가 수술당시에 이미 간장애가 있었고 이것이 할로테인에 의한 마취와 개복수술에 의하여 극악화한 것으로 인정된다 할 것이므로 피해자의 수술에 관하여 수술주관의사인 피고인 곽현모로서는 개복수술이 간장애를 초래할 위험이 있고 위 병원에서 전신마취제로 간장애를 초래할 위험이 있는 할로테인을 사용한다는 점을 알고 있었으므로 개복수술에 앞서 환자의 피해자의 간의 이상 유무를 혈청의 생화학적 반응에 의한 검사 등으로 종합적인 간기능검사를 철저히 하였어야 할 업무상의 주의의무가 있는데도 그 주의의무를 다하지 아니한 채 정확성이 떨어지는 소변에 의한 검사만을 실시하고 그 검사결과만을 믿고 수술을 한 과실이, 마취담당의사인 피고인 김종태로서는 마취, 특히 할로테인이 간에 심각한 영향을 미치므로 마취전에 간기능검사가 정확히 행하여졌는지를 확인하고 마취에 임하여야 할 업무상의 주의의무가 있음에도 이를 게을리한 채 소변에 의한 간검사 결과만을 믿고 할로테인에 의하여 마취를 감행한 과실이 있고 위와 같은 과실로 인하여 피고인들은 피해자가 간장애상태에 있음을 알지 못함으로써 할로테인으로 마취를 하여 개복수술을 하였고 피해자의 치료에 관한 주관의사인 피고인 곽현모로서는 수술 후에도 피해자에게 같은 해 11.12. 고열이 발생할 때까지 종합적인 간기능검사를 전혀 시행하지 아니한 일련의 과실로 피해자가 급성전격성 간염에 빠져들어 사망에 이르게 되었다고 판단하고 그 판시 소위를 업무상 과실치사죄로 의율하여 피고인들을 처벌하고 있다.

원심판결과 원심이 들고 있는 제1심판결의 채택증거에 의하면 원심확정사실중 피해자 이원형은 1980.11.5. 그로부터 3년전 출산시에 의사로부터 우측 난소종양에 대한 진찰과 치료를 받으라는 권고를 받은 일이 있는 데 1개월 전부터 하복부 불편감과 배부요통을 다시 느껴 연세대학교 의과대학 부속 세브란스병원에 산부인과 외래를 거쳐 입원하여 판시와 같은 수술적합성 여부의 확인을 위한 검사후 전신마취를 거쳐 난소 종양제거수술을 받게된 사실, 전신마취에 의한 개복수술은 수술침습이라 하여 수술 중 혈압강하 등으로 인한 간혈류장애, 저산소증 등을 초래하여 간부전을 일으키고 간성혼수에 빠지게 하기도 하는데 간기능에 이상이 없는 환자의 경우에는 대부분이 일과성으로 1개월 이내에 정상으로 회복되나 급만성간염이나 간경변 등 간기능에 이상이 있는 경우에는 사망에 이르게 하는 것으로 알려져 있고 따라서 개복수술 전에 간의 이상 유무를 검사하는 것은 필수적인 사실, 피해자의 수술시에 사용된 마취제 할로테인은 드물게는 간에 해독을 끼치고 특히 이미 간장애가 있는 경우에는 간장애를 격화시킬 위험이 있으므로 이러한 환자에 대하여는 그 사용을 주의 또는 회피하여야 한다고 의료계에 주지되어 있는 사실, 이 사건 사고 당시 의료계에서는 개복수술 환자의 경우 긴급한 상황이 아닌 때에는 혈청의 생화학적 반응에 의한 간기능검사를 하는 것이 보편적이었던 사실, 그 당시 위 병원에서는 전신마취제로는 할로테인을 사용하는 경우가 대부분이었던 사실 등 인정할 수 있다.

위와 같은 사실관계에 비추어 보면, 응급환자가 아닌 위 피해자의 경우에 있어서 수술주관의사 또는 마취담당의사인 피고인들로서는 수술에 앞서 혈청의 생화학적 반응에 의한 검사 등으로 종합적인 간기능 검사를 철저히 하여 피해자가 할로테인 전신마취에 의한 개복수술을 견뎌낼 수 있는지의 여부를 확인한 후에 이 사건 마취 및 수술을 시행하였어야 할 터인데 피고인들은 시진, 문진 등의 검사결과와 정확성이 떨어지는 소변에 의한 간검사 결과만을 믿고 피해자의 간상태를 정확히 파악하지 아니한 채 할로테인으로 전신마취를 실시한 다음 이 사건 개복수술을 감행한 것이므로 피고들에게는 위와 같은 과실이 있다 할 것이다.

원심은 피고인 곽현모가 피해자 수술 후 1980.11.12. 고열이 발생할 때까지 종합적인 간기능검사를 시행하지 않은 것을 위 피고인의 과실로 보고 있다.

그러나 감정서(의무기록 및 진료일지)의 기재에 의하면 위 피고인은 수술후 6일째 피해자의 발열현상에 대하여 절개부위감염, 살모넬라증 등을 의심하여 내과전문의의 자문을 얻어 치료를 하였으나 고열상태가 지속되어 2일 후 불명열에 대해 체계적으로 접근할 수 있는 내과로 전과조치를 취한 사실을 알 수 있으므로 위와 같은 상황에서 피해자의 간기능 검사를 시행하지 아니한 것이 위 피고인의 과실이라고 말할 수는 없다 할 것이다.

이 사건에서 혈청에 의한 간기능검사를 시행하지 않거나 이를 확인하지 않은 피고인들의 과실과 피해자의 사망간에 인과관계가 있다고 하려면 피고인들이 수술 전에 피해자에 대한 간기능검사를 하였더라면 피해자가 사망하지 않았을 것임이 입증되어야 할 것이다. 즉, 수술 전에 피해자에 대하여 혈청에 의한 간기능검사를 하였더라면 피해자에 간기능 이상이 있었다는 검사결과가 나왔으리라는 점이 증명되어야 할 것이다(검사결과 간에 이상이 있었더라면 의사인 피고인들로서는 피해자를 마취함에 있어 마취 후 간장애를 격화시킬 수도 있는 할로테인의 사용을 피하였을 것이다). 그러나 원심이 거시한 증거들만으로는 피해자가 수술당시에 이미 간손상이 있었다는 사실을 인정할 수 없고 그밖에 일건 기록에 의하여도 위와 같은 사실을 인정할 아무런 자료를 발견할 수 없다.

원심이 수술 후 8일째와 9일째 시행한 피해자에 대한 혈액화학검사결과에서 간손상이 있었으므로 수술 전에도 간손상이 있은 것으로 추정한 것으로 보이나 경험칙에 위반되는 것이어서 옳치 못한 것이고, 제1심 증인 최홍재의 증언도 피해자가 산부인과에서 내과로 전과되기 전에 이미 간이 나빴다는 취지일 뿐 수술 전부터 간에 이상이 있었다는 취지는 아니라 할 것이다.

또 원심은 피해자에 대하여 실시한 비(B)형간염의 항원 및 항체 검사결과가 그 검사시기에 모두 발견되지 아니하였다 하여 이것만으로는 피해자가 수술당시에 비(B)형 간염에 의한 간장애가 없었다고 볼 자료도 되지 못한다고 판시 하고 있지만 기록에 의하면 수술 후 12일째 시행한 피해자에 대한 비(B)형 간염 바이러스 검사결과가 음성이었음을 알 수 있으니 피해자의 간기능 이상의 원인이 우리나라에서 가장 흔한 간염의 원인인 비(B)형 간염바이러스에 의하여 초래되었을 가능성은 배제할 수 있다 할 것이다.

원심이 그 판시 증거만으로 피고인들에 대한 판시 소위가 업무상 과실치사죄에 해당한다고 판단한 것은 채증법칙을 위반하여 사실을 오인하고 나아가 인과관계에 관한 법리를 오해한 잘못을 저지른 것이라 할 것이므로 이 점에 관한 논지는 이유있다.

그러므로 원심판결을 파기하고 사건을 원심법원에 환송하기로 하여 관여 법관의 일치된 의견으로 주문과 같이 판결한다.

Ⅱ. 논점의 소재

본 사안에 있어 논의의 중심은 1) 과실범의 객관적 구성요건요소인 "피고인(수술주관의사 혹은 마취담당의사)의 객관적 주의의무위반, 즉, 정상의 주의태만이 있었는가"가 하는 점과, 2) 피고인이 혈청의 생화학적 반응에 의한 간기능검사를 하지 않거나 이를 확인하지 아니한 과실과 수술후 환자의 사망 사이의 인과관계가 인정되어지는가의 문제이다.

먼저 '과실'의 문제와 관련하여 원심은 "피고인 곽현모가 피해자 수술 후 1980. 11. 12. 고열이 발생할 때까지 종합적인 간기능검사를 시행하지 않은 것을 위 피고인의 과실로 보고 있다". 대법원 또한 "피고인들이 수술에 앞서 혈청의 생화학적 반응에 의한 검사 등으로 종합적인 간기능 검사를 하지 않은 것에 대해 피고인들의 과실을 인정하고 있다".

그러나 대법원은 "피고인은 수술후 6일째 피해자의 발열현상에 대하여 절개부위감염, 살모넬라증 등을 의심하여 내과전문의의 자문을 얻어 치료를 하였으나 고열상태가 지속되어 2일 후 불명열에 대해 체계적으로 접근할 수 있는 내과로 전과조치를 취한 사실을 알 수 있으므로 위와 같은 상황에서 피해자의 간기능 검사를 시행하지 아니한 것이 위 피고인의 과실이라고 말할 수는 없다 할 것이다"라고 하여 다시 과실을 부정하고 있다.

다음으로 '인과관계'의 문제와 관련하여 대법원은 "피고인들의 과실과 피해자의 사망 간에 인과관계가 있다고 하려면 피고인들이 수술 전에 피해자에 대한 간기능검사를 하였더라면 피해자가 사망하지 않았을 것임이 입증되어야 할 것이다"라고 하고 있다. 이는 우리의 대법원이 "행위자가 금지된 행위로써 구성요건적 결과를 야기하였으나 합의무적 행위를 하였더라도 그 결과는 마찬가지로 발생했을 개연성이 있는 경우 이를 객관적으로 귀속시킬 것인가"하는 문제에 대해, 합의무적 대체행위에 의해서도 동일한 결과가 발생할 가능성만 존재하면 'in dubio pro reo'의 원칙에 따라 결과귀속을 부정한다는 원칙을 채용하고 있는 것으로 보인다.

Ⅲ. 사안의 검토

1. 의료행위에 있어 과실을 인정하기 위한 요건

대법원은 "의료사고에 있어 의료종사자의 과실을 인정하기 위하여서는 의료종사원이 결과발생을 예견할 수 있음에도 불구하고 그 결과발생을 예견하지 못하였고 그 결과발생을 회피할 수 있었음에도 불구하고 그 결과발생을 회피하지 못한 과실이 검토되어야 하고, 그 과실의 유무를 판단함에는 같은 업무와 직무에 종사하는 일반적 보통인의 주의정도를 표준으로 하여야 하며, 이에는 사고당시의 일반적인 의학수준과 의료환경 및 조건, 의료행위의 특수성 등이 고려되어야 하는 것이다"라고 하고 있다(대법원 1996. 11. 8, 95 도 2710).

먼저 본 문제사안에서 과실범의 객관적 구성요건요소인 "피고인의 객관적 주의의무위반, 즉 정상의 주의태만이 있었는가"가 문제되어진다(형법 제14조).

(1) 객관적 주의의무위반

객관적 주의의무위반이란 "사회공동생활상 요구되는 주의의무를 다하지 아니한 것"으로 이는 과실범의 행위반가치를 말한다. 객관적 주의의무의 핵심내용은 결과발생예견의무와 결과발생회피의무이다.

의료과오와 관련한 주의의무위반의 판단에 있어서는 의료행위의 특수성이 고려되어져야 한다. 즉, 의료행위는 진료의 대상인 인체에 내재하는 개체의 차 및 환경조건과 관련된 개체의 차에 의해 연유된 일종의 위험행위로서 의료효과의 예측에 대한 불확실성과 다소간의 모험적 성격을 가진다. 따라서 이것은 어느 정도의 '의술의 전문성'을 認容하지 않을 수 없는 근거임과 동시에, '치료의 재량성'이라는 것이 용인되어지는 이유이기도 하다.

(2) 주의의무의 표준

법질서가 요구하는 주의의무의 표준을 어디에 둘 것인가와 관련하여 우리나라의 통설 및 판례는 객관설의 입장에서 평균인 표준설의 입장을 취하고 있다.[2] 주의의무

---

2) 이재상, 형법총론, 박영사, 2001, 184면; 정성근/박광민, 형법총론, 삼지원, 2001, 428면; 대법원

는 행위자와 동일한 사정에서 행위하는 일반인에게 요구되는 의무이므로 객관설이 타당한 견해이다.

주의의무의 표준과 관련하여 객관설에 의하는 경우에도 의료행위의 경우에 있어 의료의 일반수준과 의료환경 및 조건, 의료행위의 특수성 등 제요건이 고려되어야 한다. 최근의 판례도 "의료사고에 있어서 의료인의 과실은 그와 같은 업무와 직무에 종사하는 사람이라면 보통 누구나 할 수 있는 주의의 정도를 표준으로 하여 과실 유무를 논하여야 하며, 이에는 사고 당시의 일반적인 의학의 수준과 진료 환경 및 조건, 의료행위의 특수성 등이 고려되어야 한다"고 하고 있다.[3)]

주의의무위반여부의 판단과 관련하여 의료과실에 있어 쟁점이 되는 것은 의료의 일반수준과 재량성의 문제이다.

1) 의료의 일반수준

먼저 의료의 일반수준과 관련하여 의료행위에 임하는 의사가 지켜야 할 행동기준이 과학적인 합리성에 근거하여 일반적으로 인정되어지는 '의학준칙'이라는 것에 대해서는 전혀 異論이 없으며, 법적인 주의의무도 이 의학준칙에 충실해야 한다는 것을 요구하고 있다.[4)] 그러나 이 의학준칙 자체가 구체적으로 명시적인 형태로 法定되어 있는 것은 아니고 의사라는 전문가 집단에 의한 고도의 전문지식에 의해 자주적으로 형성되어 유지되고 있는 것이라는 점에 그 특색이 있다. 따라서 무엇이 의학준칙인가 하는 것에 대해 문제시하는 경우에도 전문가 내부의 이론과 실천에 의거하지 않을 수 없다. 더구나 문제는 의학의 발달에 의해 이러한 의학준칙 또한 변화해 가고 있는 점, 그리고 이것이 구체적으로 적용되어야 할 경우에도 주체적 및 객체적인 상황에 의한 개별화와 거듭 수반하는 변화를 예상하지 않을 수 없다는 점에 있다.

이러한 점에 있어 통상 일반의 의사의 그 당시 지득하고 있는 의료의 "일반수준"을 기준으로 해야 할 것이다.[5)]

2) 의료행위의 재량성

의료행위의 특수성과 관련하여 의료행위의 재량성이 문제되어진다. 의료행위의 "재량성"은 "생명현상 나아가서는 이에 근간으로 하여 행해지는 의료현상은 인체의

1999. 12. 10, 99 도 3711.

3) 대법원 1999. 11. 23, 98 다 21403.

4) 大谷 實, 醫療行爲と法, 弘文堂, 1990, 118面.

5) 김선석, 「의료과오에 있어서 인과관계와 과실」, 의료사고에 관한 제문제, 재판자료 제27집, 법원행정처, 1985, 93면이하.

병변이나 반응 등이 매우 복잡다양하여 미해명의 부분이 다수 존재하며, 이에 따라 이것에 대응하는 의료의 영역에 있어서도 이를 용이하게 획일적으로 규격화하는 것은 곤란하다"는 점에서 유래하고 있다.[6] 질병의 태양 및 생체의 반응이 복잡함과 동시에 고도의 전문지식과 기술을 요하는 의학상의 준칙에도 복수의 선택방법이 있으며, 만약 의사의 판단에 어느 정도의 재량을 인정하지 않으면 의료행위는 이루어질 수 없으며 이것을 부정한다면 발생된 결과에 대해서 획일적인 평가와 함께 의사의 절대책임을 인정하게 될지도 모른다. 또한 의사는 이러한 평가로부터 책임을 회피하기 위하여 현실상황에 따른 적절한 진료를 회피하는 결과가 될 것이다.

따라서 의료행위에 있어 어느 정도의 재량성을 인정해야 한다는 점은 학설뿐만 아니라 판례도 원칙적으로 인정하고 있다.[7] 문제는 그 범위와 한계의 문제이다. 즉, 의료처치의 선택에 있어서는 일정의 범위 내에서 의사의 재량인정의 필요성에 대해서는 異見이 없지만, 문제는 그 재량의 허용 한도를 어떻게 정할 것인가 하는 점이다. 즉, 재량의 범위 내에 속하는 한 그것은 당연히 의사의 전권사항에 속하는 것으로서 惡結果가 발생하여도 주의의무위반이 있다고 할 수 없으나 이러한 재량에는 합리적인 한계가 있으며, 그러한 조치를 하는 것이 객관적으로 보아 타당하지 않을 때에는 과실책임을 묻는 것도 부정할 수 없다고 할 수 있다.

의료행위에 있어 재량의 합리성은 개개의 문제분야에 있어 구체적으로 논정되어야 할 것으로 여기에서 판례분석이 중요한 의의를 가지게 되지만, 일반적으로 그 범위를 획정하는 것은 당해 분야에서의 "의학 및 의료수준"이라고 할 수 있다. 의학 및 의료수준 자체가 일정의 폭을 가진 경우에는 그 범위 내에서 의사의 합리적인 재량이 허용되어진다고 할 수 있다. 그러나 최근에는 거듭 이상의 것들과 함께 의사의 재량과 환자의 자기 결정권과의 관계가 문제되어지고 있다. 의료행위의 선택자체가 환자에 대한 "설명의무"와 관련되어지면서 의사의 재량성은 이러한 면에서도 제약되어지는 경우가 나타나고 있다. 다만 이 때에도 설명의무를 과하는 경우의 합리적인 "재량"의 영역이 거듭 문제되어지는 것에 주의할 필요가 있다. 여기에서 재량은 오히려 의사에 의한 時宜에 알맞은 적절하고 타당한 처치를 기대하기 위한 전제로서, 그 합리적 재량의 일탈이 법적 책임으로 문제되는 것은 "의사가 현대의학의 학설에 반

6) 松倉 豊治, 「醫療行爲における裁量の特質」, 判例タイムズ, 第31卷, 第17號, 1980. 8, 10面.

7) 판례는 '특히 의사의 질병 진단의 결과에 과실이 없다고 인정되는 이상 그 요법으로서 어떠한 조치를 취하여야 할 것인가는 의사 스스로 환자의 상황 기타 이에 터 잡은 자기의 전문적 지식경험에 따라 결정하여야 할 것이고 생각할 수 있는 몇 가지의 조치가 의사로서 취할 조치로서 합리적인 것인 한 그 어떤 것을 선택할 것이냐는 당해 의사의 재량의 범위 내에 속하고 반드시 그중 어느 하나만이 정당하고 이와 다른 조치를 취한 것은 모두 과실이 있는 것이라고 할 수는 없다'고 하고 있다(대법원 1984. 6. 12, 82 도 3199).

하여 당연하게 해야 할 처치를 취하지 않는 등 현저한 치료의 과오를 범한 경우"에 한한다고 할 것이다.

(3) 문제사안의 검토

의학은 불완전한 과학이며 오류에 빠지기 쉬운 인간들의 모험이다. 의료인에게 있어 보다 중요한 임무는 의학적 처치 자체보다 수없이 많은 횟수의 정확한 판단이다. 그러나 의학적 난제의 중심에 항상 불확실성이 자리하고 있다.

본 문제사안에 있어서 피고인인 의사의 주의의무위반 즉, '정상의 주의태만'이 있었는가의 여부와 관련하여 대법원은 피고인들이 수술에 앞서 혈청의 생화학적 반응에 의한 검사 등으로 종합적인 간기능 검사를 하지 않은 것에 대해 피고인들의 과실을 인정하고 있다. 즉, 대법원은 본 사안에서 "응급환자가 아닌 위 피해자의 경우에 있어서 수술주관의사 또는 마취담당의사인 피고인들로서는 수술에 앞서 혈청의 생화학적 반응에 의한 검사 등으로 종합적인 간기능 검사를 철저히 하여 피해자가 할로테인 전신마취에 의한 개복수술을 견뎌낼 수 있는지의 여부를 확인한 후에 이 사건 마취 및 수술을 시행하였어야 할 터인데 피고인들은 시진, 문진 등의 검사결과와 정확성이 떨어지는 소변에 의한 간검사 결과만을 믿고 피해자의 간상태를 정확히 파악하지 아니한 채 할로테인으로 전신마취를 실시한 다음 이 사건 개복수술을 감행한 것이므로 피고인들에게는 위와 같은 과실이 있다 할 것이다"라고 하고 있다.

이미 고찰한 바와 같이 주의의무위반여부의 판단과 관련하여 의료과실에 있어 쟁점이 되는 것은 의료의 일반수준 및 재량성이 문제되어진다. 이러한 점에 있어 의료의 일반수준의 문제는 통상 일반 의사들이 그 당시 지득하고 있는 의료의 수준을 기준으로 해야 할 것이다. 의료행위의 재량성의 문제와 관련하여 재량은 의사에 의한 時宜에 알맞은 적절하고 타당한 처치를 기대하기 위한 전제로서, 그 재량의 일탈이 법적 책임으로 문제되는 것은 "의사가 현대의학의 학설에 반하여 당연하게 해야 할 처치를 취하지 않는 등 현저한 치료의 과오를 범한 경우에 한다"고 할 것이다.

여기에서 대법원이 본 사안의 사실관계에서 인정하고 있는 바와 같이 ① 수술적합성 여부와 관련하여 본사안의 수술당시 전신마취에 의한 개복수술은 수술 중 혈압강하 등으로 인한 간혈류장애, 저산소증 등을 초래하여 간부전을 일으키고 간성혼수에 빠지게 하기도 하며, 급만성간염이나 간경변 등 간기능에 이상이 있는 경우에는 사망에 이르는 것으로 알려져 있고, 따라서 개복수술전에 간의 이사유무를 검사하는 것은 필수적인 사실, ② 피해자의 수술시에 사용된 마취제 할로테인은 드물게는 간에 해독을 끼치고 특히 이미 간장애가 있는 경우에는 간장애를 격화시킬 위험이 있으므로 이러한 환자에 대하여는 그 사용을 주의 또는 회피하여야 한다고 의료계에 주지되어 있는 사실, ③ 이 사건 사고 당시 의료계에서는 개복수술 환자의 경우 긴급한 상황이 아닌 때에는 혈청의 생화학적 반응에 의한 간기능검사를 하는 것이 보편적이었던 사실, 그리고 그 당시 위 병원에서는 전신마취제로서는 할로테인을 사용하는 경우가 대부분이었던 사실 등을 인정할 수 있다.

따라서 이러한 사실에 근거할 때 사건당시의 의료의 일반수준에 의할 때 전신마취에 의한 개복수술이 갖는 위험성, 따라서 긴급한 상황이 아닌 때에는 혈청의 생화학적 반응에 의한 간기능에 이상이 있는지를 검사하는 것이 보편적이며, 사정이 이러함에도 피고인들이 시진, 문진 등의 검사결과와 정확성이 떨어지는 소변에 의한 간검사결과만을 믿고 수술을 감행한 것은 의료행위의 재량을 일탈한 것으로 현저한 치료과오를 범한 경우에 해당하여 원심과 대법원이 피고인의 과실을 인정한 것은 수긍가능하다.

다음으로 대법원은 "피고인은 수술후 6일째 피해자의 발열현상에 대하여 절개부위 감염, 살모넬라증 등을 의심하여 내과전문의의 자문을 얻어 치료를 하였으나 고열상태가 지속되어 2일 후 불명열에 대해 체계적으로 접근할 수 있는 내과로 전과조치를 취한 사실을 알 수 있으므로 위와 같은 상황에서 피해자의 간기능 검사를 시행하지 아니한 것이 위 피고인의 과실이라고 말할 수는 없다 할 것이다"라고 하여 피고인의 과실행위 이후의 내과전문의의 자문, 전과조치등의 후속조치에 의해 거듭 인정된 과실을 다시 부정하고 있다. 여기에서 대법원은 수술후의 조치내용도 피고인의 과실요소로 판단하고 있음을 알 수 있다. 즉, 과실범 성립의 적극적 요소로서 '혈청에 의한 간기능검사를 시행하지 않는 사실'과 소극적 요소로서 '전과조치등의 후속조치'를 함께 고려하고 있다. 그러나 이러한 비교형량에 의한 과실인정 유무는 자유심증에 의한 자유로운 재량의 영역이 아니라 선행의 주의의무위반이 후행의 적법한 의료행위에 의해 치유가능한 영역인가가, 그리고 치유가 가능한 영역의 경우에 있어서도 전과시기의 적절성 등에 대한 보다 치밀한 논증이 구체적으로 검토되어져야 할 것이다. 이러한 점에서 대법원의 궁극적인 과실의 불인정은 의문이 있다.

2. 인과관계와 객관적 귀속

다음으로 피고인들에게 과실을 인정하는 경우에도 이러한 과실행위와 피해자의 사망사이에 인과관계가 존재하는가의 문제가 검토되어야 한다.

'인과관계'의 문제와 관련하여 대법원은 "피고인들의 과실과 피해자의 사망 간에 인과관계가 있다고 하려면 피고인들이 수술 전에 피해자에 대한 간기능검사를 하였더라면 피해자가 사망하지 않았을 것임이 입증되어야 할 것이다"라고 하고 있다. 이는 우리의 대법원이 "행위자가 금지된 행위로써 구성요건적 결과를 야기하였으나 합의무적 행위를 하였더라도 그 결과는 마찬가지로 발생했을 개연성이 있는 경우 이를 객관적으로 귀속시킬 것인가"하는 문제에 대해, 합의무적 대체행위에 의해서도 동일한 결과가 발생할 가능성만 존재하면 'in dubio pro reo'의 원칙에 따라 결과귀속을 부정한다는 원칙을 채용하고 있는 것으로 보인다. 이하에서는 대법원의 이러한 견해에 대한 이론적 당부를 검토하고자 한다.

먼저 주의의무의 범위와 관련하여 「許容된 危險의 法理」는 일정한 要件이 준수되어지는 한에 있어서 위험한 행위에 의해서 불행한 결과가 발생한 경우에도 그 행위를 적법한 것으로 하는데 그 의의가 있다. 따라서 그 요건으로서는 일반적으로 사회적으로 유익한 목적달성을 위해 필요한 행위외에, 개별행위에 있어서는 경험상 통상 예상되는 위험의 발생을 예방하기 위하여 법령상 혹은 기술법칙상의 규칙을 준수하는 것 및 그 상황하에서의 구체적인 주의의무를 준수하는 것 등이 거론되어지고 있다[8].

그러나 과학 및 기술의 발전 그리고 이러한 준수되어야 할 규칙들이 모든 사고를 예상한 망라적인 것이 아니라는 것과 함께, 사안의 구체적 사정하에서는 분명히 유형적으로 예정된 규칙을 준수하지 아니하였지만, 금지·명령규범을 준수하고 있었던 경우에도 결과의 발생이 회피되지 아니하는 경우가 발생하는 것은 용이하게 상상되어질 수 있다. 즉, 규범을 준수해도 위반한 때와 동일한 결과가 발생할 때에는 규범준수는 결과회피에 도움이 되지 않는다. 이러한 상황은 교통·의료·공업생산 등의 여러 분야에서 생길 수 있지만 특히 교통사범의 영역에서 빈발하고 있다.

이러한 사태에 대해서 우리들은 어떠한 법적 평가를 내려야 할 것인가(적어도 허용된 위험과 동일시 할 경우가 없을 것인가)라고 하는 문제에 조우하지 않으면 안될 것이다. 규범설정의 본래의 목적실현을 위하여 도움이 되지 않는 규범이라면 그 규범에 대한 위반을 근거로 해서 처벌하는 것이 타당할 것인가 하는 문제이다.[9] 즉,「어떤 행위자가 의무위반적 태도에 의해서 법익침해를 야기한 경우, 이 결과가 합의무적 태도를 취하였다고 하여도 그 결과가 마찬가지로 개연적으로(wahrscheinlich) 발생하고 있었다고 하는 사정」에 어떠한 법적 의미가 부여될 것인가.[10]

---

8) 西原春夫, 交通事故と信頼の原則,成文堂, 1987, 33面以下; 藤木英雄, 過失犯の理論, 有信堂高文社, 1987, 30面以下 參照.

9) M.Burgstaller, Das Fahrlässigkeitsdelikt im Strafrecht, 1974, S.138.

이 문제는 독일에 있어서 판례·학설상 오래 전부터 논하여지고 있는 것이지만 1957년 9월 25일 BGHSt 11.1 의 판결, 즉「화물차사건」(Lastwagenfall)을 계기로 해서 형법이론상 일종의「유행테마」(Modethema)로서 많은 논자들에 의해 다양한 견해가 주장되었으나 이에 대한 논쟁은 아직도 계속되어지고 있다.[11)]

(1) 판례의 경향

1) 독일의 경우

먼저 독일연방대법원은 화물자동차사건(BGHSt 11,1)에서 책임원리에 의하여 지배되는 형법은 원인과 결과사이의 관계에 관한 문제에 답하기 위하여 일정 발생사건의 순수한 자연과학적 결합에서 만족되는 것은 아니다. 오히려 인간의 행위를 평가하는 고찰방법에 있어서는 그 조건이 법적 평가기준에 따를 때 결과에 있어서 중요하였는가 아닌가가 본질적인 것이다.

그것은 행위자가 법적으로 異議없이 행동하였다고 생각되는 경우에는 事象이 어떻게 경과되어 있었을 것인가가 결정적이다. 그 경우에도 동일한 결과가 발생하고 있었다고 말할 수 있다면 피고인에 의해서 설정된 조건은 결과를 평가함에 있어서 형법상의 의미를 갖지 않는다. 그리고 이 경우에는 행위와 결과 사이의 인과관계는 긍정되지 않는다. 따라서 피고인이 의무적합적 태도를 취한 경우에 있어서도 동 결과가 발생할 개연성이 높고「in dubio pro reo」의 원칙에 따라 그것이 원심이 요구하는「확실성에 근접하는 개연성」의 정도에까지 이르지 않았다 할지라도「형법적 의미에 있어서 원인성」이 부정된다(원심판결을 파기하고 무죄를 선고).[12)]

---

10) K.Ulsenheimer, Das Verhältnis zwischen Pflichtwidrigkeit und Erfolg bei den Fahrlässigkeitsdelikten, 1965, S.25.

11) 이 문제와 관련하여 독일제국법원(Reichsgericht) 및 연방대법원의 유명한 네 가지 사례가 통상적으로 인용되고 있다. 약제사사건(Apothekerfall: RGSt 15, 151ff.), 코카인 혹은 노보카인 사건(Kokain oder Novokainfall; RG HRR, 1926, 1636, Nr.2302), 산양의 毛 사건(Ziegenhaarfall; RGSt 63, 211ff), 화물차(또는 자전거운전자)사건(Lastwagen oder Radfahrerfall; BGHSt 11.1)이 그것이다(해당 판례에 대한 자세한 논급에 대해서는 이재석,「독일 형법학에 있어서의 위험증가이론」, 영남대 법학연구소, 영남법학 제2권, 제1·2호, 1995. 11. 참조). 이외에도 화물차 사건의 評釋으로서는 井上祐司, 因果關係と刑事過失, 成文堂, 1979, 240面以下;同,「刑事過失論の問題點」, 判例タイムス, 第192號, 7面以下; Eser, Strafrecht Ⅱ, 3.Aufl., 1980, S.71 참조.

12) 이 판례에 대해서 록신(C.Roxin)은 위험증가이론의 입장에서 다음과 같이 비판하고 있다.「이 견해에 따르면 결과가 의무위반에 의해 야기된 것임이 증명되어야만 하는데, 만약 결과가 의무에 적합한 행동 속에서도 발생하였을 것이라 인정되면 바로 이 점은 缺한다는 것이다. 그러나 나에게는 이러한 論證이 시대에 뒤떨어지고 잘못 적용된 인과적 사고(Kausaldenken)의 산물로 밖에는 보여지지 않는다. '의심스러울때에는 피고인에게 유리하게'(in dubio pro reo)라

여기에서 合義務的 代替行爲의 문제에 있어 판례는 이 문제를 대부분 인과관계의 문제로서 취급하고 있는 것을 알 수 있다.[13] 합의무적 대체행위를 하였더라도 그 결과가 마찬가지로 발생하였을 개연성의 정도의 문제에 있어서는 어느 정도의 가능성이 존재하는 경우에 행위자의 행위와 발생된 구성요건적 결과사이에 인과관계를 부정할 것인가에 대해서는 독일제국법원(RG)의 경우에는 「확실성에 근접하는 개연성을 가지고」(mit an Sicherheit grenzender Wahrscheinlichkeit) 동일한 결과가 발생하고 있었다고 하는 것이 요구된다는 견해가 지배적이었다. 戰後 독일연방대법원(BGH)의 약간의 판례도 이 견해를 따르고 있지만, 화물차사건 이후의 판례에 있어서 통설은 합의

는 원칙은 실제적인 生起經過에 대한 의문이 있을 때에나 적용되는 것인데 우리의 사례에 있어서 이 점은 명확히 확정되어 있다. 즉, 화물차의 운전자가 자신의 추월을 통하여 자전거를 터고 가던 사람의 죽음을 야기하였다는 사실과 여기서 행하여진 것과 같은 추월은 금지되었던 것이며 따라서 살해의 위험도 현저히 증가시켰다는 사실은 의심의 여지가 없다. 우리가 이러한 前提下에 결과를 귀속시킬 것인가 아니면 이러한 사고는 의무에 적합한 행동을 할 때에도 사정에 따라 발생할 수도 있으리라는 이유 때문에 귀속시키지 말아야 하는가 하는 점은 일종의 형사정책적 가치결정(따라서 귀속문제)이며, '의심스러울 때에는 피고인의 이익으로'라는 원칙과는 아무런 관계도 없는 것이다. 假說的인(즉, 가능하다고 생각되어지나 현실의 것이 아닌) 인과경과는 형법에 있어서 결코 인과성의 문제가 아니라 언제나 귀속의 문제이다」라고 한다 [C.Roxin(김일수역), 「객관적 구성요건에의 귀속(Die Zurechnung zum objektiven Tatbestand)」, 형법학방법론, 박영사, 1984, 193면이하; C.Roxin, Pflichtwidrigkeit und Erfolg bei fahrlässigen Delikten, ZStW 74(1962), S.411ff].

13) 독일의 일부 학설과 판례의 경우에 과실범에 있어서는 인과관계를 특수한 법적인 개념으로 파악하고 있다. 카아즈나 하르트비히 등은 형법상의 인과관계를 행위자가 규범에 따라 적법하게 행위한 경우에 그 결과가 회피가능한가 라는 「회피가능성」을 기준으로 인과관계의 존부를 결정한다(Vgl.H.J.Kahrs, Das Vermeidbarkeitsprinzip und die conditio - sine - qua - non - Formel im Strafrecht, 1968, S.33ff; W.Hardwig, Die Zurechnung, ein Zentralproblem des Strafrechts, 1957, S.90ff; H.Bindokt, Versari in re illicita und Erfolgszurechnung, JZ 1977, S.551; G.Spendel, Zur Unterscheidung von Tun und Unterlassen, Festschrift für E.Schmidt, 1961, S.183).
이러한 판례에 의한 해결에 있어 범죄론상의 위치의 문제와 개연성의 정도의 문제에 대해서 Ulsenheimer는 다음과 같은 圖式을 들고 있다(K.Ulsenheimer, a.a.O., S.28, 29).
① 合義務的 態度를 취한 경우에 결과가 확실성에 근접하는 개연성을 가지고 동일하게 발생하였다고 하는 경우에 한하여, 그 사정이 고려되어 인과관계를 검토할 경우에 그 否定을 도출하는 例; 山羊의 毛사건, 藥劑師사건
② 일정 사실에 근거하여 합의무적 태도를 취한 경우에도 동일한 결과의 발생 가능성이 존재하는 경우에는 항상 이 사정이 인과관계의 排除에 있어서 고려되는 것(여기에서의 가능성이란 합리적인, 생활에 밀착된 관찰에 의하여 무시할 수 없을 정도로 농후하게 존재하는 것, 혹은 가정적 대체정황이 최소한 부정될 수 없을 정도로 존재하는 것); 화물차사건
③ 合義務的 態度를 취한 경우에는 결과가 확실성에 근접하는 개연성을 가지고 발생하고 있었던 경우에 한하여, 이 사정이 법적으로 중요하면 행위자의 책임을 조각하는 것; 코카인사건
④ 일정한 사실에 기초하여 결과가 합의무적 태도를 취한 경우에도 발생할 가능성이 남아있는 한 행위자의 책임을 조각하는 것(이웃 일본에 있어서 町野敎授가 이 견해에 속한다. 町野朔, 「條件關係論」, 上智法學論集, 第12卷, 第2號, 1969, 1面以下).

무적 대체행위에 의해서도 동일한 결과의 발생의 가능성(이 경우에 있어서의 가능성이란 합리적인 생활에 밀착된 관찰에 의하여 무시할 수 없을 정도로 농후하게 존재하는 것)이 존재하는 것으로 족하다고 한다. 그리고 그것은 곧 동일한 결과가 발생할 가능성만 존재하면 「in dubio pro reo」의 원칙에 따라 결과귀속이 부정될 수 있다는 것이다. 만약 이 경우에 확실성에 근접하는 개연성이 인과관계를 부정하기 위하여 필요하다고 한다면 구체적인 경우에 거증책임이 행위자에게 轉換하게 되어, 이것은 형사소송법상의 기본명제인「in dubio pro reo」의 원칙을 파괴하게 된다고 한다.[14]

BGHSt 11.1(화물차 사건)에서도 언급된 것처럼 동일한 결과가 행위자가 합의무적 태도를 취하였다고 하여도 발생할 것이라는 것이 단순히 관념적인 가능성(die bloße gedankliche Möglichkeit)만을 가질 때에는 인과관계의 부정을 고려하는데 충분하지 못하다고 하면서, 그러나 당해 행위의 인과성에 반대되는 사정들이 우월한 경우에만 그에 따른 의심이 피고인에게 유리하게 작용하는 것은 아니라고 한다.[15]

2) 대법원의 경우

대법원은 "피고인이 트럭을 도로의 중앙선 위에 왼쪽 바깥 바퀴가 걸친 상태로 운행하던 중 피해자가 승용차를 운전하여 피고인이 진행하던 차선으로 달려오다가 급히 자기 차선으로 들어가면서 피고인이 운전하던 트럭과 교행할 무렵 다시 피고인의 차선으로 들어와 그 차량의 왼쪽 앞 부분으로 트럭의 왼쪽 뒷바퀴 부분을 스치듯이 충돌하고 이어서 트럭을 바짝 뒤따라가던 차량을 들이 받았다면, 설사 피고인이 중앙선 위를 달리지 아니하고 정상 차선으로 달렸다 하더라도 사고는 피할 수 없다 할 것이므로 피고인 트럭의 왼쪽 바퀴를 중앙선 위에 올려놓은 상태에서 운전한 것만으

14) BGHSt 11, 4f; Vgl. K.Ulsenheimer, a.a.O., S.76.

15) BGHSt 11,3f; 독일에 있어 학설에 있어서 통설은 蓋然性의 정도의 문제에 관해서는 화물차사건 이후의 연방대법원의 견해와 일치하고 있다(H.Welzel, Das Deutsche Strafrecht, 11.Aufl., S.136; K.Ulsenheimer, a.a.O., S.138; J.Wessels, Strafrecht, Allg.T., 13.Aufl., 1983, S.54; P.Bockelmann, Strafrecht, Allg.T., 3.Aufl., 1979, S.163f). 즉, 개연성의 정도의 문제에 있어서는 행위자가 합의무적 태도를 취한 경우에는 「확실성에 근접하는 개연성」을 가지고 결과가 회피되었을 경우에만 결과귀속은 긍정되고, 합의무적 대체행위가 있었더라도 동일한 결과발생이 최소한 부정될 수 없을 정도로 존재한다면, 그 의심은 피고인에게 불이익되게 고려되지 않는 상태로 방치되어서는 아니되며 「in dubio pro reo」의 원칙에 의해 결과귀속의 부정이 도출되지 아니하면 안된다.
여기에 대해서 단지 「가능성」이 있는 것만으로는 충분하지 않다는 견해로서는 H.H.Jescheck, Aufbau und Behandlung der Fahrlässigkeit im modernen Strafrecht, 1965,S.17f; Arth. Kaufmann, Die Bedeutung hypothetischer Erfolgsursachen im Strafrecht, Festschrift für Eb.Schmidt, 1961, S.229; C.Roxin, ZStW 74, S.433f; E.A.Wolff, Kausalität von Tun und Unterlassen, 1965, S.27 등이 있다.

로는 위 사고의 직접적인 원인이 되었다고 할 수 없다"고 판시하고 있다.[16)]

여기에서 대법원은 "설사 피고인이 중앙선 위를 달리지 아니하고 정상 차선으로 달렸다 하더라도 사고는 피할 수 없다 할 것이므로"라고 하여 합의무적 대체행위의 이론을 채택하고 있는 것으로 보인다. 이 경우에 독일의 판례에 있어서와 같이 "의심스러울 때에는 피고인의 이익으로"라는 원칙에 따라 피고인에게 무죄을 선고하였다.

(2) 학설

이상에서 고찰한 바와 같이 과실범에 있어서 주의의무위반행위와 결과발생 사이에 인과관계가 존재하는 경우에 필요로 하는 의무를 다하고 있었던 경우에도 역시 동일한 결과가 발생하였을 것이라는 개연성이 있는 경우에 과실범으로 처벌이 가능한가(객관적 귀속이 가능한가)에 대한 제학설의 논지를 고찰하면 다음과 같다.[17)]

1) 處罰說(假定的 事情을 일체 고려하지 않는 인과관계설)[18)]

가정적 사정(합의무적 태도의 代置)은 전혀 고려할 필요가 없다는 견해는 초기에는 슈미트(Eb.Schmidt)에 의해서 주장되어지기 시작하여 최근에는 슈펜델(G.Spendel) 등에 의하여 적극적인 근거가 제시되고 있다.[19)]

독일에 있어서 슈펜델(G.Spendel)은 합의무적 태도를 취하였더라도 동일하게 결과가 발생하고 있었을 것이라는 것을 범죄의 성립요건으로서 고려하지 않고, 이러한 사정이 존재한다고 하더라도 주의의무에 반하는 행위자의 행위는 현실적으로 결과가 발생한 이상 과실에 의한 결과범으로 처벌하여야 한다는 것이다.[20)] 즉, 합의무적 대체행위의 사례에서 주의의무에 반하는 作爲行爲가 문제로 되는 경우에는 당해 행위에 의하여 야기된 결과가 합의무적 대체행위를 하였더라도 동일한 결과가 마찬가지

---

16) 대법원 1991. 2. 26, 90 도 2856.

17) 이 문제에 대한 자세한 論述로서는 山中敬一, 「過失犯における義務違反と結果との關係について(一)」, 法學論叢, 第九二卷, 第3號, 1972, 72面以下; Arthur Kaufmann, a.a.O., S.220f; H.J.Kahrs, a.a.O., S.52f; E.A.Wolff, a.a.O., S.24ff.

18) 이 학설의 명칭에 대해서는 처벌설 혹은 인과관계설이라는 명칭을 학자들은 각각사용하고 있다(山中敬一, 刑法における因果關係と歸屬, 成文堂, 1984, 295面; 川口浩一, 「過失犯における假定的事情の考慮について～西ドイツ交通判例を中心として～」, 大阪市立大學法學雜誌, 第31卷, 第2號, 1985, 534面).

19) Eb.Schmidt, Der Arzt im Strafrecht, 1939, S.200f; G.Spendel, a.a.O., S.183ff.

20) G.Spendel, a.a.O., S.183; 井上祐司, 行爲無價値と過失犯論, 成文堂, 1973, 240面以下

로 발생하였을 것이라는 가정적 情況이 존재한다고 하더라도, 이러한 정황은 객관적 귀속에 아무런 영향을 미치지 못하고 금지된 행위로서 야기한 구성요건적 결과는 객관적으로 귀속되어야 한다고 한다(인과관계의 판단에 있어서 가정적 사정은 고려할 필요가 없다는 견해). 따라서 당해 위험이 비전형적인 것으로서 그 위험의 인식가능성이 결여된 경우에만 면책되어진다고 한다.[21)]

슈펜델은 그 위험이 인식가능한 경우에는「의무위반행위의 비난가능성은 합의무적 대체행위에 의한 그 결과가 발생했을 개연성이 있는 사정에 의해 조각되는 것이 아니고, 그것은 반대로 적법한 대체행위에 의한 경우에는 결과방지의 가능성이 남아 있다는 점에 근거하여 비난가능성이 인정되며 다만 현실적인 의무위반행위가 없었더라도 동일한 결과가 발생하였을 것이라는 가정적 예비조건의 존재는 범죄론상의 지위를 상실하고 양형에 있어 고려의 사정에 지나지 않는다」는 것이다.[22)]

이 견해는 ① 條件關係論에 있어서 c.s.q.n 공식을 적용할 때, 현실적으로 작용한 사정이외에 단순히 가능적이거나 개연적인 사정(가정적 사정)을 고려하여서는 아니 된다고 하는(가정적 대체원인의 개입을 제거) 슈펜델(G.Spendel)의 수정공식을 채용하고 있는 것과,[23)] ② 체계론적으로「과실을 책임요소로 하는 전통적 체계론」의 입장에 서서「과실범의 위법성은 철두철미 결과야기에 있다」고 하는 사고방식에 그 이론적 기초를 두고있다.[24)]

슈펜델에 의하면, 예컨데 의사가 의학상 준칙에 위반된 수술을 행하여, 그 결과 환자를 사망한 경우에 있어, 사후적으로 새롭게 판명된 사정으로부터 의학상 지시된 준칙에 따라 수술을 하였다고 해도 마찬가지로 사망하였을 것이라는 것이 판명된 경우에 있어서도 결과야기가 있는 이상 그것은 위법하고, 따라서 그 결과의 주관적 예견가능성이 있으면 有責한 것이 되어 과실치사로서의 처벌을 면할 수 없다고 한다.

또한 일본의 島田雅子는 슈펜델의 견해는 대체로 타당하지만, 적어도 藥劑師事件, 코카인事件, 山羊의 毛事件, 화물차事件의 諸事例에 있어서의 가정적 예비조건의 존재는 量刑事情에도 해당되지 않는다고 한다.[25)] 이 논지에 의하면 가정적인 예비조건은 고려되어서는 안된다고 하면서「화물차사건」의 경우를 고찰한다면 1.5m의 간격유

21) G.Spendel, a.a.O., S.196ff.
22) a.a.O., S.194ff.
23) a.a.O., S.34f; 山中敬一,「幇助の因果關係」, 關西大學法學論集, 第25卷, 第四・五・六號 合併號, 1976, 127面以下.
24) 島田雅子, 「假定的豫備條件について～その批判的考察～」, 法學新報, 第86卷,第10.11.12號, 1980, 217面.
25) 上掲論文, 216면; 이 견해에 好意的인 자로서는 松宮孝明,「過失犯における『客觀的歸屬論』の問題點について」, 京大法院會誌, 第10號, 1981, 40面以下.

지를 규정하는 도로교통규칙 제10조는 사고의 방지를 의도한 것이기 때문에, 제10조의 의무에 위반한 자는 그것에 의해 야기된 결과에 대한 예견가능성은 당연히 긍정된다는 것이다.

이러한 견해들은 일반적으로 가정적인 예비원인은 고려되어서는 되지 않는다고 하게 되므로 결과책임(versari in re illicita, Erfolgshaftung)의 원칙에 입각한 것으로 비판되어지고 있다.[26] 즉, 가정적 정황으로서의 합의무적 대체행위는 전혀 고려되지 않게 되므로 금지된 행위를 한 者는 그것으로부터 야기되어진 모든 결과에 대하여 책임을 져야 한다는 점에서 결과적으로 행위자의 귀책범위를 부당하게 확대하는 것이고 우연책임(Zufallshaftung) 내지 결과책임을 인정하는 결과로 된다는 것이다.

그러나 여기에 대해서는 쉬네만(G.Schünemann)도 지적하고 있는 것과 같이 슈펜델(G.Spendel)도 또한 책임의 단계에서의 검증을 필요로 하고 있으며 다만 행위는 위법이라고 하는 것을 기술하고 있는 것에 불과하다.[27]

쉬네만(G.Schünemann)에 의하면 슈펜델(S.Spendel)이 주장하는 처벌설의 弱點은 일반적인 관점에서 본다면 일정한 주의의무위반행위로 인한 결과의 야기가 사전에는 인식될 수 없었던 구체적인 사정에 기초하여 볼 때, 주의의무에 적합한 합의무적 행위와 비교하여 본다면 결과발생의 위험을 증대시키지 않은 것만이 아니라 오히려 당해행위가 법익침해에 대한 위험을 감소시킨 것으로 나타났을 실제적인 사안을 想定할 때 더욱 확실하게 되다고 한다.

예컨데 「코카인사건」을 수정해서 환자가 사후적인 해부에 의해 피해자의 특수한 이상체질로 인하여 통상 이용된 노보카인은 코카인 이상으로 몸에 나쁘고 그것을 사용하였더라면 환자는 확실하게 사망하였을 것이지만, 이것에 반하여 추상적으로는 의료기술에 반하는 코카인의 사용에 의해서도 사망하였을 것이지만 그러나 이것에 의하면 한가닥 생존할 가능성이 있었던 것으로 가정하여 보자.[28] 그리고 兩者를 비교할 경우에 위험의 정도가 완전히 같은 사례(예컨데 코카인사건에 있어서 환자에게 있어 사전적으로는 인식불가능한 신체상의 이상이 존재하고 있었기 때문에 노보카인을 사용했어도, 코카인을 사용한 경우와 같이 사망하였을 것이라는 것이 판명된 경우)에 있어서 행위자를 과실치사로 처벌하는 것은 형사정책적으로 볼 대 부당하다는 것이다.

---

26) 山中敬一, 前揭書, 28면; C.Roxin, Literaturbericht, ZStW 78, 1966, S.217(Fn.5).

27) B.Schünemann, Moderne Tendenzen in der Dogmatik der Fahrlässigkeits - und Gefährdungsdelikte, JA 1975, S.647; M.Burgstaller, a.a.O., S.136f; 島田雅子는「슈펜델의 견해에 있어서 가정적 예비조건(합의무적 태도의 代置)이 고려되지 않는 것을 가지고 결과책임이라고 한다면, 그것은 매우 감상적 비판이라고 하지 않으면 안된다」라고 하고 있다(島田雅子, 前揭論文, 212面).

28) B.Schünemann, JA 1975, S.647f.

이 사례에 있어서 규칙에 반하는 것이 환자의 생존가능성을 높일 수 있었다는 것과 관계없이 슈펜델의 구상에 따르면 의사는 처벌되지 않으면 안된다. 왜냐하면 적법한 행위에 의한 가정적인 인과경과는 전혀 고려되지 않기 때문이다. 이러한 결론이 형사정책적으로 불합리한 것은 명백하다. 즉, 注意規則을 지키는 것이 오히려 法益의 상황을 더욱 악화시키게 된다면 이 注意를 준수하는 것은 무의미한 것이고, 무의미한 규범의 요구를 준수하지 않은 것에 대하여 과실결과범으로 처벌하는 것은 의심할 여지도 없이 부당한 것이라 할 것이다.[29]

여기에서 슈펜델의 견해에 대해서는 허용된 위험의 법리를 부정하는 것으로서 현행법과 전혀 조화될 수 없다는 지적과 함께[30] 사후적으로 보아 사전적으로는 적법적이라고 생각되고 있던 행위가 오히려 위험하였을 경우 등에 있어 불합리하다고 비판되어진다.[31]

이상에서 슈펜델의 견해와 그것에 대한 비판을 概觀하였지만, 여기에서 논점이 되고 있는 것은 현실적으로 발생한 事象이외의 가정적 事象을 고려할 필요가 있는가 어떠한가의 문제이다.

따라서 합의무적 대체행위의 사례에 있어서는 위와 같은 결과책임을 인정하는 이론적 부당성을 체거하기 위하여 어떠한 방법으로든지 합의무적 대체행위를 고려해야 한다는 기본적 관점에서 일정한 범위에서 결과책임을 제한할 필요성이 있다는 점에서 학설은 일치하고 있다. 그러나 어떤 이론적인 근거하에 결과의 객관적 귀속을 제한할 것인가에 대해서는 관련설과 위험증가이론의 견해의 대립이 있다.

2) 關聯說(Zusammenhangstheorie)[32]

독일에 있어서 판례·통설이 지지하는 견해로서[33] 관련설에 의하면 구체적인 사정

---

29) 山中敬一, 前揭書, 297面; B.Schünemann, JA 1975, S.648.

30) 山中教授는 슈펜델의 견해에 의하면 허용된 위험의 법리는 전혀 고려되지 않는다고 하면서, 이 법리를 고려하지 않는 한 여기에서의 문제해결은 있을 수 없다고 한다. 즉, 이 문제를 고찰할 때의 구체적 事案의 상황에 관한 일반적 전제조건으로서 가정된 합의무적 태도를 취하는 경우에는 그 태도에 있어서는 다른 구체적인 주의의무위반도 없으며 그것이「허용된 위험」의 범위내에 속한다는 것을 전제로 하지 않으면 안된다는 것이다. 슈펜델의 견해는 이 점을 看過하고 있다고 한다(山中敬一, 前揭書, 28面).

31) 山中敬一, 前揭書, 297面; 川口浩一,「西ドイツにおける危險增加論の最近の展開(一)」, 法學ジャ-ナル, 第37號, 1984, 37面以下; B.Schünemann, JA 1975, S.647f.

32) 關聯說(Zusammenhangstheorie)이란 용어는 록신(C.Roxin)에 의해 사용되어지기 시작하였다(C.Roxin, ZStW 74, S.419).「회피가능성설」(Vermeidbarkeitstheorie)이라고도 부른다. 이 학설은 인과관계 이외에 의무위반과 결과와의 사이에는 직접적인 관련성이 필요하다고 하는 견해이다.

33) 關聯說을 지지하는 학설로서는 P.Bockelmann, a.a.O., S.169ff; H.Welzel, a.a.O., S.135ff; 판례의

하에서 합의무적 태도를 취한 경우에도 동일한 결과가 발생할 가능성(möglicherweise)이 존재하는 경우, 즉 합의무적 代替態度의 가정적 인과성이 「확실성」에 근접하는 개연성을 가지고 그 결과발생이 배제되지 않는 경우에는 그 결과귀속은 부정된다고 하는 이론이다.[34)]

이 설의 근거로서 주장되는 論旨는 ① 합의무적 대체태도를 취하였을 경우에도 당해 결과가 마찬가지로 발생하였을 경우에는 자연주의적 인과관계의 중요성이 欠缺하였다고 하는점, ② 그리고 이 문제의 사실적인 확정에 있어서는 in dubio pro reo의 원칙이 존중되지 않으면 안된다고 하는 점, ③ 합의무적 代替態度의 가정적 인과성이 「확실성」에 근접하는 개연성을 가지고 그 결과발생이 배제되지 않는 경우에는 그 결과귀속을 인정하는 것은 침해범을 구체적 위험범으로 轉化시키는 것이라고 한다.[35)]

연방대법원은 「화물차사건」의 判示에서 일단 긍정된 인과관계를 후에 다시 부정하고 있는 것으로서 이것은 과실범에 있어서는 행위와 결과사이의 자연과학적 인과관계의 존재 이외에 다시「의무위반」과 「결과」와의 사이의 「제2의 인과관계의 검토」가 필요하다고 하는 것이다.[36)] 그리고 화물차사건에 있어서는 이 의무위반과 결과사이의 인과관계가 존재하지 아니한다고 한다.

이 견해는 독일 형법 제222조의 「과실에 의해서」사람을 사망하게 하여 결과를 야기한 자라는 문언에 부합하기 위해서는 단지 행위와 결과사이의 인과관계가 존재하는 것으로서는 충분하지 않고, 결과발생은 행위자의 의무위반에 대한 비난으로서의 행위부분에 근거하지 않으면 안된다고 한다. 이러한 의미에서 의무위반과 결과와의 사이에 「특별한 관계」를 요구하는 견해로서 그 관계를 「인과관계」라고 하는 점에 특색이 있다.

따라서 과실범의 구성요건에서는 고의행위의 경우와는 달리 행위자의 행위가 자연과학적 의미에 있어서 결과에 대하여 원인이었다고 하는 것만으로서 확정되는 것은 아니다. 행위자의 注意의 欠缺에 의해서 설정된 위험이 발생된 결과에 있어 현실화된 경우에만 의무위반적 구성요건실현이 문제로 된다고 한다.

울젠하이머(K.Ulsenheimer)는 이것을 주의의무의 보호작용(Schutzwirkung der Sorgfaltspflicht)을 원용하여 설명하고 있다. 즉, 의무이행이 구체적인 사례에 있어서

예로서는 BGHSt 11,7; 21,59; 24,31; BGHSt 11,1의 事案 및 判旨에 대해서는 井上祐司, 行爲無價値と過失犯論, 235面以下 및 丸山雅夫, 「假定的因果關係」, 警察硏究, 第52卷, 第11號, 1982, 86面以下 參照.

34) G.Schünemann, JA 1975, S.583.

35) BGHSt 11,7.

36) BGHSt 11,1; BGHSt 21,59ff, 이른바 「歯科醫事件」(Zahnartzfall)이다.

법익보호를 위한 효과가 없는(nutzlos) 경우에 있어서는 그 주의의무의 보호작용이 결여되다고 한다.[37] 그는 과실범의 경우에 구성요건적 중요성이 인정되기 위해서는 단순히 注意侵害와 그에 따른 결과가 발생한 것만으로는 부족하고 양자간에 특별한 관련이 존재하지 않으면 안된다고 전제한 다음, 이때의 주의의무는 결과범에 있어 구성요건에 해당하는 결과를 회피할 목적으로 정하여지는 것이 본래의 목적이므로 구체적 상황에 있어 주의의무의 준수는 그것을 통하여 결과의 회피가 가능해야만 형벌이 부과될 수 있다고 한다.

따라서 의무침해가 있고 일정한 결과가 발생하였다고 하여 과실침해범으로 처벌되는 것이 아니라 발생결과와 특별한 관련이 있는 중요한 의무위반만이 처벌된다고 하였다. 그리고 이러한 특별한 관련은 규범의 보호작용을 매개로 하여 규명되어진다고 하고, 그것은 구체적인 사례에 있어서 의무이행과 규범의 보호작용과의 관련은 당해 의무이행에 의해 법익보호의 효과가 있고 그 완전성이 유지될 수 있으며, 반대로 주의의무를 침해하면 그 보호작용의 결여로 인하여 법익이 침해된다고 하는 식의 관련을 의미한다고 한다. 여기에서 의무이행이 구체적인 사례에 있어서 당해 법익보호를 위한 효과가 없는 경우에 있어서는 주의의무의 보호작용이 결여되어 그에 대한 의무위반은 발생결과와 특별한 관련이 있는 의무침해가 될 수 없고 행위자는 처벌되지 않는다는 것이다.

또한 야콥스(G.Jakobs)는 규범을 준수하여도 그것이 법익보호에 있어서 어떠한 역할도 할 수 없는 경우에는 그 규범은 기능을 상실한다고 한다. 즉, 결과가 규범의 준수에 의해서 계획적으로 회피가능(planvoll vermeidbar)한 경우에 한하여 그 규범은 적용가능한 것이라고 할 수 있다고 한다.[38] 그는 행위자의 합의무적 태도에 따른 행위가 주의의무에 반하는 행위와 동일한 정도 내지는 그보다 정도가 심하게 법익을 침해할 경우에는 당해 법익침해가 규범의 준수에 의해서 계획적으로 회피가능하였다고 할 수 없게 되며 따라서 결과귀속이 부정되어야 한다고 한다.

이 학설에 대해서는 다음과 같은 비판이 제기되고 있다. 먼저 가정적 정황을 고려하지 않는 슈펜델(G.Spendel)의 입장에서 현실적으로 발생하지 않는 가정적 사정을 채용할 필요가 있을 것인가하는 점에 대한 비판이다. 즉, 이와 같은 가정적인 비교를 할 필요가 없이 구체적인 예견가능성의 요건에 의해서 처리하면 족하다는 것이다.[39]

다른 하나는 이 설의 실제상의 귀결에 관한 것으로 형사정책적인 면에서 결과귀속

---

37) K.Ulsenheimer, Erfolgsrelevante und erfolgsneutrale Pflichtverletzungen im Rahmen der Fahrlässigkeitsdelikte, JZ 1969, S.368.

38) G.Jakobs, Strafrecht, Allg.T., 1983, S.184ff.

39) 井上祐司, 行爲無價値と過失犯, 245面以下; 島田雅子, 前揭論文, 183面以下.

이 부정되어지는 범위가 너무 넓다는 위험증가설로부터의 비판이다. 록신(C.Roxin), 쉬네만(B.Schünemann) 등은 의사가 의학적 規準(lege artis)에 반한 수술을 시행하여 환자를 사망하게 한 사례에 있어서 關聯說을 적용한다면, 합의무적으로 수술을 하였어도 환자가 사망할 가능성이 있는 이상 결과귀속이 인정되지 않게 되며, 무죄의 범위가 너무 넓어진다고 한다. 쉬네만은 확실히 관련설은 이론적 안정성을 가지고 있지만 형사정책적으로 만족할 수 없는 이론이라고 비판한다.[40]

또한 위험증가설과 공통하는 문제로서 어떠한 사정이 假定되어야 하는가 하는 문제가 있다. 최근에 독일연방대법원은 동일한 결과가 제3자의 과실적 태도에 의해서 야기되어 질 수 있다고 하는 것은 고려의 여지가 없다고 한다.[41]

3) 위험증가이론(Risikoerhöhungslehre)

금지·명령규범은 일정 행위의 금지·명령에 의해 결과발생의 위험을 감소시키는 것을 통하여 결과회피를 위해 기능하는 것이므로, 事案의 구체적 사정하에서는 규범준수가 결과발생의 위험을 감소시키는 효과를 갖지 않는 경우에는 그 기능을 하지 않는 규범에 대한 위반을 근거로 처벌하는 것은 타당하지 않다. 위험증가이론은 구체적 사정하에서 행위규범위반이 결과발생의 위험을 무시할 수 있는 정도를 넘어서 증가시켰을 때에만 처벌이 가능하게 된다는 것이다.

입법자가 현대의 교통에 있어서의 많은 출현형식이나 위험한 시설을 가진 기업활동 기타의 우월적 사회효용성(überwiegende sozialer Nützlichkeit)을 가진 사례에 있어서 일정한도까지의 危險受忍을 인정하고 있다면, 행위자의 태도가 허용된 위험의 증가를 의미하는 경우에 비로소 귀속이 인정된다. 그러나 그러한 경우에는 예컨대 당해 결과가 가능적(möglicherweise)으로 하자없는 태도를 취한 경우에도 발생하였을지도 모르는 경우가 있다하여도 그 결과는 행위자에게 귀속되지 아니하면 아니된다[42]고 한다.

그리고 이러한 전제하에서 그는 허용된 위험의 범위에서의 행위를 대치시킨 경우에도 동일한 결과가 발생하는 것이 확실(확실성에 근접하는 개연성을 가지고 입증되었다)하다면 그것과 행위자가 실제에 있어 행한 의무위반적 태도는 같이 취급되지 아니하면 안된다고 한다[43](이 경우에는 양자는 동일하게 위험한 경우로서 위험증가

---

40) 川口浩一,「西ドイツにおける危險增加論の最近の展開(一)」, 42面, 68面以下; B.Schünemann, JA 1975, S.648.

41) BGHSt 30, 228.

42) C.Roxin, Strafrechtliche Grundlagenprobleme, 1973, S.126.

43) a.a.O., S.170.

가 없다고 본다). 關聯說과의 차이는 그 개연성의 정도의 相違에 있다. 관련설에 의하면 구체적인 사정하에서 합의무적 태도를 대치한 경우에 동 결과발생의 가능성이 존재하는 경우에는 결과귀속이 부정되지만, 위험증가이론에 있어서는 합의무적 태도를 대치한 경우에 확실성에 근접하는 개연성을 가지고 동결과가 발생하는 경우에만 결과가 허용된 위험의 범위내에 존재하므로 행위자의 행위로 귀속을 부정한다. 즉, 訴追側은 적법적 태도를 대치한 경우에 관련설과 비교하여 증명의 부담이 가벼워진다고 하겠다.[44)]

위험증가이론은 처음에「과실범에 있어서 의무위반과 결과와의 관계」문제의 해결방법으로서 특히 합의무적 대체행위하의 결과발생이 불확실한 사례를 처리하기 위하여 1962년 록신(C.Roxin)에 의하여 주장된 이론이다.[45)] 즉, 과실범에 있어서 행위자가 규칙에 적합한 태도를 취하면 동일한 결과가 발생하지 않는 것이 확실한 경우는 드물고, 많든 적든 동일한 결과의 발생가능성은 남는다. 그러나 록신에 의하면 그 결과의 발생가능성이 낮을 때, 혹은 행위자의 과실이 중대할 때 등에는 결과가 주의의무위반에 기인하고 있는 것(즉, 주의의무위반이 없으면 결과가 발생하지 않는 것)이 확실하지 않다고 해서 무죄로 하는 것은 법감정에 반한다는 것이다.[46)]

여기에서 당해의 구체적인 사정하에서 행위자의 의무에 반한 행위에 의하여 결과발생의 기회가 허용된 위험보다도 높아졌다면 구성요건충족적 의무위반이 있고 과실범이 성립한다는 것이다. 그리고 이 경우에 행위자의 행위가 허용된 위험을 증대시킨 경우에는, 설령 결함없이 행위했다라도 결과가 발생했으리라고 생각되는 경우에도 그 결과는 행위자에게 반드시 귀속되어야 한다고 한다.[47)] 왜냐하면 그 결과가 그렇지 않았더라도 발생하였을 것이라는 이유만으로 상당히 높고 더 이상 허용되지 않는 위험을 내포하고 있는 행위에 의한 결과야기를 불처벌로 한는 것은 올바르지 못하다. 입법자는 자신이 설정한 허용된 위험의 한계를 넘어 행위자가 그 위험을 증가시킨 경우에는, 특정의 경우에 일반적인 사회적 유용성을 고려하여 불가벌로 하였던 것을 더 이상 그대로 감수할 필요가 없는 것이다.

---

44) 川口浩一, 「過失犯における假定的事情の考慮について」, 535面.

45) C.Roxin, Strafrechtliche Grundlagenprobleme, S.144ff.

46) C.Roxin, ZStW 74, S.422ff; 위험증가이론은 합의무적 대체행위의 경우에 동일한 결과가 발생하지 않는 것이 확실하지 않고 단지 결과발생의 가능성만 있는 경우에 중요한 의미를 갖는다(U.Ebert/K.Kühl, Kausalität und objektive Zurechnung, Jura 1979, S.572). 위험증가이론에 있어서도 합의무적 대체행위하에서 결과발생이 확정적일 때에는 객관적 귀속은 배제된다. 이 경우에 있어서는 구체적인 사정하에서 행위자는 주위위반행위에 의하여 합법적으로 허용된 상태보다 상황을 더 악화시킬 수 없었기 때문이다.

47) C.Roxin, Gedanken zur Problematik der Zurechnung im Strafrecht, Festschrift für R.Honig, 1970, S.126.

따라서 화물차사례(BGHSt 11,1)에서는 화물차의 운전자도 과실치사로 처벌받는 것이 마땅할 것이다. 왜냐하면 그는 법이 허용한 것보다 훨씬 좁은 간격을 두고 자전거를 추월하였다는 점에서 하나의 허용되지 아니한 위험을 야기한 것이고, 또한 이 위험이 실현되었으며 이에 대해서는 입법자가 아니라 바로 운전자 자신이 책임을 져야 하기 때문이다(이때 행위자의 행위가 일종의 허용된 위험의 범위내의 것이라면 이 위험의 결과에 대해서는 입법자가 책임을 져야 하고 결국은 그 처벌을 포기해야 한다). 살해라는 결과를 가져온 위험은 법정거리를 준수하지 않음으로써 현저하게 증가되었다고 볼 수가 있다. 왜냐하면 법규를 준수하였었다면 자전거를 타고 가던 사람의 죽음은 비록 확실한 것은 아닐지라도 어쩌면 회피할 수도 있었던 것이기 때문이다.[48)]

록신의 이러한 견해는 그때까지 호니히(R.M.Honig)에 의해 소홀하게 취급되어져 온 과실범의 문제영역에서 독자적인 귀속기준을 제시하였다. 즉, 과실범의 경우, 주의의무위반행위와 결과발생 사이에 인과관계가 존재하고, 호니히의 기준대로 하면 예견가능성과 회피가능성(또는 지배가능성)이 존재하여 귀속이 될 수 밖에 없는 경우에도 귀속이 부당한 경우가 있다[49)]고 하고, 이를 주의의무위반과 객관적 귀속의 문제로 보고 그 해결을 시도하였다.

이러한 위험증가이론의 提案 근거로서 록신은 평등원칙(Gleichheitssatz)을 들고 있다.[50)] 평등원칙이란 형벌규범위반이 없는 허용된 위험이 불가벌이라고 한다면, 설령 의무위반의 위험창출행위가 있어도 결과발생의 위험이 허용된 위험의 정도를 넘어서지 않은 경우에는 결과가 야기되었다고 하더라도 금지되어있지 않은 행위와 동일하게 평가하여 불가벌로 해야 한다는 것이다. 이상에서 고찰한 바와 같이 록신의 위험증가이론은 소위「허용된 위험」의 사상과 밀접하게 결합되어 있는 것이다.[51)]

이 견해의 특징은 무엇보다도 종래 지배적인 견해가 합의무적 대체행위의 문제를 다룸에 있어서 합의무적 대체행위를 하였더라도 그 결과가 마찬가지로 발생하였을 개연성의 정도가 객관적 결과귀속에 어느 정도 영향을 미칠 것인가 하는 관점에서 논의를 전개하여 왔음에 비하여, 현실적인 의무위반행위가 허용된 위험의 정도를 넘어섰는가 하는 위험판단의 문제로 파악하고 있다는 데에 있다.[52)] 즉, 의무위반적 행

---

48) C.Roxin, ZStW 74, S.411ff.

49) 독일판례의 검토에서 인용되어진 약제사사례, 코카인사례, 산양의 毛사례, 화물차사례 등이 問題事案으로 지적되고 있다.

50) C.Roxin, ZStW 74, S.432.

51) 松宮孝明, 「義務違反の原因性」, 關西大學大學院, 法學ジャ-ナル, 第36號, 1983, 192面以下 參照.

52) 김용욱,「과실범에 있어서 객관적 주의위반행위와 결과와의 관련에 관한 연구」, 연세대 대학원

위와 합의무적 행위가 각각 가져왔을 위험을 비교함으로써 의무위반적 행위가 가져오는 위험이 상대적으로 증가되었다고 볼 수 있는 때에 야기된 결과의 객관적 귀속을 긍정하는 입장이다.

이 견해에 의하면 행위자가 금지된 행위로서 구성요건적 결과를 야기하였으나 의무에 적합한 행동을 하였더라도 그러한 결과는 똑같이 마찬가지로 발생하였을 것이라는 경우에 있어서도 위험증가가 인정되는 한 이러한 결과는 귀속될 수 있다고 한다.[53] 따라서 위험증가이론은 어느 사안에 있어서도 가정적 예비조건의 고려는 불필요하며, 그것이 형사책임에 영향을 주는가 어떤가에의 문제에 대하여는 원칙적으로 부정적이다.

오늘날 록신에 의해 합의무적 대체행위의 문제에 대하여 위험증가이론을 적용할 것이 제안된 이래 이 이론에 대해서는 독일의 학계에 있어 많은 지지자를 얻게 되어 유력설이 되었다.[54]

박사학위논문, 1989.6, 161면; 신양균, 「과실범에 있어서 적법한 대체행위의 문제」, 법학연구, 전북대 법학연구소, 제14집, 1987.3, 117면.

53) C.Roxin(김일수 역),「객관적 구성요건에의 귀속」, 192면이하; 록신에 의하면 합의무적 대체해위에 의해서 동일한 결과의 발생의 가능성이 존재함에 불과한 경우에「in dubio pro reo」의 원칙을 적용시켜 무죄라고 하는 학설과는 반대로 이 경우에 위험증가는 인정되어 유죄라고 한다. 또한 앞에서 인용된 기본판례에 있어 록신은 다음과 같이 해결을 하였다(C.Roxin, Strafrechtliche Grundlagenprobleme, S.147ff). ① 화물차사건에 있어서는 살해라는 결과를 가져온 위험은 법정거리를 준수하지 않음으로써 현저하게 증가되었다고 볼 수가 있기 때문에 이러한 결과는 객관적으로 귀속될 수 있고, 따라서 화물차운전자는 과실치사로 처벌받는 것이 마땅할 것이라고 한다.

② 약제사사건에 있어서는 감정에 의하면 재교부는 위험증가가 아니기 때문에 객관적 귀속을 부정하여 무죄라고 하였다.

③ 山羊의 毛事件에 있어서는 소독되어 있지 않는 毛의 교부는 소독에 의하면 감염을 회피할 기회가 있기 때문에 위험증가가 있다(과실치사죄인정). 모든 규정을 준수한 경우에도 여전히 잔존하는 위험은 입법자가 감수하여야 한다. 그것이 곤란하다면 솔(brush)생산을 위한 외국산 羊毛의 사용을 전면 금지시키는 것이 그들이 해야 할 일이다. 그러나 어느 누가 완벽한 안전책을 강구하지 않음으로 해서 허용된 위험을 일탈하여 위험을 야기시켰다면 단지 합의무적 대체행위하에서도 위험이 어느 정도 잔존하였을 것이라는 가능성 때문에 결과귀속을 부정해야 할 이유는 없다.

④ 노보카인사건에 있어서는 이 경우에 의료원칙상 지시되어 있는 노보카인을 사용하였을 경우에 단지 동일하게 致死의 결과발생의 가능성이 존재함에 불과한 것이기 때문에 본질적인 위험증가가 있고 과실치사로 처벌된다고 한다. 그러나 만약 코카인의 주사가 마취쇼크(shock)를 초래해서 사망하였을 경우에는 환자의 체질에는 일체의 마취는 동일하게 위험하기 때문에 코카인의 주사는 위험증가를 초래하였다고 볼 수 없다(허용된 위험의 증가가 없다). 이에 반해서 예컨데 코카인에 의한 중독 등으로 사망한 경우에는 허용된 위험의 범위내에 해당하지 않기 때문에 결과가 귀속된다.

54) M.Burgstaller, a.a.O., S.129; H.H.Jescheck, Lehrbuch des Strafrechts, Allg.T., 3.Aufl., 1978, S.473f; H.Kamps, Ärztliche Arbeitsteilung und strafrechtliches Fahrlässigkeitsdelikt, 1981, S.115ff;

또한 그 적용범위에 있어서도 不作爲犯[55], 幇助犯[56]에 있어서의 귀속원리로서도 이용가능하다고 하는 학설이 주장되어지고, 옷토(H.Otto), 슈트라텐베르트(G.Stratenwerth) 등은 위험증가이론을 「객관적 귀속이론」(Lehre von der objektiven Zurechnung)의 일반원리로서 채용하고 있다.[57]

독일에 있어서 이 학설이 지지되는 이유로서 ① 허용된 위험의 이익에 대한 실질적인 보장, ② 결과책임의 회피, ③ 평등원칙의 적용, ④ 사전판단과 사후판단의 상이함의 조정, ⑤ 事案解決의 형사정책적 타당성 등이 주장되고 있다.[58]

(3) 문제사안의 검토

대법원도 본 사안에 있어 주의의무위반과 결과발생사이의 인과관계의 문제와 관련하여 독일의 판례와 같이 관련설의 입장에 있음을 알 수 있다. 즉, 대법원은 이 사건에서 "혈청에 의한 간기능검사를 시행하지 않거나 이를 확인하지 않은 피고인들의 과실과 피해자의 사망 간에 인과관계가 있다고 하려면 피고인들이 수술 전에 피해자에 대한 간기능검사를 하였더라면 피해자가 사망하지 않았을 것임이 입증되어야 할 것이다. 즉 수술 전에 피해자에 대하여 혈청에 의한 간기능검사를 하였더라면 피해자에 간기능 이상이 있었다는 검사결과가 나왔으리라는 점이 증명되어야 할 것이다(검사결과 간에 이상이 있었더라면 의사인 피고인들로서는 피해자를 마취함에 있어 마취 후 간장애를 격화시킬 수도 있는 할로테인의 사용을 피하였을 것이다). 그러나 원심이 거시한 증거들 만으로는 피해자가 수술당시에 이미 간손상이 있었다는 사실을 인정할 수 없고 그 밖에 일건 기록에 의하여도 위와 같은 사실을 인정할 아무런 자료를 발견할 수 없다.

원심이 수술 후 8일째와 9일째 시행한 피해자에 대한 혈액화학검사결과에서 간손상이 있었으므로 수술 전에도 간손상이 있은 것으로 추정한 것으로 보이나 경험칙에 위반되는 것이어서 옳지 못한 것이고, 제1심 증인 최홍재의 증언도 피해자가 산부인

D.Kienapfel, Strafrecht, Allg.T., 1983, S.451f; F.Schaffstein, Die Risikoerhöhung als objektives Zurechnungsprinzip im Strafrecht, insbesondere bei der Beihilfe, Festschrift für R.Honig, 1970, S.171f; B.Schünemann, JA 1975, S.528f; G.Stratenwerth, Strafrecht, Allg.T., 3.Aufl., 1981, S.278.

55) F.Schaffstein, a.a.O., S.172f.

56) a.a.O., S.173ff.

57) H.Otto, Risikoerhöhungsprinzip statt Kausalitätsgrundsatz als Zurechnungskriterium bei Erfolgsdelikten, NJW 1980, S.417ff.

58) 川口浩一, 「過失犯における假定的事情の考慮について」, 535面; 山中敬一, 前揭書, 28面, 297面; C.Roxin, ZStW 74, S.217; B.Schünemann, JA 1975, S.651.

과에서 내과로 전과되기 전에 이미 간이 나빴다는 취지일 뿐 수술 전부터 간에 이상이 있었다는 취지는 아니라 할 것이다. 여기에서 원심은 피해자가 수술 당시에 이미 간손상이 있었다는 사실을 증거 없이 인정함으로써 채증법칙위반 및 인과관계에 관한 법리오해의 위법을 저지른 것이다"라고 하고 있다.

먼저 본 사안에 있어 수술전 혈청의 생화학적 반응에 의한 간기능검사의 부작위(간기능장애)와 할로테인에 의한 간기능장애, 사망사이에는 합법칙적 조건관계가 있음을 알 수 있다.

다음으로 피해자의 사망을 피고인에게 귀속시키기 위해서는 피고인의 행위가 법적으로 허용되지 않는 위험을 창출하고 그 위험이 결과속에 실현되어야 한다. 먼저 피고인의 행위가 위험을 창출하였는가의 문제와 관련하여 위험창출행위로 볼 수 없어 애초부터 가벌성이 배제되는 기준인 허용된 위험의 원칙내에 속하는가의 문제이다. 사건 당시 의료계에서는 개복수술 환자의 경우 긴급한 상황이 아닌 때에는 혈청의 생화학적 반응에 의한 간기능 검사를 하는 것이 보편적이었다면 이는 허용된 위험의 범위를 일탈한 것으로 위험의 창출이 있었다고 할 수 있다.

여기에서 논의의 쟁점은 피고인의 행위가 결과내에의 위험이 실현되었는가의 여부이다. 이는「행위자가 의무위반적 태도에 의해서 법익침해를 야기한 경우, 이 결과가 합의무적 태도를 취하였다고 하여도 그 결과가 마찬가지로 개연적으로 발생하고 있었다고 하는 사정에 대하여 어떤 법적 평가를 내려야 할 것인가(적어도 허용된 위험과 동일시 할 경우가 없을 것인가)」라고 하는 문제이다. 그것은 규범설정의 본래의 목적실현을 위하여 도움이 되지 않는 규범이라면 그 규범에 대한 위반을 근거로 해서 처벌하는 것이 타당할 것인가 하는 점이다.

먼저 합의무적 대체행위의 사례에 있어서는 결과책임을 인정하는 이론적 부당성을 제거하기 위하여 어떠한 방법으로든지 합의무적 대체행위를 고려해야 한다는 기본적 관점에서, 일정한 범위에서 결과귀속을 제한할 필요성이 있다는 점에서 학설은 일치하고 있다.

다음으로 판례 · 통설이 지지하는 견해로서의 관련설에 의하면 구체적인 사정하에서 합의무적 태도를 취한 경우에도 동일한 결과가 발생할 가능성이 존재하는 경우에는 그 결과귀속은 부정된다고 하는 이론이다. 이 설의 근거로서 주장되는 논지는 ① 합의무적 대체태도를 취하였을 경우에도 당해결과가 마찬가지로 발생하였을 경우에는 자연주의적 인과관계의 중요성이 欠缺하였다고 하는 점, ② 그리고 이 문제의 사실적인 확정에 있어서는 in dubio pro reo의 원칙이 존중되지 않으면 안된다고 하는 점에 있다. 그러나 이 학설은 실제상의 귀결에 관한 것으로 형사정책적인 면에서 결과귀속이 부정되어지는 범위가 너무 넓다는 위험증가설로부터의 비판이다. 확실히 관련설은 이론적 안정성을 가지고 있지만 형사정책적으로 만족할 수 없는 이론이라 하겠다.

마지막으로 록신(C.Roxin)이 합의무적 대체행위의 문제에 대하여 위험증가이론을 적용할 것을 제안한 이래 이 이론은 이를 지지하는 견해에 의해 다른 영역에서의 적용이 시험됨과 함께, 이를 비판하는 학자들에 의하여 논쟁이 계속되어 오고 있다. 합의무적 대체행위하에서 결과발생이 불확실한 경우에 귀속을 긍정하기 위하여 주장되고 있는 위험증가이론은 이 이론에 대해 다소간의 이유있는 반론에도 불구하고, ① 허용된 위험의 이익에 대한 실질적 보장, ② 결과책임의 회피, ③ 평등원칙의 적용, ④ 사전판단과 사후판단의 상이함의 조정, ⑤ 사안해결의 형사정책적 타당성의 측면에서 그 유용성이 긍정된다 할 것이다. 다만 이 설의 경우에 있어서도 위험증대가 증명되지 아니한 경우에는 "의심스러운 때에는 피고인의 이익으로"라는 원칙에 의해 객관적 귀속이 부인됨은 물론이다.

여기에서 본 사안의 경우 대법원이 "인과관계를 증거없이 인정하였다"는 논지에 대해서는 논거 제시가 불분명하며 위험의 현저한 증가가 인정되는 경우로서 객관적 결과귀속을 긍정함이 타당하다 하겠다.

제2장
방법의 착오

Ⅰ. 판례

대법원 1984.1.24. 선고 83도2813 판결 【살인】

「판시사항」 타격의 착오와 살인의 고의

「판결요지」 소위 타격의 착오가 있는 경우라 할지라도 행위자의 살인의 범의 성립에 방해가 되지 아니한다.

「참조조문」 형법 제13조, 제15조, 제250조

「주문」 상고를 기각한다.

「사건의 개요」

피고인 갑는 조카 Y를 업고 있는 그의 형수 X를 향하여 살의를 갖고 소나무 몽둥이를 양손에 집어 들고 가격하여 X를 마당에 쓰러지게 하였다. 피고인 甲은 다시 형수 X를 살해하고자 다시 한번 가격을 하였는 바, 두 번째 휘두른 몽둥이에 형수 X의 등에 업혀있던 조카 Y가 맞아 현장에서 즉사하였다. 검사는 피고인 갑을 살인죄의 기수범으로 기소하였고, 원심도 피고인에게 유죄판결을 선고하였다.

상고하는 변호인은 피고인 갑은 형수 X에 대해서만 살인고의가 있었을 뿐, 조카 Y에 대해서는 살인고의가 없었기 때문에 Y의 사망부분에 대해서는 과실치사죄의 죄책을 져야한다고 주장하였다.

「판결이유」 변호인의 상고이유를 판단한다.

원심판결이 유지한 제1심판결 거시의 증거를 기록과 대조하여 살펴보면 피고인 갑에 대한 제1심 판시 살인범죄사실을 넉넉히 인정할 수 있으니 소론 피해자 피고인의 형수 X의 등에 업혀 있던 피고인의 조카 피해자 Y(남1세)에 대하여는 살인의 고의가 없었으니 과실치사죄가 성립할지언정 살인죄가 성립될 수 없다는 주장을 살피건대, 피고인이 먼저 위 피해자 X을 향하여 살의를 갖고 소나무 몽둥이(증 제1호, 길이 85센티미터 직경 9센티미터)를 양손에 집어들고 힘껏 후려친 가격으로 피를 흘리며 마당에 고꾸라진 동녀와 동녀의 등에 업힌 피해자 Y의 머리부분을 위 몽둥이로 내리쳐 위 Y를 현장에서 두개골절 및 뇌좌상으로 사망케 한 소위를 살인죄로 의율한 원심조처는 정당하게 긍인되며 소위 타격의 착오가 있는 경우라 할지라도 행위자의 살인의 범의 성립에 방해가 되지 아니하니 어느 모로 보나 원심판결에 채증법칙 위배로 인한 사실오인의 위법이나 살인죄에 관한 법리오해의 위법이 없어 논지는 이유없다.

Ⅱ. 판례의 검토

판례의 사례에 있어서의 쟁점은 살인의 고의를 가진 행위자 甲의 수단·공격방법이 잘못되어 본래 의도한 객체인 X 이외의 다른 객체인 Y에게 결과가 발생한 경우인 타격의 착오가 있는 경우라 할지라도 고의·기수의 책임을 인정할 수 있는가에 대해 이를 긍정하는 판례의 이론적 근거가 무엇이며 이러한 근거의 당부문제를 검토하고자 한다. 여기에서 문제된 판례 사안의 검토와 관련하여 甲은 X에 대해서만 살해의 고의를 가졌으며 Y에 대해서는 일체의 가해의사를 가지지 않았음을 전제한 다음 논의를 진행하고자 한다. 판례에 있어서는 이 부분의 사실관계가 불분명하다.

1. 구성요건적 착오

構成要件的 錯誤(Tatbestandsirrtum)라 함은 행위자가 범행에 있어 주관적으로 인식한 구성요건해당사실과 현실적으로 발생한 객관적 구성요건해당사실이 불일치하는 것을 말한다.[1] 예컨대 甲을 향해 권총을 발사하였는데 그 옆에 있던 乙에게 명중한 경우, 혹은 재물손괴의 의사로 투석하였으나 그 옆에 있던 사람이 맞아 사망한 경우 등이다.

문제는 이러한 구성요건적 착오가 있는 경우에 양자의 불일치가 어느 정도의 것이면 그 착오를 의미있는 것으로 보아 발생한 사실에 대하여 고의를 조각할 것인가가 문제되어진다. 즉, 이것은 구성요건적 착오가 발생한 경우에 행위자의 주관적 인식·인용 사실과 발생된 객관적 범죄사실이 어느 정도 부합하면 현실적인 불일치를 무시하고 발생된 사실에 대하여 고의·기수를 인정할 것인가 하는 문제이다.

---

1) 현행 형법상 착오는 구성요건적 착오(제15조 제1항)와 위법성의 착오(제16조)로 대별되어지며, 모든 착오는 종국적으로 이들 중 그 어느 것에 속할 것인가가 문제되어진다.

형법상 고의가 성립하기 위해서는 행위자가 죄의 성립요소인 사실에 대한 인식, 즉 객관적 구성요건사실에 대한 인식이 있어야 하고(형법 제13조), 또 행위자가 행위로 인하여 야기될 결과를 예견하고, 나아가서 그 예견한 사실과 현실적으로 결과가 일치하여야 한다(형법 제15조 제1항). 그런데 구성요건해당사실에 관해서는 행위자의 주관적 인식사실과 현실적으로 발생한 實現事實이 완전히 일치하는 경우는 오히려 예외에 속하고 다소 일치하지 않는 경우가 日常的인 것이다. 따라서 주관적 인식과 객관적 사실이 일치하지 않는 경우에 언제나 고의가 조각된다고 한다면 고의를 인정할 수 있는 경우는 거의 없게 된다.

여기에서 고의범의 성립요건인 고의가 인색해야 할 대상은 무엇이며, 행위자가 인식한 주관적 인식사실과 현실적으로 발생한 객관적 사실이 相違한 경우에 어느 정도까지 합치하는 경우에 고의·기수의 성립을 인정할 것인가하는 문제가 발생한다. 이런 문제를 다루기 위한 이론이 구성요건적 착오론이다. 이러한 의미에서 착오론은「故意와 事實의 符合問題」로서「裏面에서 본 故意論」이라고도 말할 수 있다. 이와 같은 事案을 해결하기 위하여 형법 제15조 제1항은「특별히 중한 죄가 되는 사실을 인식하지 못한 행위는 중한 죄로 벌하지 아니한다」라고 규정하고 있다.

형법상 고의의 성립에는 구성요건의 객관적 요소에 해당하는 사실(행위의 주체와 객체, 행위의 태양, 행위의 상황, 결과범에 있어서의 결과, 인과관계, 형의 가중·감경적 요소에 해당하는 사실)의 인식·인용을 요하므로, 고의와의 관계에서 문제가 되는 것은 구성요건적 사실에 관한 착오에 한한다. 즉, 구성요건적 사실에 포함되지 않는 위법성조각사유의 前提事實의 錯誤(정당화사정의 착오, 오상방위·오상피난·오상자구행위 등이 여기에 해당한다), (책임요소인)犯行의 動機·責任能力·處罰條件·訴追條件 등에 관한 착오는 고의의 성립에 아무런 영향을 미치지 않으므로 형법상 구성요건적 착오의 문제가 되지 아니한다.[2)]

2. 구성요건적 착오의 태양

구성요건적 착오는 두가지 관점에서 그 태양을 분류할 수 있다. 그 하나는 행위자

---

2) 대법원 1966. 6. 28, 66 도 104. "피고인의 위 물건이 피고인 본가의 소유물이라는 주장에는 피고인이 그것을 본가의 소유물로 오신하였다는 취지도 포함되어 있는 듯하나 설사 본건 범행이 그러한 오신에 의하여 이루어진 것이라고 할지라도 그 오신은 형의 면제 사유에 관한 것으로서 이에 범죄의 구성요건 사실에 관한 형법 제15조(사실의 착오) 제1항은 적용되지 않는 것이므로 그 오신은 본건 범죄의 성립이나 처벌에 아무런 영향도 미치지 않을 것이니 소론 중 이 점에 관한 논지도 이유없다"고 판시하고 있다.

가 인식·인용한 구성요건과 현실로 실현된 구성요건 사이의 '구성요건의 일치성 여부'를 기준으로 하여 구체적 사실의 착오와 추상적 사실의 착오로 분류하는 것이고, 다른 하나는 착오가 구성요건의 어느 요소에서 발생한 것이냐에 따라 객체의 착오, 방법의 착오, 인과관계의 착오로 분류하는 방법이다. 그리고 이 두가지 관점에서의 분류는 상호 복합적 관련성을 가지게 되어 구체적 사실의 착오 내에서 다시 객체의 착오, 방법의 착오, 인과관계의 착오로, 추상적 사실의 착오 내에서 객체의 착오와 방법의 착오로 분류 가능하며, 객체의 착오와 방법의 착오를 다시 각각 구체적 사실의 착오와 추상적 사실의 착오로 나눌 수 있다. 본장에서는 문제사안인 판례의 고찰하기 위한 전제로서 착오가 구성요건의 어느 요소에서 발생한 것이냐에 따라 상론하기로 한다.

(1) 객체의 착오

객체의 착오(error in objecto, Irrtum über das Handlungsobjekt)는 행위의 객체를 誤認한 경우이다. 목적의 착오라고도 한다. 즉, 이 경우에는 행위자가 행위의 객체를 잘못 인식하여 본래의 의도와는 다른 객체를 공격한 경우로서 행위객체의 성질, 특히 동일성에 관하여 착오를 일으킨 경우이다. 그러나 객체의 착오는 일단 행위자가 인식·인용한 객체 자체에 대하여 현실적으로 결과가 발생한 점에서 방법의 착오와 구별된다.

예컨대 행위자가 어둠 속에서 행위 객체를 X라고 생각하고 살해하였으나 실제에 있어서는 비슷한 형체의 Y였던 경우(구체적 사실의 착오)이거나, 심야에 움직이는 물체를 타인의 개라고 생각하고 사살하였는데 實은 사람이었던 경우(추상적 사실의 착오) 등이 여기에 해당한다.

(2) 방법의 착오

방법의 착오(aberratio ictus, Fehlgehen der Tat)는 행위자의 수단·공격방법이 잘못되어 본래 의도한 객체 이외의 다른 객체에 결과가 발생한 경우로서 타격의 착오라고도 한다. 여기에서는 공격대상이 된 객체와 현실적으로 법익이 침해된 객체가 다르기 때문에, 현실적으로 침해된 객체가 침해하려고 한 그것과 동일하고 단지 실행행위자의 행위객체의 동일성에 관하여 착오가 존재하는 객체의 착오와 구별되어진다. 예컨대 행위자가 X를 살해하려고 발포하였으나 탄환이 빗나가 그 옆자리에 있던 Y가 명중하여 사망한 경우(구체적 사실의 착오)이거나, 사람을 향해 발포하였는데 탄환이 빗나가 타인의 개가 맞아 죽은 경우(추상적 사실의 착오)이다.

(3) 인과관계의 착오

인과관계의 착오(Irrtum über Kausalverlauf)란 행위자가 인식한 인과과정과 다른 因果經路를 거쳐서 예상한 결과가 발생한 경우이다. 예컨대 승마중의 X를 살해하려고 발포하였으나 탄환이 빗나가 총소리에 놀란 말이 난동을 부려 落馬에 의해 頭部를 다쳐 사망한 경우이다. 여기에서 인과관계의 착오는 구체적 사실의 착오에 한하여 발생한다. 인과관계의 착오는 현실로 진행된 인과과정이 예견된 인과의 진행과 본질적(wesentlich)인 차이가 있는 때, 즉 인식한 인과과정과 현실적인 인과의 진행의 차이가 일반적인 경험법칙에 의하여 예견할 수 있는 범위를 벗어난 경우에만 구성요건적 착오가 문제되어진다.[3)]

3. 방법의 착오와 고의의 成否에 관한 학설의 검토

(1) 형법규정

행위자의 주관적 인식사실과 현실적으로 발생한 객관적 사실이 상이한 구성요건적 착오의 경우에 있어 양자가 어느 정도 부합하면 고의·기수의 성립을 인정할 것인가, 즉 양자의 불일치가 어느 정도의 것이면 고의를 조각시킬 수 있을 것인가 하는 문제가 발생한다. 이와 같은 사안을 해결하기 위하여 형법 제15조 제1항은 "특별히 중한 죄가 되는 사실을 인식하지 못한 행위는 중한 죄로 벌하지 아니한다"라고 규정하고 있다. 본 규정은 추상적 사실의 착오 중 '경한 범죄사실을 인식하고 중한 범죄사실이 발생된 경우'발생된 중한 범죄사실에 대하여 고의·기수범으로 논할 수 없다는 소극적 규정을 내용으로 하고 있다. 따라서 본 규정은 구성요건적 착오가 발생한 경우 '행위자를 어떻게 처벌할 것인가'에 대하여, 이미 고찰한 모든 태양의 경우에 있어 그 해결의 적극적 규정이 될 수 없고 그것은 전적으로 학설·판례에 위임되어 있다.

구체적으로 형법 제15조 제1항의 규정의 적용범위과 관련하여 다음과 같이 해석론의 다툼이 있다.

첫째의 견해는 동 규정의 '특별히'라는 문언을 적극적으로 해석하여 형법 제15조

3) 이재상, 형법총론, 박영사, 2001, 175면; Eser, Strafrecht Ⅰ, 3. Aufl., 1980, S.169.

제1항이 직접 적용되는 사례는 경한 사실을 인식하고 중한 사실을 실현시킨 중에서도 두 죄의 구성요건이 기본적 구성요건(보통살인죄)과 가중적 구성요건(존속살해죄)의 관계에 있을 경우에만 동 규정이 적용된다고 하고 나머지 영역은 학설에 위임하고 있다고 한다.[4)]

둘째의 견해는 형법 제15조 제1항의 규정은 동종의 범죄 사이에 형이 가중된 경우(기본적 구성요건과 가중적 구성요건의 관계가 있는 경우)뿐만 아니라 죄질을 같이하는 범죄간에도 널리 적용된다는 것이다.[5)] 따라서 점유이탈물횡령죄(제360조)의 고의로 절도죄를 범한 때에는 점유이탈물횡령죄가 성립할 수 있을 뿐이라고 한다.

셋째의 견해는 동규정의'특별히'라는 文言이 반드시 기본적·가중적 구성요건의 관계로 한정하거나 죄질을 같이하는 범죄로 해석해야 할 이유와 근거가 없다고 하고, 이 경우에 중한 죄를 범할 의사가 없는 경우에는 비록 실제로 발생된 결과가 중한 경우에도 중한 죄의 고의·기수로 처벌할 수 없다는 의미로 해석하여 경한 범죄사실을 인식하고 중한 범죄결과가 발생한 모든 경우에 적용된다고 한다.[6)] 예컨대 손괴의 고의로 상해의 결과가 발생한 경우에도 적용되어 중한 죄인 상해의 고의범으로 처벌할 수 없다는 견해이다.

위 형법 제15조 제1항의 적용범위와 관련한 견해의 다툼은 적용의 실제에 있어서는 차이를 가지지 아니한다. 동 규정의 적용을 제한적으로 해석하는 견해에 있어서도 이러한 범주에 포섭되지 아니하는 사례군(예컨대 손괴의 고의로 상해를 발생시킨 경우)의 이론적 해결의 경우에 중한 죄의 고의·기수범의 인정은 불가능하기 때문이다. 따라서 이론적 실익을 갖지 않는 규정의 제한적 해석은 타당하다고 할 수 없으며, 형법의 보장적 기능에도 충실한 제3의 견해가 타당하다고 하겠다.

(2) 학설의 검토

구성요건적 착오의 각 태양 중 인과관계의 착오를 제외한 객체의 착오와 방법의 착오에 있어서 구성요건적 고의 阻却의 成否를 정하는 規準으로서 종래로부터 구체적 부합설, 법정적 부합설, 추상적 부합설의 세가지 학설이 대립하고 있다. 이 세가지 학설은 모두 행위자가 인식한 사실과 현실적으로 발생한 범죄사실이 엄격히 일치할 것을 요하지 않고 양자가 일정한 범위에서 부합하면 고의의 성립을 인정하려는

4) 김일수, 형법총론, 박영사, 1996, 204면; 박상기, 형법총론, 박영사, 1999, 112면.
5) 이재상, 전게서, 168면.
6) 배종대, 형법총론, 홍문사,, 228면; 임웅, 형법총론, 법문사, 2001, 156면이하; 정성근/박광민, 형법총론, 삼지원, 2001, 178면이하.

점에서 동일하지만, 다만 고의의 성립을 인정하기 위해서는 어느 정도의 부합을 요구하는가에 대해서는 견해의 차이가 있다.

1) 구체적 부합설

가) 구체적 부합설은 구성요건적 고의를 인정하기 위해서는 행위자가 인식한 사실과 현실적으로 발생한 사실이 구체적으로 부합할 것을 요하는 입장이며, 그러하지 아니한 경우에는 고의를 조각하여 인식·인용한 사실에 대한 미수와 발생한 사실에 대한 과실범의 상상적 경합(제40조)을 논해야 한다고 한다. 이 학설은 고의에 의한 일정한 객체에 대한 법익침해는 '현실적으로 침해된 객체가 침해하려고 한 그것과 동일한 경우'에만 고의에 의해 야기된 것으로 볼 수 있다는 것이다. 즉, 동기의 착오(Motivirrtum)는 있지만 범죄실행의 순간에 현실적으로 인식한 객체에 결과가 발생하고 그것은 행위자의 인식·인용한 객체와 실제의 결과발생의 객체 사이에 구성요건적 동가치성이 인정될 때 고의·기수의 성립은 인정한다.

따라서 구성요건적 착오가 발생한 경우의 고의의 成否와 관련하여 구체적 사실의 착오 중 객체의 착오에 대해서만 고의·기수를 인정하고, 이외의 구성요건적 착오의 태양의 경우(구체적 사실의 착오 중 방법의 착오, 그리고 추상적 사실의 착오)에는 인식·인용한 사실의 미수와 발생한 사실에 대한 과실범의 상상적 경합(제40조)이 성립한다고 한다. 이 경우에 구체적 사실의 착오 중 객체의 착오는 행위대상에 대한 단순한 동기의 착오에 불과하므로 이러한 착오는 형법상의 평가에 있어 의미를 가질 수 없으며 고의의 성립에 아무런 영향을 미치지 않는다고 한다.[7] 구체화설(Konkretisierungstheorie)이라고도 하며 객관주의에 충실한 이론으로 독일의 통설과 판례의 입장이며[8], 우리의 다수설이다.[9]

이 학설은 구체적 사실의 착오 중 방법의 착오의 처리에 있어 특히 의미를 가진다. 구체적 사실의 착오 중 객체의 착오와 방법의 착오는 양자 모두 행위자가 의도했던 것과는 다른 객체에 결과가 야기된 것에 대해서는 동일하나, 객체의 착오는 범행실행의 순간에 공격목표로 선택(인식)한 객체에 구성요건적 결과가 발생한 점에서(예컨대 어둠속에 나타난 사람이 X라고 생각하고 사살하였는데 실제에 있어서는 Y가 살해된 경우, 발포순간에는 적어도 행위자는 Y라는 행위대상을 살해할 생각으로

7) 김일수, 전게서, 210면; 배종대, 전게서, 2001, 230면; 이형국, 형법총론, 법문사, 1999, 149면.
8) Jescheck, Lehrbuch des Strafrechts, AT, 4. Aufl., 1988, S.275; BGHSt 34, 55.
9) 구체적 부합설을 지지하는 학자로서는 김일수, 전게서, 211면; 배종대, 전게서, 233면; 백형구, 「구성요건적 착오」, 고시연구, 1989. 11, 130면; 안동준, 형법총론, 학현사, 1998, 85면; 이형국, 전게서, 149면; 정영일, 「방법의 착오」, 고시계, 1997. 3, 44면; 허일태, 「구성요건적 착오」, 고시연구, 1993. 3, 61면.

살해하였으므로), 어떤 시점에서도 원하지 않는 객체에 구성요건적 결과가 발생한 방법의 착오와 구별되어지며 후자의 경우에는 행위자가 인식·인용한 결과에 도달하지 못하였다고 한다. 따라서 구체적 사실의 착오에 있어 객체의 착오와 방법의 착오는 분명히 행위구조를 달리하고 있다는 것이다.[10)]

여기에서 예컨대 X를 살해할 의사로 발사한 탄환이 빗나가 의외의 Y가 명중하여 사망하게 된 경우에 X와 Y는 구체적으로 부합하지 아니하므로 Y에 대하여 고의를 인정하지 아니하여 X에 대한 살인죄의 미수와 Y에 대한 과실치사죄의 상상적 경합의 성립을 인정하게 된다. 이 경우에 구체적 부합설은 행위자가 살해하려고 현실적으로 인식한 공격의 객체는 X이고 Y가 아니기 때문에 인식사실과 발생사실은 구체적으로 부합하지 않는 것으로 보고 행위자를 살인미수죄로 처벌해야 한다고 주장한다.

나) 구체적 부합설에 대하여는 구체적 사실의 착오에 있어서 '방법의 착오'의 처리와 관련하여 다음과 같은 중대한 결함을 가진다는 비판이 제기되고 있다. ① 구체적 부합설은 경미한 착오의 범위까지를 빠짐없이 문제로 하고 있기 때문에 고의·기수를 인정하는 범위가 지나치게 좁다는 비판이 제기되고 있다. 위 구체적 사실의 착오 중 방법의 착오의 처리에 있어서 사람을 살해할 의사로서 사람이 살해된 경우에도 불구하고, 살해된 Y에 대해서는 과실치사죄의 성립만을 인정하게 되어 결국은 사람을 살해할 고의로 현실적으로 사람이 살해된 결과가 발생하였음에도 불구하고 X에 대한 살인미수의 죄책을 논하는 것은 사회 일반인의 법감정에 반한다. ② 구체적 사실의 착오에 있어서 인식사실과 발생사실이 구체적으로 불일치가 있는 객체의 착오는 고의·기수를 인정하면서 방법의 착오에 있어서는 이를 부정하는 근거가 명확하지 않으며, 미수와 과실을 원칙적으로 벌하지 않는 현행법의 입장에서는 처벌의 흠결이 발생할 수 있다. 또한 미수의 경우에 결과의 불발생을 전제로 해서 행위자에게 임의적 감경이라는 혜택을 주는 점이 도외시된다 점, ③ 실제에 있어 다음과 같은 한계사례에 있어서는 객체의 착오인가 방법의 착오인가의 구별이 항상 명백하지 않다는 점이다. 예컨대 甲이 乙에게 전화를 걸어 모욕한다는 것이 잘못 연결되어 병을 모욕한 경우, 또는 甲이 乙을 살해하기 위하여 독극물을 우송하였으나 丙에게 잘못 우송되어 병이 이것을 마시고 사망한 경우 등이 여기에 해당한다. 이 경우에 객체의 선택이 잘못된 점에서는 객체의 착오인 반면, 수단·방법이 잘못된 점에서는(전화 연결이 잘못된 점, 우편집배인의 배달의 잘못)에서는 방법의 착오가 될 수도 있다.

---

10) 배종대, 전게서, 230면.

2) 법정적 부합설

이 설은 행위자의 인식사실과 현실적으로 발생한 사실이 法定的으로 부합하면 발생사실에 대하여 고의·기수의 책임을 인정한다. 우리나라의 소수설이며[11] 판례가 이 입장을 지지하고 있다.[12] 법정적 부합설은 다시 '法定的 사실'의 범위에 관한 해석과 관련하여 '구성요건이 동일한 범위로 한정'하려는 구성요건적 부합설과, 그 범위를 더욱 확대하여 상이한 구성요건에 속하는 경우에도 법정적으로 죄질(보호법익)이 공통하면 고의·기수를 인정하려는 죄질부합설로 구별되어진다. 우리 판례가 양설 중 어디에 가담하고 있는가에 대해서는 명백하지 아니하다.

가) 구성요건적 부합설

구성요건적 부합설은 법정적 부합설에 있어 '法定的 사실'의 범위에 관한 해석과 관련하여 그것은 '구성요건이 동일한 범위로' 해석하는 견해이다.[13] 여기에서 행위자의 인식사실과 현실적으로 발생한 사실이 구성요건의 동일성을 갖는 구체적 사실의 착오는 객체의 착오는 물론 방법의 착오도 고의·기수의 성립을 인정하며, 구성요건

---

11) 김종원, 「구성요건적 착오」, 법정, 1977. 4, 55면; 신동운, 형법총론, 법문사, 2001, 188면이하; 이재상, 전게서, 172면; 정성근/박광민, 전게서, 185면.

12) 대법원이 법정적 부합설의 입장에서 판시한 예로서는 ① "甲이 乙 등 3명과 싸우다가 힘이 달리자 식칼을 가지고 이들 3명을 상대로 휘두르다가 이를 말리면서 식칼을 빼앗으려던 피해자 丙에게 상해를 입혔다면 甲에게 상해의 범의가 인정되며 상해를 입은 사람이 목적한 사람이 아닌 다른 사람이라 하여 과실상해죄에 해당한다고 할 수 없다"고 하고 있으며(대법원 1987. 10. 26, 87 도 1745), ② 이 이외에도 대법원은 "피고인이 공소외인과 동인의 처를 살해할 의사로서 농약 1포를 숭늉그릇에 투입하여 공소외인 家의 식당에 놓아둠으로써 그 정을 알지 못한 공소외인의 장녀가 이를 마시게 되어 동인을 사망케 하였다면 피고인이 공소외인의 장녀를 살해할 의사는 없었다 하더라도 피고인은 사람을 살해할 의사로서 이와 같은 행위를 하였고 그 행위에 의하여 살해라는 결과가 발생한 이상 피고인의 행위와 살해라는 결과와의 사이에는 인과관계가 있다 할 것이므로 공소외인의 장녀에 대하여 살인죄가 성립한다."(대법원 1968. 8. 23, 68 도 884)고 하고 있고, "적어도 사람의 신체에 대하여 폭행을 가할 인식이 있는 이상 행위자가 관념치 아니한 타인에게 그 폭행행위로 인하여 상해를 가한 경우에도 폭행치상죄가 성립한다"고 하고 있다(대법원 1958. 12. 29, 4291 刑上 340).
미국의 경우에 있어서도 '轉移된 고의의 이론'(the doctrine of transferred intent)에 의해 우리의 판례와 동일한 결론에 이르고 있다. 즉, 행위자가 고의로 X에게 일정한 법익침해행위를 한다는 것이 수단·방법의 잘못으로 Y에게 그러한 결과를 발생시킨 경우에 인식한 죄질과 실제로 발생한 죄질이 유사한 경우에는 행위자의 X에 대한 고의가 Y에게 轉移된 것으로 의제하는 법리를 말한다. 그러나 이 원칙의 적용에는 일정한 제약원리가 존재한다. 그 하나는 전이되는 두 죄질이 유사하여야 하며, 다른 하나는 고의의 전이가 행위자의 책임을 중하게 전이되지 않는다는 것이다(Daniel E. Hall, Criminal Law and Procedure, 2nd ed., Delmar Publishers, 1996, p.60).

13) 김종원, 전게논문, 55면.

이 상이한 추상적 사실의 착오는 발생한 사실의 고의를 조각하여 인식한 사실의 미수와 발생한 사실에 대한 과실범의 상상적 경합을 논한다.

예컨대 X라고 오인하여 Y를 살해한 경우(객체의 착오)는 물론 X를 살해하려고 발사한 탄환이 빗나가 의외의 Y에게 명중해서 사망한 경우(방법의 착오)에는 인식사실과 발생 사실이 모두 살인죄의 동일 구성요건에 속하기 때문에 고의를 조각하지 않고, Y에 대한 살인죄가 성립하게 된다. 이에 반하여 기물을 손괴하려다 잘못하여 사람을 사망하게 한 추상적 사실의 착오의 경우에는 인식한 사실과 발생한 사실이 상이한 구성요건에 속하게 되어 발생사실에 대해서는 고의를 조각하게되어 재물손괴죄의 미수와 과실치사죄의 상상적 경합을 논하게 된다.

다만 예외적으로 구성요건적 부합설은 인식한 사실과 발생한 사실이 상이한 구성요건에 속하는 추상적 사실의 착오의 경우에도 '형의 가중 또는 감경사유에 관한 착오'로서 양 구성요건이 중첩되는 경우에는 그 중첩되는 한도 내에서 행위정형의 동일성을 인정하여 경한 죄의 고의·기수의 성립을 인정한다. 예컨대 보통살인죄의 고의로 존속살해의 결과를 발생시킨 경우에는 보통 살인죄의 고의·기수가 성립한다. 존속살해죄를 범할 의사로 보통살인죄의 결과를 발생시킨 경우에는 존속살해죄의 미수와 함께 경한 죄의 고의성립이 인정되어 보통살인죄의 고의·기수의 상상적 경합을 논하게 된다.[14]

나) 罪質符合說

죄질부합설은 여기에서의 죄질의 부합은 행위자의 인식사실과 현실적으로 발생한 사실이 반드시 동일한 구성요건에 속할 필요는 없고 상이한 구성요건에 속하는 경우에도 법정적으로 죄질이 부합(공통)하면 객체의 착오, 방법의 착오를 불문하고 부합하는 범위 내에서 죄질의 정도가 경한 죄의 고의·기수를 인정하는 입장이다.[15] 여기에서 죄질이 부합한다 함은 침해법익 및 구성요건행위태양의 공통성이 인정되는 경우를 말한다. 따라서 죄질부합설은 구체적 사실의 착오의 경우에는 물론 추상적 사실의 착오에도 죄질이 부합하면 경한 죄의 고의·기수를 인정하게 되어 구성요건적 부합설보다 고의·기수를 인정하는 범위가 상대적으로 확장되어진다.

죄질부합설은 구성요건이란 본래 법기술적 소산으로서 일반인이 이것에 대해 명확하게 대응할 의사를 가지는 것이 아니며 일정의 법익침해에 향해진 인식·인용이 있으면 다소간 법익침해의 방법에 있어 구성요건적 相異함이 있어도 고의의 존재를 긍

---

14) 김종원, 형법각론(상), 법문사, 1971, 41면; 박상기, 전게서, 29면; 임웅, 전게서, 146면; 이형국, 형법각론연구 Ⅰ, 30면; 하태훈, 사례중심형법강의, 법원사, 1998, 111면.

15) 이재상, 전게서, 173면; 임웅, 전게서, 150면; 정성근/박광민, 전게서, 185면.

정해야 한다고 한다. 죄질이 부합하는 경우의 예로서는 기본적 구성요건과 가중적 구성요건,[16] 점유이탈물횡령죄와 절도죄, 공문서위조죄와 허위공문서작성죄, 절도와 강도 등이 그 예가 될 수 있다. 예컨대 점유이탈물횡령죄(제360조)의 고의를 가지고 절도죄(제329조)의 결과를 발생시킨 경우(路上에 일시 세워둔 자전거를 유실물인 줄 알고 가져 가 버린 경우)에는 양자 사이에 타인의 재물을 불법하게 영득한다는 점에서 죄질의 부합을 인정하여 점유이탈물횡령죄의 고의·기수의 책임을 묻는다.[17] 이 경우에 구성요건적 부합설에 의하면 점유이탈물횡령죄의 미수와 과실절도의 상상적 경합을 논하게 되어 불가벌이 된다(형법은 이에 대한 처벌규정을 두고 있지 않다).

다) 법정적 부합설에 대해서는 다음과 같은 비판이 제기되고 있다.

① 먼저 구체적 부합설을 지지하는 입장에서 법정적 부합설이 가지는 고의의 의제에 대한 문제점을 지적하고 있다. 즉, 사람을 살해할 고의는 특정한 사람을 살해할 의사이지 어떤 사람이라도 살해할 의사는 아니며 이것은 일반적 의사에 의하여 보충될 수 없다.

법정적 부합설은 예컨대 행위자가 X를 살해하려고 발포하였으나 탄환이 빗나가 그 옆자리에 있던 Y가 명중하여 사망한 경우에 행위자는 X에 대한 살해의 고의를 가졌을 뿐 Y에게는 살해의 고의가 없음에도 불구하고 Y의 사망을 과실치사가 아닌 고의적 살인으로 본다는 것에 이론적 난점이 있다. 더구나 타인을 살해하려다 잘못하여 자기 아들이 살해된 경우에 살인죄의 고의·기수를 인정하는 것은 일반인의 법감정에 반한다는 것이다. 이 이외에도 한발의 탄환이 X를 관통한 후 Y도 명중하여 X,Y 모두가 사망한 경우에 두개의 살인죄가 성립하는가, 또한 甲이 발포한 탄환이 X에게 상해만 입히고 Y에게 명중하여 Y가 사망한 경우에 甲의 Y에 대한 살인죄이 고의·기수의 죄책을 인정한다면 甲의 X에 대한 죄책은 무엇인가 하는 의문을 제기한다. 여기에서의 고의란 "예컨대 막연히 사람을 죽이겠다던가 재물을 손괴하겠다는 것만으로는 부족하고, 어떤 특정한 대상에 대하여 이러한 범행을 하겠다는 인식·인용을 필요로 한다고 보아야 한다"고 하고 있다.[18]

---

16) 존속살해의 고의로 보통살인의 결과가 발생한 경우에 살인죄의 고의·기수가 성립한다(이재상, 전게서, 27면; 정성근, 형법각론, 법지사, 1996, 62면).

17) 절도죄의 고의로 점유이탈물횡령죄를 범한 경우에도 죄질이 경한 범죄인 점유이탈물횡령죄의 고의·기수가 성립한다(정성근/박광민, 전게서, 182면).

18) 이형국, 형법총론, 148면; 이정원교수는 법정적 부합설에 따라 구체적 사실의 착오의 경우에 방법의 착오의 고의·기수를 인정한다면 추상적 사실의 착오에는 왜 고의·기수를 인정할 수 없는가를 반문하면서 다음과 같이 지적하고 있다. 즉, "행위자가 구체적으로 인식하지 못했던 실재가 우연히 행위자가 처음에 의도했던 사실과 구성요건적으로 일치된 법익에 대한 침해이기 때문에 고의가 인정되어야 하고, 우연히 구성요건적 법익이 일치하지 않은 경우에

이와 같은 비판에 대하여 고의의 특정성이란 “고의는 막연해서는 안되지만 범죄의 ‘정형 · 유형’에 대한 인식 · 인용이라는 의미에서의 특정성으로 이해하면 된다”는 반론이 제기되고 있다. 또한 여기에서의 고의의 특정이란 법정의 범위 내에서의 특정으로 이해가능하고, 그 범위 내에서 발생하는 착오는 무시할 수 있다는 것이다.[19] 또한 특수한 예외적인 경우를 예상하여 구체적 부합설의 결론을 일반화하는 것은 타당하지 않다는 견해도 주장되고 있다.[20]

② 다음과 같은 사례에 있어서는 형의 불균형이나 일반인의 법감정에 반한다는 비판이 있다. 예컨대 재물을 손괴할 의사로서 사람이 사망한 경우이다. 이 경우에 법정적 부합설은 재물손괴죄의 미수범과 과실치사죄의 상상적 경합을 논하게 되어 재물손괴죄의 미수범으로 처벌받게 된다. 그러나 재물(이웃집 개)을 손괴할 의사로 재물(유리창을 깨트린 경우)이 손괴된 경우에는 재물손괴죄의 기수범이 된다. 사람이 사망한 경우에는 재물손괴죄의 미수범이 되고 재물을 손괴할 의사로서 재물이 손괴된 경우에는 재물손괴죄의 기수로 되는 것은 부당하다는 것이다. ③ 추상적 사실의 착오의 경우에 있어 인식사실의 미수범과 발생사실의 과실범이 현행법상 모두 불가벌인 경우에는 현실적으로 법익침해의 결과발생이 있음에도 행위자는 무죄로 됨으로 부당하다는 비판이 있다. 예컨대 X에게 폭행할 의사로 투석한 바 실제에 있어서는 재물손괴의 결과가 야기된 경우에는 폭행미수와 과실재물손괴의 상상적 경합이 되어 현행법상 양죄는 모두 불가벌이므로 결국 무죄가 된다는 것이다. 이것은 행위자에게 폭행죄의 반사회성이 표명되었고, 객관적인 결과에 있어서는 폭행보다 중한 재물손괴라는 법익침해가 있음에도 무죄로 되어 불합리하다는 것이다. 그러나 ③의 비판에 대해서는 이것은 입법상의 문제에 불과하며 학설의 이론적 모순에서 야기되어지는 문제는 아니라는 것이다.[21]

3) 추상적 부합설

가) 이 설은 행위자가 주관적으로 인식한 범죄사실과 현실적으로 발생한 객관적 범죄사실이 법정적 사실의 범위내에서 부합할 필요가 없으며, 다만 추상적으로 양자가 일치하는 한도 내에서 고의 · 기수를 인정해야 한다고 한다. 즉, 행위자가 인식한 사실과 현실적으로 발생한 사실이 각각 상이한 구성요건에 속하는 경우에도 범죄가

는 고의는 부정되어야 한다는 논리는 타당성이 인정될 수 없다”고 하고 있다(이정원, 형법총론, 문영사, 1997, 136면).

19) 임웅, 전게서, 147면; Noll, ZStW 89(1977), S.5.

20) 이재상, 전게서, 172면.

21) 이형국, 형법총론, 148면.

될 사실을 인식하고 범죄적 사실을 실현한 이상, 양자가 가벌적 사실이라는 추상적인 면에서 부합하면 형법 제15조 제1항("특별히 중한 죄가 되는 사실을 인식하지 못한 행위는 중한 죄로 벌하지 아니한다")의 범위 내에서 '적어도 경한 범죄사실에 대해서는 고의·기수를 논해야 한다'는 입장이다.[22] 요컨대 형법 제15조 제1항이 '중한 죄로 벌하지 아니한다'는 규정의 내용은 중한 죄의 기수를 인정하지 않는 것에만 관련성을 가지며 경한 죄의 기수를 인정하는 데에는 아무런 문제가 없다고 한다. 주관주의 형법이론, 특히 범죄징표설(범죄는 행위자의 위험한 성격을 징표하는 것으로 범죄적 의사를 가진 자는 사회에 대한 위험성이 인정되어 처벌해야 한다는 설)을 그 논거로 하고 있다.

추상적 부합설은 구체적 사실의 착오의 경우에는 법정적 부합설과 결론이 동일하게 고의·기수를 인정하지만, 추상적 사실의 착오에 있어서는 인식사실과 발생사실 중 경한 범죄사실의 고의·기수의 책임을 인정한다. 즉, 추상적 사실의 착오에 있어서는 ① 경한 범죄를 범할 고의로서 중한 범죄의 결과가 발생한 경우에는 경한 범죄의 고의·기수와 중한 범죄결과에 대한 과실범과의 상상적 경합(제40조)을 논한다. 예컨대 재물손괴의 고의로서 실제에 있어서는 사람을 사망하게 한 경우(개를 해하려고 던진 돌이 빗나가 사람을 살해한 경우)에는 경한 범죄인 재물손괴의 기수와 과실치사죄의 상상적 경합범이 성립한다.

② 반대로 중한 죄를 범할 고의를 가지고 경한 범죄의 결과를 발생시킨 경우에는 중한 죄의 미수와 경한 범죄의 고의·기수의 상상적 경합이 성립하지만, 중한 죄의 고의는 경한 죄의 고의를 흡수하므로 두 죄의 경합은 성립하지 아니하고 合一하여 중한 범죄의 미수로 처벌해야 한다고 한다. 예컨대 살인의 고의로서 실제에 있어서는 재물손괴의 결과를 야기한 경우(지나가는 사람을 살해할 의사로서 던진 돌이 빗나가 옆집 개가 맞은 경우)에는 중한 범죄인 살인죄의 미수와 경한 범죄인 손괴죄의 고의·기수의 상상적 경합이 되지만, 두 죄는 합일하여 중한 죄인 살인미수죄의 형으로 처벌하게 된다.

나) ① 추상적 부합설은 먼저 범죄의 성립에 관하여 구성요건의 기능을 중시하는 입장에서 구성요건이 가진 定型的 의미를 무시한다는 비판을 받고 있다. 즉, 이 설은 근대학파의 범죄징표설에 근거한 이론으로서, 행위자가 범죄적 의사를 가지고 범죄적 결과가 발생한 이상 행위자의 사회적 위험의 징표는 충분하다고 하는 사고에 기초하고 있다. 그러나 고의란 막연한 범죄적 의사 일반을 의미하는 것이 아니라 특정

---

22) 정영석, 형법총론, 법문사, 1984, 194면이하.

한 구성요건의 범죄유형에 대한 인식·인용임에도 불구하고, '중한 범죄의 고의로 인식이 없는 죄질이 상이한 경한 범죄 사실이 발생한 경우에' 경한 범죄사실의 고의·기수를 인정하는 것은, 보호법익이나 행위태양 등 종류 및 성질을 달리하는 두개의 구성요건의 사이에서 일방의 구성요건에 해당하는 사실의 인식·인용을 다른 일방의 구성요건적 결과의 실현에 '고의의 轉用'을 허용하는 것으로 구성요건적 행위의 본질적인 구조에 비추어 볼 때 죄형법정주의에 반한다 할 것이다.

또한 경한 범죄사실을 인식·인용하고 중한 범죄사실을 실현한 경우에 경한 범죄사실의 고의·기수를 인정하는 것은 현실적으로 발생하지도 아니한 사실에 대하여 기수를 인정하는 것으로 범죄 정형성을 무시하는 것으로 일반인의 법감정에도 반한다 할 것이다.

② 추상적 부합설은 일본형법이 과실범을 지나치게 가볍게 처벌하고 상해죄와 손괴죄의 미수를 벌하지 않는 입법상의 미비를 보완하기 위하여 주장된 이론으로 양죄의 미수범을 벌하고 있는 우리의 형법에서는 논거의 실익이 없다 할 것이다.[23] 오늘날 추상적 부합설을 지지하는 학자들은 찾아보기 어렵다.

(3) 소 결

고의가 현실적으로 발생한 사실과 어느 정도 일치하여야 고의·기수범으로 처벌할 것인가에 대해 위에서 논한 착오의 유형들에 대해 종래 우리의 경우에 있어서는 매우 도식적인 접근이 이루어져 왔다. 우리 형법학에서는 종래는 법정적 부합설이 다수설이었으나 최근 구체적 부합설이 유력설로 주장되고 있는 것은 이론적으로 고의가 특정한 객체에 대한 구체적인 인식·인용을 요한다는 점을 근거로 들고 있다.

양 학설의 대립은 구체적 사실의 착오 중 방법의 착오에 있어 의미를 가진다. 이미 고찰한 바와 같이 구체적 사실의 착오 중 객체의 착오와 방법의 착오는 양자 모두 행위자가 의도했던 것과는 다른 객체에 결과가 야기된 것에 대해서는 동일하나, 객체의 착오는 범행실행의 순간에 공격목표로 선택(인식)한 객체에 구성요건적 결과가 발생한 점에서, 어떤 시점에서도 원하지 않는 객체에 구성요건적 결과가 발생한 방법의 착오와 구별되어지며 후자의 경우에는 행위자가 인식·인용한 결과에 도달하

---

23) 이재상, 전게서, 172면; 일본 형법에 있어 법정적 부합설에 의하면 예컨대 재물을 손괴할 의사로서 재물을 손괴한 경우에는 3년이하의 징역 또는 30만엔 이하의 벌금 또는 과료에 처하게 된다(제261조). 그러나 재물손괴의 의사로서 사람을 살해한 경우에는 재물손괴죄의 미수와 과실치사죄의 상상적 경합이 되어 과실치사죄로 처벌받게 되어 50만엔 이하의 벌금에 불과하게 된다(제210조). 이러한 형의 불균형은 일본 형법에 있어 과실치사죄의 형이 가볍고, 재물손괴죄의 미수범의 처벌규정이 없는 것에 기인한다.

지 못하였다고 하겠다. 요컨대 구체적 사실의 착오 중 객체의 착오와 방법의 착오는 양자가 명백하게 행위구조를 달리하고 있고, 법정적 부합설이 구체적으로 고의없는 부분에도 고의의 의제를 인정하는 결과가 되어 처벌을 확대하는 것은 법치주의적 요청과 부합하지 않으며, 구체적 부합설이 고의·기수를 인정하는 범위가 지나치게 좁기 때문에 사회일반인의 법감정에 반한다는 주장에 대해서는 미수가 현행법상 임의적 감경사유로 되어 있는 점 등을 감안할 때 법정적 부합설보다 책임주의에 부합하는 구체적 부합설이 보다 타당한 이론으로 생각되어진다.

Ⅲ. 결 어

본장에서는 「대법원 1984.1.24. 선고 83도2813 판결」에서의 '타격의 착오와 살인의 고의'와 관련하여 "소위 타격의 착오가 있는 경우라 할지라도 행위자의 살인의 범의 성립에 방해가 되지 아니한다."는 판결논지와 관련하여 이론과 실무 사이의 괴리현상이 가장 극명하게 드러나고 있는 방법의 착오에 관하여 고찰하였다.

이미 고찰한 바와 같이 구체적 사실의 착오 중 객체의 착오와 방법의 착오는 양자 모두 행위자가 의도한 것과는 다른 객체에 결과가 야기된 것에 대해서는 동일하나, 객체의 착오는 범행실행의 순간에 공격목표로 선택(인식)한 객체에 구성요건적 결과가 발생한 점에서, 어떤 시점에서도 원하지 않는 객체에 구성요건적 결과가 발생한 방법의 착오와 구별되어진다. 요컨대 구체적 사실의 착오 중 객체의 착오와 방법의 착오는 양자가 명백하게 행위구조를 달리하고 있고, 이 경우에 우리의 대법원이 지지하는 법정적 부합설이 구체적으로 고의 없는 부분에도 고의의 의제를 인정하는 결과가 되어 처벌을 확대하는 것은 법치주의적 요청과 부합할 수 없다 하겠다. 또한 구체적 부합설이 고의·기수를 인정하는 범위가 지나치게 좁기 때문에 사회일반인의 법감정에 반한다는 주장에 대해서도, 실무에서 이론적인 타당성과는 무관하게 일반적인 법감정에 의해 판결하는 것에 대해 동의하기 어렵고 미수가 현행법상 임의적 감경사유로 되어 있는 점 등을 감안할 때 그 비난은 약화되어진다고 할 것이다. 따라서 법정적 부합설보다 책임주의에 보다 부합하는 구체적 부합설이 다소의 해결해야 할 난제가 있음에도 불구하고 타당한 이론으로 생각되어진다.

요컨대 문제된 판례 사안의 검토에 있어 피고인 甲은 X에 대한 살인의 고의이외에 Y에 대해서도 동일한 살해의 미필적 고의를 가졌는가에 대해서는 분명하지 아니하다. 여기에서 문제사안이 방법의 착오 사안에 해당하는가의 여부는 알 수 없다. 다만 대법원은 "소위 타격의 착오가 있는 경우라 할지라도 행위자의 살인의 범의성립에 방해가 되지 아니하니"라고 하고 있다. 따라서 문제사안을 전형적인 방법의 착오에 해당한다고 전제하고 논증할 수 밖에 없는 한계를 가지고 있음을 알 수 있다. 즉, 甲은 X에 대해서만 살해의 고의를 가지고 몽둥이로 가격하였으나 방법의 잘못으로 일체의 가해의사를 가지지 않은 Y가 사망한 경우의 사례로 추단해 볼 수 있다.

또한 당해 판례는 이 경우에 왜 살인죄로 논해야 하는가에 대해 별다른 논거를 제시하지 않고 있다. 단지 이 경우에 대법원은 행위자의 살인의 범의성립에 방해되지 아니한다고 하여 원심판결에 채증법칙 위배로 인한 사실오인의 위법이나 살인죄에 관한 법리오해의 위법이 없다고 하고 있는 점에서 학설 중 법정적 부합설의 입장에서 있는 것으로 짐작할 수 있으며, 이러한 입장은 이미 고찰한 바와 같이 '고의의 의제'로서 동의하기 어렵다.

이 경우에 고의의 성부는 학설 중 구체적 부합설에 따라 피고인 甲의 X에 대한 살인미수죄와 Y에 대한 과실치사죄의 상상적 경합으로 논함이 정당하다 하겠다.

제3장
치료과오와 형사책임

Ⅰ. 서 설

1. 판례의 동향

최근 의료과오에 관한 소송사건이 증가하고 있으나 그 대분분은 민사사건이며 형사사건의 증가수는 상대적으로 많지 않은 실정이다.[1] 이러한 점은 의료사고의 분야에서의 특별한 사정이 작용하고 있는 것으로서 전문가에 의한 밀실내에서의 의료행위는 수사와 증거수집의 장애요인은 물론, 의료의 전문영역에 있어 내용의 당부를 판단하는 것은 수사기관이나 법원에 있어서도 곤란하며, 실제의 형사사건에 있어서는 일반적으로 의료행위가 환자의 사망에 이르는 중대한 결과를 야기한 경우에 있어서도 인과관계와 과실의 존재를 명료하게 입증할 가능성이 있는 경우에 한정되어지기 때문이다. 현실에 있어 의료분쟁이 형사화하는 것은 분쟁이 악화되어 '합의'의 가능성이 없을 때 이루어진다. 따라서 이러한 형태의 분쟁사건이 범죄성립요건을 충족하고 있는 경우는 드물며 형사고소후 이루어지는 전격적인 합의에 의한 고소취하 때문에 의료인의 무혐의 비율이 높은 편이다.[2]

여기에서 의료행위라 함은 의학적 전문지식을 기초로 하는 경험과 기능으로 진찰,

---

1) 실제에 있어 의료분쟁은 우리의 전통적인 분쟁양태가 아니라 비교적 최근에 사회문제화된 분쟁이다. 의료분쟁은 국민의료보험제도의 도입과 더불어 의료수요가 폭발하고 있는 가운데 점차 심각한 사회문제로 대두되고 있다. 그리고 이것은 의료제도의 비약적 발전에 비하여 의료제도 내에 필수적으로 수반하는 갈등을 처리하는 제도가 매우 낙후한 것도 한 원인이다. 수치문화(shame culture)가 강조되는 사회적 풍토에서 단지 의료인이 환자측과 분쟁이 있었다는 소문만으로도 그의 사회적 지위는 치명적이라는 사실에 편승하여, 의료과실의 인정여부에 대해서는 해답없이 환자측은 합의금이라는 현실을 받아 들이고 의료인은 의료과실을 인정하지 않은 상태로 분쟁을 매듭짓는다(황승흠, 「우리 사회의 분쟁해결에 있어 법의 기능」, 법과 사회, 창작과 비평사, 1992.7, 143면이하 참조).

2) 의료사고로 인한 업무상 과실치사죄로 고소가 제기된 의사의 무혐의율은 78.7%이다. 이는 일반 업무상 과실치사상 사건의 무혐의율이 36.2%인 것보다 크게 높은 비율이다(중앙일보, 1990. 6.23).

검안, 처방, 투약 또는 외과적 수술 등 질병의 예방 또는 치료행위와 그 밖에 의료인이 행하지 아니하면 보건위생상 위해가 생길 우려가 있는 행위를 말하는 것으로, 여기에서의 진찰이라 함은 환자의 용태를 관찰하여 병상과 병명을 규명·판단하는 작용으로 그 진단 방법으로는 문진, 시진, 청진, 타진, 촉진, 기타 각종의 과학적 방법을 써서 검사하는 등 여러 가지가 있으며, 위와 같은 작용에 의하여 밝혀진 질병에 적합한 약품을 처방, 조제, 공여하거나 시술하는 것이 치료행위에 속한다.[3)]

의료과오의 유형은 의학상의 판단의 잘못(진단과 처치의 선택의 잘못)과 그 이전의 단순한 기술적인 사항의 잘못(주사, 투약 등의 잘못)으로 분류하는 것이 일반적이지만, 지금까지 형사판례로서 문제로 된 것의 대부분은 오히려 후자의 단순한 기술적인 잘못에 관한 것이다. 誤接續 등의 機器조작의 잘못, 수술기구의 체내에의 방치, 잘못된 주사약이나 약품의 투여 등이 그 전형적인 사례이지만 이것은 가장 기초적인 기술적 실수에 속하는 것으로서 의료종사자의 형사과실도 용이하게 인정되어졌다.

따라서 문제는 먼저 초보적인 기술적 실수에 의한 의료과오의 사례에 있어서 이것을 의료행위의 각 단계·분야에 따라 분류해서 그 특색을 명료하게 하는 것이 필요하다. 그러나 의사나 간호사 등의 단순한 부주의로 인한 실수라는 전형적인 경우에 있어서도 사례에 따라 개별적으로 검토하면 결과와의 인과관계 내지 과실의 존부에 있어서 다툼의 가능성이 있고, 또한 가벌성의 정도나 형벌과 관련한 양형에 있어서도 비교 검토해야 할 문제가 남아있는 점에 주의해야 한다.

여기에서 과실의 여부가 의료상의 판단과 처치의 적부에 이르기까지 함께 문제로 되어지는 경우에는 보다 복잡한 양상으로 전개되어진다. 이러한 분야에 있어서는 이미 민사사건에 관한 판례가 다수 존재하여 민사과실의 성부가 다투어지고 있지만, 의료사고에 있어서의 사실관계의 파악의 곤란, 의료의 재량성과 의학 및 의료수준의 변화에 수반하는 법적 판단기준의 불명확 이외에 환자의 구제라는 정책적 판단도 더하여져 민사과실의 한계는 더욱 유동적인 불명확한 부분이 남게 된다.

게다가 이것을 형사과실로 문제시하려면 과실의 인정에 대한 곤란성은 배가되어진다. 따라서 결과적으로 민사사건의 증가에도 불구하고 형사소추는 일반적으로 억제되어 형사판례의 수는 상대적으로 적으며 기소사례 중에서도 일반 형사사건과 비교해서 무죄율이 현저하게 높은 점에 특색이 있다. 여기에서 의료사건에 있어서 소추기준의 명확화 및 양형기준의 검토도 중요한 논점의 하나로 제기되어진다.

따라서 판례의 분석에 있어서는 동일 분야에 있어 동일케이스의 경우에 민사와 형사의 양자의 과실이 문제로 되어지는 경우에는 민사과실과 형사과실의 각각에 있어

3) 대법원 2001. 7. 13, 99 도 2328.

과실의 존부와 그 기준을 비교함은 물론 민사과실만이 문제되어 형사과실이 문제되지 아니한 경우에는 그 이유의 고찰 등을 통하여 양자의 관련성을 규명하는 것이 필요하다. 이것은 정책론을 포함한 실무적 처리의 필요성이 반영되고 있는 것이지만 이론적으로도 민사과실과 형사과실과의 異同 및 상호관련성을 이해하기 위한 유익한 소재가 될 수 있기 때문이다. 나아가 이것은 의학분야에 있어서도 형사책임의 합리적 추급을 행하는 것이 국민적 요청에 부응하는 것이며, 의학분야에 있어 형사상의 과실인정은 한정적이어야 한다는 謙抑的인 입장을 반영하는 길이다. 특히 한계적인 사례에 있어서 판례의 결론이 미묘하게 나누어진 경우에는 이러한 관점과 접근의 相違가 그 평가를 좌우하게 될 것이다.[4)]

2. 인과관계

의료과오에 있어서도 과실행위와 결과발생의 사이에는 인과관계가 존재해야 하며, 다시 발생한 결과를 행위자에게 객관적으로 귀속시키기 위한 요건이 충족되어야 함은 물론이다. 형법에서 문제되는 인과관계와 객관적 귀속의 사고는 인간의 행위에서 우연성을 배제하고자 꾸준히 노력해 온 인간이성의 보편적인 발전과 진보의 결실 바로 그것이다.

인과관계이론에 대한 학설대립에 있어 제 학설은 책임주의에 의하여 형사책임을 제한한다는 기본입장에서는 견해의 차이가 없다. 다양한 학설대립은 이러한 공동목적을 달성하기 위한 방법이 상이할 뿐이라는 사실을 주목할 필요가 있다. 그것은 인과관계(원인)의 개념자체를 제한할 것인가, 혹은 원인의 범위를 객관적 귀속에 의하여 수정할 것인가, 책임의 분야에서 필요한 수정을 할 것인가라는 점에 차이가 있을 뿐이다. 여기에서 인과관련의 문제는 조건설의 보강이라는 관점에서 인정되어진 합법칙적 조건설에 따라 먼저 인과관련의 문제를 심사하고 뒤이어서 행위와 결과사이에 요구되는 결과귀속의 규범적 관련을 심사하는 방법이 타당하다고 하겠다.

의료과오와 관련하여 의료행위가 행하여졌음에도 불구하고 환자의 용태가 회복되지 않고 오히려 악결과가 발생한 경우에는 주의의무위반의 존부와 함께 발생된 결과와의 사이에 인과관계가 문제되어진다. 대법원은 의료사고에 관한 민사사건에 있어서는 인과관계의 엄격성을 완화하여 단지 원인된 행위와 발생된 결과사이에 확실성

---

4) 본장에 있어 '일본의 의료사고와 형사판례'의 경향에 관해서는 中山研一/泉 正夫, 醫療事故の刑事判例, 成文堂, 1993을 참고하였다.

이 아닌 개연성이나 일반인의 상식에 바탕을 둔 의료상의 과실행위를 입증한 경우에도 인과관계를 긍정하여 환자측의 부담을 완화시켜주는 입장에 서있다. 예컨대 "환자가 전신마취 도중에 갑작스런 기관지 경련이 일어나고 이로 인한 심정지가 발생하여 뇌손상으로 인하여 결국 사망에 이른 경우에 있어서는, 피해자측에서 일련의 의료행위과정에 있어 저질러진 일반인의 상식에 바탕을 둔 의료상의 과실 있는 행위를 입증하고 그 결과와의 사이에 일련의 의료행위 외에 다른 원인이 개재될 수 없다는 점, 이를테면 환자에게 의료행위 이전에 그러한 결과의 원인이 될 만한 건강상의 결함이 없었다는 사정을 증명한 경우에 있어서는, 의료행위를 한 측이 그 결과가 의료상의 과실로 말미암은 것이 아니라 환자의 특이체질 등 전혀 다른 원인으로 말미암은 것이라는 입증을 하지 아니하는 이상, 의료상 과실과 결과 사이의 인과관계를 추정하여 손해배상책임을 지울 수 있도록 입증책임을 완화하는 것이 손해의 공평·타당한 부담을 그 지도원리로 하는 손해배상제도의 이상에 맞는다고 할 것이다"라고 하고 있다.[5)]

그러나 전통적으로 '의심스러운 때에는 피고인의 이익으로'(in dubio pro reo)의 원칙이 지배하는 형사사건에 있어서는 인과관계의 입증의 완화의 예를 아직 찾아보기 어렵다. 민사의 손해배상과는 달리 형법에 있어 자유형이 갖는 해악성 등을 고려할 때 의료형법의 영역에 있어서는 의료과오의 인과관계는 개연성이 아니라 전통적인 '합리적인 의심이 없는 증명'((proof beyond a reasonable doubt)의 원칙이 대체로 견지되고 있다.[6)] 하급심의 판결 중 "난소종양제거수술을 위해 할로테인 전신마취를 하기 전에 혈청간기능검사를 하지 않은 과실로부터 할로테인의 부작용으로 인한 간기능악화 및 사망이라는 결과가 발생하였을 확실성이 입증되지 않은 경우에도 인과관계를 인정한 경우"가 있다.[7)]

대법원은 과실범에 있어서 주의의무위반행위와 결과발생 사이에 인과관계가 존재하는 경우에 필요로 하는 의무를 다하고 있었던 경우에도 역시 동일한 결과가 발생하였을 것이라는 개연성이 있는 경우에 과실범으로 처벌가능한가(객관적 귀속이 가능한가)에 대하여 "과실범의 결과귀속을 위해서는 행위자의 주의의무위반사실과 결과발생 사이에 인과관계의 존재로 족하지 아니하고 주의의무위반이 내포하는 위험이 창출·실현된 것이어야 한다"고 하고 있다.[8)]

---

5) 대법원 2001. 3. 23, 99 다 48221. 이외에도 대법원 1996. 6. 11, 95 다 41079; 1999. 4. 13, 98 다 9915; 1999. 6. 11, 99 다 3709; 1999. 9. 3, 99 다 10479; 2000. 1. 21, 98 다 50586 참조.

6) 대법원은 동일 사건에서 업무상 과실치사죄에 대해서는 무죄를 선고하면서 민사상의 손해배상책임은 인정하고 있다(대법원 1996. 11. 8, 95 도 2710; 1998. 9. 4, 96 다 11440).

7) 서울형사지법 1982. 5. 11, 81 고단 1015.

8) 대법원 1990. 12. 11, 90 도 694.

따라서 구체적인 사정하에서 행위자가 주의의무를 위반하였고 이에 의해 구성요건적 결과가 발생된 경우에 있어서도 合義務的 태도를 취한 때에도(주의의무를 다한 때에도) 동일한 결과가 발생할 가능성(möglicherweise)이 존재하는 경우, 즉 합의무적 代替態度의 가정적 인과성이 '확실성'에 근접하는 개연성을 가지고 그 결과발생이 배제되지 않는 경우에는 객관적 결과귀속이 부정된다고 하였다. 그리고 이를 '주의의무위반관련성'(Pflichtwidrigkeitszusammenhang)이라고 한다.[9] 이것은 과학 및 기술의 발전 그리고 이러한 준수되어야 할 규칙들이 모든 사고를 예상한 網羅的인 것이 아니라는 것과 함께, 사안의 구체적인 사정하에서는 분명히 유형적으로 예정된 규칙을 준수하지 아니하였지만, 금지·명령규범을 준수하고 있었던 경우에도 결과의 발생이 회피되지 아니하는 경우가 발생하는 것은 용이하게 상상되어질 수 있다. 즉, 규범설정의 본래의 목적실현을 위하여 도움이 되지 않는 규범이라면 그 규범에 대한 위반을 근거로 해서 처벌하는 것이 타당할 것인가 하는 문제이다. 이 설의 논거로서 주장되는 논지는 ① 합의무적 대체태도를 취하였을 경우에도 당해결과가 마찬가지로 발생하였을 경우에는 자연주의적 인과관계의 중요성이 흠결되었다고 하는 점, ② 그리고 이 문제의 사실적인 확정에 있어서는 in dubio pro reo의 원칙이 존종되지 않으

9) 독일에 있어서 통설·판례가 지지하는 견해이다(P.Bockelmann, Strafrecht, Allg. T., 3.Aufl., 1979, S.169ff; BGHSt 11, 7; 21, 59; 24, 31). 대법원도 "전신마취에 의한 개복수술은 간부전을 일으키고 간성혼수에 빠지게 하기도 하는데 특히 급만성간염이나 간경변 등 간기능에 이상이 있는 경우에는 90% 이상이 간기능이 중악화하고 심한 경우에는 사망에 이르게 하는 것으로 알려져 있어 개복수술 전에 간의 이상 유무를 검사하는 것은 필수적이고, 피해자의 수술시에 사용된 마취제 할로테인은 드물게는 간에 해독을 끼치고 특히 이미 간장애가 있는 경우에는 간장애를 격화시킬 위험이 있으므로 이러한 환자에 대하여는 그 사용을 주의 또는 회피하여야 한다고 의료계에 주지되어 있으며 이 사건 사고당시 의료계에서는 개복수술 환자의 경우 긴급한 상황이 아닌 때에는 혈청의 생화학적 반응에 의한 간 기능검사를 하는 것이 보편적이었다면, 응급환자가 아닌 난소종양 환자의 경우에 있어서 수술주관의사 또는 마취담당의사인 피고인들로서는 난소종양절제수술에 앞서 혈청의 생화학적 반응에 의한 검사 등으로 종합적인 간기능검사를 철저히 하여 피해자가 간손상 상태에 있는지의 여부를 확인 한 후에 마취 및 수술을 시행하였어야 할 터인데 피고인들은 시진, 문진 등의 검사결과와 정확성이 떨어지는 소변에 의한 간검사 결과만을 믿고 피해자의 간상태를 정확히 파악하지 아니한 채 할로테인으로 전신마취를 실시한 다음 이 사건 개복수술을 감행한 결과수술 후 22일만에 환자가 급성 전격성간염으로 인하여 사망한 경우에는 피고인들에게 업무상 과실이 있다 할 것이다. 그러나 이러한 경우에 혈청에 의한 간기능검사를 시행하지 않거나 이를 확인하지 않은 피고인들의 과실과 피해자의 사망간에 인과관계가 있다고 하려면 피고인들이 수술 전에 피해자에 대한 간기능검사를 하였더라면 피해자가 사망하지 않았을 것임이 입증되어야 할 것인데도(수술 전에 피해자에 대하여 혈청에 의한 간기능검사를 하였더라면 피해자의 간기능에 이상이 있었다는 검사결과가 나왔으리라는 점이 증명되어야 할 것이다) 원심은 피해자가 수술 당시에 이미 간손상이 있었다는 사실을 증거 없이 인정함으로써 채증법칙위반 및 인과관계에 관한 법리오해의 위법을 저지른 것이다"라고 하고 있다(대법원 1990. 12. 11, 90 도 694). 이 이외에도 대법원 1996. 11. 8, 95 도 2710 참조.

면 안된다고 하는 점에 있다.[10]

이 설에 대해서는 형사정책적인 면에서 결과귀속이 부정되어지는 범위가 너무 넓다는 위험증가이론으로부터의 비판이 있다. 록신(C.Roxin)은 의사가 의학적 規準(lege artis)에 반한 수술을 시행하여 환자를 사망하게 한 사례에 있어서 주의의무위반관련설을 적용한다면 합의무적으로 수술을 하였어도 환자가 사망할 가능성이 있는 이상 결과귀속이 인정되지 않게 되며, 무죄의 범위가 너무 넓어진다고 한다.

이것에 대하여 위험증가이론은 당해의 구체적 사정하에서 행위자의 의무에 반한 행위에 의해서 결과발생의 기회가 허용된 위험보다도 높아졌다면 구성요건충족적 의무위반이 있고 과실범이 성립한다는 것이다. 그리고 이 경우에 행위자의 행위가 허용된 위험을 증대시킨 경우에는, 설령 결함없이 행위했더라도 결과가 발생했으리라고 생각되는 경우에도 그 결과는 행위자에게 귀속되어야 한다고 한다.[11] 왜냐하면 그 결과가 그렇지 않았더라도 발생하였을 것이라는 이유만으로 상당히 높고 더 이상 허용되지 않는 위험을 내포하고 있는 행위에 의한 결과야기를 불처벌로 하는 것은 올바르지 못하다. 입법자는 자신이 설정한 허용된 위험의 한계를 넘어 행위자가 그 위험을 증가시킨 경우에는, 특정의 경우에 일반적인 사회적 유용성을 고려하여 불가벌로 하였던 것을 더 이상 그대로 감수할 필요가 없는 것이다.[12]

위험증가이론은 미국법원들의 다수가 인정하고 있는 기회상실원칙(The ‘Loss of Chance’ Doctrine)과 유사하다. 기회상실이론이란 의사가 환자를 진찰하면서 소홀히 한 결과 病因을 발견하지 못하여 환자의 회복가능성을 저하시켰다면 의사의 과실을 인정하여야 한다는 이론이다.[13]

민사사건에서는 합리적인 배상의 타당성이라는 관점에서 인과관계의 추정이나 거증책임의 분배 등이 인정되어지는 것에 반해, 형사사건에서는 보다 엄밀한 논증이 필요하다는 것에 대해서는 異論없이 받아들여지고 있다. 그러나 실제에는 중대한 결과가 발생하면 형사사건에도 결과론적인 approach에 흐를 가능성이 있다는 것에 주의할 필요가 있다. 특히 부작위에 의해 결과가 발생하여 책임이 문제되어지는 경우에는 가정적 인과관계와 결과의 회피가능성의 판단이 경합하여 규범적인 판단이 우선하게 되어 사실적 분석이 간과되어질 수 있다는 점을 경계해야 한다. 여기에서는 두

---

10) BGHSt 11. 7.

11) C.Roxin, Strafrechtliche Grundlagenprobleme, 1973, S.126

12) 위 학설의 대립에 대한 자세한 내용에 대해서는 拙稿, 「형법에 있어서의 인과관계와 객관적 귀속」, 경북대 법학박사학위논문, 1992. 12, 148면이하 참조.

13) Herskovits v. Group Health Cooperative, 664 P.2d 474(Wash. 1983).

가지 점을 지적할 수 있다.

첫째는 부작위의 인과관계에 있어서는 일본최고재판소의 판례는 각성제의 주사에 의해 교란상태에 빠진 소녀를 방치한 사안에서 긴급의료를 행하였다면 求命이 십중팔구 가능한 경우에 유기행위와 죽음의 결과사이의 인과관계는 "합리적인 의심을 능가하는 정도로 확실할 때"라고 하고 있다.[14] 이것은 단지 당해 치료행위에 의해서 회복의 가능성 내지 개연성이 있는 것만으로는 불충분하다는 것이다.

둘째 결과의 회피가능성을 고려하는 경우에 회피하기 위하여 요구되어지는 행위가 그 당시의 행위자에 의해서 가능해야 한다는 점이다. 이 점에 있어서는 아래의 판례가 보여주는 판단기준이 참고로 되어진다. 즉, "인과관계가 긍정되려면 적어도 당시에 있어 당해 분야의 질병의 진료에 종사하는 의사로서의 수준에 달한 지식을 가진 자라면 일반적으로 당해 환자의 증상을 정확하게 인식한 경우에는 당해 치료행위에 의한 회복의 개연성과 위험의 개연성을 비교형량할 때 그다지 주저함이 없이 그것을 실시할 것이라는 것이 인정되어지는 경우여야 한다"고 하고 있다.[15]

요컨대 단순한 결과발생의 위험성을 증대시킨 것만으로는 창출된 위험이 실현된 것은 아니기 때문에 결과귀속을 인정할 수 없다고 하여야 한다. 대법원이 할로테인마취사건에서 '인과관계를 부정'한 것은 위험증대이론을 배제하고 주의의무위반관련설에 의해 판단한 것으로 볼 수 있다.[16]

이외에도 독일에서는 객관적 귀속이론의 중심분야의 하나로서 規範의 保護目的理論이 논의되고 있다. 결과범에 있어서 발생된 결과의 객관적 귀속을 위해서는 일정한 결과가 행위자의 행위로부터 조건관계가 인정되는 태양으로서 발생된 경우에도 다시 위험실현의 내용으로서 규범적 내용의 면에서 관련성이 요구된다. 규범의 보호목적이론 및 규범의 보호범위이론이 이에 해당된다. 규범의 보호목적이론이란 형법적 규범은 행위로부터 결과에 이르는 전형적 경과를 상정해서 설정하고 있는 것이다라는 전제에서 출발하는 귀속한정이론으로 어떤 행위자가 보호법익에 대하여 허용된 위험의 범위를 벗어나는 위험을 야기하였고 또한 이 위험이 실현되기까지 하였으나(결과의 발생), 그 인과과정을 제지하는 것이 당해 범죄구성요건(예컨대 살해금지)의 과제에 속하지 않는 경우에는 결과의 귀속은 이루어질 수 없다는 이론이다.[17]

따라서 규범의 보호목적이론은 주의의무는 구체적으로는 당해 법익보호에 도움이

---

14) 일본 최고재판소 1989. 12. 15 刑集43. 13. 879.
15) 大阪地判 1979. 8. 9. 判時 947. 78.
16) 대법원 1990. 12. 11, 90 도 694.
17) RGSt 63, 392.

되지만 그것은 추상적인 규범의 보호목적에 포함되어 있지 않은 경우이다. 이는 행위자가 위험창출에 의해서 위반한 금지·명령규범의 규범적 의미 내용이 구체적으로 발생한 결과의 회피와 관련성을 갖지 않는 경우에도 결과발생의 책임을 당해 규범위반에 돌린다는 것은 타당하지 않기 때문이다.

이와 관련하여 판례는 일상화탄소중독사례[18]에서 "피고인은 당초 위 피해자들이 약물중독 아니면 일산화탄소에 중독된 것으로 의심하고 위 세척을 하였으나 약물중독 사실이 발견되지 아니하여 일산화탄소 중독으로 진단(추정)한 것으로 보이는 바, 그렇다면 피고인은 의사로서 이 사건에 있어서와 같이 환자가 연탄가스 중독으로 판명된 경우, 환자가 그 원인사실을 모르고 병명을 문의하는 경우에는 그 병명을 알려주고 이에 대한 주의사항인 피해 장소인 방의 수선이나 환자에 대한 요양의 방법 기타 건강관리에 필요한 사항을 지도하여 줄 요양방법의 지도의무가 있는 것이며(의료법 제22조 참조), 이를 태만하였다면 의사로서의 업무상과실이 있는 경우라 할 것이다."라고 하고 있다.

그러나 이 사건에서 피해자들의 재차의 일산화탄소의 중독과 피고인의 요양방법에 대한 지도의무위반은 합법칙적 조건관계가 인정되어 인과관계가 긍정되나 이 경우의 중독결과의 회피는 의료법 제22조(요양방법의 지도의무)가 요구하는 요양방법의 지도의무가 규율하는 규범의 과제인 보호목적이 될 수 없다. 단지 주의의무의 반사적 효과에 불과하다 할 것이다.[19] 따라서 위험의 구체적 실현이라고 볼 수 없고 객관적 귀속이 부인되어야 할 것이다.[20]

---

18) 대법원 1991. 2. 12, 90 도 2547(일산화탄소중독사례). 연탄가스 중독환자가 퇴원시 자신의 병명을 물었으나 환자를 그 병명으로 진단, 치료한 의사가 아무런 요양방법을 지도하여 주지 아니하여 병명을 알지 못한 환자가 퇴원 즉시 처음 사고 난 방에서 다시 자다가 재차 연탄가스에 중독된 경우 의사의 업무상과실 유무 및 그 과실과 재차의 연탄가스 중독과의 인과관계 유무가 문제된 사례이다.

19) 김일수, 한국형법 I (총론 上), 박영사, 1996, 347면이하.

20) 이상돈교수는 일산화탄소중독사례에 있어 '방에 연탄가스가 새고 있을 가능성을 알려주고 수선이 필요함을 말하는 것은 의료법 제22조의 보호목적에 해당한다고 볼 수 있다'고 한다. 그리고 형법 제268조(업무상과실치상죄)의 보호목적을 논증의 도구로 삼아 결과귀속을 부인해야 한다고 하고 있다(이상돈, 의료형법, 법문사, 1998, 162면이하).

Ⅱ. 치료과오와 형사책임21)

1. 概觀

(1) 의의

수술은 고도의 의학적 전문성에 근거하여 인체에 메스를 가하여 인간의 신체조직을 切開·切除하는 것으로서 물리적으로 생리조직이나 기능을 변화시킴은 물론 가시적으로 수술 흔적 등을 남기는 불가역적 침습으로, 더구나 이식의료의 발달은 환자 이외의 자로부터 그의 건강의 유지·회복과는 무관계하게 건전한 이식용장기를 채취하는 수술이 무시될 수 없는 영역을 이루고 있는 현실이다. 더구나 수술은 질병이 악화된 상태에서 불가피한 선택으로 대규모의 침습을 동반하므로 100% 성공을 약속할 수 없는 죽음의 위험성도 가진 모험적 성격을 가진다. 따라서 이러한 의료행위가 본래의 치료효과를 가지지 못하거나 악결과가 발생할 위험성이 상존하고 있다.

또한 외과적 치료로 대표되어지는 수술의 내용도 크게 변화되어 수술의 정의는 일견 자명한 것으로 보이지만 실제에 있어서는 의학적으로도 그다지 명백하지 않다. 그러나 오늘날 수술의 영역과 대상은 획기적으로 확대되어 얼마 전까지 그 자체가 살인행위라고 주장되어지던 심장이식보다도 수술적 기법의 難度가 높은 수술도 시행되어짐은 물론, 독립세분화된 각종 외과뿐만 아니라 산부인과, 이비인후과, 비뇨기과 등의 외과라는 명칭이 부여되지 않은 진료과에서도 일상적으로 행해지고 있다.

이와 같이 수술의 발달·확대를 가능하게 한 것은 기본적으로는 의학의 진보가 수술적 치료의 가능성을 높게 한 결과이지만, 그 가능성을 현실화하기 위해서는 수혈, 수액, 감균소독법, 항생물질을 중심으로 한 각종 약제, 장기간의 심패정지도 가능한 인공심패, 확고한 의학전문영역을 형성한 마취법의 발달이나 마취의에 의한 수술중의 전신관리, 임상병리학의 발달에 따른 病理醫에 의한 수술중의 신속한 병리진단이나 다수의 전자기술장치의 활용을 통한 수술중의 제 검사, 수술후의 집중치료시설(ICU) 등의 보조수단·설비의 진보·발달, 각종의 인공장기를 포함한 무수한 치료재료의 개발·발달도 이것에 크게 기여하였다.

수술에는 통상적인 메스를 사용하지만, 수술목적에 대응한 여러 가지 형태의 기구가 다양하게 사용 가능하게 되었다. 또한 수술의 진보는 輕度의 침습을 달성하는 방향으로 진전되어 개복 등의 침습없이 확대장치를 갖춘 내시경수술 등 통상의 수술조

---

21) 여기에서는 의료과오의 전형적인 사례인 치료과오 중 '수술에 관한 과오'를 중심으로 논한다.

작이 미치지 않은 부분의 수술도 가능하도록 수술기법을 향상시켰다.

수술과 관련하여 문제되는 사안은 수술의 필요성여부, 시기의 판단, 수술기법, 수술관리체재와 관련한 수술전과 수술중의 관리, 수술부위의 세균감염, 수술부위내의 異物質의 잔류, 수술후의 환자관리 등이 문제된다.

(2) 판례의 동향

수술과 관련한 의료과오의 형사판례는 상당히 집적되어 가고있는 추세이지만 아직 많은 건수는 아니다. 이것은 대폭적인 비범죄화・처벌겸억화의 진행이 교통사고 등 과실범 처벌 전체에 공통하는 현상이지만, 관련 민사판례와 대비해서 명백한 것은 의료형사사건은 그 수가 적을 뿐만 아니라 형사과실의 운용이나 범죄화의 기준을 위시하여 양형면에서도 안정적인 공정한 법적 평가준칙이 형성되고 있다고 할 수 없는 것이 현실이다. 최근의 형사판례로서 적시될 수 있는 몇가지 예와 관련하여 "산부인과 의사가 산모의 태반조기박리에 대한 대응조치로서 응급 제왕절개 수술을 시행하기로 결정하였다면 이러한 경우에는 적어도 제왕절개 수술 시행 결정과 아울러 산모에게 수혈을 할 필요가 있을 것이라고 예상되는 특별한 사정이 있어 미리 혈액을 준비하여야 할 업무상 주의의무가 있다고 보아야 한다고 한 사례"[22], 혹은 의료사고에 있어서 의사의 과실을 인정하기 위한 요건 및 그 판단 기준과 관련하여 "의료사고에 있어서 의사의 과실을 인정하기 위해서는 의사가 결과발생을 예견할 수 있었음에도 불구하고 그 결과발생을 예견하지 못하였고 그 결과발생을 회피할 수 있었음에도 불구하고 그 결과발생을 회피하지 못한 과실이 검토되어야 하고, 그 과실의 유무를 판단함에는 같은 업무와 직무에 종사하는 일반적 보통인의 주의정도를 표준으로 하여야 하며, 이에는 사고 당시의 일반적인 의학의 수준과 의료환경 및 조건, 의료행위의 특수성 등이 고려되어야 한다"고 하고 있다.[23]

---

22) 대법원 2000. 1. 14, 99 도 3621. 그러나 제왕절개수술을 하는 산부인과 개업의사에게 수혈용 혈액을 미리 준비할 업무상 주의의무가 없다고 본 이전 사례가 있다. 대법원은 "산부인과 개업의들이 매 분만마다 수혈용 혈액을 준비한다 하더라도 이를 사용하지 아니한 경우(대부분의 분만에서 사용하지 아니한다)에는 혈액원에 반납할 수 없고, 산부인과 의원에서는 이를 보관하였다가 다른 산모에게 사용할 수도 없기 때문에 결국 사용하지 못한 혈액은 폐기하여야 하고, 헌혈 부족으로 충분한 혈액을 확보하지 못하고 있는 당시 우리 나라의 실정상 만약 산부인과 개업의들이 매 분만마다 수혈용 혈액을 미리 준비하고, 이를 폐기한다면 혈액 부족이 심화될 우려가 있음을 알 수 있는바, 제왕절개분만을 함에 있어서 산모에게 수혈을 할 필요가 있을 것이라고 예상할 수 있었다는 사정이 보이지 않는 한, 산후과다출혈에 대비하여 제왕절개수술을 시행하기 전에 미리 혈액을 준비할 업무상 주의의무가 있다고 보기 어렵다고 본 사례"가 있다(대법원 1997. 4. 8, 96 도 3082).

2. 手術適應

수술의 의학적 적응이란 수술의 필요성을 말하는 것으로 수술이 환자에게 최선의 치료법이 됨을 의미한다. 여기에서는 수술을 할 필요성이 없음에도 불구하고 수술을 실시한 경우와 수술을 하여야 함에도 하지 않은 경우가 문제되어진다.[24] 전자의 예와 관련하여 판례는 "의사가 세밀한 조사없이 청진, 촉진, 흉곽촬영 등의 진단방법만으로 환자의 질환을 위종양이나 위궤양으로 속단하여 개복수술을 하였으나, 그 결과 그 질환이 확진하기 어려운 대장결핵성 임파선염인 것으로 판명되었다면, 그 개복수술로 인하여 환자에게 어떠한 손해가 발생하였다고는 볼 수 없다고 하여 시험용 개복수술의 정당성을 인정한 사례가 있다.[25] 또한 후자의 예와 관련하여 '교통사고 환자에 대하여 수술을 하지 않고 관망하던 중 사망하게 된 경우에 의사에게 과실이 없다고 한 경우'가 있다.[26]

또한 수술을 시행하여야 함에도 불구하고 오진이나 적정한 진단지연에 의해 필요한 수술이 행하여지지 않은 경우, 혹은 지연되었기 때문에 환자가 사망하거나 장애를 발생하게 한 경우에는 부작위에 의한 치사상의 책임이 추급되어진다. 여기에서는 문제되어지는 수술의 법적 의무가 의사에게 보증인적 지위를 부여하는 것 이외에 그 수술이 시행된 경우에 결과의 회피가능성에 대한 확인이 요구된다. 이외에도 인과관계의 확인 작업에 있어서는 수술자체가 가지는 成否의 불확정요소가 문제로 되어진다. 여기에서 확실성에 근접하는 개연성의 확인이 요구되며 "합리적인 의심을 능가

23) 대법원 1999. 12. 10, 99 도 3711; 이외에도 교통사고 피해자를 진료하면서 적절한 진단 방법을 시행하지 않은 일반외과 전문의의 과실을 인정한 사례(대법원 1996. 9. 24, 95 도 245), 그리고 마취환자의 마취회복업무를 담당한 의사의 주의의무와 관련한 사례(대법원 1994. 4. 26, 92 도 3283), 난소의 제거로 임신불능인 상태에 있어서의 자궁적출행위가 업무상과실치상죄 소정의 상해에 해당하는지 여부와 관련한 사례(대법원 1993. 7. 27, 92 도 2345) 등이 있다.

24) 의료행위에 있어서 환자의 주체성과 관련한 환자의 자기결정권, 설명의무, 환자의 명시한 의사에 반한 전단적 의료행위의 문제에 관해서는 拙稿, 「전단적 의료행위의 형법적 평가」, 박재윤교수정년기념논문집, 2002. 8, 255면이하 참조.

25) 대법원 1978. 12. 13, 78 다 1184; 1980. 3. 25, 79 다 2280, 2281.

26) 대법원 1987. 9. 8. 86 다카 2095. "생후 2년 9개월 된 어린아이가 교통사고를 당하여 반혼수상태가 된 채 제주시 소재 병원에 입원하여 수혈과 지혈제 및 영양제의 주사 등의 치료를 받고 있었는데 그 당시 위 병원과 그 지역에서는 장기출혈의 정도를 확인할 수 있는 방법으로는 개복수술 밖에 없었고 환자의 경과가 수술을 할 수도 있고 관망할 수도 있는 상태에서 의사가 수술을 하지 않고 관망하던 중 환자가 그 이튿날 간손상에 의한 복강내 출혈로 인한 쇼크로 사망하게 되었다면 사후에 혹시 수술을 하였더라면 살릴 수 있었을지 모르겠다는 판단이 일어났다고 하더라도 그때의 처치는 의사로서 선택할 수 있는 재량에 속하는 행위 혹은 보통 의사로서 피하기 어려운 오진의 범위에 속하는 것이고 손해배상책임을 져야 할 과실행위라고는 할 수 없다"고 하고 있다.

하는 정도의 확실한 것"이어야 한다.

판례는 "환자의 신체적 조건이 수술을 할 수 있는 상태가 되지 않아 응급조치만을 하고 수술준비까지 한 후 상태가 좋아지기를 기다리는 중 사망한 경우에는 이것을 원인으로 의사에게 업무상과실치사죄 혹은 유기치사죄의 죄책을 물을 수 없다"고 하고 있다.[27] 또한 "일반외과 전문의인 피고인이 피해자의 후복막 전체에 형성된 혈종을 발견한 지 14일이 지나도록 전산화단층촬영 등 후복막 내의 장기 손상이나 농양 형성 여부를 확인하기에 적절한 진단방법을 시행하지 않은 채, 피해자가 보인 염증 증상의 원인을 단순히 장간막 봉합수술에 따른 후유증 정도로만 생각하고 필요한 적절한 진단 및 치료조치를 취하지 아니한 것은 진단 및 치료상의 주의의무를 다하지 아니한 것으로서 과실이 있다고 본 원심판결을 수긍한 사례"가 있다.[28]

이하에서는 수술적응과 관련하여 형법적으로 문제되어지는 영역으로서 인공임신중절과 성전환수술에 관하여 고찰한다.

(1) 인공임신중절

1) 형법의 대응

모자보건법이 말하는 인공임신중절이란 "태아가 모체외에서 생명을 유지할 수 없는 시기에 태아와 그 부속물을 인공적으로 모체 외부에 배출시키는 것"을 말한다(모자보건법 제2조 6호). 여기에 대해 형법에 있어 낙태의 죄란 胎兒를 자연분만기 이전에 인위적으로 모체 밖으로 배출시키거나 모체 내에서 살해하는 것을 말한다. 즉, 이 죄는 추상적 위험범이다. 학설에서는 낙태를 인공임신중절수술보다 넓은 개념으로 파악한다. 그 이유는 인공임신중절수술은 '생명을 유지할 수 없는 시기에' 인위적으로 이를 모체 밖으로 배출시키는 수술임에 반하여, 낙태는 낙태시점에서의 생존가능 여부를 불문하고 자연의 분만기 이전의 인공적인 태아배출행위를 의미한다고 보기 때문이다.[29]

---

27) 부산지법 1974. 12. 24, 74 고합 396.

28) 대법원 1996. 9. 24, 95 도 245. 이 이외에도 시험용 개복수술과 관련한 대법원 1980. 3. 25, 79 다 2280, 2281, 그리고 '산부인과 의사가 제왕절개수술을 요하는 응급환자가 입원하였다는 보고를 받고도 1시간이 지나 집을 출발하여 수술 지연으로 인하여 태아가 사망한 것에 대하여 산부인과 의사의 과실을 인정한 사례'가 있다(대법원 2000. 12. 22, 99 다 42407).

29) 이러한 통설의 견해에 대하여 낙태죄는 태아를 살해함으로써 성립하는 침해범으로 해석하는 견해가 있다(이재상, 형법각론, 박영사, 2001, 92면). 그 이유는 사람의 생명을 보호하는 살인죄를 침해범으로 규정하고 있으면서 태아의 생명에 대하여는 위험범으로 보호의 범위를 확대

형법은 일체의 낙태행위를 벌하고 있다. 그러나 현실에 있어서는 모자보건법이 허용하는 예외조항(동법 제14조)과 무관한 낙태행위가 일상화되어 있고 검찰의 소추의지 또한 실종한지 이미 오래이다.[30)]

의료행위에 대한 형사법적 규제와 관련하여 업무상낙태죄는 의사가 행한 임신중절의 범위와 관련을 가진다. 형법은 제27장 낙태의 죄에서 본죄를 예외없이 처벌하는 태도를 취하고 있지만, 모자보건법은 예외적으로 낙태가 허용되는 특수한 위법성조각사유의 경우를 규정하고 있다.[31)] 모자보건법 제14조가 의사는 본인과 배우자의 동의를 얻어 임신한 날로부터 28주 이내에 인공임신중절수술을 가능하도록 하는 허용조건을 정하는 것에 의해 임신중절수술의 법적 적응의 문제가 문제되어진다. 개별적 적응요건과 관련하여 우생학적 · 윤리적 적응과 함께 의학적 적응요건으로 임신의 지

해야 할 이유가 없고, 낙태죄을 위험범으로 해석하는 것은 사람의 생명에 대한 위험범인 유기죄의 앞에 낙태죄를 규정하고 있는 형법의 태도와 일치하지 않는다는 것을 그 논거로 들고 있다. 그러나 낙태죄는 태아의 생명을 보호법익으로 하는 점과 형법이 낙태미수를 처벌하지 않는다는 점, 낙태의 개념이 반드시 태아의 살해를 내포하는 개념이 아닌 점 등을 고려할 때 통설인 위험범설이 타당하다.

30) 우리나라는 연간 150만건 이상의 낙태가 무차별적으로 이루어지고 있다고 한다. 흔히들 이런 현실을 묘사하기 위해 낙태공화국이란 신조어가 등장하고 있다. 그러나 사법연감에 따르면 2000년 형사공판사건으로 제1심에 3건이 접수되어 2건이 집행유예의 판결을 받았다(사법연감, 법원행정처, 2001. 7, 784면).
한 일간신문은 우리의 낙태현실을 다음과 같이 전하고 있다. "남자아이를 낳기 위해서, 터울조절을 위해, 아이를 키울 여건이 안 되어서, 혼전 임신 등의 이유로 임신한 여성들이 종기를 떼어내려 가듯 산부인과를 찾는다. 2000년 가족보건복지협의회 조사에서 나타난 기혼여성의 낙태경험률은 약 39%, 여기에 낙태시술의 30%를 차지하는 미혼여성까지 감안하면 전체 가임여성의 낙태건수는 상상을 넘어선다. 이를 근거로 추산한 연간 낙태건수는 150여만건, 한해 출생 60여만건보다 2 · 5배나 많은 태아가 낙태로 사라지는 것이다."(조선일보 2001. 4. 30).
대한의사협회는 2001년 11월 15일 공포한 의사윤리지침 제54조에서 "의학적 · 사회적으로 적절하고 합당한 경우라도 인공임신중절수술(낙태)을 시행하는데 신중하여야 한다"고 규정하여 의학적 · 사회적으로 합당한 경우에 낙태를 허용하는 의사윤리지침을 제정한 바 있다. 이 윤리지침은 부모의 알권리 충족의 차원에서 제한적 성감별도 허용하고 있다. 그러나 이러한 의협의 지침은 생명경시풍조를 가속화할 위험성과 함께 기존의 실정법과 저촉되어 뜨거운 논쟁을 일으키고 있다. 실제에 있어 의협의 이러한 지침은 거의 모든 낙태를 허용하게 되어 기존의 형법과 모자보건법을 사문화할 우려가 있다. 더구나 부모의 알권리의 차원에서 제한적 성감별을 합법적으로 하겠다는 것은 우리의 낙태현실과 너무나 괴리된 주장이라 하겠다. 의료법 제19조의2는 태아의 성감별행위를 금지하고, 제67조에서 이를 위반한 자에 대하여 3년이하의 징역 또는 1천만원 이하의 벌금에 처하도록 규정하고 있다.

31) 낙태죄의 형법적 규제방식은 기한방식과 적응방식(정당화사유방식)의 두가지가 있다. 期限方式은 자유롭게 낙태를 할 수 있는 일정한 기한을 설정하는 방식이며, 적응방식은 기한과 관계없이 임신후 모든 낙태행위를 원칙적으로 금지하고 일정한 정당화사유가 존재하는 경우에만 예외적의로 낙태를 허용하는 방법을 말한다. 우리의 모자보건법은 적응방식에 의해 낙태죄의 정당화사유를 규정하고 있다.

속이 보건의학적 이유로 모체의 건강을 심히 해하고 있거나 해할 우려가 있는 경우를 명시하고 있다.[32)]

그러나 모자보건법은 낙태를 허용하는 개별적 적응요건의 판단기준과 절차에 관하여 구체적인 해당 규정을 두지 않고 이를 개별 의사의 독자적인 판단에 일임하고 있어, 적응요건을 엄격화에도 불구하고 실제에 있어서는 낙태의 자유화 경향의 길을 열어놓고 있다. 판례도 또한 모자보건법에 있어 인공임신중절수술이 부득이하다고 판단되는 경우에 대해서 그것은 "치료에 임하는 의사의 건전하고도 신중한 판단에 위임되어 있다"고 한다.[33)] 이외에도 다운증후군사건에서 대법원은 "① 다운증후군이 모자보건법상의 인공임신중절사유에 해당하는지 여부 및 의사가 기형아 판별확률이 높은 검사 방법에 관하여 설명하지 아니하여 다운증후군에 걸린 아이를 출산한 것이 부모의 낙태결정권을 침해한 것이라고 할 수 있는지 여부, 그리고 ② 장애를 갖고 출생한 것 자체를 법률적인 손해로 볼 수 있는지 여부 및 장애를 갖고 출생함으로 인하여 치료비 등 비용이 정상인에 비하여 더 소요되더라도 그 장애 자체가 의사를 포함한 어느 누구의 과실에 기인한 것이 아닐 경우, 추가 소요되는 비용을 장애아 자신이 청구할 수 있는 손해로 볼 수 있는지 여부"에 대하여 다음과 같이 판시하고 있다.[34)]

먼저" 의사가 기형아 판별확률이 높은 검사 방법에 관하여 설명하지 아니하여 임산부가 태아의 기형 여부에 대한 판별확률이 높은 검사를 받지 못한 채 다운증후군에 걸린 아이를 출산한 경우와 관련하여, 모자보건법 제14조 제1항 제1호는 인공임신중절수술을 할 수 있는 경우로 임산부 본인 또는 배우자가 대통령령이 정하는 우

---

32) 우리의 모자보건법은 적응방식에 의하여 낙태의 허용범위를 규정하고 있으나 그 우생학적 · 윤리적 적응은 지나치게 좁게 규정되어 있을 뿐만 아니라, 사회적 적응을 인정하지 않은 점에서 현실문제의 해결에 불충분하고 입법론상으로도 문제가 있다는 지적이 있다(이재상, 전게서, 81면이하). 일본의 경우에 있어서는 신체적 사유에 의한 의학적 적응에 경제적 사유에 의한 사회적 적응의 규정을 두고 있다. 이 사회적 적응도 임신계속이나 분만이 "모체의 건강을 현저하게 해할 우려가 있는"것을 그 전제로서 하고 있기 때문에 엄격하게 운용한다면 반드시 광범위하게 중절을 합법화하고 있는 것은 아니다. 그러나 이 사회적 적응은 전후의 경제적 빈곤으로부터 가족계획, 혼외임신의 처리 등의 문제와 함께 광범위하게 적용되어, 이러한 초법규적인 합법화가 오늘날에는 임부나 그 주변의 관계자도 포함된 자기결정권의 강조와 함께 유지되고 있다.

33) 모자보건법 제8조 ①항 5호(현행 제14조 ①항 5호) 소정의 인공임신중절수술 허용한계인 '임신의 지속이 보건의학적 이유로 모체의 건강을 심히 해하고 있거나 해할 우려가 있는 경우'라 함은 '임신의 지속이 모체의 건강과 건강에 심각한 위험을 초래하게 되어 모체의 생명과 건강만이라도 구하기 위해서는 인공임신중절수술이 부득이하다고 인정되는 경우로서 이러한 판단은 치료행위에 임하는 의사가 건전하고도 신중하게 판단해야 한다'고 하고 있다(대법원 1985. 6. 11, 84 도 1958).

34) 대법원 1999. 6. 11, 98 다 22857.

생학적 또는 유전학적 정신장애나 신체질환이 있는 경우를 규정하고 있고, 모자보건법시행령 제15조 제2항은 같은 법 제14조 제1항 제1호의 규정에 의하여 인공임신중절수술을 할 수 있는 우생학적 또는 유전학적 정신장애나 신체질환으로 혈우병과 각종 유전성 질환을 규정하고 있을 뿐이므로, 다운증후군은 위 조항 소정의 인공임신중절사유에 해당하지 않음이 명백하여 부모가 태아가 다운증후군에 걸려 있음을 알았다고 하더라도 태아를 적법하게 낙태할 결정권을 가지고 있었다고 보기 어렵다고 할 것이어서 부모의 적법한 낙태결정권이 침해되었다고 할 수 없다."고 하고, 다음으로 "인간 생명의 존엄성과 그 가치의 무한함에 비추어 볼 때, 어떠한 인간 또는 인간이 되려고 하는 존재가 타인에 대하여 자신의 출생을 막아 줄 것을 요구할 권리를 가진다고 보기 어렵고, 장애를 갖고 출생한 것 자체를 인공임신중절로 출생하지 않은 것과 비교해서 법률적으로 손해라고 단정할 수도 없으며, 그로 인하여 치료비 등 여러 가지 비용이 정상인에 비하여 더 소요된다고 하더라도 그 장애 자체가 의사나 다른 누구의 과실로 말미암은 것이 아닌 이상 이를 선천적으로 장애를 지닌 채 태어난 아이 자신이 청구할 수 있는 손해라고 할 수는 없다"고 하고 있다.

그러나 다운증후군이 모자보건법상의 인공임신중절사유에 해당하는지 여부와 관련하여 다운증후군이 동법이 정하고 있는 '유전성 질환에 해당하는지의 여부'에 대해서는 의학상의 다툼의 여지가 있다.

2) 비교법적 고찰

이미 고찰한 바와 같이 형법은 낙태행위를 벌하고 있으며 모자보건법이 엄격한 적응규정을 두어 예외적으로 낙태의 허용요건을 정하고 있으나 이는 낙태가 무차별적으로 자유롭게 행해지고 있는 일상의 현실과는 괴리되어 있음을 알 수 있다. 이러한 현실에 대해 검찰의 소추의지 또한 실종한지 이미 오래되어 자기낙태죄(형법 제269조 제1항) 및 동의낙태죄(제269조 제2항, 제270조 제1항)은 사문화된지 오래이다. 여기에서 일부에서 주장되어지고 있는 낙태의 자유화 경향과 관련하여 외국의 입법례를 고찰하면 다음과 같다.

① 독일

독일 형법은 1974년 6월 18일 제5차 형법개정법률에 의하여 기한방식을 도입하여 낙태의 절대적 자유화를 인정한 바 있다(독일은 12주 이내에 임부의 동의에 의한 의사의 낙태를 허용하였다. 동법 제218조의a). 그러나 이 규정은 1975년 2월 25일 연방헌법재판소에 의해 위헌판결을 받았다. 즉, "모체내에서 자라고 있는 생명은 독립된 법익으로서 헌법의 보호를 받는다. 태아의 생명보호는 원칙적으로 임신의 전기간에 걸쳐 임부의 자기결정권에 우선하며 그 기간에 따라 문제되는 것은 아니다"고 판시하고 있다.[35] 여기에서 독일 형법은 1976년 5월 18일 제15차 형법개정법률에 의하여 적응규정방식을 채택하여 통독이전까지 시행하였다.

이후 1990년 통독과 함께 새로운 문제가 발생하였다. 구서독과는 달리 구동독 지역에서는 12주 이내의 낙태를 허용하는 기한방식이 적용되고 있었다. 낙태처벌규정의 확장적용문제는 통일조약 합의당시 가장 첨예하게 의견이 대립된 부분으로서 이에 연방정부는 연방형법의 확정적용을 포기하고, 1992년 12월 31일까지 통일된 새로운 낙태규정을 제정할 것을 조건으로 양독일 지역에서 각각의 종전 형법규정을 그대로 적용하기로 합의하였다.

이후 연방의회는 통일조약규정에 의거하여 1992년 7월 27일에 상담의무와 결합한 기한방식을 채택하여 12주 이내 상담조건부 낙태허용방안을 규정하고 있는 "임부 및 가족원조법"을 제정하였다. 그러나 이 법은 1993년 5월 28일 헌법재판소의 위헌판결에 의하여 그 주요부분이 효력을 상실하였다.[36]

이후 1995년 8월 21일 국회를 통과한 낙태에 관한 형법 규정은 다시 "착상후 12주 이내에 임부가 낙태를 촉탁하고 최소한 낙태시술 3일 이전에 상담을 거친 사실을 수술의사에게 입증한 다음 의사가 낙태시술을 한 때에는 낙태가 허용된다(동법 제218조의a ①). 이어 임부의 승낙을 받아 의사가 행한 낙태는 임부의 현재 또는 장래의 생활관계를 고려한 의사의 진단결과 낙태가 임부의 생명에 대한 위험 또는 신체적·정신적 건강상태를 현저히 침해할 위험을 방어하기 위하여 적절하고, 다른 방법으로는 이러한 위험을 방어할 수 없는 것으로 인정되는 때에는 위법하지 아니하다고 하고 있다(동법 제218조의a ②). 의사가 진단결과 임부에 대하여 제176조 내지 제179조(강간 등 성범죄)의 위법행위가 범하여졌고, 그로 인하여 임신한 것으로 인정할만한 명백한 근거들이 있으며 착상후 12주 이상이 경과하지 아니한 경우로서 임부의 승낙을 받아 낙태한 때에도 동일하다.

② 미국

미국은 프라이버시의 권리로서 12주내에 있어 제한을 부정한 연방최고재판소의 1973년의 판례 이후 낙태를 결정하는 것은 privacy의 권리라는 태도를 일관하고 있다.

---

35) BVerfGE 39, 1.

36) BVerfGE 88, 21. "인간의 가치는 태아에게도 인정되며 법질서는 태아의 생명권을 보장해 주어야 하고, 낙태의 원칙적인 금지와 아이의 원칙적 출산의무는 헌법이 요구하는 보호의 불가결의 요소가 된다"고 하고 있다.

즉, 연방대법원은 1973년의 Roe v. Wade 사건에서[37] "임산부는 임신초기 3개월 이내에는 절대적인 낙태권을 가지며 6개월까지는 제한된 범위내에서 낙태권을 가진다"고 판시하여, 모체의 생명을 보호하기 위해 필요한 경우 이외에는 낙태를 금지하고 있는 Texas 주법을 위헌이라고 하였다.[38] 그러나 1989년 미국연방대법원은 웹스트사건에서 "모든 인간의 생명은 잉태된 순간부터 시작되며 헌법이 보장하는 인간의 기본권과 특권은 태아에게도 당연히 적용된다"고 함으로써 1986년 미주리州가 주정부로부터 재정지원을 받는 의사나 병원은 낙태수술을 할 수 없다고 규정한 것은 합헌이라고 함으로써 다시 낙태를 제한하는 법률들을 옹호했다.

이 이외에도 인구과잉으로 고민하는 중국은 일인의 子만 갖기 위한 운동을 전국적으로 전개하여 적극적인 중절을 인정하고 있다. 이러한 임신중절의 허용성은 의학적 적응의 문제보다는 종교문제나 인구정책도 혼재된 사회적 규제의 문제로서 이 때문에 허용범위도 유동적이다.

3) 입법론

낙태의 자유화 경향에 대하여 반대론자들은 인간의 가치는 태아에게도 인정되며 인간존재 중 가장 약한 자가 태아이며 낙태는 가장 약한 자를 가장 강한 자들의 여러 가지 사정에 따라 살해하는 행위라고 주장한다.[39] 대법원도 "인간의 생명은 잉태된 때부터 시작되는 것이고 회임된 태아는 새로운 존재와 인격의 근원으로서 존엄과 가치를 지니므로 그 자신이 이를 인식하고 있던지 또 스스로를 방어할 수 있는지에 관계없이 침해되지 않도록 보호되어야 한다 함이 헌법 아래에서 국민일반이 지니는 건전한 도의적 감정과 합치된다"고 하고 있다.[40] 우리의 모자보건법 또한 우생학적·윤리적 적응규정은 지나치게 좁게 규정하고 있을 뿐 아니라 사회적 적응을 인정하지 않고 있다.

그러나 이미 고찰한 바와 같이 우리나라의 낙태제한은 현실의 운용면에서 본다면 방임의 형태에 속한다. 여기에서 태아의 생명은 생성 중의 생명에 지나지 않으므로

---

37) Roe v. Wade, 410 U.S. 113(1973).

38) 이 판결에서 Blackmann 판사는 "그리이스와 로마법은 태아에 대한 보호를 전혀 하지 않았다. 여자의 privacy에 관한 권리는 낙태의 가부를 결정할 수 있을 정도로 광범위하다. 임신초기의 3개월까지의 낙태는 비교적 안전하며 위험한 낙태수술로부터 임부를 보호한다는 이유로 주법이 개입할 여지는 없다. 인간으로서의 태아란 출산이 약속되어 있는 경우일 뿐이다"고 하고 있다.

39) 김일수, 형법각론, 박영사, 1996, 47면.

40) 대법원 1985. 6. 11, 84 도 1958.

사람의 생명과 같이 절대적으로 보호해야 할 법익이라고는 할 수 없으며 일정한 범위에서는 낙태의 자유도 허용되어야 할 것이다. 여기에서 임신초기의 일정기간 이내(착상후 12주)에는 임부가 낙태를 승낙한 경우 일정한 상담을 거쳐 의사가 행하는 낙태시술을 허용하고(상담의무와 결합한 기한방식), 그리고 이후의 기간에는 일정한 적응규정에 해당하는 경우에 위법성을 조각하는 방식이 타당하다 하겠다.[41]

(2) 성전환수술

전통적인 우리의 성에 대한 개념은 선천적으로 한번 결정된 성은 변하지 않는 것으로 알고 살아왔다. 그러나 1960년대 이후 성전환수술을 요구하는 사람들이 많아짐에 따라 정신의학계에서도 이를 문제로 인식하게 되었으며,[42] 과학기술과 의학기술의 발달로 성전환수술이 일반화되자 성분화 미발육으로 고통당하는 사람들에게 성전환수술에 의한 제3의 성을 선택할 수 있는 길이 열리게 되었다. 그리고 우리나라에서도 1980년대 말에 성전환수술이 도입된 이래 이것에 대한 의학적 적응이 문제되어지기 시작하였다.

성전환수술과 관련하여 상해죄 성립 여부가 문제되어진다.[43] 특히 이러한 수술의 치료행위성 그 자체가 문제로 되는 것은 본인의 생리적인 건강상태의 유지개선과는 무관계한 건전한 남성의 성기를 절제하고 인공적인 造膣을 하는 침습인 점에서 그러하다. 그러나 이것은 의료침습의 상해성 유무라는 문제와는 다소 거리가 있으며 본인이 희망하는 동의상해의 측면에서 검토되어야 할 문제이다. 동의상해의 불가벌성에 있어서는 구성요건해당성이 부정되는가 혹은 위법성이 조각되는가의 문제에 더하여 "단지 승낙이 존재한다는 사실만이 아니라 이러한 승낙을 한 동기, 목적, 신체상해의 수단, 방법, 손상의 부위, 정도 등의 제반 사정에 비추어 종합적으로 결정해야 할 것"이라는 입장이 타당하다. 요컨대 이러한 수술이 상해죄가 성립하는 정도의 가벌성 평가를 내포하고 있다고는 말할 수 있을 것인가에 대해서는 의문이 있다.

---

41) 이재상교수는 임신 12주까지 임부의 의사에 따라 의사가 행하는 낙태는 절대적으로 허용하고 그 이후의 낙태는 적응규정에 따른 판단절차를 마련하여 예외적으로 허용하는 것이 타당하다도 하고 있다(이재상, 전게서, 90면).

42) 기록상으로는 1952년 코펜하겐의 게오르게 요르겐슨(George Jorgenson)이라는 남자가 크리스틴 요르겐슨(Christine Jorgenson)이라는 여자로 성전환한 것이 최초의 사례라고 한다(윤가현, 성심리학, 성화사, 1990, 188면).

43) 1970년 11월 11일에는 일본 동경고등재판소가 성전환수술을 한 의사에 대해 일본 우생보호법상의 생식불능을 목적으로 한 수술금지규정의 위반으로 형사책임을 인정한 것이 그 예이다(최정학, 「성전환의 법적 문제점」, 민주법학, 제14호, 1998, 222면).

여기에서 1960년대에 이미 성전환 수술이 발전되기 시작한 서구에서는 정신의학계에서 정식으로 이것을 질병의 하나로 간주하고 있다. 즉, 의학적으로 성전환증(transsexualism)은 성적 주체성 장애의 가장 심한 형태로서 사춘기 이후에도 자신의 선천적 성에 대해 지속적으로 불편감과 부적절감을 느끼며 2년 이상 일차 및 이차적 성징을 제거하고 반대성징을 획득하려는 집착에 사로잡혀 있는 상태를 말한다.[44] 이러한 성전환증은 어떻게 치료될 수 있을까에 대해 외국의 여러 연구결과들을 종합해 보면 궁극적으로는 수술에 의한 치료가 가장 효과적이라고 한다. 그리고 성전환수술에 의해 좋은 결과를 얻었다는 임상적 보고가 계속되고 있는 것을 고려할 때 이것을 치료행위로 인정하는 데에는 별 異論이 없는 것으로 보인다.[45]

요컨대 의학적 적응성에 있어서는 그 존부 뿐만 아니라 그 정도도 항상 문제가 된다고 하겠다. 진료는 질병에 대한 치유・예방을 목적으로 해서 행하여지는 것이지만 직접으로 질병・고통의 제거・완화를 위한 치료적 침습 이외에 각종의 진단적・예방적 처치도 이것에 포함된다는 것은 당연하며, 문제는 어느 정도에 까지 "사회학적 적응성"을 인정할 것인가 하는 문제이다. 의료행위의 개념에는 순사회복지적 처치까지 포함하는 것은 아니라고 하더라도 그 목적이 단지 "사회적 건강상태"의 회복 또는 개선에 있다고 한다면 적응성으로서는 충분하지 아니하다. 여기에서 그 적응성은 순의학적・기술적 관점만이 아니라 사회윤리적 관점에서도 판단되어야 한다. 여기에서 "질병에 대응하는 치료라고 할 수 없어도 대상자의 심신에 있어서 이익이 되는 의료기술의 실시"도 적응성을 가진다고 할 여지가 발생한다. 미용성형수술과 성전환수술에 관한 우리 판례의 타당성도 이 관점에서 검토되어져야 한다.

또한 적응성이 의심되거나 혹은 그 정도가 낮은 경우에는 그 이외에 환자의 승낙의 요건이 엄격하게 요구된다. 여기에서는 '의학적 적응성'이 높으면 높은 만큼 환자의 동의라는 것은 그것에 종속적으로 補足하는 것이라는 이차적인 지위로 됨을 말한다. 역으로 낮으면 낮은 만큼 정당화 요소로서의 환자의 동의의 중대성이 높아지는 것이라는 관계로 된다.[46]

국내에 있어 연세의료원의 성전환증 클리닉에서 성전환증 수술에 관한 지침을 정하고 있는데 그 내용은 다음과 같다. ① 2년 이상의 성전환증에 해당하는 생활양상을 보이고 있고, ② 6개월 이상의 정신치료과정을 거친 후에도 지속적으로 성전환증세를 유지하고 있으며, ③ 다른 질환이 없을 것, ④ 만20세 이상의 성년으로 자기의사 결정의 능력이 있고, 보호자의 동의가 있을 것 등이다.[47]

---

44) 최병무, 「성전환증의 진단 및 치료」, 신경정신의학, 제32권 제4호, 1993. 7, 465면.
45) 최정학, 전게논문, 222면.
46) 町野朔, 「患者の自己決定權」, ジュリスト 568, 1974. 8, 46面.

성전환수술의 의학적 적응을 인정하는 경우에 있어서도 법적으로 새로운 성에 대한 권리를 인정할 것인가의 문제가 대두된다. 예컨대 성범죄의 객체인가의 여부, 호적정정의 허용여부, 근로기준법상 여성으로 보아야 할 것인가 등의 문제가 발생한다.

대법원은 성전환과 관련하여 "성전환 수술을 받은 자가 강간죄의 객체인 '부녀'에 해당하지 않는다"고 하여 이러한 견해는 성의 생물학적 결정론에 치우친 나머지, 성의 사회적 역할과 기능을 무시하고 있다는 비판을 받고 있다.[48] 이러한 성개념은 성전환수술이 일반화추세에 있는 생활현실과 상당한 괴리를 갖는 비현실적인 성의 개념이라 할 것이다.[49] 하급심의 판례에 있어서는 "강간죄가 강제추행죄에 비하여 엄하게 처벌되는 입법취지의 근저에는 모성보호, 즉 추상적이나마 수태의 가능성이 있는 부녀를 더 보호하고자 하는 취지가 포함되어 있고, 현재의 의학수준에 비추어 성전환수술 후 육체적으로 반대의 성이 갖는 해부학적인 성의 구조를 완벽하게 재현할 수 없는 실정인 점등을 고려하면, 피해자가 성염색체나 외부성기 등 육체적인 성별에는 이상이 없는데도 성자아(性自我)의 혼란을 겪은 나머지 부득이 외과적인 수술로서 환자가 바라는 반대적인 성이 지니는 일부 해부학적인 성기의 외간을 갖추었다고 하더라도, 따로 호적정정등 성별을 확정하는 절차를 거치지 아니한 이상 그 상태만으로 강간죄의 '부녀'라고 단정할 수는 없다"고 하고 있다.[50]

나아가 '성염색체의 구성과 다르게 성전환수술을 한 자의 호적정정의 허용 여부'와 관련하여 "인간의 사회생활을 규율하기 위한 호적제도하에서의 성을 결정함에 있어서는 발생학적 성(性)인 성염색체의 구성이 가장 중요한 기준이 되어 특단의 사정이 없는 한 성염색체의 구성에 따라 결정되는 성과 다른 성을 인정할 수는 없다 할 것인바, 비록 항고인이 출생 당시 확인된 성인 남성으로서의 외형적 특징을 더 이상 보이지 않게 되었으며 남성으로서의 성격도 상실하여 외견상 여성으로서의 체형을 갖추고 성격도 여성화되어 여성으로서의 사회생활을 영위해 나가고 있을지라도, 항고인의 성염색체 구성이 아무런 이상이 없는 정상적인 남성의 성염색체 구성을 가지고 있는 이상, 위와 같은 증상이나 사유는 정신의학적으로 성적동일성(性的同一性)의 이상(異狀)인 변성증(성전환증)이란 증후군의 증상을 보이는 데 불과할 뿐, 그와 같은

47) 최정학, 전게논문, 218면이하; 대한비뇨기과학회에서도 이와 비슷한 성전환 수술에 합당한 환자선택의 기준을 제시한 바 있다.

48) 대법원 1996. 6. 11, 96 도 791.

49) 성전환과 관련한 법원의 호적정적에 관한 문제에서 처음에는 '인간의 성별은 성염색체의 여하에 의하여 결정되어야 한다'(서울가정법원 1987. 10. 12, 87호파3275)고 하다가 사회학적 성을 인정하는 진전된 판례가 보인다(대전지법 천안지원 1990. 4. 19, 90 호파 71).

50) 서울지법 1995. 10. 11. 선고 95고합516 판결.

사유만을 가지고 곧바로 법적인 성을 결정하는 호적상의 성을 '여'라 할 수는 없다"고 하고 있다.[51]

3. 수술기법

(1) 재량성

1) 의료행위는 진료의 대상인 인체에 내재하는 개체의 차에 의해 항상 다소간의 시험적 요소를 가진다. 따라서 이것은 '의술의 고도의 전문성'을 어느 정도 認容하지 않을 수 없다는 근거임과 동시에, '치료의 재량성'이라는 것이 용인되어지는 이유이기도 하다. 이와 같이 진료에 관한 판단처치에 있어서 의사에게 어느 정도의 범위 내에서 자유로운 활동영역을 인정할 필요가 있는 것은 "의학의 급속한 진보에 대해 입법이 追隨할 수 없는 결과, 의료행위 그 자체가 유연성을 잃게 되는 경우에, 의사와 환자 모두에게 있어 반드시 바람직한 결과가 될 수 없다"고 하는 실질적인 고려에서 긍정되어진다.[52]

또한 의료행위는 의료준칙에 의해 적정하게 행해져야 한다는 원칙도 치료행위의 특수성으로부터 일정한 수정을 받게 된다. 즉, 의사는 '수준을 유지한 치료'가 구체적인 경우에 있어서 유효한가, 혹은 유해하게 될 것인가를 고려하여 일정한 경우에는 수준 이하의 처치가 허용되며, 아직 확립된 치료법이 없는 때에는 실험적 치료법을 사용하는 것도 허용되어진다. 다만 이 경우에 허용된 위험의 법리에 의해서 이것이 허용되어진다고 할 수 있기 위해서는 이것에 상응하는 환자의 승낙은 물론 긴급피난의 경우에 준한 긴급성 또는 보충성의 요건을 충족하는 외에도 결여된 적응성이 總合的인 危險과 이익의 衡量에 의해서 보완되어질 필요가 있다. 따라서 이 경우에 전문 이외의 환자 혹은 진료상 의심이 있는 환자를 다른 병원 등에 轉送하는 것이 가능할 때에는 환자를 다른 보다 적절한 기관에 전송할 법적 의무가 있다고 하겠다.

2) 재량성의 한계

의료행위의 "재량성"은 "생명현상 나아가서는 그것을 기반으로 하는 의료현상은

---

51) 광주지법 1995. 10. 5, 95 브 10 결정

52) 대법원 1996. 6. 25, 94 다 13046. "무릇 의사는 진료를 행함에 있어 환자의 상황과 당시의 의료 수준 그리고 자기의 전문적인 지식과 경험에 따라 생각할 수 있는 몇 가지의 조치 중에서 적절하다고 판단되는 진료방법을 선택할 수 있고, 그것이 합리적인 재량의 범위를 벗어난 것이 아닌 한 진료의 결과를 놓고 그 중 어느 하나만이 정당하고 그와 다른 조치를 취한 것에 과실이 있다고 말할 수는 없다."

실로 복잡다양하며 미해명의 부분이 다수 존재하며, 이것에 대응하는 의료의 영역에 있어서도 이것을 용이하게 규격화하는 것은 곤란하다"는 점에서 기본적으로 유래하고 있다.[53] 즉, 질병의 태양 및 생체의 반응이 복잡함과 동시에 고도의 전문지식과 기술을 요하는 의학상의 준칙에도 복수의 선택방법이 있으며, 만약 의사의 판단에 어느 정도의 재량을 인정하지 않으면 의료행위는 이루어질 수 없으며 이것을 부정한다면 발생된 결과에 대해서 의사의 절대책임을 인정하게 될지도 모른다.

의료행위의 재량의 합리성은 개개의 문제분야에 있어 구체적으로 논정되어야 할 것으로 여기에서 판례분석이 중요한 의의를 가지게 되지만, 일반적으로 그 범위를 획정하는 것은 당해분야에서의 "의료수준"이라고 할 수 있다. 의료수준 자체가 일정의 폭을 가진 경우에는 그 범위내에서 의사의 합리적인 재량이 허용되어진다고 할 수 있다. 그러나 최근에는 거듭 이상의 것들과 함께 의사의 재량과 환자의 자기 결정권과의 관계가 문제되어지고 있다. 즉, 의료행위의 선택자체가 환자에 대한 "설명의무"와 관련되어지면서 의사의 재량성은 제약되어지는 경우가 나타나고 있다. 여기에서 재량은 오히려 의사에 의한 時宜에 알맞은 적절하고 타당한 처치를 기대하기 위한 전제로서, 그 합리적 재량의 일탈이 법적 책임으로 문제되는 것은 "의사가 현대의학의 수준에 반하여 당연하게 해야 할 처치를 취하지 않는 등 현저한 치료의 과오를 범한 경우"에 한한다고 할 것이다.

수술의 경우에 있어서도 같은 질환에 있어 복수의 수술방식이 있을 수 있으며, 그 기법선택의 여부 또한 의사의 개인적인 임상경험 등을 고려한 재량범위에 위임되어 있지만, 그러나 이러한 선택도 결코 무제약의 것은 아니며 구체적인 病例에 있어서 조건이 허용되는 한 가장 유효하고 안전한 확실한 방법의 선택이 요구되어진다. 판례는 이 부분과 관련하여 상당히 광범위한 재량성을 인정하고 있다. 대법원은 "특히 의사의 질병 진단의 결과에 과실이 없다고 인정되는 이상 그 요법으로서 어떠한 조치를 취하여야 할 것인가는 의사 스스로 환자의 상황 기타 이에 터잡은 자기의 전문적 지식·경험에 따라 결정하여야 할 것이고, 생각할 수 있는 몇 가지의 조치가 의사로서 취할 조치로서 합리적인 것인 한 그 어떤 것을 선택할 것이냐는 당해 의사의 재량의 범위 내에 속하고 반드시 그 중 어느 하나만이 정당하고 이와 다른 조치를 취한 것은 모두 과실이 있는 것이라고 할 수 없다"고 하고 있다.[54]

53) 松倉 豊治, 「醫療行爲における裁量の特質」, 判例タイムズ, 第31卷, 第17號, 1980. 8, 10面.
54) 대법원 1999. 3. 26, 98 다 45379, 45386.

(2) 수술기법

수술기법은 안전성이 입증된 당해 전문분야의 외과학에서 인용되는 방법임을 요한다. 수술기법과 관련하여 문제되어지는 몇가지 사례를 고찰하면 다음과 같다.

1) 기본적인 실수

외과의료의 발달은 수술하는 자에 의한 개인적인 차를 좁히는 방향으로 진행되어 왔으며, 내시경 등에 의해 행하여지는 수술영역이 확대되어진 것은 그 하나의 예이다. 그러나 오늘날에 있어서도 개인차에 따라 수술의 미묘한 차가 발생하는 것은 숙명적이라 할 것이며, 그럼에도 불구하고 그 허용범위 또한 스스로 한계를 가지며 이것을 벗어나는 경우에는 법적 문제가 발생한다. 여기에서 기본적인 실수는 형사사건화되어진다.[55)]

2) 임신중절사고; 인공중절사고의 형사사건이 많은 것은 임신자체가 병적 현상이 아니라 일상적으로 행해지고 있는 중절에서의 사망이 피해의식을 높히기 때문이다. 판례는 "낙태수술을 하고 태아를 낙태시킨 순간부터 심한 하출혈을 하는 것을 보고 자궁수축제와 지혈제를 주사하고 압박 담봉을 하였으나 아무런 효험이 없이 여전히 출혈이 계속되었을 경우 위 출혈상태로 보아 '이완성 자궁'으로 인한 출혈이라는 것을 예견하였거나 예견할 수 있었을 것이므로 의사로서는 출혈의 근원을 제거하기 위하여 환자로 하여금 자궁절개수술을 받도록 조치를 위하여 그 출혈로 인한 사망을 예방하여야 할 주의의무가 있다고 하고 있다.[56)]

3) 미용성형수술; 의료행위성 자체가 문제되어지는 미용성형수술에 의한 사고에 있어서는 주의의무의 정도가 높은 것은 부득이하다. 의료계에서도 미용성형수술에

---

55) 대법원 1969. 10. 4, 69 도 991(접합판 제거사건). "의사인 피고인이 피해자의 골절상을 수술치료함에 있어서 적어도 70일을 경과하지 아니하면 접합판의 제거수술을 할 수 없음에도 피해자가 요청한다 하여 45일만에 접한판을 제거해야 할 급박한 사정도 없으면서 별일 없을 것이라고 경신한 나머지 이를 제거하였고, 더욱이 일단 제거수술을 하였다 하여도 골절된 부분을 기브스로 완전 고정시켜 만골이나 전립을 방지하여야 할 업무상 주의의무가 있음에도 엑스광선의 투시결과가 골형성이 다소간 진행된 것이 엿보인다 하여 아무런 조처도 취하지 아니한 채 퇴원시킴으로써 피해자에게 전치 약 1년간의 입원가료를 요하는 상처를 입혔다면 피고인에게 과실이 있다 할 것이다."

56) 대법원 1971. 8. 31, 71 도 1254. 이 이외에도 대법원 1967. 8. 29, 66 도 1197; 1968. 7. 16, 68 도 615; 1997. 4. 8, 96 도 3082; 2000. 1. 14, 99 도 3621 참조.

대한 비판적인 견해가 있지만 미용목적의 의료기술의 이용자체는 사회적으로 용인되고 있으며, 민사의료재판에 있어서는 수술기법의 실수에 의한 책임추급이 광범위하게 이루어지고 있다. 대법원은 처음에는 "곰보수술, 눈쌍꺼풀, 콧날세우기등 미용성형수술은 질병의 예방 또는 치료행위가 아니므로 오직 일반의사에게만 허용된 의료법 소정의 의료행위라고 단정할 수 없다"고 판시하였으나[57], 이후 "피고인의 코높이기 수술인 미용성형수술이 의료기술의 시행방법으로 행하여지고 또 코의 절개과정이나 연골의 삽입봉합과정에서 미균이 침입할 위험성을 내포하고 있는 것이어서 이러한 코높이기 성형수술의 방법 및 행위의 태양을 함께 감안하면 코높이기 성형수술행위도 질병의 치료 행위의 범주에 넣어 의료행위가 되는 것으로 해석함이 타당하다"고 하고 있다.[58]

(3) 실패한 수술

인간능력한계에 대한 배려는 긴급사태에 한정되는 것이 아니다. 여기에서 "특히 기량이 우수한 전문의"가 기준이 되는 것은 물론 아니다. 의료행위에 임하는 의사가 지켜야 할 행동기준이 과학적인 합리성에 근거하여 일반적으로 인정되어지는 '의학준칙'이라는 것에 대해서는 전혀 異論이 없으며, 법적인 주의의무도 이 의학준칙에 충실해야 한다는 것을 요구하고 있다.[59] 그러나 이 의학준칙 자체가 구체적으로 명시적인 형태로 法定되어 있는 것은 아니고 의사라는 전문가 집단에 의한 고도의 전문지식에 의해 자주적으로 형성되어 유지되고 있는 것이라는 점에 그 특색이 있다. 따라서 무엇이 의학준칙인가 하는 것에 대해 문제시하는 경우에도 전문가 내부의 이론과 실천에 의거하지 않을 수 없다. 더구나 문제는 의학의 발달에 의해 이러한 의학준칙도 끊임없이 변화해 가고 있는 점, 그리고 이것이 구체적으로 적용되어야 할 경우에도 상황에 의한 개별화와 거듭 수반되어지는 변화를 예상하지 않을 수 없다는 점에 있다. 이러한 점에 있어 통상 일반의사의 그 당시 지득하고 있는 의료의 '일반수준'을 기준으로 해야 할 것이라고 하고 있지만,[60] 이 원칙하에서 여전히 몇가지 검토를 요하는 문제가 있다.

첫째 평균적인 의사가 가지는 일반수준이라고 하는 경우에 의학의 진보에 의한 일

---

57) 대법원 1972. 3. 28, 72 도 342.
58) 대법원 1974. 11. 26, 74 도 1114.
59) 大谷 實, 醫療行爲と法, 弘文堂, 1990, 118면.
60) 김선석, 「의료과오에 있어서 인과관계와 과실」, 의료사고에 관한 제문제, 법원행정처, 1985, 93면이하.

반수준의 변화를 어떠한 형태로 평가할 것인가가 문제이다. 이 점에서는 "의학은 나날이 진보하지만 의학의 진보에 의해서 일반수준이 높아질 경우 개개의 의사가 일반수준에 따라갈 수 없는 경우에도 그것을 인정하지 않을 수 없으며, 높아진 일반수준을 기준으로 해서 과실의 유무를 인정하지 않을 수 없다"고 하는 견해가 있다. 그러나 이 이론은 의사의 소위"硏鑽義務"로서 이 이론을 일반화하는 것은 위험하다 하겠다.

둘째 새로운 진료기술이 개발되어 행해지는 경우에 그 보급도를 일반수준의 관점에서 어떻게 평가할 것인가하는 문제이다. 여기에 대해서는 "그 원인, 진단법, 치료법이 선진적 의사에 의해서 서서히 규명되어 전문지에 소개되고 점차 일반 임상의에게도 그 인식이 확대되고 있는 경우, 또한 오늘날에 있어 전문 분화된 의료체계에 있어 주의의무의 기준을 결정하기 위해서는 먼저 사고 당시까지 그 증상에 대한 의학계의 최첨단 연구성과가 각 분야에 어느 정도 어떻게 영향을 미쳤는가, 다음으로 본 사고당시 위의 연구성과가 일반의 임상의에게 어느 정도 보급되었는가, 당해 의사가 처해진 구체적인 상황이 어떠하였는가"하는 점 등이 고려되어야 한다. 따라서 구체적 사안의 해결에 있어 그 당시 당해 의료기관에 소속된 의사로서 새로운 치료방법을 알고 이것을 적용할 것인가 어떤가에 대해, 언제쯤부터 일반의 진료기관에서도 실시 가능하였는가 하는 점이 판단의 주요기준이 될 수 있다.

셋째 의사의 일반수준이라는 경우에 있어서도 그 구체적 적용장면에서는 당해 의사가 처한 진료조건, 예컨대 전문성, 지역성, 설비의 정도 등의 요인에 의한 일정의 변화와 수정이 예상된다. 이 점에 있어서는 전문영역 이외의 치료를 한 경우에 있어 "당해 의사에게 요구되어지는 주의의무의 정도는 도시에서 멀리 떨어진 장소에서 다른 전문의가 없는 경우, 긴급하여 부득이한 경우 등 특수한 사정이 있는 경우 이외에는 전문의로서 일반적으로 해야 할 주의의무가 기준으로 된다고 하겠다. 그리고 전문영역 이외의 치료에 있어서도 환자를 억지로 인수한 경우에는 전문의와 동등의 의료수준이 요구되지만, 지역적 사정이나 긴급의 필요에 의해 부득이 행한 경우에는 주의의무가 경감되어지는 경우에 해당한다 하겠다. 여기에서 일반 개업의는 대학병원 정도의 고도의 주의의무를 요구하지 않는다고 하는 판례도 존재한다.[61] 이 이외에도 전문외의 지역적 사정 등에 의해 수준에 부합하는 진료를 행할 수 없는 경우에는 필요한 응급조치를 한 뒤 전문의의 진료를 받을 수 있도록 권고할 의무가 있으며 혹은 설비가 갖추어진 병원으로 환자를 전송할 의무가 있다고 하겠다.

마지막으로 치료침습이 의학적 적응성을 가진, 의술적으로 적정하게 행하여졌는가

---

61) 東京地判 1978. 12. 14 判例時報, 952號, 96面.

의 여부 판단은 결과의 발생시가 아닌 침습의 시점인 '행위시'에 있어서이다. 따라서 이 시점에 의학적으로 필요한 침습의 조건이 존재한다면 치료가 실패로 끝나거나, 환자의 건강상태를 악화시킨 경우에도 범죄성립은 부정되어진다. 따라서 실패한 수술행위에 대하여는 결과불법이 야기된 경우에도 그것이 의료의 '일반수준'의 요건을 충족하는 의술의 법칙에 적합한 때에는 주의의무위반을 결하기 때문이다. 다만 의술의 법칙에 반한 실패한 치료행위는 업무상 과실치사상죄의 문제가 발생함은 물론이다.

판례는 의사의 의료행위에 있어서 주의의무의 기준이 되는 의료수준의 의미 및그 평가 방법과 관련하여 "의사가 치료 등의 의료행위를 함에 있어서는 사람의 생명·신체·건강을 관리하는 업무의 성질에 비추어 구체적인 증상이나 상황에 따라 위험을 방지하기 위하여 요구되는 최선의 조치를 행하여야 할 주의의무가 있다고 할 것이나, 이와 같은 주의의무는 의료행위를 할 당시 의료기관 등 임상의학분야에서 실천되고 있는 의료행위의 수준을 기준으로 판단하여야 하고, 의사가 행한 의료행위가 그 당시의 의료수준에 비추어 최선을 다한 것으로 인정되는 경우에는 의사에게 환자를 진료함에 있어서 요구되는 주의의무를 위반한 과실이 있다고 할 수 없으며, 특히 의사의 질병 진단의 결과에 과실이 없다고 인정되는 이상 그 요법으로서 어떠한 조치를 취하여야 할 것인가는 의사 스스로 환자의 상황 기타 이에 터잡은 자기의 전문적 지식·경험에 따라 결정하여야 할 것이고, 생각할 수 있는 몇 가지의 조치가 의사로서 취할 조치로서 합리적인 것인 한 그 어떤 것을 선택할 것이냐는 당해 의사의 재량의 범위 내에 속하고 반드시 그 중 어느 하나만이 정당하고 이와 다른 조치를 취한 것은 모두 과실이 있는 것이라고 할 수 없다"고 하고 있다.[62)]

4. 수술관리체재

(1) 개관

수술관리체재와 관련하여서는 물적 시설에 대한 관리의 문제와 인적체재에 있어 감독 과실이 문제되어진다.

먼저 물적 시설에 대한 관리과실과 관련하여 수술의 중심은 수술작업이지만 수술이 기대하는 방향으로 수행되어지기 위해서는 수술내용에 부합하는 다수의 기구나 장비의 준비가 필요하며 이러한 것들이 소정의 기능을 가지는 것이 필요불가결하다.

---

62) 대법원 1999. 3. 26, 98 다 45379, 45386.

예컨대 정신병동의 화재사고에 있어서는 폐쇄병동의 개방을 용이하게 해야 함은 물론 자동화재경보기의 상시작동의 점검, 화재발생시의 적절한 피난유도활동이 요구된다. 또한 수술을 위한 수술용 의료기기, 마취장치, 각종 계측장치, 그리고 청정장치 등 부수설비의 충족 · 정비가 요구되어진다.

인적 체재에 있어 감독과실과 관련하여 수술에는 수술전, 수술시행의 전과정 그리고 수술 후를 통해서 여러 가지 의료행위의 집중이 필요하며, 집도의를 중심으로 指導醫를 포함한 手術助手, 마취와 함께 전신상태를 관리하는 마취의, 간호사, 임상병리의를 포함한 검사담당자 등 많은 의료관계자의 협력이 불가결하다. 이것은 수술작업을 핵으로 유기적인 관련을 가진 복합적인 조직활동인 것이다. 또한 이러한 공동작업은 일반의료행위로서도 행하여지지만 특히 수술의 경우는 장소적으로도 집약된 복잡한 공동작업인 점에 그 특징이 있다. 執刀醫 그룹이 중심이지만 집도의가 항상 지휘감독자의 입장에 서 있는 것은 아니며 마취의나 病理醫 등과의 사이에는 상하관계는 없다고 할 수 있다. 또한 이러한 지휘감독관계는 그 중 한사람이 범한 과실에 있어서 누가 어느 정도의 책임을 부담할 것인가의 곤란한 문제가 발생할 수 있다.[63) 판례는 "대학병원 과장이라는 이유만으로 외래담당의사 및 담당 수련의들의 처치와 치료결과를 주시하고 적절한 수술방법을 지시 · 감독하거나 또는 직접 수술할 주의의무가 없다"고 하고 있다.[64)]

(2) 수술전 관리

1) 수술전 검사

수술에 들어가기 전에 여러 가지 검사와 관련한 의료행위가 필요하다. 이 경우 수술전의 진찰, 검사, 판단 등이 요구되며 이것이 불완전한 경우에 과실이 긍정되어질 수 있다. 판례는 "수술주관의사 또는 마취담당의사가 할로테인을 사용한 전신마취에

---

63) 拙稿, 「분업의료와 신뢰의 원칙」, 대구법학, 제5호, 대구대 법학연구소, 2002. 8, 208면이하 참조.

64) 대법원 1996. 11. 8, 95 도 2710. "일반적으로 대학병원의 진료체계상 과장은 병원행정상의 직급으로서 다른 교수나 전문의가 진료하고 있는 환자의 진료까지 책임지는 것은 아니고, 소속 교수 등이 진료시간을 요일별 또는 오전, 오후 등 시간별로 구분하여 각자 외래 및 입원 환자를 관리하고 진료에 대한 책임을 맡게 된다. 그러한 사정을 감안하면, 피고인에게 피해자를 담당한 의사가 아니어서 그 치료에 관한 것이 아님에도 불구하고 구강악안면외과 과장이라는 이유만으로 외래담당의사 및 담당 수련의들의 처치와 치료결과를 주시하고 적절한 수술방법을 지시하거나 담당의사 대신 직접 수술을 하고, 농배양을 지시 · 감독할 주의의무가 있다고 단정할 수 없다"고 하고 있다.

의하여 난소종양절제수술을 함에 앞서 혈청의 생화학적 반응에 의한 간기능검사로 환자의 간상태를 정확히 파악하지 아니한 채 개복수술을 시행하여 환자가 급성전격성간염으로 인하여 사망한 경우 위 의사들의 업무상 과실이 있다"고 하고 있다.[65] 수술전 검사에는 수혈을 위한 혈액형판정도 여기에 해당하며, 형사사건화의 많은 예는 異型수혈사고의 예로서 이것들의 대부분은 검사의 잘못에 기인한 것들이다. 수술전 검사로서 어떠한 것을 요구할 것인가에 대해서는 이론적으로 정형화하는 것은 곤란한 문제이지만 통상의 수술과 긴급수술 사이에는 차이가 있다고 하겠다. 수술실시여부를 판단함에 있어서 우선적으로 고려해야 할 것은 수술이외의 치료방법이 존재하는지의 여부이다.

또한 수술과 관련하여 의료현장에서 수술시기의 적부가 문제되어지는 것은 대개 오진이나 진단지연에 의한 수술지연의 문제이다. 수술시기를 결정함에 있어서는 의사의 재량이 상당하게 인정되고 있으며 외과의사와 마취의의 의견이 서로 상충되는 경우에는 수술의 착수여부와 그 시점에 대하여 외과의사가 최종적인 판단을 내려야 할 것이다. 이 경우에 마취의는 마취의 위험이 수술의 위험보다도 명백히 더 크다고 판단되거나 집도의가 수술을 감당할 수 없음을 안 때에는 협력을 거절할 수 있다.[66]

이외에도 수술집도의는 수술부위와 범위를 정확하게 판단해야 한다. 또한 특별한 사정이 없는 한 환자에게 의료계약상의 의무로서 충분한 설명의무를 다하여야 한다.[67] 그리고 이를 기초로 한 환자의 수술 동의서의 의미는 집도의사가 수술상 최대한의 주의를 다하였음에도 의외의 사태가 발생할 경우 책임을 지지 않는다는 의미이다.[68]

---

65) 대법원 1990. 12. 11, 90 도 694; 이 이외에도 판례는 '심장병 환자에게 사전의 정밀검사없이 편도선 절제수술을 한 의사에게 업무상 과실책임을 인정한 예'가 있다(대법원 1986. 10. 14, 85 도 1789).

66) 안동준, 「치료상의 실수에 대한 의사의 법적 책임」, 김종원교수 화갑기념논문집, 법문사, 1991, 333면이하.

67) 拙稿, 「전단적 의료행위의 형법적 평가」, 266면이하 참조. 대법원 1993. 7. 27, 92 도 2345. "산부인과 전문의 수련과정 2년차인 의사가 자신의 시진, 촉진결과 등을 과신한 나머지 초음파검사 등 피해자의 병증이 자궁외 임신인지, 자궁근종인지를 판별하기 위한 정밀한 진단방법을 실시하지 아니한 채 위 피해자의 병명을 자궁근종으로 오진하고 이에 근거하여 의학에 대한 전문지식이 없는 위 피해자에게 자궁적출술의 불가피성만을 강조하였을 뿐 위와 같은 진단상의 과오가 없었다면 당연히 설명받았을 자궁외 임신에 관한 내용을 설명받지 못한 피해자로부터 수술승낙을 받은 사실을 인정할 수 있으므로 위 승낙은 피고인의 부정확 또는 불충분한 설명을 근거로 이루어진 것으로서 이 사건 수술의 위법성을 조각할 유효한 승낙이라고 볼 수 없다 할 것이다."

68) 서울고법 1981. 3. 6, 80 나 3988.

2) 수술전 療養지도

예정된 수술의 경우에도 病狀의 변화에 의해서 시기를 앞당길 필요가 발생한 경우도 있지만, 그러한 사태에 대비해서 절제를 조언하고 변화가 나타나면 바로 바로 연락하여 진료받을 것을 지시할 주의의무도 있다. 판례는 의료종사자에게 입원환자나 수술환자들의 금연에 대한 지시 또는 지도의무가 있는지 여부 및 그 주의의무의 정도에 대하여 "금연에 대한 지시 혹은 지도는 금연의 필요성에 대한 의학적 설명 내지 강조와 구두에 의한 금연의 수시 확인 정도로도 충분하고 나아가 환자의 동태 등을 살펴 금연 여부를 상시 확인·감독할 의무까지 있는 것은 아니다"고 하고 있다.[69]

3) 인적·물적 체재정비

수술의 착수시에는 정확하고 안전한 수술수행을 가능하게 하는 인적·물적 시설의 정비가 요구된다. 판례는 '산모의 태반조기박리에 대한 대응조치로서 응급 제왕절개 수술을 하는 산부인과 의사에게 수혈용 혈액을 미리 준비하여야 할 업무상 주의의무가 있다고 한 사례'가 있다.[70] 이외에도 여기에서는 轉送체재도 문제되어질 수 있다.

(3) 수술 중 관리

수술은 수술도구를 사용하여 신체부위에 대한 절개, 절제, 봉합 등의 외과적 시술을 하게된다. 따라서 수술집도의는 병소 이외의 신체부위를 손상하여서는 아니된다. 여기에서 수술부위와 범위의 정확한 판단과 예측이 요구되어진다.

수술 중의 관리와 관련하여 문제되어지는 것의 다른 하나는 세균감염의 방지이다. 항생물질의 발달에 의한 감염의 방지가 수술의 발달에 큰 요인이 되었지만, 수술후의 감염이 의료측의 책임에 귀속하는 감염이라면 법적 책임이 문제되어진다. 또한 이러한 감염이 수술조작에 기인하는 경우에도 법적 책임이 문제로 되어질 수 있다. 여기에서 수술 중에 있어서는 세균 등의 감염을 방지하기 위해서는 수술에 필요한 도구 등을 사전에 충분히 소독할 의무가 있다. 수술에 있어서 세균의 감염의 문제에 있어서는 언제, 어떻게 하여 세균에 감염되었는가 하는 점에 대한 인정이 곤란한 문제로 되나 달리 감염의 경로가 없다고 한다면 수술에 의한 감염이라고 '일응의 추정'

69) 대법원 1999. 3. 26, 98 다 45379, 45386.
70) 대법원 2000. 1. 14, 99 도 3621. 그러나 '제왕절개수술을 하는 산부인과 개업의사에게 수혈용 혈액을 미리 준비할 업무상 주의의무가 없다고 본 사례'가 있다(대법원 1997. 4. 8, 96 도 3082).

을 할 수 있다.71)

그리고 수술 중에는 급변하는 상황을 항상 경계해서 이상의 징후를 조속히 발견하여 정확하게 대응하는 것이 요청된다.

(4) 異物質의 잔류

異物質 잔류방지는 기본적으로는 수술 중 관리의 문제이지만, 수술 후에는 미리 확인에 의해 기구 등을 수합하는 등의 조치를 강구해야 하는 점에서 수술후의 관리의 문제로서도 중요하다. 수술자체는 성공하였음에도 불구하고 거즈나 수술도구 등 불필요한 이물질이 잔류해 감염증을 일으킨 경우가 허다하며, 이러한 이물질의 제거를 위한 재수술이 필요한 경우에 법적 책임이 문제로 되어진다. 민사판례는 異物의 동일성이 확인된 경우에는 원칙적으로 유책하다 할 것이나, 형사재판례에 있어서는 이물질이 남아 있어도 생리적 장애를 발생시키지 않는 경우에는 형사문제로 되지 아니한다고 하고 있다.

형사판례는 "요추 척추후궁절제 수술도중에 수술용 메스가 부러지자 담당의사가 부러진 메스조각을 찾아 제거하기 위한 최선의 노력을 다하였으나 찾지 못하고 무리하게 제거할 경우의 위험성을 고려하여 부러진 메스조각을 그대로 둔 채 수술부위를 봉합한 경우, 담당의사의 과실을 부정한 사례"가 있다.72) 그러나 수술 중 쇠조각 등이 체내에 있는 경우에 이동식 사진기계로 수술현장에서 직접 촬영하여 바로 이물질의 위치를 확인해 쉽게 제거할 수 있으며 이렇게 하는 것이 일반적인 관행인 점에서 판례의 견지는 다소 의문이 있다.

(5) 수술후의 관리

수술이 성공해도 수술 후에 증상이 악화된 경우가 적지 않으며, 그것에 적절하게 대응하지 않아 문제가 발생한 경우이다. 또한 수술을 필요로 하는 질병에는 중한 경우가 많으며 마취회복뿐만 아니라 수술침습 그 자체에 의해 신체의 전신에 미치는 영향도 크다. 여기에서 일반의 의료·간호와는 별개로 수술후 관리가 특히 중시되는 것은 당연하다. 마취수술의 경우에는 수술 후에는 일반적으로 마취의의 책임영역은 마취후 중요한 기능의 회복 시까지이며, 수술로 인한 합병증의 경우에는 집도의가 책임을 지며 상호 의무가 교차하는 영역의 경우에는 집도의사가 주도적 권한을 가진

71) 김선석, 전게논문, 117면.

72) 대법원 1999. 12. 10, 99 도 3711.

다 하겠다.[73] 수술로 인한 환자의 상태는 매우 불안정하므로 마취회복과는 별개로 담당의사는 활력증상이 안정될 때까지 보다 세심하게 환자를 관찰해야 할 주의의무가 있다.

마취환자의 마취회복업무를 담당한 의사의 주의의무와 관련하여 판례는 "마취환자의 마취회복업무를 담당한 의사로서는 마취환자가 수술 도중 특별한 이상이 있었는지를 확인하여 특별한 이상이 있었던 경우에는 보통 환자보다 더욱 감시를 철저히 하고, 또한 마취환자가 의식이 회복되기 전에는 호흡이 정지될 가능성이 적지 않으므로 피해자의 의식이 완전히 회복될 때까지 주위에서 관찰하거나 적어도 환자를 떠날 때는 피해자를 담당하는 간호사를 특정하여 그로 하여금 환자의 상태를 계속 주시하도록 하여 만일 이상이 발생한 경우에는 즉시 응급조치가 가능하도록 할 의무가 있다"고 하고 있다.[74] 또한 간호사가 감시업무를 인계받지 않은 회복실 내의 모든 환자에 대하여 주시, 점검할 의무가 있는지 여부에 대해 "피해자를 감시하도록 업무를 인계받지 않은 간호사가 자기 환자의 회복처치에 전념하고 있었다면 회복실에 다른 간호사가 남아있지 않은 경우에도 다른 환자의 이상증세가 인식될 수 있는 상황에서라야 이에 대한 조치를 할 의무가 있다고 보일 뿐 회복실 내의 모든 환자에 대하여 적극적, 계속적으로 주시, 점검을 할 의무가 있다고 할 수 없다"고 하고 있다.[75]

이외에도 의료인은 환자 또는 그 보호자에 대하여 요양의 방법 기타 보건관리에 필요한 사항을 지도하여야 한다(의료법 제22조). 특히 전염병 환자 등과 같이 환자 또는 보호자의 부주의로 병이 타인에게 전염될 수 있는 경우에는 특히 강조되는 의무이다. 판례는 "연탄가스 중독환자가 퇴원시 자신의 병명을 물었으나 환자를 그 병명으로 진단, 치료한 의사가 아무런 요양방법을 지도하여 주지 아니하여 병명을 알지 못한 환자가 퇴원 즉시 처음 사고 난 방에서 다시 자다가 재차 연탄가스에 중독된 경우 의사의 업무상과실치상을 인정한 사례가 있다.[76]

또한 "피해자가 다른 병원에서 절개수술까지 권유받았으나 경제적인 이유로 이에 불응하고 퇴원하여 민간요법치료를 하다가 피고인의 진찰을 받고 일단 종합병원에 가서 진단과 치료를 받을 것을 권고받았으나 경제적 사정을 호소하면서 피고인의 치

---

73) NJW 1980, S. 651.

74) 대법원 1994. 4. 26, 92 도 3283.

75) 대법원 1994. 4. 26, 92 도 3283.

76) 대법원 1991. 2. 12, 90 도 2547. 그러나 이 사건에서 피해자들의 재차의 일산화탄소의 중독과 의사의 요양방법에 대한 지도의무위반은 합법칙적 조건관계가 인정되어 인과관계가 긍정되나 이 경우의 중독결과의 회피는 의료법 제22조(요양방법의 지도의무)가 요구하는 요양방법의 지도의무가 규율하는 규범의 과제인 보호목적이 될 수 없다. 단지 주의의무의 반사적 효과에 불과하다 할 것이다. 이 이외에도 관련판례로서 대법원 1971. 8. 31, 71 도 1254; 1982. 1. 26, 81 도 2087; 1991. 2. 12, 90 도 2547 등이 있다.

료를 요구하여, 피고인이 피해자의 병상에 비추어 봉과직염으로 진단하고 우측슬하부 절개수술을 하였으나 밤톨만한 응고된 혈괴만이 검출되어 혈관질환에 의한 증상으로 판단하고 세균감염에 대비한 조치를 취하고, 아울러 즉시 혈관촬영이 가능하고 수술 시설이 갖추어진 종합병원으로 갈 것을 강력히 제시하고 괴사의 위험성이 있음을 경고하였으나 피해자는 이에 불응하고 민간요법으로 치료를 계속하다가 같은 달 다른 병원에서 괴사로 진행되고 있는 우측하지를 절단받기에 이른 경우라면 피고인에 있어서 치료시술상 요구되는 주의의무를 해태하였다고 볼 수 없다"고 하고 있다.[77]

Ⅲ. 결 어

종래의 의료행위는 환자의 건강회복을 위해 의사에게 모든 것을 일임하는 시혜적 · 불평등관계였으나, 의료의 대중화 · 보편화와 함께 이제는 환자와 의료인의 관계를 대등한 비인격적인 계약관계로 만드는 경향을 가지게 되었다. 이러한 경향은 한편으로 의사와 환자 사이의 신뢰관계를 약화시킴은 물론 의료행위가 행하여졌음에도 불구하고 환자의 용태가 회복되지 않고 오히려 불행한 악결과를 발생하게 한 경우에 쉽게 법적 분쟁으로 비화될 개연성을 보이고 있다. 또한 현실에 있어 이러한 갈등이 표면화된 경우 이를 처리하는 우리의 시스템이 매우 낙후되어 있음도 부인할 수 없는 실정이다.

의료소송 특히 형법의 의료행위에 대한 개입의 증가현상에 대하여 일부에서는 환자를 경계하는 전략적인 방어적 의료(defensive medicine)의 경향을 초래한다고 우려하고 있다. 그러나 실제에 있어 선진외국의 의료의 질은 당시 의학의 최고수준에 속하며 이것은 의료행위에 대한 엄격한 법적 감시체계가 확립된 것에 연유하고 있음을 알 수 있다. 여기에서 우리의 경우에 있어서도 환자와 의사와의 관계를 질병의 치료를 공동목표로 하는 상호협력자로서의 관계의 재정립이 필요함은 물론이다. 따라서 이러한 현실을 고려하여 형사책임이 문제되어지는 의료과오의 범죄화에 대한 합리적인 기준을 제시함은 환자에게 있어 정당한 권리보호는 물론 양질의 의료 Service의 기회를 보장함과 함께, 의료인에게는 이들을 의료분쟁의 공포로부터 해방시켜 소신있는 적극적 의료행위를 하는데 기여할 수 있다.

의료과오의 경우에 어느 정도의 형사책임을 추급할 것인가의 여부는 개별국가에 있어 법질서의 선택의 문제이다. 여기에서 형벌은 시민의 자유에 대해 우리의 법질

77) 대법원 1983. 5. 24, 82 도 289. 이외에도 대법원 1969. 10. 14, 69 도 991 참조.

서가 인정하고 있는 가장 가혹한 制裁를 그 수단으로 하고 있기 때문에 형법이 가져야 하는 최후수단성과 투명성, 예측가능성을 고려할 때 형법이 의료영역에 무모하게 개입하는 것은 바람직하지 않으며 예방과 조정이라는 더 온건한 형태의 입법과 사회정책적 수단의 보조영역에서 그 기능을 찾아야 할 것이다.

본장에 있어서의 우리의 결론을 요약하면 다음과 같다. 우리의 경우에 있어 수술과 관련한 의료과오에 있어 민사사건의 증가에도 불구하고 형사소추는 전체적으로는 억제적이며 다른 과실범과 같은 정도의 소추증가는 보이지 않고 있다. 또한 기소된 경우에 있어서도 일반 형사사건과 비교해서 무죄율이 현저하게 높은 점이 특색이다. 이것은 형사사건화 이후 이루어지는 전격적인 합의에도 그 원인이 있으나, 의료행위가 가지는 일반적인 한계 이외에 환자의 다양한 個體差에 의한 의료효과의 예측에 대한 불확실성·모험적 요소 등에 의한 재량영역의 인정 필요성에 기인하는 것으로 판단되어진다. 여기에서 起訴기준의 운용에 있어 소추기준의 명확화와 함께 재판단계에 있어서의 양형기준의 신중한 음미가 요청되어진다. 우리의 경우에 있어 수술과오와 관련한 형사사건의 수는 적을 뿐만 아니라 형사과실의 운용이나 범죄화의 기준을 위시하여 양형면에서도 안정적인 공정한 법적 평가기준이 형성되고 있다고는 할 수 없는 것이 현실이다.

요컨대 의료과실의 판단기준은 위와 같은 의료행위의 특질을 근거로 事前의 단계의 제사정에 근거한 선택의 당부에 구해야 할 것이며, 그것을 무시한 결과론적인 사후판단에서 기준을 맞추어 다루는 것은 허용되지 아니한다. 의료과오의 인정과 관련하여 기본적으로는 이 원리가 지켜지고 있는 것으로 보이지만, 한계영역에 있어서는 사법적 판단은 多種·多樣하며 반드시 안정된 판단기준이 확립되어 있다고 말할 수 없다.

또한 민사사건에 있어서는 합리적인 배상의 타당성이라는 관점에서 인과관계의 엄격성을 완화하여 단지 원인된 행위와 발생된 결과사이에 확실성이 아닌 개연성이나 일반인의 상식에 기초하여 의료상의 과실을 입증한 경우에도 인과관계를 긍정하여 환자측의 부담을 완화시켜주는 입장에 서 있으나, 형사사건에 있어서는 보다 엄밀한 논증이 필요하다는 것에 대해서는 異論이 없으며 여기에서 '합리적인 의심이 없는 증명'의 원칙이 대체로 견지되고 있음을 알 수 있다. 그러나 실제에 있어서는 중대한 악결과가 발생하면 형사사건에 있어서도 결과론적인 approach에 흐를 가능성이 있다는 점에 유의할 필요가 있다. 따라서 의료과실이 발생한 경우에 형사과실을 긍정할 수 있을 정도의 실질적 비난의 요건이 있다고 할 것인가의 여부를 판단하기 위하여 이러한 판단의 오류를 불식시키기 위해서는 의료판례의 全體像을 정확하게 파악하는 것이 필요불가결하다고 하겠다.

제4장
분업의료와 신뢰의 원칙

Ⅰ. 서 설

일상의 사회생활은 다수의 사람의 여러 종류의 분업활동의 집적 위에 성립하고 있다. 여기에서 모든 관여자가 개별적으로 주의를 다할 뿐만 아니라 다른 참가자의 행동의 전부를 체크할 것을 요구하는 것은 원활한 사회생활의 수행을 불가능하게 할 수 있다. 특히 1960대 후반에 대량의 중벌정책도 별 효과를 갖지 못하는 교통사고의 현실에서 사람이 자동차를 사용하는 한 부주의에 의한 교통사고의 발생은 불가피한 것이며, 과실범의 형사벌에 의한 억제력의 한계를 근거로 교통사고의 대폭적인 비범죄화가 진행되어 다른 교통관여자의 규정위반에 의한 교통사고에 있어서 규정을 준수할 것을 신뢰해서 운행한다면 과실책임을 문의하지 아니한다는 '신뢰의 원칙'(Vertrauensgrundsatz)이 교통생활영역에서 광범위하게 인정되어지게 되었다.[1] 그리고 이러한 원칙은 현대생활에 있어 도로교통의 영역을 초월하여 다수인의 업무분담이 요구되어지는 모든 과실범의 영역에서 주의의무의 한계를 확정하는 원리로 발전되어지게 되었다.

따라서 이러한 경향은 의료영역에 있어서도 의료의 전문화 · 대량화와 함께 분업의

---

1) 신뢰의 원칙은 일찍부터 교통생활영역에서 독일의 판례를 통해 형성된 이론이다(Maurach/Gössel/Zipf, Strafrecht, Allg.T., Tb.2, 6.Aufl., 1987, S.101; RGSt 70, 71; BGHSt 4, 47; 7, 118; 9, 93; 14, 211). 그리고 이 원칙은 더욱 발전되어 오스트리아, 일본 등은 물론 우리의 대법원도 이 원칙을 수용하고 있다. 대법원은 "녹색등화에 따라 왕복 8차선의 간선도로를 직진하는 차량의 운전자는 특별한 사정이 없는 한 왕복 2차선의 접속도로에서 진행하여 오는 다른 차량들도 교통법규를 준수하여 함부로 금지된 좌회전을 시도하지는 아니할 것으로 믿고 운전하면 족하고, 접속도로에서 진행하여 오던 차량이 아예 허용되지 아니하는 좌회전을 감행하여 직진하는 자기 차량의 앞을 가로질러 진행하여 올 경우까지 예상하여 그에 따른 사고발생을 미리 방지하기 위하여 특별한 조치까지 강구할 주의의무는 없다 할 것이고, 또한 운전자가 제한속도를 지키며 진행하였더라면 피해자가 좌회전하여 진입하는 것을 발견한 후에 충돌을 피할 수 있었다는 등의 사정이 없는 한 운전자가 제한속도를 초과하여 과속으로 진행한 잘못이 있다 하더라도 그러한 잘못과 교통사고의 발생 사이에 상당인과관계가 있다고 볼 수는 없다"고 판시하고 있다(대법원 1998. 9. 22, 98 도 1854). 이 이외에도 대법원 1977. 3. 8, 77 도 409; 1984. 2. 14, 83 도 3086; 1990. 2. 9, 89 도 1774 참조.

료에 있어서도 이러한 원칙을 적용하여 공동작업의 의료종사자는 환자의 진료전체에 대하여 각자 형사책임을 지는 것이 아니라 자신이 분담한 의료영역에 대해서만 책임을 지게 할 것인가 하는 적용확대의 문제가 대두되었다. 또한 이러한 문제는 역으로 분업의료의 경우에 다른 공동관여자의 부주의가 자신의 과실로 될 수 있는가하는 문제이다.

요컨대 오늘날 신뢰의 원칙은 허용된 위험의 법리가 적용된 특수한 경우로서 과실범의 객관적 주의의무 위반을 제한하는 원리로서 작용함과 함께 위험한 행위의 분업적 공동작업이 이루어지는 모든 형태의 과실범에 대하여 그 적용범위를 확대하는 경향이며 의료의 경우에도 예외현상이 아니다.[2] 그러나 실제에 있어 이러한 원칙을 의료분업에 적용하는 경우에 있어서도 그 내용은 의료행위의 장면마다 상이하며 개별행위자의 의료분업에 의한 책임영역의 분할을 어떻게 한정하여 합리적으로 조정하느냐에 따라 상이한 결론이 도출되어진다.

오늘날 의료영역에 있어 의학기술의 비약적 진보와 함께 의사 상호간 또는 의사와 간호사 등 보조자와의 분업적 협동은 필수불가결하며 이들 상호간의 협력없이는 의료활동이 사실상 불가능해지게 되었다. 먼저 의료영역에 있어 신뢰의 원칙이 적용되어지기 위해서는 공동작업자 상호간에 있어 신뢰를 기초지울 수 있는 분업관계가 확립되어 있을 것을 요한다. 또한 공동작업자 상호간 지휘·감독책임이 인정되는 경우에 이 원칙의 적용은 제약을 받게된다. 후자의 경우에 있어서는 의사가 주재하는 의료활동이 필요로 하는 보조작업의 내용이나 보조자의 자격·능력 등을 공동작업체재 및 형태 등을 근거로 종합적으로 고려해서 결정해야 할 것이다. 즉, 작업분담이나 의료관계자격제도가 전제로 하는 합리적인 범위, 보조자가 실무경험을 많이 쌓은 유능한 유자격자로서 보조작업이 용이하여 위험성이 낮으며 과오방지체재가 정비되어 있는 것 등의 조건이 갖추어져 있으면 있을수록 신뢰허용범위는 넓혀진다. 또한 이러한 신뢰도 중도에 이상한 징후가 나타나는 등 신뢰의 원칙을 동요하게 하는 사정이 출현하면 허용범위가 좁혀지는 동적 성격을 가진 것이라고 하겠다.

여기에서 신뢰의 원칙의 분업의료에서의 적용에 있어서는 의료인 상호간에 업무분담영역이 불명확하거나 의료인 상호간 의사소통이 불완전하여 조화되지 않는 경우 등을 어떻게 처리할 것인가가 문제되어진다. 의료에 있어서의 신뢰의 원칙과 관련하여 문제되는 사례군은 다시 수평적 분업(horizontale Arbeitsteilung)과 수직적 분업(vertikale Arbeitsteilung)으로 대별되어진다. 전자는 수술에 공동으로 참여하고 있는 외과의사와 마취의와 같이 각자 독립적인 영역에서 상호 대등한 정도의 권한과 함께

---

2) 이재상, 형법총론, 박영사, 2001, 188면; 임웅, 형법총론, 법문사, 2001, 446면; H.H.Jescheck, Lehrbuch des Strafrechts, Allg.T., 3.Aufl., 1978, S.458; H.Welzel, Das Deutsche Strafrecht, 11.Aufl., 1969, S.132.

상대의 지시로부터 자유로운 위치에 있음에 반하여, 후자는 전문의와 수련의, 의사와 간호사처럼 상하의 인적구조 관계로서 상위자의 지휘, 감독권과 하급자의 순응을 특징으로 하고 있다.

본장에서는 이들과 관련한 개별이론들을 고찰한 다음 해당영역에서의 판례의 경향을 실증적으로 분석하고자 한다. 실제에 있어 판례상 문제되어지는 대부분의 사례들은 의사의 과실의 입증이 용이한 외과수술 등과 관련하여 문제되어지는 경우이다.

Ⅱ. 수평적 분업

(1) 분업의료에 있어 신뢰의 원칙와 관련하여 문제되어지는 사례군의 하나인 수평적 분업에 있어서는 의사상호간에 있어 신뢰의 원칙을 적용여부 및 그 내용이 문제되어진다. 종합병원 등에서 독립된 各科 사이에 있어서 혹은 공동으로 외과수술을 행하는 경우에 있어 수술이 차질없이 진행되기 위해서는 참여하고 있는 의사들은 다른 동료의사들이 주의의무를 다할 것이라는 것을 신뢰하면 족하며, 다른 의사가 적절하게 행위하는가 혹은 검사결과가 정당한가에 대하여 확인할 주의의무는 없다고 하겠다. 이 경우에 다른 전문의의 영역에 대하여 규제하고 감독하는 일을 기대하는 것은 잘못이다. 예컨대 수술시 외과의사는 마취담당의가 전신관리를 행하는 경우에는 관여자의 고도의 전문성 때문에 수술의 전후에 있어서 마취의의 판단, 지시를 전적으로 신뢰해도 좋다 하겠다.3)

만약 수평적 의료분업에서 이러한 원칙이 적용되지 않는 경우에는 수술실에서의 소모적인 시간낭비와 함께 원활하고 효율적인 의료행위는 불가능하게 되어 이는 궁극에 있어서는 환자의 추가적인 위험으로 귀착되어진다. 이외에도 수혈하는 의사는 동료의사가 실시한 혈액형검사를 신뢰한 경우에도 동일하다.

수평적 분업과 관련하여 문제되어지는 다른 하나는 轉院된 경우에 있어 전원 이전

---

3) Schönke/Schröder/Cramer, StGB, 25.Aufl., 1997, §15, Rdnr.151; BGH NJW 1980, 649ff. 마취의사가 외과의사의 소견과 진단을 신뢰한 것에 대해 마취의사의 과실을 부인한 사례이다. 이 사례는 「18세의 환자가 이미 수술대에 눕혀진 상태에서 마취의가 초빙되었다. 그런데 외과의사가 그 전에 환자의 상태를 진찰해 보고 이를 흔히 있는 급성맹장염으로 진단을 내렸기 때문에 마취의는 단순히 괜찮은가만 물었고 환자도 괜찮다고 대답하였다. 그래서 마취의는 환자의 배를 만져보거나 또는 臟器의 소리를 들어보는 일은 하지 않았던 바 환자는 곧 이어 腸경련을 일으키고 위와 장에 소화되지 않은 음식이 남아 있어서 마취시 튜버를 넣기 전에 이를 토해 내게 되었다. 이러한 일련의 과정은 그 후 肺炎으로 발전하게 되었고 환자는 결국 이틀 후에 사망한 사건이다.」

의 의료행위에 대한 신뢰의 원칙의 적용여부이다. 전원된 경우에 있어 이후에 치료행위를 하는 의사는 이전에 치료를 맡았던 의사의 의견을 따를 의무도 없으며 책임 또한 새로이 떠맡게 된다. 따라서 전원이전의 의사가 작성한 진료자료를 넘겨받았을 때 신뢰의 원칙이 미치는 범위는 대부분 규명되어 있지 않은 상태이므로 조사결과에 대한 의심은 오히려 권장할만 하며, 잘못되었을까 우려가 있는 조사결과는 이를 신뢰해서는 안되며 정밀하게 재검사를 해야 한다.[4] 또한 의약분업과 관련하여 의사와 약사는 상호간의 위임과 신뢰를 바탕으로 기본적으로 양자는 독립된 협조의 분야이며 각자는 고유한 책임의 영역을 갖는다. 약사는 의사의 처방전대로 조제해야 하며, 그것에 따른 부작용은 전적으로 처방전을 교부한 의사의 책임이라 하겠다.

(2) 관련판례

판례는 약사가 의약품 판매하거나 조제함에 있어서 관능시험과 기기시험을 하지 않고 그 약의 표시를 신뢰하고 사용한 경우에 과실책임을 부인하고,[5] 또한 甲 의사가 수술지원 요청에 의하여 수술(결석을 제거하고 난 뇨관의 협착부위를 절단하여 방광측부에 이식하는)을 한 후에 다른 의사들이 한 이형수혈의 부작용으로 인하여 환자가 사망한 경우에는 甲 의사에게는 과실책임이 없다고 하고 있다.[6] 이외에도 轉院된 경우에 있어 후에 치료를 담당한 의사는 이전의 의사의 진단소견 등을 무조건 신뢰해서는 안된다고 하고 있다.[7] 관련판례를 상론하면 다음과 같다.

관련판례 1) 약사가 의약품 판매하거나 조제함에 있어서 관능시험과 기기시험을 하지 않고 그 약의 표시를 신뢰하고 사용한 경우에 과실이 있는지 여부(대법원 1976. 2. 10, 74 도 2046).

약사가 의약품을 판매하거나 조제함에 있어서 약사로서는 그 의약품이 그 표시 포

---

4) 안동준, 「치료상의 실수에 대한 의사의 법적 책임」, 김종원교수화갑기념논문집, 법문사, 1991, 335면.

5) 대법원 1976. 2. 10, 74 도 2046.

6) 대법원 1970. 1. 27, 67 다 2829; 이 이외에도 대법원은 '산부인과 전문의인 피고인이 의사 김xx의 초빙을 받고 동인의 처리중인 임부 심xx에게 원판시와같이 감자분만 수술을 마치고 약 3시간동안 수술결과를 세심 감시하다가 수술후의 다른 증세가 없으므로 혹히 분만수술시의 자궁구의 열상에서 오는 출혈에 대비조치할 것까지를 담당의사인 김xx에게 지시하고 임부를 인계한 이상 그후의 환자에 대한 관리와 조치의 책임은 김xx에게 있는 것이고, 일단 그 자리를 물러난 피고인에게 담당의사와 과실로 환자에게 발생한 결과에 대한 과실책임이 있다고 할 수 없다'고 하고 있다(대법원 1970. 2. 6, 69 도 2190).

7) 대법원 1993. 7. 27, 92 도 2345.

장상에 있어서 약사법 소정의 검인, 합격품이고 또한 부패 변질 변색되지 아니하고 유효기간이 경과되지 아니함을 확인하고 조제·판매한 경우에는 우연히 그 내용에 불순물 또는 표시된 의약품과는 다른 성분의 약품이 포함되어 있어 이를 사용하는 등 사고가 발생하였다면 특히 그 제품에 불순물 또는 다른 약품이 포함된 것을 간단한 주의를 하면 인식할 수 있고 또는 이미 제품에 의한 사고가 발생된 것이 널리 알려져 그 의약품의 사용을 피할 수 있었던 특별한 사정이 없는 한 관능시험 및 기기시험까지 하여야 할 주의의무가 있다 할 수 없고 따라서 그 표시를 신뢰하고 그 약을 사용한 점에 과실이 있었다고는 볼 수 없다고 할 것이다.

관련판례 2) 갑 의사가 수술지원 요청에 의하여 수술(결석을 제거하고 난 뇨관의 협착부위를 절단하여 방광측부에 이식하는)을 한 후에 다른 의사들이 한 이형수혈의 부작용으로 인하여 환자가 사망한 경우에는 갑 의사의 과실책임(대법원 1970. 1. 27, 67 다 2829).

소외 박xx가 1965.7.4 진주xx병원에서 동 병원 비뇨기과 과장인 강xx 의사의 집도로 우측뇨관결석을 제거하는 복부수술을 받았는데 위 결석제 거부의 뇨관에 협착이 생겨 뇨관협착부위의 확장수술이 불가피하게 되자 위 강xx은 그 선배이고 피고 산하 xx대학교 의과대학 부속병원 비뇨기과 전임강사인 윤xx 의사에게 수술지원요청을 하여 위 윤xx은 소속병원에서 출장명령을 얻고 1965.7.9 진주xx병원에 도착하여 환자의 상태를 파악한 후 그 책임집도로서 강xx 의사 및 그외 보조의사 협조하에 환자 박xx의 앞서 절개한 복부를 다시 절개하고 뇨관협착상부를 절단하여 방광측부에 이식하는 수술(제2차 수술)을 하고 난 다음 윤xx의사는 밖으로 나오고 강xx 의사가 나머지 봉합등은 시행하였던 바, 이 당시 환자의 혈압이 강하하여 수혈을 함에 있어서 환자의 혈형이 B형임에도 불구하고 담당간호원의 착오로 A형 혈액을 약 200cc 환자에게 수혈한 결과 이형수혈의 부작용으로 인하여 결국 위 박xx가 사망하게 되었다하고, 위 윤xx 의사는 비록 소속병원 아닌 다른 병원에서라 하더라도 다른 의사들의 선배로서 그 책임하에 집도 수술하게 되었음으로 수술준비로부터 수술 후 조치에 이르기까지 시종 환자의 상태를 파악하고 수술상의 과오가 없도록 할 주의의무가 있다고 할 것이므로 설사 본건 이형수술에 직접 관여하지 않았다 하더라도 이형수혈의 과실책임을 면할 수 없다 하여 피고는 그 피용인인 위 윤xx의 업무상 과실로 인하여 사망케 된 박xx의 손해를 배상할 의무 있다고 판시 하였다. 그러나 원판결 확정 사실과 같이 위 윤xx 의사는 진주xx병원 비뇨기과 과장인 강xx 의사가 불가피하게 된 위 제2차 수술을 그의 수술지원 요청으로 진주xx병원에 가서 그 강xx 의사 및 그외 보조의사들의 협조하에 시행하고 난 다음 밖으로 나오고 그 강xx 의사가 나머지 봉합

등을 시행하던 당시 환자에게 착오로 이형수술을 하게 되었던 것이라면 비록 윤xx 의사가 강xx 의사의 선배이고 소속 xx대학교 의과대학 부속병원의 출장명령을 받고 가서 책임집도하에 수술이 이루워졌다 하여도 최초의 수술을 담당시행한 위 강xx 의사가 이어 하여야 할 제2차 수술을 지원한 것임에는 다름이 없고 또 위 제2차 수술이란 것이 결석을 제거하고 난 뇨관의 협착부위를 절단하여 방광측부에 이식하는 수술이라 하므로 그러한 이식작업을 마침으로서 윤xx의사의 지원은 사실상 끝난 것이라 할 것이니 그 다음의 봉합 등의 일은 강xx 의사 및 그외 보조의사들에게 맡기고 밖으로 나올 수 있는 것이고 따라서 윤xx 의사는 그 후의 실제 관여하지 않았던 이형수혈에 대한 과실책임을 질 수는 없는 것이라 할 것이며, 다음에 강xx 의사가 나머지 봉합등을 할 당시에 동인의 지시에 의하여 수혈한 것이 이형수혈이였음이 뒤늦게 발견되어 동인의 과실책임이 있다고 아니할 수 없고 그 이형수혈의 부작용으로 인하여 환자 박xx가 사망한 것이라면, 그로 말미암은 손해배상책임은 강xx 의사 아닌 윤xx 의사의 사용자인 피고에게는 없는 것이라고 보아야 할 것인데도 불구하고 원심이 위 윤xx 의사는 그 수술 후의 조치에 이르기까지 시종 환자의 상태를 파악하여 수술상의 과오가 없도록 할 주의의무가 있다고 할 것이라 하여 직접관여하지 않았던 이형수혈에 대하여도 과실책임을 면할 수 없다 하여 피고에게 본건 손해배상의 책임의무 있다고 하였음은 이유의 불비있고 겸하여 손해배상 책임의 소재에 관한 법리를 오해한 잘못있다 할 것이다.

관련판례 3) 경유병원에서의 진단소견과 과실(대법원 1993. 7. 27, 92 도 2345 업무상과실치상).

원심이 유지한 제1심 판결이 채용한 증거들을 살펴보면 피고인이 xx대학교 의과대학 산부인과 전문의 수련과정 2년차의 의사로서 xx적십자병원에 파견근무중 환자인 김xx(여 38세)의 복부에서 만져지는 혹을 제거하기 위한 개복수술을 하려고 하였으면 진료경험이나 산부인과적 전문지식이 비교적 부족한 상태이므로 산부인과 전문의 지도를 받는다든지 자문을 구하고, 위 환자의 진료에 필요한 모든 검사를 면밀히 실시하여 병명을 확인하고 수술에 착수하여야 하고 개복 후에도 개복 전의 진단병명은 정확하며 혹시 다른 질환은 아닌지를 세밀히 검토하여 필요한 범위 내에서 수술을 시행하여야 할 업무상 주의의무가 있음에도 불구하고 당초 위 환자를 진찰한 결과 복부에 혹이 만져지고 하혈을 하고 있어 자궁외 임신일 가능성도 생각하였으나 피해자가 10년간 임신경험이 없고 경유병원에서의 진단소견이 자궁근종 또는 자궁체부암으로 되어 있자 자궁외 임신인지를 판별하기 위한 수술전 검사법인 특수호르몬검사, 초음파검사, 복강경검사, 소변임신반응검사 등을 전혀 실시하지 않고 자궁근종을 확인하는 의미에서의 촉진 및 시진을 통하여 자궁외 임신환자인 김경남의 병명을 자궁근종으로 오진하였고 수술단계에서도 냉동절편에 의한 조직검사 등을 거치지 아니한 상태에서 자궁근종으로 속단하고 일반외과 전문의인 공소외 이xx과 함께 병명조차 정확히 확인하지 못한 채 자궁적출술을 시행하여 현대의학상 자궁적출술을 반드시 필요로 하는 환자가 아닌 위 김xx의 자궁을 적출함으로써 동인을 상해에 이르게 한 사실을 인정하기에 넉넉하므로 원심이 피고인을 업무상 과실치상죄를 적용하여 처벌한 제1심 판결을 유지한 조치에 수긍이 가고 거기에 소론과 같은 채증법칙위반, 심리미진 또는 법리오해의 위법이 없다.

또한 대법원은 '피해자가 회복하기 어려운 상태에서 다른 병원으로 전원한 후 사망한 사안에서, 전원 전 진료 담당 의사의 과실과 피해자의 사망 사이의 인과관계를 인정한 사례'가 있다.[8] 즉, '피해자가 다른 병원으로 전원할 당시 이미 후복막에 농양이 광범위하게 형성되어 있었고 췌장이나 십이지장과 같은 후복막 내 장기 등 조직의 괴사가 진행되어 이미 회복하기 어려운 상태에 빠져 있었다면, 피해자가 다른 병원으로 전원하여 진료를 받던 중 사망하였다는 사실 때문에 피고인의 진료상의 과실과 피해자의 사망과의 사이의 인과관계가 단절된다고 볼 수는 없다'고 하고 있다.

Ⅲ. 수직적 분업의 경우

수직적 분업의 경우는 상하의 인적구조 관계로서 상위자의 지휘, 감독권과 하급자의 순응을 특징으로 하고 있다.

수직적 분업의 경우에 실무의 사례로서 자주 등장하는 것이 의사와 다른 의료인 사이 특히 간호사의 과실에 의한 의료사고에 있어서 의사의 감독과실처벌을 인정할 것인가가 문제되어진다. 즉, 간호사 등의 보조자의 과실에 의해 악결과가 발생한 경우에 의사가 어느 정도의 지도·감독상의 책임을 부담할 것인가 하는 점으로 이와 관련한 형사판례는 적지 않다. 의료법은 간호사의 임무와 관련하여 "간호사는 상병자 또는 解産婦의 요양상의 간호 또는 진료의 보조 및 대통령령이 정하는 보건활동에 종사함을 임무로 한다(의료법 제2조 제2항 5호)"고 하고 있다. 여기에서 법령이 정한 자격요건을 가진 보조자의 경우에 있어 감독자의 감독의무란 물샐틈없는 감독이 아니라 이따금씩의 감독에 의해서도 지시된 보조업무를 차질없이 이행할 것이라

8) 대법원 1996. 9. 24, 95 도 245.

는 신뢰를 전제로 한다.[9] 아래의 관련판례(1)의 경우에 있어서는 의사가 진료보조자의 신뢰가 가능한 범위를 일탈하여 감독의무를 다하지 아니한 과실이 있음을 인정한 사례이다.

관련판례(1) 정맥에 주사하다가 근육에 새면 조직괴사 등의 부작용을 일으킬 수 있는 마취제 에폰톨을 주사함에 있어서의 의사의 주의의무(대법원 1990. 5. 22, 90 도 579. 업무상과실치상).

주사약인 에폰톨은 3, 4분 정도의 단시간형 마취에 흔히 이용되는 마취제로서 점액성이 강한 유액성분이어서 반드시 정맥에 주사하여야 하며, 정맥에 투여하다가 근육에 새면 유액성분으로 인하여 조직괴사, 일시적인 혈관수축 등의 부작용을 일으킬 수 있으므로 위와 같은 마취제를 정맥주사할 경우 의사로서는 스스로 주사를 놓던가 부득이 간호사나 간호조무사에게 주사케 하는 경우에도 주사할 위치와 방법 등에 관한 적절하고 상세한 지시를 함과 함께 스스로 그 장소에 입회하여 주사시행 과정에서의 환자의 징후 등을 계속 주시하면서 주사가 잘못 없이 끝나도록 조치하여야 할 주의의무가 있고, 또는 위와 같은 마취제의 정맥주사 방법으로서는 수액세트에 주사침을 연결하여 정맥내에 위치하게 하고 수액을 공급하면서 주사제를 기존의 수액세트를 통하여 주사하는 이른바 사이드 인젝션(Side Injection)방법이 직접 주사방법 보다 안전하고 일반적인 것이라 할 것인 바, 산부인과의사인 피고인이 피해자에 대한 임신중절수술을 시행하기 위하여 마취주사를 시주함에 있어 피고인이 직접 주사하지 아니하고, 만연히 간호조무사로 하여금 직접방법에 의하여 에폰톨 500밀리그램이 함유된 마취주사를 피해자의 우측팔에 놓게 하여 피해자에게 상해를 입혔다면 이에는 의사로서의 주의의무를 다하지 아니한 과실이 있다고 할 것이다.

신뢰의 원칙을 team의료에 있어 감독자와 피감독자 사이에도 적용가능한가가의 문제에 있어서는 책임의 분배라는 관점에서 일정한 경우에는 신뢰의 원칙을 적용하는 것이 타당하다. 의료현실에 있어 전문적 교육·훈련을 받은 실제에는 올바른 직무를 수행해야 할 간호사 등의 보조자에게 기대되어지는 행동을 할 것이라는 신뢰를 기대하지 않는다면, 이러한 자들의 과실에 있어서도 형사감독책임이 추급되어지는 것으로 되어 의료활동의 원활한 수행을 부정하는 것이 된다. 이때 감독 관리자의 신뢰를 허용하는 것은 그의 감독 관리 하에 있는 자의 자격·훈련 이외에 설비 등의 전제조건이 충족되어져야 하지만 그 원칙적 요건이 충족되는 한 감독·과실처벌은 신뢰를

9) 이상돈, 의료형법, 법문사, 1998, 117면.

허용하지 않을 특별한 사정이 있는 경우에 한정해야 할 것이다.[10)]

그러나 이것을 단지 형식적 업무분담이라는 측면에서만 판단한다면 단순히 업무를 부하에게 위임하면 상사는 면책되어진다고 하는 것으로 되어 타당하지 아니하다.

먼저 이러한 경우에는 감독자・피감독자의 사이에 실질적 신뢰관계가 전제되는 경우에 비로소 신뢰의 원칙이 적용되어 감독자의 구체적 예견가능성이 부정된다고 할 것이다. 따라서 단지 "베테랑간호사라는 것만으로는 족하지 아니하고 당해 치료에 관하여 과거에 신뢰가 형성되어 있었는가 어떤가가 중요한 포인트"라고 하겠다. 또한 "구체적 위험발생의 조짐"의 유무는 중요한 고려사항이라고 하겠다. 이것이 확실한 경우에는 신뢰의 원칙만을 근거로 과실책임을 부정할 수는 없다.

그리고 이 경우에 의료업무의 성질, 내용 등이 간호사 등 보조자에게 위임될 수 있는 것이어야 하며, 관련판례(1)의 '마취제 에폰톨사건'에 있어서와 같이 수직적 의료분업이 인정되지 아니하며 본래 의사가 자신이 직접해야 할 행위는 여기에 해당하지 않으면 의료과오가 발생하면 의사는 책임을 면할 수 없다. 예컨대 의료현장에 있어 채혈은 의사의 지시에 의해 간호사가 할 수 있으나 혈액형의 동질성이 문제되어지는 수혈은 의사에 의해 행해져야 한다.

나아가 신뢰의 원칙을 공동작업에 의한 위험한 업무에 확대함에 있어서는 신뢰를 기초 지울 수 있는 분업관계가 확립되어 있을 것을 요한다. 따라서 의사와 보조자와 관계와 같이 다른 사람에 대한 지휘・감독의무가 있는 경우에 이러한 의무를 다하지 않은 경우에는 신뢰의 원칙은 그 적용에 있어 일정한 제한을 받는다. 더구나 수습중인 자나 미자격자의 경우에는 신뢰의 원칙이 적용될 여지가 없게된다. 예컨대 전문의가 시행하여야 할 수술을 아직 충분한 능력을 갖추지 아니한 수련의에게 맡기는 경우에는 경험있는 전문의의 의료수준이 보장되어져야 하며 감독책임이 문제되어질 수 있다.

또한 의사가 의료보조자를 지시할 때에는 의료행위의 위험을 미연에 방지할 수 있을 정도로 구체적이어야 한다. 실제에 있어 "간호사, 약제사의 자격이 없는 의약품 등에 관한 기초적 지식이 불충분한 자에게 그 주문, 수령, 調合을 맡기는 것은, 항상 잘못 투여의 위험이 있는 것으로부터 예컨대 오래 동안 맡겼다는 사정이 있어도, 의사로서는 그 자의 행위를 신뢰하는 것은 허용되지 않으며, 환자에게 의약품을 복용시키기 위해서는 스스로 調合하던가, 혹은 무자격자가 조합할 때에는 자기의 직접 지휘하에 조합하던가, 사후에 그 조합에 잘못이 없는가의 여부를 확인해야 할 업무

---

10) 日最判 1990. 2. 16, 刑集 44. 8. 744.

상의 주의의무가 있다"고 하겠다.[11]

일부에 있어서는 신뢰의 원칙의 의료영역에의 적용에 소극적인 입장에서 이 원칙의 적용을 수술 중에 한하여 한정적으로 인정하자는 견해도 있지만,[12] 반드시 그것에 한정할 필요는 없다고 하겠다. 물론 수술은 집도자가 수술작업의 주의집중이 요구되는 영역이므로 집도의의 신뢰의 허용범위를 넓게 인정할 실제적인 필요성이 높은 것이 사실이다. 따라서 수술에 착수한 시점에서의 집도의의 보조자에 대한 감독의무의 이행은 매우 한계를 가진다. 그리고 이것은 집도의를 감독하는 指導醫에게도 타당하다 하겠다.[13]

또한 환자 등이 보조자의 지위에 있는 경우의 예로서 오늘날 당뇨병 등 동일한 치료가 장기간 반복요구되는 만성적 질환의 경우에 있어 在宅의료가 확대되면서 환자·가족 등 지시를 지킬 것이 위임되어진 자가 의료행위를 정확하게 수행할 것이라는 점에 대한 신뢰가 전제되지 않는다면 이루어질 수 없다. 그러나 이것은 정기적인 약물복용 등 제한된 범위내에서의 반복적인 단순한 처치를 환자에게 위임한 경우에 한하며 의사와 환자 사이에는 원칙적으로 신뢰의 원칙이 적용되지 아니한다. 즉, 이 경우의 환자에 의한 의료처치가 환자의 생명과 신체에 중대한 결과를 초래할 수 있으며 또한 환자는 그 유해여부에 대해 정상적인 판단의 입장에 있지 않기 때문에, 의사는 환자의 적절한 행동을 신뢰할 수 있는 것은 아니며 신뢰의 원칙을 적용해야 할 위험방지분배이 원리가 적용될 여기가 없다 하겠다.[14]

이와 관련하여 대법원은 '의사의 권고를 무시하고 경제적인 이유로 민간요법치료를 하다가 병세가 악화되어 우측하지를 절단받기에 이른 경우라면 당해의사가 치료시술상 요구되는 주의의무를 해태하였다고 볼 수 없다'고 하고 있다.[15]

---

11) 函館地判 1978. 12. 26. 判例時報 935, 136.

12) 町野朔, "過失犯における豫見可能性と信頼の原則", ジコリスト 第575号, 78面.

13) 신뢰의 원칙에 의해 집도의의 형사과실을 부정한 사례로서는 일본의 北大電氣メス사건이 있다(泉 正夫, 「北大電氣メス事件の實像と虛像」, 中山研一·泉 正夫, 醫療事故の刑事判例, 成文堂, 309面以下 參照).

14) 이재상, 전게서, 188면; Schönke/Schröder/Cramer, StGB, §15, Rdnr.215.

15) 대법원은 "피해자가 1979.5.7 타병원에서 절개수술까지 권유받았으나 경제적인 이유로 이에 불응하고 퇴원하여 민간요법치료를 하다가 같은 달 10일 피고인의 진찰을 받고 일단 종합병원에 가서 진단과 치료를 받을 것을 권고받았으나 경제적 사정을 호소하면서 피고인의 치료를 요구하여 피고인이 피해자의 병상에 비추어 봉과직염으로 진단하고 우측슬하부 절개수술을 하였으나 밤톨만한 응고된 혈괴만이 검출되어 혈관질환에 의한 증상으로 판단하고 세균감염에 대비한 조치를 취하고 아울러 즉시 혈관촬영이 가능하고 수술시설이 갖추어진 종합병원으로 갈 것을 강력히 제시하고 괴사의 위험성이 있음을 경고하였으나 피해자는 이에 불응하고 민간요법으로 치료를 계속하다가 같은 달 21일 타병원에서 괴사로 진행되고 있는 우측하지를 절단받기에 이른 경우라면 피고인에 있어서 치료시술상 요구되는 주의의무를 해태하였

이상의 논거들에 대하여 지휘・감독관계에 있는 의사와 간호사 등 수직적 의료분업에서는 의사의 특별한 조치가 존재하지 않은 한은 원칙적으로 신뢰의 원칙이 적용되지 않는다는 견해가 있다.[16] 현실적으로 수직적 분업의료의 영역에서 신뢰의 원칙의 적용을 인정한 대법원의 형사판례 또한 찾아보기 어렵다. 이 문제에 있어서는 종래 민사책임으로서는 대개 보조자의 과실은 동시에 의사의 채무불이행으로서 의사에게 절대적인 책임을 지우게 되었으며, 형사책임에 있어서도 일반적으로 의사는 보조자인 간호사 등의 과실에 의한 결과에 대해서는 그것을 지휘 감독하여 과오의 발생을 방지해야 할 주의의무가 있으며, 그 과오를 시정하는 것이 가능하다고 인정되는 한에 있어 의사도 책임을 면할 수 없었다. 따라서 판례에 있어서도 간호사의 형사과실이 인정되어지는 사례에 있어서는 대부분의 경우에 의사의 형사책임도 인정되는 경향이다.

그러나 수직적 의료분업에 있어서도 분업의료의 성질, 내용과 임상현실 등을 고려하여 보조자의 자격요건에 상응하는 신뢰원칙의 적용은 가능하다 할 것이다. 예컨대 단독 개업의사가 보조자인 간호사에게 입원환자의 경과관찰을 의뢰하고 이상을 발견하는 즉시 보고할 것을 지시한 경우에 간호사가 환자의 관찰의무를 소홀히 하여 악결과가 발생한 경우이다. 환자의 관찰은 간호사의 일상적인 업무로서 환자에 대하여 관찰을 시행한 결과 환자의 의학적 요구수준이 의사의 치료조치를 필요로 할 때에는 담당의사에게 신속・정확하게 통지해야 할 의무가 있다.

물론 의사는 이 경우에 환자의 질병상태가 위중한 때에는 직접 관찰을 시행해야 하며 발생 가능한 위험으로부터 환자를 보호해야 하며 간호사에게 지시한 때에는 자신이 관찰하는 것과 같은 정도의 주의를 갖고 간호사를 감독할 의무가 있다.

록신(C. Roxin)은 분업적 공동작업에서 신뢰의 원칙의 적용의 한계와 관련하여 '신뢰의 원칙의 효력을 상실시키는 이러한 특별(감독)의무가 누구에게 있는지 또는 어느 정도인지는 분업의 개별 형태에 따라 아직 더 자세하게 연구되어져야 한다. 다만 가장 능력있는 공동작업인에게는 그가 자신의 분담업무를 태만히 할 위험없이 이행할 수 있을 정도로만 다른 공동작업인에 대한 감독의무가 부과되어야 한다는 점을 대강의 규준으로 제시할 수 있다'고 하고 있다.[17]

아래의 관련판례(2)의 경우에 있어서는 '다음날 00:30경에는 피해자가 낮보다 더 심하게 호흡곤란을 호소하였고, 환자의 증상이 악화될 염려가 있어 병실에 응급처치

다고 볼 수 없다"고 하고 있다(대법원 1983. 5. 24, 82 도 289).

16) 정영일, 「의료과실에 있어서 위험의 분배」, 법정고시, 1998. 6, 125면.

17) C. Roxin, Strafrecht, Allg.T., Bd.1, 3.Aufl., 1997, S.928.

기구까지 준비하여둔 상황이라면, 당직의사인 피고인 김xx로서는 본인이 직접 환자의 경과를 살펴 호흡장애의 발생여부를 관찰하고 필요한 처치를 시행하였어야 할 것임에도'라고 하고 있는 점 등에서 환자의 질병상태가 위중한 경우로서 의사와 간호사 사이의 신뢰의 원칙의 적용을 배제하고 원칙적으로 환자의 경과관찰 등 주의의무는 의사가 부담해야 하며, 간호사에게 지시한 때에는 자신이 관찰하는 것과 같은 정도의 주의와 함께 간호사를 감독할 의무가 있는 것으로 보고 있다.

관련판례(2) 갑상선아전절제술사건. 갑상선아전절제술 및 전경부임파절청소술을 받은 환자가 기도부종에 의한 인한호흡장애로 뇌기능 부분손상상태(식물인간상태)에 이르게 된 경우, 환자의 호흡 곤란을 알고도 00:30경부터 09:00경까지 환자의 상태를 확인하지 아니한 주치의 겸 당직의사와 그의 활력체크지시를 제대로 이행하지 아니하고 의사를 불러달라는 환자 보호자의 요청을 듣지 아니한 담당간호사들을 업무상과실치상죄로 처단한 사례(대법원 1994. 12. 22, 93 도 3030).

1) 원심이 유지한 제1심판결은 그 거시증거에 의하여, 피해자 이xx(30세)이 갑상선암으로 xx대학교병원에 입원하여 1988.1.29. 16:00경부터 18:20경까지 일반외과 전문의인 공소외 오xx로부터 갑상선아전절제술 및 전경부임파절청소술을 받았는데, 이러한 수술을 받은 환자는 기도부종이 발생하여 호흡장애가 올 수 있는 가능성이 많고, 의사(레지던트, 1년차)인 피고인 김xx이나 간호사인 피고인 김xx, 최xx는 그와 같은 수술을 받은 환자는 기도부종이 발생하여 호흡장애가 올 수 있는 가능성이 많은 사실을 잘 알고 있었던 바, 피고인 김xx는 같은 달 30. 13:00부터 일요일인 같은 달 31. 10:00까지 피해자의 치료를 담당한 주치의 겸 당직의사로서, 피해자가 같은 달 30. 19:00경 호흡곤란으로 산소흡입기를 부착하여 산소를 공급받는 것을 확인하고, 다음날 00:30경 다시 그의 상태를 확인하고 호흡정지 등 위급상태에 대비하여 인공호흡을 시행할 수 있는 응급처치기구를 병실에 준비하도록 당직 간호사인 피고인 김xx에게 지시를 하고서도, 그 이후 피해자의 호흡곤란여부, 기도부종 등 피해자의 상태를 관찰하지 아니하고 09:00경까지 당직실에서 수면을 취하는 등으로 환자를 방치하였고, 피고인 김xx은 같은 달 30. 22:30부터 다음날 07:30까지 간호를 담당한 야간당번 간호사로서, 피고인 김xx로부터 피해자에 대하여 일반환자와는 달리 2시간마다 활력체크(맥박수와 호흡수의 측정)를 하고, 보호자로부터 피해자의 상태가 나쁘다는 연락을 받으면 즉시 위 김xx에게 연락을 하도록 지시를 받았음에도 활력체크를 03:00경에 1회만 실시하였을 뿐만 아니라 06:00경 및 07:30경 피해자의 모 김xx로부터 피해자가 호흡곤란으로 고통스러워하니 의사를 불러달라는 요청을 받고도 피해자의 상태를 확인하거나 의사에게 연락을 취하지도 아니하고 퇴근하였고, 피고인 최xx는 그

날 07:30경부터 15:30경까지 주간당번간호사로서 피해자의 증상을 알고 있었던 데다가 피해자가 산소흡입기를 부착하고 병실에 응급처치기구까지 비치된 사실을 알고도 의사가 지시한 대로 활력체크를 하지 아니하고, 08:30경 위 김xx가 피해자의 호흡곤란으로 인한 산소부족으로 입술이 청색으로 변하는 것을 보고 의사를 불러달라고 요청하였는데도 이에 응하지 아니하였고, 09:00경에는 피해자의 안면까지 청색으로 변하면서 그 고통으로 피해자가 몸부림치는 것을 보고 위 김xx가 소리를 치면서 다급하게 의사를 불러달라고 요청하였음에도 피해자를 확인하거나 의사에게 연락하지 아니하고 시간을 지체하고, 그때 피해자가 고통을 이기지 못하여 산소흡입기를 떼고 복도로 뛰어나와 쓰러지고 나서야 당직의사인 피고인 김xx에게 연락을 함으로써 09:20경 도착한 피고인 김xx이 피해자에게 기도삽관을 실시하려 하였으나 심한 부종으로 1차 실패하고 가까스로 2차에 기도삽관에 성공하였으나 이미 일시적인 호흡정지를 야기시켜 피해자로 하여금 뇌산소결핍으로 인한 뇌기능 부분손상상태(식물인간상태)에 이르게 한 사실을 인정하고 있는바, 그 채택한 증거를 기록에 대조하여 살펴보아도 원심이 유지한 제1심의 증거취사과정과 사실인정은 옳은 것으로 수긍할 수 있고, 거기에 소론과 같이 상식과 경험칙에 반하는 증거를 채택함으로써 채증법칙을 위배하여 사실을 오인하였다거나 필요한 심리를 다하지 아니한 위법이 있다고 할 수 없다. 논지는 이유없다.

2) 또한 위 관계증거에 의하면 기도부종은 수술후 서서히 진행되어 2,3일째에 절정을 이루었다가 가라앉기 시작하는 것으로서, 증상이 심하여지면 호흡장애가 발생하여 산소공급이 중단될 수 있고, 이는 환자가 식물인간상태 또는 사망이라는 치명적인 결과에 이르는 원인이 될 수 있는 것이므로, 기도부종이 진행되고 있을 경우 담당의사 및 간호사는 시간의 경과에 따라 환자의 예후를 주의깊게 관찰하여 증상의 악화여부를 파악하고 필요한 경우 기도삽관 또는 기관절제술을 시행하는 등 적절한 조치로써 호흡장애로 인한 위험을 방지하여야 하는바, 담당의사인 피고인 김xx는 피해자가 같은 달 30. 15:00경 회진시부터 호흡곤란을 호소하였고, 19:40경에는 호흡곤란을 더 심하게 호소하고 부종도 약간 심하여져 레지던트 3년차인 공소외 최xx에게 그 처치방법을 문의한 바 있으며, 22:00경에도 증상이 여전하여 혈종을 의심하고 부은 부위를 주사기로 뽑아보았으며, 다음날 00:30경에는 피해자가 낮보다 더 심하게 호흡곤란을 호소하였고, 환자의 증상이 악화될 염려가 있어 병실에 응급처치기구까지 준비하여둔 상황이라면, 당직의사인 피고인 김xx로서는 본인이 직접 환자의 경과를 살펴 호흡장애의 발생여부를 관찰하고 필요한 처치를 시행하였어야 할 것임에도, 그 이후 당직실에서 수면을 취하다가 07:00경 피고인 김xx이 전화를 한 기회에 피해자의 상태만을 물어보고는 환자를 살피지 아니하고 09:00경에 이르기까지 방치한 업

무상의 과실이 있다고 인정되고, 당직간호사들인 피고인 김xx, 최xx는 피고인 김xx의 지시에 따라 2시간마다 활력체크를 성실히 이행하였더라면 기도부종의 증상악화를 미리 파악할 수 있었을 것으로 보여지는데도 이를 행하지 아니하였고, 피해자의 보호자가 수차례 환자의 상태악화를 말하며 의사를 불러줄 것을 요청하였음에도 환자를 관찰하지도 아니한 채 그 요청을 제대로 이행하지 아니한 업무상의 과실이 인정되며, 피고인들의 이러한 주의의무를 다하였더라면 피해자에게 적정한 시기에 적절한 조치를 행함으로써 이 사건에서와 같은 결과의 발생을 방지할 수 있었을 것이라고 보여지므로, 이와 같은 피고인들의 주의의무 위반행위와 이 사건 상해와의 사이에는 인과관계가 있다고 할 것이고, 따라서 피고인들의 판시 행위를 업무상과실치상죄로 의율 처단한 제1심을 유지한 원심의 조치는 옳은 것으로 수긍되고, 거기에 소론과 같이 인과관계 등에 관한 법리를 오해한 위법이 있다 할 수 없으며, 소론이 들고 있는 우리나라의 의료실정 등은 위와 같은 판단에 영향을 미칠 바가 되지 못한다. 논지는 모두 이유없다.

아래의 관련판례(3)의 경우에 있어서는 '마취의가 피해자에게 자발호흡이 있는 것만 확인하고는 의식이 회복되었는지 분명하지도 않은 상태에서 특정 간호사에게 확실한 인계조치나 구체적인 지시도 하지 않은 채 환자를 떠난 점은 마취의사로서의 업무상 주의의무를 해태한 것이며, 피해자 감시의 업무를 인계받지 않은 간호사에게는 피해자인 환자에 대하여 적극적·계속적으로 주시·점검할 의무가 있지 않다'고 판시하고 있다.

관련판례(3) 마취환자의 마취회복업무를 담당한 의사의 주의의무. 간호사가 감시업무를 인계받지 않은 회복실 내의 모든 환자에 대하여 주시, 점검할 의무가 있는지 여부(대법원 1994. 4. 26, 92 도 3283 업무상과실치상).

1) 범죄사실

이 사건 피해자는 1990. 8. 27. 판시 병원의 수술실에서 마취된 상태에서 판시와 같은 수술을 받고 그 날 10:25경 피고인 장xx에게서 마취회복을 위한 처치를 받고 회복실로 이송되었는데 10:55경 마취담당의사인 공소외 김xx에 의하여 호흡중단의 생리장애가 발견되어 응급처치를 받았으나 의식을 회복하지 못하고 그 해 10. 22. 무산소성 또는 저산소증으로 인한 뇌손상으로 사망하였다는 것이다.

2) 판결이유

마취환자의 마취회복업무를 담당하던 피고인 장xx로서는 마취환자가 수술 도중 특별한 이상이 있었는지를 확인하여 특별한 이상이 있었던 경우에는 보통 환자보다 더

육 감시를 철저히 하고 또한 마취환자가 의식이 회복되기 전에는 호흡이 정지될 가능성이 적지 않으므로 피해자의 의식이 완전히 회복될 때까지 주위에서 관찰하거나 적어도 환자를 떠날 때는 피해자를 담당하는 간호사를 특정하여 그로 하여금 환자의 상태를 계속 주시하도록 하여 만일 이상이 발생한 경우에는 즉시 응급조치가 가능하도록 할 의무가 있다고 할 것이라고 전제하고서, 위 피고인이 피해자가 어떤 이상증세가 일어났는지에 대하여 확인하여 회복처치에 참고하지도 않았으며 피해자에게 자발호흡이 있는 것만 확인하고는 의식이 회복되었는지 분명하지도 않은 상태에서 특정 간호사에게 확실한 인계조치나 구체적인 지시도 하지 않은 채 환자를 떠난 점을 마취의사로서의 업무상 주의의무를 해태한 것으로 판단한 것이나, 피고인이 위와 같은 주의의무를 다하였다면 다른 간호사가 함부로 심전도기를 탈착하지 못하였을 것이니 다른 간호사가 피고인이 피해자에게 부착한 심전도기를 탈착하였다고 하여 피고인의 주의의무 해태와 피해자간의 사망간에 인과관계가 중단되었다고 할 수 없다고 판단한 것은 모두 정당한 것으로 수긍되고 거기에 소론과 같은 주의의무나 인과관계에 대한 법리오해의 위법이 있다고 할 수 없으므로 논지는 모두 이유없다.

원심이, 피고인 정xx는 원래 회복실을 담당하던 간호사도 아니고 피해자를 감시하도록 업무를 인계받지도 않았으므로 피해자를 감시할 의무가 있다고 할 수 없고 또한 위 피고인은 자기 환자의 회복처치에 전념하고 있던 중으로서 피해자의 호흡이 중단된 것을 알 수 있는 상황도 아니었으므로 피해자에 대한 관계에서 어떤 주의의무를 해태하였다고 할 수 없으며, 회복실에 다른 간호사가 남아있지 않은 이 사건과 같은 경우에도 자기의 고유업무에 전념하고 있었다면 다른 환자의 이상증세가 인식될 수 있는 상황에서라야 이에 대한 조치를 할 의무가 있다고 보일 뿐 회복실 내의 모든 환자에 대하여 적극적, 계속적으로 주시, 점검을 할 의무는 있다고 할 수 없다고 하여 위 피고인에 대한 이 사건 공소사실은 범죄의 증명이 없는 경우에 해당한다고 할 것이라고 인정 판단한 것은 그 채용증거들을 기록에 대조하여 살펴볼 때 수긍되고 거기에 소론과 같은 채증법칙위배나 과실범의 공동정범의 법리를 오해한 위법이 있을 수도 없다.

아래의 관련판례(4)와 관련하여 수직적 분업으로 신뢰의 원칙이 적용되기 위해서는 의료업무의 성질, 내용 등이 간호사 등 보조자에게 위임될 수 있는 것이어야 하며, 수혈은 수직적 분업과 신뢰의 원칙의 적용이 배제되는 것으로 판시하고 있다.

관련판례(4) 혈액형오인수혈사건(대법원 1998. 2. 27, 97 도 2812 업무상과실치사).

본 사안은 간호사가 다른 환자에게 수혈할 혈액을 당해 환자에게 잘못 수혈하여 환자가 사망한 경우, 간호사에게 환자에 대한 수혈을 맡긴 의사의 과실유무 및 두 번째 혈액봉지로부터는 의사 대신 간호사가 교체해 주기로 하는 병원의 관행이 있었다는 이유로 간호사에게 수혈을 맡긴 의사가 책임을 면할 수 있는지 여부가 문제되어진 경우이다.

1) 범죄사실

피고인은 진주시 xx동 소재 xx대학교 병원 내과 인턴으로서 간경화, 식도정맥류 출혈 등으로 치료받던 피해자 안xx(남, 57세)의 주치의인 1심 공동피고인 정xx을 보좌하여 피해자의 치료를 맡은 자인바, 수혈을 할 때에는 직접 혈액봉지를 확인하여야 할 뿐만 아니라 수혈 도중에 부작용이 발생하는 등 만일의 사태에 대비하여야 하고, 간호사에 대하여는 의사의 참여 없이는 수혈을 하지 아니하도록 지도·교육하여야 하며, 자신의 참여 하에 간호사로 하여금 수혈을 하게 하더라도 그 환자에게 수혈할 혈액봉지가 맞는지 여부를 확인하여야 할 업무상의 주의의무가 있음에도, 1996. 5. 25. 13:00경부터 같은 병원 62병동 11호실에서 피해자에게 신선 냉동혈장 3봉지(320㎖) 및 농축적혈구 1봉지(200㎖)를 수혈하면서, 간호사인 1심 공동피고인 최xx으로 하여금 단독으로 수혈을 하도록 내버려둠으로써, 최xx이 같은 날 14:40경 혈액봉지의 라벨을 확인하지 아니하여 간호처치대 위에 놓여있던 공소외 최xx에게 수혈할 혈액봉지를 피해자에 대한 혈액봉지로 오인하고서, 혈액형이 B형인 피해자에 대하여 A형 농축적혈구 약 60㎖를 수혈하여, 피해자로 하여금 같은 달 26일 11:42경 급성 용혈성 수혈부작용 등으로 사망에 이르게 하였다는 것이다.

2) 판결요지

(가) 수혈은 종종 그 과정에서 부작용을 수반하는 의료행위이므로, 수혈을 담당하는 의사는 혈액형의 일치 여부는 물론 수혈의 완성 여부를 확인하고, 수혈 도중에도 세심하게 환자의 반응을 주시하여 부작용이 있을 경우 필요한 조치를 취할 준비를 갖추는 등의 주의의무가 있다. 그리고 의사는 전문적 지식과 기능을 가지고 환자의 전적인 신뢰하에서 환자의 생명과 건강을 보호하는 것을 업으로 하는 자로서, 그 의료행위를 시술하는 기회에 환자에게 위해가 미치는 것을 방지하기 위하여 최선의 조치를 취할 의무를 지고 있고, 간호사로 하여금 의료행위에 관여하게 하는 경우에도 그 의료행위는 의사의 책임하에 이루어지는 것이고 간호사는 그 보조자에 불과하므로, 의사는 당해 의료행위가 환자에게 위해가 미칠 위험이 있는 이상 간호사가 과오를 범하지 않도록 충분히 지도·감독을 하여 사고의 발생을 미연에 방지하여야 할 주의의무가 있고, 이를 소홀히 한 채 막연히 간호사를 신뢰하여 간호사에게 당해 의료행위를 일임함으로써 간호사의 과오로 환자에게 위해가 발생하였다면 의사는 그에 대한 과실책임을 면할 수 없다.

(나) 피고인이 근무하는 병원에서는 인턴의 수가 부족하여 수혈의 경우 두 번째 이후의 혈액봉지는 인턴 대신 간호사가 교체하는 관행이 있었다고 하더라도, 위와 같이 혈액봉지가 바뀔 위험이 있는 상황에서 피고인이 그에 대한 아무런 조치도 취함이 없이 간호사에게 혈액봉지의 교체를 일임한 것이 관행에 따른 것이라는 이유만으로 정당화될 수는 없다.

아래의 관련판례(5)의 경우에 있어서는 '대학병원의 진료체계상 과장은 병원행정상의 직급으로서 같은 科 전문의가 진료하고 있는 환자의 진료까지 책임지는 것은 아니다'고 하여 진료감독의 주의의무를 부인한 사례이다.

관련판례(5) 대학병원 과장이라는 이유만으로 외래담당의사 및 담당 수련의들의 처치와 치료결과를 주시하고 적절한 수술방법을 지시·감독하거나 또는 직접 수술할 주의의무가 있는지 여부(대법원 1996. 11. 8, 95 도 2710).

일반적으로 대학병원의 진료체계상 과장은 병원행정상의 직급으로서 다른 교수나 전문의가 진료하고 있는 환자의 진료까지 책임지는 것은 아니고, 소속 교수 등이 진료시간을 요일별 또는 오전, 오후 등 시간별로 구분하여 각자 외래 및 입원 환자를 관리하고 진료에 대한 책임을 맡게 된다. 그러한 사정을 감안하면, 피고인에게 피해자를 담당한 의사가 아니어서 그 치료에 관한 것이 아님에도 불구하고 구강악안면외과 과장이라는 이유만으로 외래담당의사 및 담당 수련의들의 처치와 치료결과를 주시하고 적절한 수술방법을 지시하거나 담당의사 대신 직접 수술을 하고, 농배양을 지시·감독할 주의의무가 있다고 단정할 수 없다.

분업적 의료와 관련한 신뢰의 원칙의 적용에 있어 이웃 일본의 경우에 있어 北大電氣 메스사건에서 간호사만을 유죄로 인정하고 의사를 무죄로 판시한 사례가 있다.[18] 이 판례에 있어서는 "간호사가 수술의 준비과정에서 電氣메스기의 케이블을 잘못 접속하여 전기회로의 변경에 의해 환자에게 熱傷의 결과를 발생하게 한 경우로서, 간호사에게는 예견가능성이 있으므로 과실이 인정되지만, 집도한 의사에게 있어서는 간호사에 의한 誤接續의 가능성에 있어 구체적 인식이 없는 이상 그것으로부터 일어난 결과발생의 예견가능성은 없으며, 간호사를 신뢰하여 케이블의 접속을 내 맡기고 그것을 사전에 점검하지 않은 것에 대해 주의의무위반은 없다"고 하였다.

위 판례에 대하여 일방에서는 결과의 예견가능성에 있어서 간호사와 의사 모두 실

---

18) 札幌高判 1976. 3. 18, 判例時報 820, 36.

질적으로 결론을 좌우할 인식의 차는 없으며 팀의료에 있어서 분업화도 의료의 주체자로서의 의사의 책임이 완화되는 것은 아니며, 오히려 의사도 감독상의 과실책임을 물어야 하는 것이 아닌가하는 비판적인 주장이 있지만, 다른 한편 "신뢰의 원칙"이 팀의료의 분야에서도 적용되어야 하는 것을 전제로 하는 이상 그 합리적인 한계의 범위내에서 보조자에게 신뢰를 기대해도 좋은 경우가 있으며, 본 판결을 긍정적으로 평가하고, 더욱이 이것을 "분업의 원칙"에 의해 의사의 감독상의 과실을 합리적으로 한정하는 기능으로서 적극적으로 평가하여, 본 판결이 간호사의 과실을 인정하면서 의사의 감독과실을 부정하는 점을 종래 판례와는 다른 견해로서 평가하는 견해가 있다.[19]

신뢰의 원칙과 결과발생의 예견가능성과의 관계에 있어서는 과실이론상의 문제가 남아있지만 신뢰의 허용한도를 개별·구체적으로 분석해서 적용한다면 양자의 接點이 가능하며 형식적인 분리에 의해 문제가 해결되는 것은 아니다. 신뢰의 기준도 보조자의 자격이나 경험, 부조작업의 위험성, 과오방비체제의 정비상황 등의 점들을 고려해서 각 사례에 있어 실질적으로 논증해야 할 것이다. 따라서 이러한 관점에서 판례의 사안을 검토하는 것은 형사과실뿐만 아니라 민사과실에 있어서도 합리적인 한계설정의 가능성이 있다고 생각한다.

치료과정에서 야간당직의사의 과실이 일부 개입한 경우에도 주치의의 업무상과실치사죄의 책임을 인정한 판례가 있다.[20] 또한 수련의에게 마취를 담당케 하여 의료사고가 발생한 경우, 종합병원측의 과실이 추정된다고 판단한 사례도 있다.[21]

아래의 관련판례(6)의 경우에 있어서는 주치의와 야간당직의사 사이에 야간당직의사의 과실이 일부 개입되었다고 하더라도 주치의의 업무상 과실을 인정한 사례이다.

관련판례(6) (대법원 1994. 12. 9, 93 도 2524)

위 병원의 야간당직의사는 환자에게 위급상황이 발생할 경우나 응급환자의 처치를 위하여 병동을 순시하고 그러한 상황이 발생할 경우 주치의와 상의하여 문제를 처리하는데 당직의사인 이xx은 피고인으로부터 처방전과 간호일지 등을 인계받고 이에 따라 포도당액을 주사하였던 사실을 각 인정한 다음, 정신과질환인 조증으로 입원한 환자의 주치의사는 환자의 건강상태를 사전에 면밀히 살펴서 그 상태에 맞도록 조증치료제인 클로르포르마진을 가감하면서 투여하여야 하고, 클로르포르마진의 과다투

---

19) 米田, 判タイムズ 316号, 62面. 同346号, 44面.
20) 대법원 1994. 12. 9, 93 도 2524.
21) 대법원 1986. 1. 15, 84 나 3990.

여로 인하여 환자에게 기립성저혈압이 발생하게 되었고 당시 환자의 건강상태가 갑자기 나빠지기 시작하였다면 좀 더 정확한 진찰과 치료를 위하여 내과전문병원 등으로 전원조치를 하여야 할 것이고, 그러지 못하고 환자의 혈압상승을 위하여 포도당액을 주사하게 되었으면 그 과정에서 환자의 전해질이상 유무를 확인하고 투여하여야 함에도 의사에게 요구되는 이러한 일련의 조치를 취하지 아니한 과실이 있다면, 그러한 과실로 환자가 전해질이상 · 빈혈 · 저알부민증 등으로 인한 쇼크로 사망하였음을 인정할 수 있고, 그 치료 과정에서 야간당직의사의 과실이 일부 개입하였다고 하더라도 그의 주치의사 및 환자와의 관계에 비추어 볼 때 환자의 주치의사는 업무상과실치사죄의 책임을 면할 수는 없다.

관련판례(7) 수련의에게 마취를 담당케 하여 의료사고가 발생한 경우, 종합병원측의 과실이 추정된다고 판단한 사례(대법원 1986. 1. 15, 84 나 3990)

수술당일 환자측으로부터 집도의와 마취담당의를 특정한 특정수술신청을 받고 이를 승낙하고서도 불과 2주간 수술과 수련을 한 수련의(인턴)에게 수술 및 수술회복조치를 담당하게 하여 그 결과 수술회복과정에서 의료사고가 발생하였다면 병원측에서 위 사고가 위 수련의의 경험부족으로 인한 것이 아니라 약물 자체의 부작용이나 환자의 특이체질등 병원측에 책임없는 사유로 인한 것임을 밝히지 못하는 이상 위 사고는 위 병원 수술과 의사들이 경험이 부족한 수련의에게 수술 및 수술회복조치를 담당하게 한 수술관리상의 잘못으로 인한 것으로 추정함이 상당하다.

마지막으로 분업의료에 있어 설명의무와 관련하여 예컨대 종합병원에서 치료와 수술을 받은 환자는 거기에 참여하고 있는 모든 의사로부터 직접 설명을 듣는 것이 아니라 지도 · 감독을 하는 의사에 의해 설명을 듣는 것으로 만족해야 한다.[22] 또한 마취의는 마취과정에서 또는 깨어나는 과정에서 수반되는 구체적 위험에 대해 설명하면 족한 반면, 외과의사는 수술에 의해 환자에게 야기되는 중요기능의 장애에 대하여 설명해야 할 위치에 있다 하겠다.

판례도 의사의 설명의무의 내용과 그 정도 및 당해 수술 등의 처치의가 아닌 주치의 또는 다른 의사를 통한 설명으로도 충분하다고 하고 있다.[23]

관련판례(8); 의사의 설명의무의 내용과 그 정도 및 당해 수술 등의 처치의가 아닌 주치의 또는 다른 의사를 통한 설명으로도 충분한지 여부(대법원 1999. 9. 3, 99 다

22) 안동준, 전게논문 338면.

23) 대법원 1999. 9. 3, 99 다 10479.

10479).

(판결요지) 일반적으로 의사는 환자에게 수술 등 침습을 가하는 과정 및 그 후에 나쁜 결과 발생의 개연성이 있는 의료행위를 하는 경우 또는 사망 등의 중대한 결과 발생이 예측되는 의료행위를 하는 경우에 있어서 진료계약상의 의무 내지 침습 등에 대한 승낙을 얻기 위한 전제로서 당해 환자나 그 법정대리인에게 질병의 증상, 치료방법의 내용 및 필요성, 발생이 예상되는 위험 등에 관하여 당시의 의료수준에 비추어 상당하다고 생각되는 사항을 설명하여 당해 환자가 그 필요성이나 위험성을 충분히 비교해 보고 그 의료행위를 받을 것인가의 여부를 선택할 수 있도록 할 의무가 있는 것이지만, 의사에게 당해 의료행위로 인하여 예상되는 위험이 아니거나 당시의 의료수준에 비추어 예견할 수 없는 위험에 대한 설명의무까지 부담하게 할 수는 없으며, 설명의무의 주체는 원칙적으로 당해 처치의사라 할 것이나 특별한 사정이 없는 한 처치의사가 아닌 주치의 또는 다른 의사를 통한 설명으로도 충분하다.

Ⅳ. 결 어

오늘날 신뢰의 원칙은 허용된 위험의 법리가 적용된 특수한 경우로서 과실범의 객관적 주의의무 위반을 제한하는 원리로서 작용함과 함께 위험한 행위의 분업적 공동작업이 이루어지는 모든 형태의 과실범에 대하여 그 적용범위를 확대하는 경향이며 의료의 경우에도 예외현상이 아니다. 그러나 실제에 있어 이러한 원칙을 의료분업에 적용하는 경우에 있어서도 그 내용은 의료행위의 장면마다 상이하며 개별 행위자의 의료분업에 의한 책임영역의 분할을 어떻게 한정하여 합리적으로 조정하느냐에 따라 상이한 결론이 도출되어진다.

여기에서 먼저 의료영역에 있어 신뢰의 원칙이 적용되어지기 위해서는 공동작업자 상호간에 있어 신뢰를 기초지을 수 있는 분업관계가 확립되어 있을 것을 요한다. 나아가 이러한 전제요건이 충족되어지는 경우에 있어서도 공동작업자 상호간 지휘・감독책임이 인정되는 경우에 이 원칙의 적용은 다시 제약을 받게된다. 후자의 경우에 있어서는 의사가 주재하는 의료활동이 필요로 하는 보조작업의 내용이나 보조자의 자격・능력 등 공동작업체재 및 형태 등을 근거로 결정해야 할 것이다. 또한 이러한 신뢰도 중도에 이상한 징후가 나타나는 등 신뢰의 원칙을 동요하게 하는 사정이 출현하면 허용범위가 좁혀지는 동적 성격을 가진 것이라고 하겠다.

분업의료에 있어 수평적 분업에 있어서는 종합병원 등에서 독립된 各科 사이에 있어서 혹은 공동으로 외과수술을 행하는 경우에 있어 수술에 참여하고 있는 의사들은 다른 동료의사들이 주의의무를 다할 것이라는 것을 신뢰하면 족하며, 다른 의사가 적절하게 행위하는가 혹은 검사결과가 정당한가에 대하여 확인할 주의의무는 없다고 하겠다. 판례도 이러한 사례들에 있어서는 적극적으로 신뢰의 원칙의 적용을 인정하고 있음을 볼 수 있다. 또한 轉院된 경우에 있어 이후에 치료행위를 하는 의사는 이전에 치료를 맡았던 의사의 의견을 따를 의무도 없으며 책임 또한 새로이 떠맡게 되어 신뢰의 원칙의 적용이 배제된다.

수직적 분업의 경우에 있어 판례는 신뢰의 원칙의 적용에 있어 대단히 소극적인 입장을 견지하고 있음을 볼 수 있다. 즉, 간호사 등의 형사과실이 인정되어지는 사례에 있어 의사의형사책임도 인정되는 경향에 있다. 학설의 경우에 있어서도 수직적 의료분업의 경우에 있어서는 신뢰의 원칙의 적용을 수술 중에 한정적으로 인정하자는 견해, 혹은 분업의료에 있어서 분업화가 의료의 주체로서 의사의 책임이 완화되는 것은 아니며 원칙적으로 그 적용을 배제하려는 이론이 제기되고 있음을 볼 수 있다.

그러나 신뢰의 원칙이 분업의료에서도 적용되어야 한다는 것을 전제로 하는 이상 수직적 의료분업에 있어서도 합리적인 한계의 범위 내에서 보조자의 신뢰를 기대해도 좋은 경우가 있을 수 있으며, 여기에서 분업의료의 성질, 내용과 임상현실 등을 고려하여 보조자의 자격요건에 상응하는 신뢰원칙의 적용은 가능하다 할 것이다. 여기에서 대강의 원칙으로 의사 등 상급자는 자신의 분담업무를 태만히 할 위험없이 이행할 수 있을 정도로만 감독의무가 부과되어야 할 것이다. 나아가 분업의 원리에 의해 의사 등의 감독상의 과실을 합리적으로 한정하는 기능으로서 신뢰의 원칙은 우리의 의료현실 등을 감안하여 각 사례에 있어 실질적으로 논증할 필요성이 있음은 물론이다. 이러한 관점에서 판례의 사안을 검토하는 것이 합리적인 한계설정을 위해 도움이 될 것이다.

제5장
의료행위에 있어 과실범의 성립요건

Ⅰ. 사건개요 및 판결이유

1. 사건개요

피고인은 조선대학교 의과대학 부속병원 구강악안면외과 과장으로 근무하고 있고, 피해자 이희정은 1992. 6. 27. 목포시 소재 서울치과에서 하악좌측치아(일명 사랑니) 1개를 뺀 후 환부에 부종이 있고 열이 심하여 서울치과와 같은 시 소재 성콜롬반병원에서 치료를 받다가 이빨을 뺀 곳 주위는 물론 좌측 턱부위까지 부종 및 발열이 악화되어 같은 해 7. 1. 14:00경 위 부속병원 구강악안면외과에 입원하였는데, 사망 당시 만 18세 9개월로서 2.5㎝가량의 태아를 임신한 상태였다. 입원 당시 피해자는 체온이 섭씨 39.2도의 고열과 오한이 있었고, 부종으로 입이 약 15㎜밖에 열리지 않았으며 음식물을 씹기 곤란하였고 화농으로 구취가 심한 상태였는데, 전문의(수련의의 오기로 보인다) 3년차 김수관, 전문의(수련의의 오기로 보인다) 1년차 이효빈이 외래담당의사인 김영균 교수와 상의하여 피해자의 치료를 담당하게 되어 피해자에게 포도당과 항생제를 투여하였다. 같은 해 7. 2. 위 의료진은 피해자의 병명을 봉와직염의 일종인 루드비히 안기나(Ludwig's Angina)로 진단하고 환부의 긴장을 풀어주고 배농을 용이하게 하기 위하여 김수관의 집도로 피해자의 턱밑을 절개하고 배농을 시도하였으나 농이 나오지 아니하였고, 같은 해 7. 3. 두 번째 구강 외 절개수술을 시행한 결과 피 섞인 약간의 고름을 배출하였으나 피해자는 음식물 섭취를 하지 못하고 전신적 상태가 더욱 악화되었다. 같은 해 7. 4. 피해자의 구강의 절개 부분에서 농이 나오지 아니하여 피고인의 집도로 구강 내 절개수술을 시행함으로써 다량의 농을 배출하였으나 그 때에도 농배양은 하지 아니한 채 항생제를 세파졸린에서 클레오신으로 바꾸었다. 같은 해 7. 5. 피해자는 오한과 고열이 지속되고 구강 내 절개 부분에서 농이 계속 배출되었으나 전신적 상태가 계속 악화되고 같은 해 7. 6. 같은 상태가 지속되면서 혈소판이 위험수위로 떨어짐에 따라 내과의사 정규성에게 구두로 증상을 설명하여 진료의뢰한 결과 항생제를 바꾸도록 조언받았다. 같은 해 7. 7. 피해자는 기침을 하고 호흡에 곤란을 느끼며 체온이 섭씨 39.6도에 이르고 구강 내 절개 부위에서는 계속 농이 배출되었으며 전신적 상태가 좋지 않아 의료진은 항생제를 클레오신에서 세파만돌로 바꾸고 큐란과 아미카신을 투약하였으며, 비로소 농배양을 하기 시작하였다.

같은 해 7. 8. 피해자의 혈소판 수치는 정상으로 회복되었으나 피해자는 가슴이 답답하고 코가 막히지 않았음에도 호흡에 곤란을 느끼고 호흡수가 분당 40회 정도였으며 감기증상을 호소하였고 피고인은 피해자의 구강 내 좌측 잇몸과 볼 사이를 절개한 후 피 섞인 농을 배출하였으나 피해자가 체온 섭씨 40도의 고열과 호흡곤란 증상을 보이자 피고인은 피해자의 항균력 및 항생제 효능에 의심을 가지고 피해자에게 과거 병력에 관하여 물었고 이에 대하여 피해자는 국민학교 때 맹장수술 받은 외에는 특별히 병을 앓은 사실이 없다고 답하였다. 같은 해 7. 9. 피해자에게 가슴이 답답하고 호흡이 곤란한 증상이 지속되었으며 체온은 섭씨 38.5도 정도였고 보호자들은 피해자의 감기증상을 계속 호소하였으며 흉부외과에 의뢰하여 흉부 X선 촬영을 한 결과 폐삼출의 가능성이 있음이 진단되었고 내과에 진료를 상담한 결과에 따라 진료하면서 혈액배양검사를 실시하는 한편 피해자에게 과거 병력을 다시 물었으나 위와 같은 답변만 들었다. 같은 해 7. 10. 피해자는 기침이 여전하고 가래배출이 안 되었으며 호흡곤란이 지속되었고 진신적 상태가 여전히 쇠약하며 수면곤란 증상을 보여 의료진은 피해자에게 안정제(바리움 10mg)를 투여하였다.

같은 해 7. 11. 여전히 호흡곤란이 지속되고 체온이 섭씨 39도 정도로 지속되었으며 농배양검사 결과가 알파용혈성연쇄상구균인 것으로 나타났다. 같은 해 7. 12. 오전 피해자는 호흡장애 증상을 보이면서 호흡수가 분당 70회 정도로 빨라지고 체온이 섭씨 41도까지 올라갔으며 내과에 진료를 의뢰한 결과 내과수련의 1년차 정규성이 와서 피해자 흉부의 X선 촬영을 하였고 이 때 피해자는 폐부종과 성인성호흡장애증후군을 나타내고 있었으므로 피고인은 정규성의 권유에 따라 피해자를 내과병동으로 전과조치하였다. 그 후 피해자는 호흡곤란의 증상이 더욱 심해지다가 맥박이 약해지고 저산소혈증으로 인한 청색증 등이 나타나며 혼수상태에 이르고 심장마사지와 산소호흡기를 통한 응급조치를 시행하였음에도 같은 해 7. 14. 01:20경 화농성폐렴, 신장 및 기관의 염증세포침윤, 경부조직의 농양 및 염증 등으로 인한 성인성호흡장애증후군과 패혈증 등으로 사망하였다.

2. 판결이유

(1) 의료사고에 있어서 의료종사원의 과실을 인정하기 위한 요건 및 그 판단 기준

의료사고에 있어서 의료종사원의 과실을 인정하기 위하여서는 의료종사원이 결과 발생을 예견할 수 있음에도 불구하고 그 결과 발생을 예견하지 못하였고 그 결과 발생을 회피할 수 있었음에도 불구하고 그 결과 발생을 회피하지 못한 과실이 검토되어야 하고(대법원 1984. 6. 12. 선고 82도3199 판결, 1987. 1. 20. 선고 86다카1469 판결 참조), 그 과실의 유무를 판단함에는 같은 업무와 직무에 종사하는 일반적 보통인의 주의정도를 표준으로 하여야 하며, 이에는 사고 당시의 일반적인 의학의 수준과 의료환경 및 조건, 의료행위의 특수성 등이 고려되어야 하는 것이다(대법원 1987. 1. 20. 선고 86다카1469 판결 참조).

(2) 대학병원 과장이라는 이유만으로 외래담당의사 및 담당 수련의들의 처치와 치료결과를 주시하고 적절한 수술방법을 지시·감독하거나 또는 직접 수술할 주의의무가 있는지 여부

원심이 인정한 피고인의 업무상 과실의 점에 관하여 차례로 살피기로 한다. 우선 원심이 피고인이 피해자의 치료에 관여하기 전임에도 불구하고 피고인의 과실로 인정한 첫째, 둘째 과실의 점에 관하여 보건대, 피고인은 위 부속병원 구강악안면외과 과장이지만 진료체계상 피해자를 담당한 의사가 아니었다는 것인데, 기록에 의하면, 일반적으로 대학병원의 진료체계상 과장은 병원행정상의 직급으로서 다른 교수나 전문의가 진료하고 있는 환자의 진료까지 책임지는 것은 아니고, 소속 교수 등이 진료시간을 요일별 또는 오전, 오후 등 시간별로 구분하여 각자 외래 및 입원 환자를 관리하고 진료에 대한 책임을 맡게 된다는 것이다(공판기록 644, 645면). 그러한 사정을 감안하면, 피고인에게 피해자를 담당한 의사가 아니어서 그 치료에 관한 것이 아님에도 불구하고 구강악안면외과 과장이라는 이유만으로 외래담당의사 및 담당 수련의들의 처치와 치료 결과를 주시하고 적절한 수술방법을 지시하거나 담당의사 대신 직접 수술을 하고, 농배양을 지시·감독할 주의의무가 있다고 단정할 수 없는 것이다.

(3) 농배양을 하지 아니한 과실과 피해자의 사망 사이의 인과관계의 판단방법

원심이 인정하고 있는 피고인이 피해자의 치료에 관여한 이후의 셋째 과실의 점에 관하여 보면, 피해자의 병명인 루드비히 안기나와 같이 이미 원인균이 알려진 경우라 할지라도 배농이 되었을 경우 원칙적으로 농에 대한 배양검사를 실시하여 적절한 약물을 선택하여야 한다는 것이므로(공판기록 646면), 피고인이 농배양을 하지 않은 것이 과실이라고 할 수는 있겠으나, 그것이 피해자의 사망에 기여한 인과관계 있는 과실이 된다고 하려면 원심으로서는 농배양을 하였더라면 피고인이 투약해 온 항생제와 다른 어떤 항생제를 사용하게 되었을 것이라거나 어떤 다른 조치를 취할 수 있었을 것이고, 따라서 피해자가 사망하지 않았을 것이라는 점을 심리·판단하였어야 한다(대법원 1990. 12. 11. 선고 90도694 판결 참조). 그러나 기록상 그러한 점을 밝힐 수 있는 자료는 없고, 오히려 후에 밝혀진 바에 의하면, 피고인이 투약해 온 항생제는 원인균에 적절한 것으로 판명되었다는 것이므로(공판기록 366면, 645면 등) 피고인의 과실이 피해자의 사망과 인과관계가 있다고 보기는 어렵고, 이와 같이 인과관계가 없는 이상 진료상의 적절성 여부를 불문하고 원심이 판시한 바와 같이 다른 과실과 합하여 피해자 사망의 한 원인이 된 것이라고 할 수 없을 것이다.

(4) 피해자의 증상이 패혈증으로 발전할 우려가 있는 경우, 피고인에게 과실을 인정하기 위한 요건

피고인의 넷째 과실의 점에 관하여 보면, 원심은 같은 해 7. 7.부터 피고인에게 환자의 패혈증에 대비하여 내과의사와 흉부외과의사에게 흉부 X선 촬영 및 타액검사 등을 시행하여 줄 것을 요청하는 등 적극적으로 협진하였어야 할 것임에도 소극적 협진만 하다가 7. 9.부터 비로소 적극적 협진을 시작한 것이 과실이라고 판단하고 있는바, 피고인 스스로 피해자가 패혈증으로 발전할 우려가 있는 것으로 보고 있었다는 것이므로(공판조서 510면), 피고인이 예견한 패혈증으로의 발전을 회피할 수 있었는데도 회피하지 못한 것인지 여부가 문제가 된다고 할 것인데, 피고인은 같은 해 7. 6.부터 2, 3일 간격으로 혈액검사를 하도록 하고 3회에 걸쳐 혈액배양 실험을 하였으나 이상이 없었다는 것이어서 패혈증으로 이미 발전한 것으로는 생각지 않았던 것으로 보이고(공판조서 510면), 이에 따라 내과의사들에게 증상을 설명하여 상담하는 방식으로 협진하였다는 것이다.

감정인 최강원의 보충감정서의 기재에 의하면, 혈액배양에서 균이 검출되지 않았어도 패혈증의 증상과 임상경과를 나타내고 있으면 패혈증이라고 보아야 하고 피해자가 7. 9.에는 이미 패혈증을 가지고 있었다고 하면서, 1992년 미국 흉곽내과-중환자치료학회의 패혈증 정의를 인용하고 있으나(공판기록 671, 672면), 기록에 편철된 의학사전의 사본 등의 기재(공판기록 683면 이하)에 의하면, 일반적인 패혈증의 정의는

"혈액 중에 병원성 미생물 또는 그 독소가 존재하며 지속되는 전신성 질환"을 의미하는 것이어서 그러한 정의에 따르면, 혈액검사 결과 이상이 없었다는 점을 토대로 피해자의 증상이 패혈증으로 발전하지 않았다고 본 피고인의 판단을 나무랄 수 있는 것인지 의심이 가고, 피고인이 패혈증에 관한 최신 정의를 알지 못하여 이미 진행 중인 패혈증을 아직 진행하지 않고 있는 것으로 잘못 판단하고 적절한 치료방침을 정하지 못한 것이라 하더라도 그 판단이 현재 우리 나라의 일반적 기준으로서의 의학수준과 함께 기록에 나타난 피고인의 경력·전문분야 등 개인적인 조건이나 진료지·진료환경 등을 고려할 때, 통상의 의사의 정상적인 지식에 기한 것이 아니고, 따라서 그것이 과실이라고 단정하기는 어렵다고 할 것이고(대법원 1987. 1. 20. 선고 86다카1469 판결 참조), 더욱이 감정인 김종열의 감정서 기재에 의하면(공판기록 367면), 루드비히 안기나에 대한 치료는 구강악안면외과를 제외한 타과에서는 치료가 거의 불가능한 질환이기 때문에 환자의 상태가 전신적으로 악화되기 전까지는 일반적으로 구강악안면외과에서 단독으로 치료하는 것이 대학병원의 일반적인 관례라는 것이므로, 피고인이 원심이 인정한 바와 같은 단순한 대진의뢰 등 소극적 협진마저도 그 시기가 적절치 않았는지 여부와 이에 그치지 않고 내과로 전과하는 등 적극적 협진을 하였다면 그 치료방법이 어떻게 달라져서 피해자의 생명을 구할 수 있었는지 여부가 심리되어야 할 것이다(대법원 1990. 12. 11. 선고 90도694 판결 참조).

(5) 19세 여자 환자의 임신 여부를 검사하지 아니한 것을 과실이라고 인정하기 위한 요건

피고인의 다섯째 과실의 점에 관하여 보면, 원심이 피해자의 과거 병력에 대한 문진에서 나아가 피해자의 임신 여부 등에 대하여도 검진하지 않은 것이 피고인의 과실이라고 하려면 봉와직염에 감염된 여자환자라면 19세로서 미혼이라고 하여도 그 임신 여부 검사를 하는 것이 보편적임에도 불구하고 피고인이 그 검사를 하지 않았다거나 위와 같은 여자환자가 증세가 호전되지 않는 경우 임신에 의한 면역기능 저하를 당연히 의심하여 대처하여야 함에도 불구하고 피고인이 그러한 통상적인 예견과 판단도 하지 못한 것이라는 점이 밝혀져야 할 것이다. 그렇다면 결국 피고인에게 업무상 과실을 인정한 원심의 판단에는 그 사실인정에 있어서 채증법칙을 위배하였거나 심리를 다하지 아니하여 판결 결과에 영향을 미친 위법을 저질렀다고 할 것이다.

Ⅱ. 논점의 소재

형법은 시민의 자유에 대해 우리의 법질서가 인정하고 있는 가장 가혹한 制裁를 그 수단으로 하고 있기 때문에 형법이 가져야 하는 최후수단성과 투명성, 예측가능성을 고려할 때 형법이 의료영역에 무모하게 개입하는 것은 바람직하지 않으며 예방과 조정이라는 더 온건한 형태의 입법과 사회정책적 수단의 보조영역에서 그 기능을 찾아야 할 것이다. 따라서 의료형법은 의료책임법보다는 좁은 범위의 의료과오만을 규율해야 한다.[1] 업무상의 과실에 의한 의료사고의 경우에 어느 정도의 형사책임을 추급할 것인가의 여부는 개별국가에 있어 법질서의 선택문제이다.[2]

따라서 과실의 판단기준은 이러한 의료행위의 특질을 근거로 事前의 단계의 제사정에 근거한 선택의 당부에 구해야 할 것이며, 그것을 무시한 결과론적인 사후판단에서 기준을 맞추어 다루는 것은 허용되지 아니한다. 의료과오의 인정과 관련하여 기본적으로는 이 원리가 지켜지고 있는 것으로 보이지만, 한계영역에 있어서는 사법적 판단은 多種·多様하며 반드시 안정된 판단기준이 확립되어 있다고 말할 수 없다. 또한 민사사건에 있어서는 합리적인 배상의 타당성이라는 관점에서 인과관계의 추정이나 거증책임의 분배 등이 인정되어지는 것에 반해, 형사사건에서는 보다 엄밀한 논증이 필요하다는 것에 대해서는 異論이 없다. 그러나 실제에 있어서는 중대한 결과가 발생하면 형사사건에 있어서도 결과론적인 approach에 흐를 가능성이 있다는 것에 주의할 필요가 있다.

---

1) 형사처벌제한과 특례에 대하여 의료분쟁조정법안은 방어진료, 과잉검사, 위험환자진료기피 등을 방지하여 의료인이 환자진료에 최선을 다할 수 있도록 하고 진료왜곡을 방지하기 위하여 의료인에 대하여 특례를 인정하자는 입장이었으나, 법무부는 조정전치주의와 형사처벌특례조항에 대하여 재판청구권의 제약 등을 이유로 문제가 있고, 반의사불벌제도는 다른 여러 분야와의 형평상의 문제로 일반국민의 법감정에 반하며 평등원칙 위배, 위헌소지 등을 이유로 반대하고 있다. 정부 또한 이에 대한 대안을 제시하지 못하고 있는 현실이다.
의료분쟁조정법안의 입법논의배경을 보면 법안의 목적이 분쟁의 해결에 맞추어져 있고, 분쟁의 원인을 해소하려는 노력은 미약하다는 것을 알 수 있다. 의료사고를 당했다고 믿는 환자나 의사 모두가 수긍할 수 있는 실효성있는 제도의 대안마련이 절실한 실정이다. 현재 우리나라의 의료분쟁을 해결하기 위한 제도는 의사 및 병원배상책임보험 이외에 의료심사조정위원회와 대한의사협회공제회가 있으나 실제적인 배상은 어려운 실정이다.
2) 의료행위가 형법상 정당화되기 위해서는 다음의 세가지 요건을 만족시키지 않으면 안된다고 하는 점에 대해서는 오늘날 거의 학설상의 견해의 일치를 보고 있다. 즉, ① 당해 진료행위가 치료목적을 가지고 행하여 질 것, 혹은 적어도 객관적인 치료경향을 가질 것. ② 당해 진료행위가 의학적인 면에서 일반적으로 승인된 것일 것. 이것은 다시 진료가 의학적으로 適應되고 있는 것(Medizinische Indiziertheit)일 것과 진료가 의술적으로 적정하게 행하여 질 것(Medizinische Kunstgerechtigkeit). ③ 원칙적으로 환자에 대한 설명과 그의 동의(혹은 대리권자의 동의) 즉, informed consent하에 행하여 질 것을 요건으로 하고 있다.

먼저 이 사건에서 피고인의 업무상과실치사(형법 제268조)의 인정과 관련하여 ① 의료사고에 있어서 의료종사원의 과실을 인정하기 위한 요건 및 그 판단 기준, ② 대학병원 과장이라는 이유만으로 외래담당의사 및 담당 수련의들의 처치와 치료결과를 주시하고 적절한 수술방법을 지시 · 감독하거나 또는 직접 수술할 주의의무가 있는지 여부, ③ 농배양을 하지 아니한 과실과 피해자의 사망 사이의 인과관계의 판단방법, ④ 피해자의 증상이 패혈증으로 발전할 우려가 있는 경우, 피고인에게 과실을 인정하기 위한 요건, ⑤ 19세 여자 환자의 임신 여부를 검사하지 아니한 것을 과실이라고 인정하기 위한 요건이 문제되어진다.[3)]

Ⅲ. 사안의 검토

1. 의료사고에 있어 의료종사자의 과실을 인정하기 위한 요건 및 그 판단기준

먼저 본 문제사안에서 과실범의 객관적 구성요건요소인 "피고인의 객관적 주의의무위반, 즉 정상의 주의태만이 있었는가"가 문제되어진다(형법 제14조).

(1) 객관적 주의의무위반

객관적 주의의무위반이란 "사회공동생활상 요구되는 주의의무를 다하지 아니한 것"으로 이는 과실범의 행위반가치를 말한다. 객관적 주의의무의 핵심내용은 결과발생예견의무와 결과발생회피의무이다.

의료과오와 관련한 주의의무위반의 판단에 있어서는 의료행위의 특수성이 고려되어져야 한다. 즉, 의료행위는 진료의 대상인 인체에 내재하는 개체의 차 및 환경조건과 관련된 개체의 차에 의해 연유된 일종의 위험행위로서 의료효과의 예측에 대한 불확실성과 다소간의 모험적 성격을 가진다. 따라서 이것은 어느 정도의 '의술의 전문성'을 認容하지 않을 수 없는 근거임과 동시에, '치료의 재량성'이라는 것이 용인되어지는 이유이기도 하다.

결과발생회피의무와 관련하여 인수과실이론이 주장되고 있다.[4)] 즉, 행위자가 그의

3) 동사안에 대한 민사판례는 대법원 1998. 9. 4, 96 다 11440 참조(대법원은 구강저 봉와직염 환자에 대한 치과의사의 진료상의 과실을 인정하고 치과의사 소속 대학병원의 사용자 책임을 인정하였다).

능력을 감안하여 그 일을 인수하지 않아야 함에도 불구하고 인수한 경우에 인수자체에 이미 과실이 있는 유책한 위험인수라고 하는 이론이다. 예컨대 직업상 요구되는 임상경험이 충분하지 않은 외과의사가 위험한 환자의 수술을 인수한 경우에는 인수행위 속에 이미 객관적 주의의무위반성이 있는 것으로 인정된다.

문제사안에 있어 대법원도 "의료사고에 있어서 의료종사원의 과실을 인정하기 위하여서는 의료종사원이 결과 발생을 예견할 수 있음에도 불구하고 그 결과 발생을 예견하지 못하였고 그 결과 발생을 회피할 수 있었음에도 불구하고 그 결과 발생을 회피하지 못한 과실이 검토되어야 하고(대법원 1984. 6. 12, 82 도 3199; 1987. 1. 20, 86 다카 1469 판결 참조)"라고 하여 주의의무위반이 인정되기 위해서는 결과발생예견가능성과 결과발생회피가능성을 요구하고 있다.

(2) 주의의무의 표준

법질서가 요구하는 주의의무의 표준을 어디에 둘 것인가와 관련하여 우리나라의 통설 및 판례는 객관설의 입장에서 평균인 표준설의 입장을 취하고 있다.[5] 주의의무는 행위자와 동일한 사정에서 행위하는 일반인에게 요구되는 의무이므로 객관설이 타당한 견해이다. 따라서 업무상 과실에 있어서는 "행위자가 속한 업무상의 생활권에서의 신중하고 사려깊은 업무자에게 객관적으로 요구되는 주의의무"를 표준으로 한다.[6] 다만 객관설에 의하는 경우에도 행위자가 평균인을 초과하는 특별한 지식경험을 가진 경우에는 이를 고려해야 한다.[7] 그러나 이러한 예외는 행위자의 특수한 지식경험에 한하며 행위자의 특수능력에 대하여는 적용되지 아니한다.[8]

주의의무의 표준과 관련하여 객관설에 의하는 경우에도 의료행위의 경우에 있어 의료의 일반수준과 의료환경 및 조건, 의료행위의 특수성 등 제요건이 고려되어야 한다. 최근의 판례도 "의료사고에 있어서 의료인의 과실은 그와 같은 업무와 직무에 종사하는 사람이라면 보통 누구나 할 수 있는 주의의 정도를 표준으로 하여 과실 유무를 논하여야 하며, 이에는 사고 당시의 일반적인 의학의 수준과 진료 환경 및 조건, 의료행위의 특수성 등이 고려되어야 한다"고 하고 있다.[9]

---

4) 김일수/서보학, 형법총론, 박영사, 2002, 495면; 이형국, 형법총론, 법문사, 1999, 377면이하; 임웅, 형법총론, 법문사, 2002, 489면이하 참조.
5) 이재상, 형법총론, 박영사, 2001, 184면; 임웅, 전게서, 495면; 정성근/박광민, 형법총론, 삼지원, 2001, 428면; 대법원 1999. 12. 10, 99 도 3711.
6) 임웅, 전게서, 493면이하 참조.
7) BGHSt. 14, 52.
8) 이재상, 전게서, 183면.

주의의무위반여부와 판단과 관련하여 의료과실에 있어 쟁점이 되는 것은 의료의 일반수준과 재량성의 문제이다.

1) 의료의 일반수준

먼저 의료의 일반수준과 관련하여 의료행위에 임하는 의사가 지켜야 할 행동기준이 과학적인 합리성에 근거하여 일반적으로 인정되어지는 '의학준칙'이라는 것에 대해서는 전혀 異論이 없으며, 법적인 주의의무도 이 의학준칙에 충실해야 한다는 것을 요구하고 있다.[10] 그러나 이 의학준칙 자체가 구체적으로 명시적인 형태로 法定되어 있는 것은 아니고 의사라는 전문가 집단에 의한 고도의 전문지식에 의해 자주적으로 형성되어 유지되고 있는 것이라는 점에 그 특색이 있다. 따라서 무엇이 의학준칙인가 하는 것에 대해 문제시하는 경우에도 전문가 내부의 이론과 실천에 의거하지 않을 수 없다. 더구나 문제는 의학의 발달에 의해 이러한 의학준칙 또한 변화해가고 있는 점, 그리고 이것이 구체적으로 적용되어야 할 경우에도 주체적 및 객체적인 상황에 의한 개별화와 거듭 수반하는 변화를 예상하지 않을 수 없다는 점에 있다.

이러한 점에 있어 통상 일반의 의사의 그 당시 지득하고 있는 의료의 "일반수준"을 기준으로 해야 할 것이라고 하고 있지만,[11] 이 원칙하에서 여전히 몇가지 검토를 요하는 문제가 있다.

첫째 평균적인 의사가 가지는 일반수준이라고 하는 경우에 의학의 진보에 의해서 행하는 일반수준의 변화를 어떠한 형태로 평가할 것인가가 문제이다. 이 점에 대해서는 "의학은 나날이 진보하지만 의학의 진보에 의해서 일반수준이 높아질 경우 개개의 의사가 일반수준에 따라갈 수 없는 경우에도 그것을 인정하지 않을 수 없으며, 높아진 일반수준을 기준으로 해서 과실의 유무를 인정하지 않을 수 없다"고 하는 견해가 있다. 그러나 이 이론은 의사의 소위"硏鑽義務"로서 이 이론을 일반화하는 것은 위험하다 하겠다. 따라서 의료과실의 판정에 있어 기준은 당시의 보편화된 임상의료수준을 말하며 학계의 연구수준이 기준이 될 수 없다.

둘째 새로운 진료기술이 개발되어 행해지는 경우에 그 보급도를 일반수준으로서 어떻게 평가할 것인가하는 문제이다. 여기에 대해서는 "그 원인, 진단법, 치료법이 선진적 의사에 의해서 서서히 규명되어 전문지에 소개되고 점차 일반 임상의에게도

---

9) 대법원 1999. 11. 23, 98 다 21403.

10) 大谷 實, 醫療行爲と法, 弘文堂, 1990, 118面.

11) 김선석, 「의료과오에 있어서 인과관계와 과실」, 의료사고에 관한 제문제, 재판자료 제27집, 법원행정처, 1985, 93면이하.

그 인식이 확대되고 있는 경우… …, 또한 오늘날에 있어 전문분화된 의료체제에 있어 주의의무의 기준을 결정하기 위해서는 먼저 사고 당시까지 그 증상에 대한 의학계의 최첨단 연구성과가 각 분야에 어느 정도 어떻게 영향을 미쳤는가, 다음으로 본 사고당시 위의 연구성과가 일반의 임상의에게 어느 정도 보급되었는가, 당해 의사가 처해진 구체적인 상황이 어떠하였는가"하는 점이 고려되어야 한다. 따라서 구체적 사안의 해결에 있어 그 당시 당해 의료기관에 소속된 의사로서 새로운 치료방법을 알고 이것을 적용할 것인가 어떤가에 대해, 언제쯤부터 일반의 진료기관에서도 실시 가능하였는가 하는 점의 판단에 중요한 의의가 주어지고 있다.

셋째 의사의 일반수준이라는 경우에 있어서도 그 구체적 적용장면에서는 당해 의사가 처한 진료조건, 예컨대 전문성, 지역성, 설비의 정도 등의 요인에 의한 일정의 변화와 수정이 예상된다. 이 점에 있어서는 전문영역 이외의 치료를 한 경우에 있어 (예컨대 내과의가 외과수술을 한 경우 등) 인수과실이론(Übernahmefahrlässigkeit)에 의하여[12] "당해 의사에게 요구되어지는 주의의무의 정도는 도시에서 멀리 떨어진 장소에서 다른 전문의가 없는 경우, 긴급하여 부득이한 경우 등 특수한 사정이 있는 경우 이외에는 전문의(외과전문의)로서 일반적으로 해야 할 주의의무가 기준으로 된다" 고 하겠다.[13] 그리고 전문영역 이외의 치료에 있어서도 환자를 억지로 인수한 경우에는 전문의와 동등의 의료수준이 요구되지만, 지역적 사정이나 긴급의 필요에 의해 부득이 행한 경우에는 전문의에게 요구되는 객관적 주의의무의 기준은 경감되어진다고 하겠다. 따라서 이러한 경우 실제에 있어서도 전문영역 이외의 의사인 경우 및 진료의 설비가 없는 것을 이유로 해서 주의의무를 부정한 판례가 있다.[14]

또한 일반 개업의는 대학병원 정도의 고도의 주의의무를 요구하지 않는다고 하는 판례도 존재한다.[15] 그러나 동시에 전문외의 지역적 사정 등에 의해 수준에 부합하는 진료를 행할 수 없는 경우에는 필요한 응급조치를 한 뒤 전문의의 진료를 받을 수 있도록 권고할 의무가 있으며 혹은 설비가 갖추어진 병원으로 適期에 환자를 전송할 의무가 있다고 하겠다.

2) 의료행위의 재량성

의료행위의 특수성과 관련하여 의료행위의 재량성이 문제되어진다. 의료행위의

12) 김일수/ 서보학, 전게서, 495면; 임웅, 전게서, 489면이하.

13) 같은 취지의 견해로는 김신규, 「형법상 의료과오의 법리에 관한 연구」, 부산대 법학과 박사학위논문, 1991, 84면이하; 이준상, 「의료과실에 관한 연구」, 단국대 박사학위논문, 1983, 74면이하; 정현미, 의료과오의 형사법적 책임, 한국형사정책연구원, 1998, 57면.

14) 東京高判 1966. 5. 27 醫療過誤民事裁判例集, 158面.

15) 東京地判 1978. 12. 14, 判例時報, 第952號, 96面.

“재량성”은 “생명현상 나아가서는 이에 근간으로 하여 행해지는 의료현상은 인체의 병변이나 반응 등이 매우 복잡다양하여 미해명의 부분이 다수 존재하며, 이에 따라 이것에 대응하는 의료의 영역에 있어서도 이를 용이하게 획일적으로 규격화하는 것은 곤란하다”는 점에서 유래하고 있다.[16] 질병의 태양 및 생체의 반응이 복잡함과 동시에 고도의 전문지식과 기술을 요하는 의학상의 준칙에도 복수의 선택방법이 있으며, 만약 의사의 판단에 어느 정도의 재량을 인정하지 않으면 의료행위는 이루어질 수 없으며 이것을 부정한다면 발생된 결과에 대해서 획일적인 평가와 함께 의사의 절대책임을 인정하게 될지도 모른다. 또한 의사는 이러한 평가로부터 책임을 회피하기 위하여 현실상황에 따른 적절한 진료를 회피하는 결과가 될 것이다.

따라서 의료행위에 있어 어느 정도의 재량성을 인정해야 한다는 점은 학설뿐만 아니라 판례도 원칙적으로 인정하고 있다.[17] 문제는 그 범위와 한계의 문제이다. 즉, 의료처치의 선택에 있어서는 일정의 범위 내에서 의사의 재량인정의 필요성에 대해서는 異見이 없지만, 문제는 그 재량의 허용 한도를 어떻게 정할 것인가 하는 점이다. 즉, 재량의 범위 내에 속하는 한 그것은 당연히 의사의 전권사항에 속하는 것으로서 惡結果가 발생하여도 주의의무위반이 있다고 할 수 없으나 이러한 재량에는 합리적인 한계가 있으며, 그러한 조치를 하는 것이 객관적으로 보아 타당하지 않을 때에는 과실책임을 묻는 것도 부정할 수 없다고 할 수 있다.

의료행위에 있어 재량의 합리성은 개개의 문제분야에 있어 구체적으로 논정되어야 할 것으로 여기에서 판례분석이 중요한 의의를 가지게 되지만, 일반적으로 그 범위를 획정하는 것은 당해 분야에서의 “의학 및 의료수준”이라고 할 수 있다. 의학 및 의료수준 자체가 일정의 폭을 가진 경우에는 그 범위 내에서 의사의 합리적인 재량이 허용되어진다고 할 수 있다. 그러나 최근에는 거듭 이상의 것들과 함께 의사의 재량과 환자의 자기 결정권과의 관계가 문제되어지고 있다. 의료행위의 선택자체가 환자에 대한 “설명의무”와 관련되어지면서 의사의 재량성은 이러한 면에서도 제약되어지는 경우가 나타나고 있다. 다만 이 때에도 설명의무를 과하는 경우의 합리적인 “재량”의 영역이 거듭 문제되어지는 것에 주의할 필요가 있다. 여기에서 재량은 오히려 의사에 의한 時宜에 알맞은 적절하고 타당한 처치를 기대하기 위한 전제로서, 그

16) 松倉 豊治, 「醫療行爲における裁量の特質」, 判例タイムズ, 第31卷, 第17號, 1980. 8, 10面.

17) 판례는 ‘특히 의사의 질병 진단의 결과에 과실이 없다고 인정되는 이상 그 요법으로서 어떠한 조치를 취하여야 할 것인가는 의사 스스로 환자의 상황 기타 이에 터 잡은 자기의 전문적 지식경험에 따라 결정하여야 할 것이고 생각할 수 있는 몇 가지의 조치가 의사로서 취할 조치로서 합리적인 것인 한 그 어떤 것을 선택할 것이냐는 당해 의사의 재량의 범위 내에 속하고 반드시 그중 어느 하나만이 정당하고 이와 다른 조치를 취한 것은 모두 과실이 있는 것이라고 할 수는 없다’고 하고 있다(대법원 1984. 6. 12, 82 도 3199).

합리적 재량의 일탈이 법적 책임으로 문제되는 것은 "의사가 현대의학의 학설에 반하여 당연하게 해야 할 처치를 취하지 않는 등 현저한 치료의 과오를 범한 경우"에 한한다고 할 것이다.

본 문제사안과 관련하여 대법원은 "과실의 유무를 판단함에는 같은 업무와 직무에 종사하는 일반적 보통인의 주의정도를 표준으로 하여야 하며, 이에는 사고 당시의 일반적인 의학의 수준과 의료환경 및 조건, 의료행위의 특수성 등이 고려되어야 하는 것이다(대법원 1987. 1. 20, 86 다카 1469 판결 참조)"라고 하여 주의의무위반여부의 판단을 객관설의 입장에서 의료의 일반수준과 의료환경 및 조건, 의료행위의 특수성 등 제요건을 고려하여 통합적으로 판단한다는 견해임을 알 수 있다.

(3) 문제사안의 검토(피해자의 증상이 패혈증으로 발전할 우려가 있는 경우, 피고인에게 과실을 인정하기 위한 조건)

본 문제사안에서 대법원은 " 원심은 같은 해 7. 7.부터 피고인에게 환자의 패혈증에 대비하여 내과의사와 흉부외과의사에게 흉부 X선 촬영 및 타액검사 등을 시행하여 줄 것을 요청하는 등 적극적으로 협진하였어야 할 것임에도 소극적 협진만 하다가 7. 9.부터 비로소 적극적 협진을 시작한 것이 과실이라고 판단하고 있는바, 피고인 스스로 피해자가 패혈증으로 발전할 우려가 있는 것으로 보고 있었다는 것이므로(공판조서 510면), 피고인이 예견한 패혈증으로의 발전을 회피할 수 있었는데도 회피하지 못한 것인지 여부가 문제가 된다고 할 것인데, 피고인은 같은 해 7. 6.부터 2, 3일 간격으로 혈액검사를 하도록 하고 3회에 걸쳐 혈액배양 실험을 하였으나 이상이 없었다는 것이어서 패혈증으로 이미 발전한 것으로는 생각지 않았던 것으로 보이고(공판조서 510면), 이에 따라 내과의사들에게 증상을 설명하여 상담하는 방식으로 협진하였다는 것이다"라고 하고 이어서 "감정인 최강원의 보충감정서의 기재에 의하면, 혈액배양에서 균이 검출되지 않았어도 패혈증의 증상과 임상경과를 나타내고 있으면 패혈증이라고 보아야 하고 피해자가 7. 9.에는 이미 패혈증을 가지고 있었다고 하면서, 1992년 미국 흉곽내과-중환자치료학회의 패혈증 정의를 인용하고 있으나(공판기록 671, 672면), … …피고인이 패혈증에 관한 최신 정의를 알지 못하여 이미 진행중인 패혈증을 아직 진행하지 않고 있는 것으로 잘못 판단하고 적절한 치료방침을 정하지 못한 것이라 하더라도 그 판단이 현재 우리 나라의 일반적 기준으로서의 의학수준과 함께 기록에 나타난 피고인의 경력 · 전문분야 등 개인적인 조건이나 진료지 · 진료환경 등을 고려할 때, 통상의 의사의 정상적인 지식에 기한 것이 아니고, 따라서 그것이 과실이라고 단정하기는 어렵다고 할 것이고(대법원 1987. 1. 20. 선고 86

다카1469 판결 참조)"라고 하고 있다.

여기에서 대법원도 의료행위의 일반수준과 관련하여 보편화된 임상의료수준을 기준으로 제요건을 고려하여 판단한다는 견해를 거듭 표명하고 본 사안에 있어 " 피고인이 패혈증에 관한 최신 정의를 알지 못하여 이미 진행 중인 패혈증을 아직 진행하지 않고 있는 것으로 잘못 판단하고 적절한 치료방침을 정하지 못한 것"은 평균적인 의사의 일반적인 지식에 속하지 아니하는 것으로 과실을 부정하고 있다. 그러나 본 사안에서 대법원은 패혈증의 정의와 관련하여 "감정인 최강원의 1992년 미국 흉곽내과-중환자치료학회의 패혈증 정의를 인용하고 있는 것"에 대해 단순히 "의학사전의 사본 등"에 기재된 패혈증의 정의를 원용하여 이를 기초하여 감정인의 감정을 배척한 것은 의문이다. 의학사전이란 사전이 갖는 개괄성과 보편성을 고려할 때 이것에 근거한 의료행위의 일반수준을 판단한 것에 동의하기 어렵다. 즉, 의학사전의 일반적인 패혈증의 정의에 따라, "혈액검사 결과 이상이 없었다는 점을 토대로 피해자의 증상이 패혈증으로 발전하지 않았다고 본 피고인의 판단을 나무랄 수 있는 것인지 의심이 가고"라는 판단은 너무 단순하고 안이한 판단으로 사료된다.

다음으로 협진의 문제와 관련하여 대법원은 "단순한 대진의뢰 등 소극적 협진마저도 그 시기가 적절치 않았는지 여부와 이에 그치지 않고 내과로 전과하는 등 적극적 협진을 하였다면 그 치료방법이 어떻게 달라져서 피해자의 생명을 구할 수 있었는지 여부가 심리되어야 한다"고 하고 있다. 여기에서 "루드비히 안기나에 대한 치료는 환자의 상태가 전신적으로 악화되기 전까지는 일반적으로 구강악안면외과에서 단독으로 치료하는 것이 대학병원의 일반적인 관례라는 감정인의 감정서"를 인용하여 조기의 적극적 협진을 하지 않은 피고인의 행위에 대한 주의의무위반을 소극적으로 판단하고 있으나, 피해자가 7월 1일 피고인의 병원에 입원한 이후 수련의들의 치료행위가 피해자의 증상을 개선하지 못하고 상황이 악화되자 7월4일 피고인이 직접 치료행위를 개시한 것을 알 수 있다. 따라서 피해자의 입원병원이 대학병원인 점 등을 고려할 때 문제사안에 있어 피고인이 치료행위에 개입 시에 이미 내과적 질환인 패혈증 등으로 진전되는 것이 의심할만하였으므로 적극적 협진이 요구되는 사안이며 이 부분에 있어 주의의무위반이 있다 할 것이다.

이외에도 대법원이 "내과로 전과하는 등 적극적 협진을 하였다면 그 치료방법이 어떻게 달라져서 피해자의 생명을 구할 수 있었는지 여부가 심리되어야 할 것이다(대법원 1990. 12. 11. 선고 90도694 판결 참조)"라는 적시에 대해서는 주의의무위반의 존부와 함께 발생된 결과와의 사이에 인과관계가 문제되어진다. 본 사안과 관련한 인과관계의 문제는 후술한다.

2. 진료체계상 담당의사가 아닌 대학병원과장의 주의의무

일상의 사회생활은 다수의 사람의 여러 종류의 분업활동의 집적 위에 성립하고 있다. 여기에서 모든 관여자가 개별적으로 주의를 다할 뿐만 아니라 다른 참가자의 행동의 전부를 체크할 것을 요구하는 것은 원활한 사회생활의 수행을 불가능하게 할 수 있다. 특히 1960대 이후 과실범의 형사벌에 의한 억제력의 한계를 근거로 다른 교통관여자의 규정위반에 의한 교통사고에 있어서 규정을 준수할 것을 신뢰해서 운행한다면 과실책임을 문의하지 아니한다는 '신뢰의 원칙'(Vertrauensgrundsatz)이 교통생활영역에서 광범위하게 인정되어지게 되었다.[18] 그리고 이러한 원칙은 현대생활에 있어 도로교통의 영역을 초월하여 다수인의 업무분담이 요구되어지는 모든 과실범의 영역에서 주의의무의 한계를 확정하는 원리로 발전되어지게 되었다.

따라서 이러한 경향은 의료영역에 있어서도 의료의 전문화·대량화와 함께 분업의료에 있어서도 이러한 원칙을 적용하여 공동작업의 의료종사자는 환자의 진료전체에 대하여 각자 형사책임을 지는 것이 아니라 자신이 분담한 의료영역에 대해서만 책임을 지게 할 것인가 하는 적용확대의 문제가 대두되었다. 또한 이러한 문제는 역으로 분업의료의 경우에 다른 공동관여자의 부주의가 자신의 과실로 될 수 있는가하는 문제이다.

요컨대 오늘날 신뢰의 원칙은 허용된 위험의 법리가 적용된 특수한 경우로서 과실범의 객관적 주의의무 위반을 제한하는 원리로서 작용함과 함께 위험한 행위의 분업적 공동작업이 이루어지는 모든 형태의 과실범에 대하여 그 적용범위를 확대하는 경향이며 의료의 경우에도 예외현상이 아니다.[19] 그러나 실제에 있어 이러한 원칙을 의료분업에 적용하는 경우에 있어서도 그 내용은 의료행위의 장면마다 상이하며 개별 행위자의 의료분업에 의한 책임영역의 분할을 어떻게 한정하여 합리적으로 조정하느냐에 따라 상이한 결론이 도출되어진다. 오늘날 의료영역에 있어 의학기술의 비약적 진보와 함께 의사 상호간 또는 의사와 간호사 등 보조자와의 분업적 협동은 필수불가결하며 이들 상호간의 협력없이는 의료활동이 사실상 불가능해지게 되었다. 먼저 의료영역에 있어 신뢰의 원칙이 적용되어지기 위해서는 공동작업자 상호간에

---

18) 신뢰의 원칙은 일찍부터 교통생활영역에서 독일의 판례를 통해 형성된 이론이다(Maurach/Gössel/Zipf, Strafrecht, Allg.T., Tb.2, 6.Aufl., 1987, S.101; RGSt 70, 71; BGHSt 4, 47; 7, 118; 9, 93; 14, 211). 그리고 이 원칙은 더욱 발전되어 오스트리아, 일본 등은 물론 우리의 대법원도 이 원칙을 수용하고 있다(대법원 1998. 9. 22, 98 도 1854).

19) 이재상, 전게서, 188면; 임웅, 전게서, 446면; H.H.Jescheck, Lehrbuch des Strafrechts, Allg.T., 3.Aufl., 1978, S.458; H.Welzel, Das Deutsche Strafrecht, 11.Aufl., 1969, S.132.

있어 신뢰를 기초지울 수 있는 분업관계가 확립되어 있을 것을 요한다. 또한 공동작업자 상호간 지휘·감독책임이 인정되는 경우에 이 원칙의 적용은 제약을 받게된다. 후자의 경우에 있어서는 의사가 주재하는 의료활동이 필요로 하는 보조작업의 내용이나 보조자의 자격·능력 등을 공동작업체재 및 형태 등을 근거로 종합적으로 고려해서 결정해야 할 것이다. 즉, 작업분담이나 의료관계자격제도가 전제로 하는 합리적인 범위, 보조자가 실무경험을 많이 쌓은 유능한 유자격자로서 보조작업이 용이하여 위험성이 낮으며 과오방지체재가 정비되어 있을 것 등의 조건이 갖추어져 있으면 있을수록 신뢰허용범위는 넓혀진다. 또한 이러한 신뢰도 중도에 이상한 징후가 나타나는 등 신뢰의 원칙을 동요하게 하는 사정이 출현하면 허용범위가 좁혀지는 동적 성격을 가진 것이라고 하겠다.

여기에서 신뢰의 원칙의 분업의료에서의 적용에 있어서는 의료인 상호간에 업무분담영역이 불명확하거나 의료인 상호간 의사소통이 불완전하여 조화되지 않는 경우 등을 어떻게 처리할 것인가가 문제되어진다. 의료에 있어서의 신뢰의 원칙과 관련하여 문제되는 사례군은 다시 수평적 분업(horizontale Arbeitsteilung)과 수직적 분업(vertikale Arbeitsteilung)으로 대별되어진다. 전자는 수술에 공동으로 참여하고 있는 외과의사와 마취의와 같이 각자 독립적인 영역에서 상호 대등한 정도의 권한과 함께 상대의 지시로부터 자유로운 위치에 있음에 반하여, 후자는 전문의와 수련의, 의사와 간호사처럼 상하의 인적구조 관계로서 상위자의 지휘, 감독권과 하급자의 순응을 특징으로 하고 있다.

(1) 수평적 분업

분업의료에 있어 신뢰의 원칙와 관련하여 문제되어지는 사례군의 하나인 수평적 분업에 있어서는 의사상호간에 있어 신뢰의 원칙을 적용여부 및 그 내용이 문제되어진다. 종합병원 등에서 독립된 各科 사이에 있어서 혹은 공동으로 외과수술을 행하는 경우에 있어 수술이 차질없이 진행되기 위해서는 참여하고 있는 의사들은 다른 동료의사들이 주의의무를 다할 것이라는 것을 신뢰하면 족하며, 다른 의사가 적절하게 행위하는가 혹은 검사결과가 정당한가에 대하여 확인할 주의의무는 없다고 하겠다. 이 경우에 다른 전문의의 영역에 대하여 규제하고 감독하는 일을 기대하는 것은 잘못이다. 예컨대 수술시 외과의사는 마취담당의가 전신관리를 행하는 경우에는 관여자의 고도의 전문성 때문에 수술의 전후에 있어서 마취의의 판단, 지시를 전적으로 신뢰해도 좋다 하겠다.[20]

만약 수평적 의료분업에서 이러한 원칙이 적용되지 않는 경우에는 수술실에서의 소모적인 시간낭비와 함께 원활하고 효율적인 의료행위는 불가능하게 되어 이는 궁극에 있어서는 환자의 추가적인 위험으로 귀착되어진다. 이외에도 수혈하는 의사는 동료의사가 실시한 혈액형검사를 신뢰한 경우에도 동일하다.

수평적 분업과 관련하여 문제되어지는 다른 하나는 轉院된 경우에 있어 전원 이전의 의료행위에 대한 신뢰의 원칙의 적용여부이다. 전원된 경우에 있어 이후에 치료행위를 하는 의사는 이전에 치료를 맡았던 의사의 의견을 따를 의무도 없으며 책임 또한 새로이 떠맡게 된다. 따라서 전원이전의 의사가 작성한 진료자료를 넘겨받았을 때 신뢰의 원칙이 미치는 범위는 대부분 규명되어 있지 않은 상태이므로 조사결과에 대한 의심은 오히려 권장할만 하며, 잘못되었을까 우려가 있는 조사결과는 이를 신뢰해서는 안되며 정밀하게 재검사를 해야 한다.[21] 또한 의약분업과 관련하여 의사와 약사는 상호간의 위임과 신뢰를 바탕으로 기본적으로 양자는 독립된 협조의 분야이며 각자는 고유한 책임의 영역을 갖는다. 약사는 의사의 처방전대로 조제해야 하며, 그것에 따른 부작용은 전적으로 처방전을 교부한 의사의 책임이라 하겠다.[22]

(2) 수직적 분업의 경우

수직적 분업의 경우는 상하의 인적구조 관계로서 상위자의 지휘, 감독권과 하급자의 순응을 특징으로 하고 있다. 수직적 분업의 경우에 실무의 사례로서 자주 등장하는 것이 의사와 다른 의료인 사이 특히 간호사의 과실에 의한 의료사고에 있어서 의사의 감독과실처벌을 인정할 것인가가 문제되어진다. 즉, 간호사 등의 보조자의 과실에 의해 악결과가 발생한 경우에 의사가 어느 정도의 지도·감독상의 책임을 부담할 것인가 하는 점으로 이와 관련한 형사판례는 적지 않다. 여기에서 법령이 정한 자격요건을 가진 보조자의 경우에 있어 감독자의 감독의무란 물샐틈없는 감독이 아니라

---

20) Schönke/Schröder/Cramer, StGB, 25.Aufl., 1997, §15, Rdnr.151; BGH NJW 1980, 649ff. 마취의사가 외과의사의 소견과 진단을 신뢰한 것에 대해 마취의사의 과실을 부인한 사례이다. 이 사례는 「18세의 환자가 이미 수술대에 눕혀진 상태에서 마취의가 초빙되었다. 그런데 외과의사가 그 전에 환자의 상태를 진찰해 보고 이를 흔히 있는 급성맹장염으로 진단을 내렸기 때문에 마취의는 단순히 괜찮은가만 물었고 환자도 괜찮다고 대답하였다. 그래서 마취의는 환자의 배를 만져보거나 또는 臟器의 소리를 들어보는 일은 하지 않았던 바 환자는 곧 이어 腸경련을 일으키고 위와 장에 소화되지 않은 음식이 남아 있어서 마취시 튜버를 넣기 전에 이를 토해 내게 되었다. 이러한 일련의 과정은 그 후 肺炎으로 발전하게 되었고 환자는 결국 이틀 후에 사망한 사건이다.」

21) 안동준, 「치료상의 실수에 대한 의사의 법적 책임」, 김종원교수화갑기념논문집, 법문사, 1991, 335면.

22) 수평적 분업과 관련한 판례로서는 대법원 1976. 2. 10, 74 도 2046; 1970. 1. 27, 67 다 2829; 1970. 2. 6, 69 도 2190; 1993. 7. 27, 92 도 2345; 1996. 9. 24, 95 도 245.

이따금씩의 감독에 의해서도 지시된 보조업무를 차질없이 이행할 것이라는 신뢰를 전제로 한다.[23)]

신뢰의 원칙을 team의료에 있어 감독자와 피감독자 사이에도 적용가능한가가의 문제에 있어서는 책임의 분배라는 관점에서 일정한 경우에는 신뢰의 원칙을 적용하는 것이 타당하다. 의료현실에 있어 전문적 교육·훈련을 받은 실제에는 올바른 직무를 수행해야 할 간호사 등의 보조자에게 기대되어지는 행동을 할 것이라는 신뢰를 기대하지 않는다면, 이러한 자들의 과실에 있어서도 형사감독책임이 추급되어지는 것으로 되어 의료활동의 원활한 수행을 부정하는 것이 된다. 이때 감독 관리자의 신뢰를 허용하는 것은 그의 감독 관리 하에 있는 자의 자격·훈련 이외에 설비 등의 전제조건이 충족되어져야 하지만 그 원칙적 요건이 충족되는 한 감독·과실처벌은 신뢰를 허용하지 않을 특별한 사정이 있는 경우에 한정해야 할 것이다.[24)] 그러나 이것을 단지 형식적 업무분담이라는 측면에서만 판단한다면 단순히 업무를 부하에게 위임하면 상사는 면책되어진다고 하는 것으로 되어 타당하지 아니하다.

먼저 이러한 경우에는 감독자·피감독자의 사이에 실질적 신뢰관계가 전제되는 경우에 비로소 신뢰의 원칙이 적용되어 감독자의 구체적 예견가능성이 부정된다고 할 것이다. 따라서 단지 "베테랑간호사라는 것만으로는 족하지 아니하고 당해 치료에 관하여 과거에 신뢰가 형성되어 있었는가 어떤가가 중요한 포인트"라고 하겠다. 또한 "구체적 위험발생의 조짐"의 유무는 중요한 고려사항이라고 하겠다. 이것이 확실한 경우에는 신뢰의 원칙만을 근거로 과실책임을 부정할 수는 없다.

나아가 신뢰의 원칙을 공동작업에 의한 위험한 업무에 확대함에 있어서는 신뢰를 기초 지울 수 있는 분업관계가 확립되어 있을 것을 요한다. 따라서 의사와 보조자와 관계와 같이 다른 사람에 대한 지휘·감독의무가 있는 경우에 이러한 의무를 다하지 않은 경우에는 신뢰의 원칙은 그 적용에 있어 일정한 제한을 받는다. 더구나 수습중인 자나 미자격자의 경우에는 신뢰의 원칙이 적용될 여지가 없게된다. 예컨대 전문의가 시행하여야 할 수술을 아직 충분한 능력을 갖추지 아니한 수련의에게 맡기는 경우에는 경험있는 전문의의 의료수준이 보장되어져야 하며 감독책임이 문제되어질 수 있다.

---

23) 이상돈, 의료형법, 법문사, 1998, 117면; 의사가 진료보조자의 신뢰가 가능한 범위를 일탈하여 감독의무를 다하지 아니한 과실이 있음을 인정한 사례로서는 대법원 1990. 5. 22, 90 도 579 참조.

24) 日最判 1990. 2. 16, 刑集 44. 8. 744.

또한 의사가 의료보조자를 지시할 때에는 의료행위의 위험을 미연에 방지할 수 있을 정도로 구체적이어야 한다. 실제에 있어 "간호사, 약제사의 자격이 없는 의약품 등에 관한 기초적 지식이 불충분한 자에게 그 주문, 수령, 調合을 맡기는 것은, 항상 잘못 투여의 위험이 있는 것으로부터 예컨대 오래 동안 맡겼다는 사정이 있어도, 의사로서는 그 자의 행위를 신뢰하는 것은 허용되지 않으며, 환자에게 의약품을 복용시키기 위해서는 스스로 調合하던가, 혹은 무자격자가 조합할 때에는 자기의 직접 지휘하에 조합하던가, 사후에 그 조합에 잘못이 없는가의 여부를 확인해야 할 업무상의 주의의무가 있다"고 하겠다.[25]

일부에 있어서는 신뢰의 원칙의 의료영역에의 적용에 소극적인 입장에서 이 원칙의 적용을 수술 중에 한하여 한정적으로 인정하자는 견해도 있지만,[26] 반드시 그것에 한정할 필요는 없다고 하겠다. 물론 수술은 집도자가 수술작업의 주의집중이 요구되는 영역이므로 집도의의 신뢰의 허용범위를 넓게 인정할 실제적인 필요성이 높은 것이 사실이다. 따라서 수술에 착수한 시점에서의 집도의의 보조자에 대한 감독의무의 이행은 매우 한계를 가진다. 그리고 이것은 집도의를 감독하는 指導醫에게도 타당하다 하겠다.[27]

이상의 논거들에 대하여 지휘·감독관계에 있는 의사와 간호사 등 수직적 의료분업에서는 의사의 특별한 조치가 존재하지 않은 한은 원칙적으로 신뢰의 원칙이 적용되지 않는다는 견해가 있다.[28] 현실적으로 수직적 분업의료의 영역에서 신뢰의 원칙의 적용을 인정한 대법원의 형사판례 또한 찾아보기 어렵다. 이 문제에 있어서는 종래 민사책임으로서는 대개 보조자의 과실은 동시에 의사의 채무불이행으로서 의사에게 절대적인 책임을 지우게 되었으며, 형사책임에 있어서도 일반적으로 의사는 보조자인 간호사 등의 과실에 의한 결과에 대해서는 그것을 지휘 감독하여 과오의 발생을 방지해야 할 주의의무가 있으며, 그 과오를 시정하는 것이 가능하다고 인정되는 한에 있어 의사도 책임을 면할 수 없었다. 따라서 판례에 있어서도 간호사의 형사과실이 인정되어지는 사례에 있어서는 대부분의 경우에 의사의 형사책임도 인정되는 경향이다.

---

25) 函館地判 1978. 12. 26. 判例時報 935, 136.
26) 町野朔, 「過失犯における豫見可能性と信頼の原則」, ジコリスト 第575号, 1974. 11, 78面.
27) 신뢰의 원칙에 의해 집도의의 형사과실을 부정한 사례로서는 일본의 北大電氣メス사건이 있다(泉 正夫, 「北大電氣メス事件の實像と虛像」, 中山研一・泉 正夫, 醫療事故の刑事判例, 成文堂, 1993, 309面以下 參照).
28) 정영일, 「의료과실에 있어서 위험의 분배」, 법정고시, 1998. 6, 125면.

록신(C. Roxin)은 분업적 공동작업에서 신뢰의 원칙의 적용의 한계와 관련하여 "신뢰의 원칙의 효력을 상실시키는 이러한 특별(감독)의무가 누구에게 있는지 또는 어느 정도인지는 분업의 개별 형태에 따라 아직 더 자세하게 연구되어져야 한다. 다만 가장 능력있는 공동작업인에게는 그가 자신의 분담업무를 태만히 할 위험없이 이행할 수 있을 정도로만 다른 공동작업인에 대한 감독의무가 부과되어야 한다는 점을 대강의 규준으로 제시할 수 있다'고 하고 있다.[29)]

신뢰의 원칙과 결과발생의 예견가능성과의 관계에 있어서는 과실이론상의 문제가 남아있지만 신뢰의 허용한도를 개별·구체적으로 분석해서 적용한다면 양자의 接點이 가능하며 형식적인 분리에 의해 문제가 해결되는 것은 아니다. 신뢰의 기준도 보조자의 자격이나 경험, 부조작업의 위험성, 과오방비체제의 정비상황 등의 점들을 고려해서 각 사례에 있어 실질적으로 논증해야 할 것이다. 따라서 이러한 관점에서 판례의 사안을 검토하는 것은 형사과실뿐만 아니라 민사과실에 있어서도 합리적인 한계설정의 가능성이 있다고 생각한다. 대법원은 치료과정에서 야간당직의사의 과실이 일부 개입한 경우에도 주치의의 업무상과실치사죄의 책임을 인정한 판례가 있으며,[30)] 또한 수련의에게 마취를 담당케 하여 의료사고가 발생한 경우, 종합병원측의 과실이 추정된다고 판단한 사례도 있다.[31)]

마지막으로 분업의료에 있어 설명의무와 관련하여 예컨대 종합병원에서 치료와 수술을 받은 환자는 거기에 참여하고 있는 모든 의사로부터 직접 설명을 듣는 것이 아니라 지도·감독을 하는 의사에 의해 설명을 듣는 것으로 만족해야 한다.[32)] 또한 마취의는 마취과정에서 또는 깨어나는 과정에서 수반되는 구체적 위험에 대해 설명하면 족한 반면, 외과의사는 수술에 의해 환자에게 야기되는 중요기능의 장애에 대하여 설명해야 할 위치에 있다 하겠다.

(3) 이상의 논지들을 요약하면 다음과 같다.

---

29) C. Roxin, Strafrecht, Allg.T., Bd.1, 3.Aufl., 1997, S.928.

30) 대법원 1994. 12. 9, 93 도 2524.

31) 대법원은 "수술당일 환자측으로부터 집도의와 마취담당의를 특정한 특정수술신청을 받고 이를 승낙하고서도 불과 2주간 수술과 수련을 한 수련의(인턴)에게 수술 및 수술회복조치를 담당하게 하여 그 결과 수술회복과정에서 의료사고가 발생하였다면 병원측에서 위 사고가 위 수련의의 경험부족으로 인한 것이 아니라 약물 자체의 부작용이나 환자의 특이체질등 병원측에 책임없는 사유로 인한 것임을 밝히지 못하는 이상 위 사고는 위 병원 수술과 의사들이 경험이 부족한 수련의에게 수술 및 수술회복조치를 담당하게 한 수술관리상의 잘못으로 인한 것으로 추정함이 상당하다"고 하고 있다(대법원 1986. 1. 15, 84 나 3990).

32) 안동준, 전게논문 338면.

오늘날 신뢰의 원칙은 허용된 위험의 법리가 적용된 특수한 경우로서 과실범의 객관적 주의의무 위반을 제한하는 원리로서 작용함과 함께 위험한 행위의 분업적 공동작업이 이루어지는 모든 형태의 과실범에 대하여 그 적용범위를 확대하는 경향이며 의료의 경우에도 예외현상이 아니다. 그러나 실제에 있어 이러한 원칙을 의료분업에 적용하는 경우에 있어서도 그 내용은 의료행위의 장면마다 상이하며 개별 행위자의 의료분업에 의한 책임영역의 분할을 어떻게 한정하여 합리적으로 조정하느냐에 따라 상이한 결론이 도출되어진다.

여기에서 먼저 의료영역에 있어 신뢰의 원칙이 적용되어지기 위해서는 공동작업자 상호간에 있어 신뢰를 기초지을 수 있는 분업관계가 확립되어 있을 것을 요한다. 나아가 이러한 전제요건이 충족되어지는 경우에 있어서도 공동작업자 상호간 지휘·감독책임이 인정되는 경우에 이 원칙의 적용은 다시 제약을 받게된다. 후자의 경우에 있어서는 의사가 주재하는 의료활동이 필요로 하는 보조작업의 내용이나 보조자의 자격·능력 등 공동작업체재 및 형태 등을 근거로 결정해야 할 것이다. 또한 이러한 신뢰도 중도에 이상한 징후가 나타나는 등 신뢰의 원칙을 동요하게 하는 사정이 출현하면 허용범위가 좁혀지는 동적 성격을 가진 것이라고 하겠다.

분업의료에 있어 수평적 분업에 있어서는 종합병원 등에서 독립된 各科 사이에 있어서 혹은 공동으로 외과수술을 행하는 경우에 있어 수술에 참여하고 있는 의사들은 다른 동료의사들이 주의의무를 다할 것이라는 것을 신뢰하면 족하며, 다른 의사가 적절하게 행위하는가 혹은 검사결과가 정당한가에 대하여 확인할 주의의무는 없다고 하겠다. 판례도 이러한 사례들에 있어서는 적극적으로 신뢰의 원칙의 적용을 인정하고 있음을 볼 수 있다. 또한 轉院된 경우에 있어 이후에 치료행위를 하는 의사는 이전에 치료를 맡았던 의사의 의견을 따를 의무도 없으며 책임 또한 새로이 떠맡게 되어 신뢰의 원칙의 적용이 배제된다.

수직적 분업의 경우에 있어 판례는 신뢰의 원칙의 적용에 있어 대단히 소극적인 입장을 견지하고 있음을 볼 수 있다. 즉, 간호사 등의 형사과실이 인정되어지는 사례에 있어 의사의형사책임도 인정되는 경향에 있다. 학설의 경우에 있어서도 수직적 의료분업의 경우에 있어서는 신뢰의 원칙의 적용을 수술 중에 한정적으로 인정하자는 견해, 혹은 분업의료에 있어서 분업화가 의료의 주체로서 의사의 책임이 완화되는 것은 아니며 원칙적으로 그 적용을 배제하려는 이론이 제기되고 있음을 볼 수 있다.

그러나 신뢰의 원칙이 분업의료에서도 적용되어야 한다는 것을 전제로 하는 이상 수직적 의료분업에 있어서도 합리적인 한계의 범위 내에서 보조자의 신뢰를 기대해도 좋은 경우가 있을 수 있으며, 여기에서 분업의료의 성질, 내용과 임상현실 등을 고려하여 보조자의 자격요건에 상응하는 신뢰원칙의 적용은 가능하다 할 것이다. 여기에서 대강의 원칙으로 의사 등 상급자는 자신의 분담업무를 태만히 할 위험없이 이행할 수 있을 정도로만 감독의무가 부과되어야 할 것이다. 나아가 분업의 원리에 의해 의사 등의 감독상의 과실을 합리적으로 한정하는 기능으로서 신뢰의 원칙은 우리의 의료현실 등을 감안하여 각 사례에 있어 실질적으로 논증할 필요성이 있음은 물론이다. 이러한 관점에서 판례의 사안을 검토하는 것이 합리적인 한계설정을 위해 도움이 될 것이다.

(4) 문제사안의 검토

"대학병원 과장이라는 이유만으로 외래담당의사 및 담당 수련의들의 처치와 치료결과를 주시하고 적절한 수술방법을 지시·감독하거나 또는 직접 수술할 주의의무가 있는지 여부"와 관련하여 대법원은 "피고인은 의과대학 부속병원 구강악안면외과 과장이지만 진료체계상 피해자를 담당한 의사가 아니었다는 것인데, 기록에 의하면, 일반적으로 대학병원의 진료체계상 과장은 병원행정상의 직급으로서 다른 교수나 전문의가 진료하고 있는 환자의 진료까지 책임지는 것은 아니고, 소속 교수 등이 진료시간을 요일별 또는 오전, 오후 등 시간별로 구분하여 각자 외래 및 입원 환자를 관리하고 진료에 대한 책임을 맡게 된다는 것이다. 그러한 사정을 감안하면, 피고인에게 피해자를 담당한 의사가 아니어서 그 치료에 관한 것이 아님에도 불구하고 구강악안면외과 과장이라는 이유만으로 외래담당의사 및 담당 수련의들의 처치와 치료 결과를 주시하고 적절한 수술방법을 지시하거나 담당의사 대신 직접 수술을 하고, 농배양을 지시·감독할 주의의무가 있다고 단정할 수 없는 것이다"라고 하고 있다.

대법원의 위 논지와 관련하여 먼저 "피고인은 의과대학 부속병원 구강악안면외과 과장이지만 진료체계상 피해자를 담당한 의사가 아니었다"고 하고 있다.[33] 여기에서 일반적으로 수술과 관련하여 문제되는 사안에 있어서는 수술의 필요성 여부, 시기의

33) 동사안에 대한 민사판례의 판결이유를 보면 "여환호(구강외과과장)가 주도적으로 수술에 개입하기 이전에도 피해자가 문제의 병원에 입원한 익일에 수련의 이효빈으로부터 피해자의 상황을 보고 받고 자신의 교육, 지도를 받는 수련의 김수관과 이효빈으로 하여금 환부에 대한 절개 및 배농을 실시하도록 지시한 점, 그리고 다음날 회진하여 덜 절개된 부분을 발견하고 다시 절개수술를 지시한 점 등"에서 실제에 있어 피해자에 대한 의료행위와 관련하여 피고인이 단순한 행정라인에 있음에 불과한 것이 아니라 전문의와 수련의의 상하 인적구조 관계로서 수련의를 지도·감독할 위치인 수직적 분업자의 위치에 있다고 볼 여지가 있다(대법원 1998. 9. 4, 96 다 11440).

판단, 수술기법, 수술관리체재와 관련한 수술전과 수술중의 관리, 수술부위의 세균감염, 수술부위내의 異物質의 잔류, 수술후의 환자관리 등이 문제된다.

수술관리체재와 관련하여서는 물적 시설에 대한 관리의 문제와 인적체재에 있어 감독 과실이 문제되어진다. 먼저 물적 시설에 대한 관리과실과 관련하여 수술의 중심은 수술작업이지만 수술이 기대하는 방향으로 수행되어지기 위해서는 수술내용에 부합하는 다수의 기구나 장비의 준비가 필요하며 이러한 것들이 소정의 기능을 가지는 것이 필요불가결하다. 예컨대 수술을 위한 수술용 의료기기, 마취장치, 각종 계측장치, 그리고 청정장치 등 부수설비의 충족·정비가 요구되어진다.

인적 체재에 있어 감독과실과 관련하여 수술에는 수술전, 수술시행의 전과정 그리고 수술 후를 통해서 여러 가지 의료행위의 집중이 필요하며, 집도의를 중심으로 指導醫를 포함한 手術助手, 마취와 함께 전신상태를 관리하는 마취의, 간호사, 임상병리의를 포함한 검사담당자 등 많은 의료관계자의 협력이 불가결하다. 이것은 수술작업을 핵으로 유기적인 관련을 가진 복합적인 조직활동인 것이다. 또한 이러한 공동작업은 일반의료행위로서도 행하여지지만 특히 수술의 경우는 장소적으로도 집약된 복잡한 공동작업인 점에 그 특징이 있다. 執刀醫 그룹이 중심이지만 집도의가 항상 지휘감독자의 입장에 서 있는 것은 아니며 마취의나 病理醫 등과의 사이에는 상하관계는 없다고 할 수 있다. 또한 이러한 지휘감독관계는 그 중 한사람이 범한 과실에 있어서 누가 어느 정도의 책임을 부담할 것인가의 곤란한 문제가 발생할 수 있다.

문제의 사안과 관련하여 대학병원의 경우에는 일반개업의와 다른 고도의 주의의무와 함께 첨단의 의료행위가 가능한 인적·물적 시설의 정비가 요구된다.[34] 여기에서 우리의 대법원이 "피고인은 진료체계상 피해자를 담당한 의사가 아니었다. 일반적으로 대학병원의 진료체계상 과장은 병원행정상의 직급으로서 다른 교수나 전문의가 진료하고 있는 환자의 진료까지 책임지는 것은 아니다"라고 하여 너무 안이하게 도식적으로 의료행위의 과실유무의 범위를 직접 진료담당의사로 한정하여 행정상의 지휘·감독관계에 있는 피고인의 과실을 배제한 것은 문제가 있다 하겠다. 의료과실의 경우에 있어서도 구성요건적 결과를 직접 발생시킨 의사 이외에도 경우에 따라서는 진료과의 인적·물적 시설의 적합성과 관련하여 대학병원의 진료체계상의 과장의 '감독상의 안전체재확립의무'와 관련한 '감독과실(과실의 부작위범)'의 성립여부가 문제되어질 수 있기 때문이다.[35] 더구나 본 사안에 있어 "피해자는 피고인의 병원에

---

34) 의료수준과 관련하여 대학병원은 일반개업의보다 고도의 주의의무가 요구된다는 판례도 있다 (東京地判 1978. 12. 14, 判例時報, 第952號, 96面.

35) 三井誠, 「管理・監督過失をめぐる問題の所在の」, 刑法雜誌, 日本刑法學會, 第28卷 第1號,

입원당시 체온이 섭씨 39.2도의 고열과 오한이 있었고, 부종으로 입이 약 15㎜밖에 열리지 않았으며 음식물을 씹기 곤란하였고 화농으로 구취가 심한 상태"로 이들 상태를 고려할 때 피고인이 개입하기 이전까지의 수련의 등에 의한 의료행위가 일반적으로 대학병원에서 기대되는 의료의 일반수준에 부합하는지의 여부, 환자의 상태 등을 고려할 때 환자의 배정 등 진료의 체계는 문제가 없었는지가 당연 검토되어야 한다. 예컨대 전문의가 시행하여야 할 수술을 아직 능력을 갖추지 아니한 수련의에게 맡기는 경우에는 경험있는 전문의의 의료수준이 보장되어져야 하며 감독책임이 문제되어질 수 있다.

3. 농배양을 하지 아니한 과실과 피해자의 사망사이의 인과관계

문제사안에 있어 "농배양을 하지 아니한 과실과 피해자의 사망사이의 인과관계"의 여부와 관련하여 원심이 " 피고인이 같은 해 7월 4일 직접 집도하여 다량의 농을 배출하였으면 즉시 농배양을 시켜 가급적 빨리 원인균을 규명하고 항생제 감수성검사를 통하여 적절한 항생제를 선택하여 치료함으로써 패혈증으로 발전하지 않도록 할 업무상 주의의무가 있음에도 만연히 봉와직염의 원인균에 일반적으로 효과가 있다고 알려진 세파졸린과 클레오신 항생제만을 교체 투약하다가 피해자의 증상이 호전되지 않고 더욱 악화되는 것을 보고 같은 해 7월 7일 농배양을 하기에 이른 과실이 있다(투약한 항생제가 밝혀진 원인균에 적절한 것으로 판명되었다 하여도 진료상의 적절성이 인정될 수는 없으므로 위 과실이 피해자의 사망과 인과관계가 없다는 주장은 받아들일 수 없다)"고 하고 있다.

이에 대해 대법원은 "피고인이 피해자의 치료에 관여한 이후의 과실의 점에 관하여 보면, 피해자의 병명인 루드비히 안기나와 같이 이미 원인균이 알려진 경우라 할지라도 배농이 되었을 경우 원칙적으로 농에 대한 배양검사를 실시하여 적절한 약물을 선택하여야 한다는 것이므로, 피고인이 농배양을 하지 않은 것이 과실이라고 할 수는 있겠으나, 그것이 피해자의 사망에 기여한 인과관계 있는 과실이 된다고 하려면 원심으로서는 농배양을 하였더라면 피고인이 투약해 온 항생제와 다른 어떤 항생제를 사용하게 되었을 것이라거나 어떤 다른 조치를 취할 수 있었을 것이고, 따라서 피해자가 사망하지 않았을 것이라는 점을 심리 · 판단하였어야 한다"고 하여 피고인이 농배양을 하지 않은 것에 대해서는 주의의무위반이 있다고 할 수 있으나 " 그러나 기록상 그러한 점을 밝힐 수 있는 자료는 없고, 오히려 후에 밝혀진 바에 의하면,

---

1987.

피고인이 투약해 온 항생제는 원인균에 적절한 것으로 판명되었다는 것이므로 피고인의 과실이 피해자의 사망과 인과관계가 있다고 보기는 어렵고, 이와 같이 인과관계가 없는 이상 진료상의 적절성 여부를 불문하고 원심이 판시한 바와 같이 다른 과실과 합하여 피해자 사망의 한 원인이 된 것이라고 할 수 없을 것이다"라고 하여 인과관계를 부인하고 있다.[36)]

이하에서는 인과관계와 객관적 귀속의 일반론을 검토한 다음 문제사안을 검토하기로 한다. 먼저 의료과오에 있어서도 과실행위와 결과발생의 사이에는 인과관계가 존재해야 하며, 다시 발생한 결과를 행위자에게 객관적으로 귀속시키기 위한 요건이 충족되어야 함은 물론이다. 그것은 형법에서 문제되는 인과관계와 객관적 귀속의 사고는 인간의 행위에서 우연성을 배제하고자 꾸준히 노력해 온 인간이성의 보편적인 발전과 진보의 결실 바로 그것이기 때문이다.

인과관계이론에 대한 학설대립에 있어 제 학설은 책임주의에 의하여 형사책임을 제한한다는 기본입장에서는 견해의 차이가 없다. 다양한 학설대립은 이러한 공동목적을 달성하기 위한 방법이 상이할 뿐이라는 사실을 주목할 필요가 있다. 그것은 인과관계(원인)의 개념자체를 제한할 것인가, 혹은 원인의 범위를 객관적 귀속에 의하여 수정할 것인가, 책임의 분야에서 필요한 수정을 할 것인가라는 점에 차이가 있을 뿐이다. 여기에서 인과관련의 문제는 조건설의 보강이라는 관점에서 인정되어진 합법칙적 조건설에 따라 먼저 인과관련의 문제를 심사하고 뒤이어서 행위와 결과사이에 요구되는 결과귀속의 규범적 관련을 심사하는 방법이 타당하다고 하겠다.

의료과오와 관련하여 의료행위가 행하여졌음에도 불구하고 환자의 용태가 회복되지 않고 오히려 악결과가 발생한 경우에는 주의의무위반의 존부와 함께 발생된 결과와의 사이에 인과관계가 문제되어진다. 대법원은 의료사고에 관한 민사사건에 있어서는 인과관계의 엄격성을 완화하여 단지 원인된 행위와 발생된 결과사이에 확실성이 아닌 개연성이나 일반인의 상식에 바탕을 둔 의료상의 과실행위를 입증한 경우에도 인과관계를 긍정하여 환자측의 부담을 완화시켜주는 입장에 서있다.[37)] 그러나 전통적으로 '의심스러운 때에는 피고인의 이익으로'(in dubio pro reo)의 원칙이 지배하는 형사사건에 있어서는 인과관계의 입증의 완화의 예를 아직 찾아보기 어렵다. 민

36) 동사안에 대한 민사판례에서는 상당인과관계가 있다고 판시하고 있다(대법원 1998. 9. 4, 96 다 11440).

37) 대법원 1989. 7. 11, 88 다카 26246; 대법원 1995. 12. 5, 94 다 57701; 대법원 1996. 6. 11, 95 다 41079.

사의 손해배상과는 달리 형법에 있어 자유형이 갖는 해악성 등을 고려할 때 의료형법의 영역에 있어서는 의료과오의 인과관계는 개연성이 아니라 전통적인 '합리적인 의심이 없는 증명'((proof beyond a reasonable doubt)의 원칙인 엄격입증책임원칙이 견지되고 있다.[38] 하급심의 판결중 "난소낭종양제거수술을 위해 할로테인 전신마취를 하기 전에 혈청간기능검사를 하지 않은 과실로부터 할로테인의 부작용으로 인한 간기능악화 및 사망이라는 결과가 발생하였을 확실성이 입증되지 않은 경우에도 인과관계를 인정한 경우"가 있다.[39]

대법원은 과실범에 있어서 주의의무위반행위와 결과발생 사이에 인과관계가 존재하는 경우에 필요로 하는 의무를 다하고 있었던 경우에도 역시 동일한 결과가 발생하였을 것이라는 개연성이 있는 경우에 과실범으로 처벌가능한가(객관적 귀속이 가능한가)에 대하여 "과실범의 결과귀속을 위해서는 행위자의 주의의무위반사실과 결과발생 사이에 인과관계의 존재로 족하지 아니하고 주의의무위반이 내포하는 위험이 창출되고 그 위험이 결과 속에 실현된 것이어야 한다"고 하고 있다.[40]

따라서 구체적인 사정하에서 행위자가 주의의무를 위반하였고 이에 의해 구성요건적 결과가 발생된 경우에 있어서도 合義務的 태도를 취한 때에도(주의의무를 다한 때에도) 동일한 결과가 발생할 가능성(möglicherweise)이 존재하는 경우, 즉 합의무적 代替態度의 가정적 인과성이 '확실성'에 근접하는 개연성을 가지고 그 결과발생이 배제되지 않는 경우에는 객관적 결과귀속이 부정된다고 하였다. 그리고 이를 '주의의무위반관련성'(Pflichtwidrigkeitszusammenhang)이라고 한다.[41] 이것은 과학 및 기술의 발전 그리고 이러한 준수되어야 할 규칙들이 모든 사고를 예상한 網羅的인 것이 아니라는 것과 함께, 사안의 구체적인 사정하에서는 분명히 유형적으로 예정된 규칙을 준수하지 아니하였지만, 금지 · 명령규범을 준수하고 있었던 경우에도 결과의 발생이 회피되지 아니하는 경우가 발생하는 것은 용이하게 상상되어질 수 있다. 즉, 규범설정의 본래의 목적실현을 위하여 도움이 되지 않는 규범이라면 그 규범에 대한 위반을 근거로 해서 처벌하는 것이 타당할 것인가 하는 문제이다. 이 설의 논거로서 주장되는 논지는 ① 합의무적 대체태도를 취하였을 경우에도 당해결과가 마찬가지로 발생하였을 경우에는 자연주의적 인과관계의 중요성이 흠결되었다고 하는 점, ② 그리고 이 문제의 사실적인 확정에 있어서는 in dubio pro reo의 원칙이 존종되지 않으

---

38) 동일 사건에서 업무상 과실치사죄에 대해서는 무죄를 선고하면서 민사상의 손해배상책임은 인정하고 있다(대법원 1996. 11. 8, 95 도 2710; 1998. 9. 4, 96 다 11440).

39) 서울형사지법 1982. 5. 11, 81 고단 1015.

40) 대법원 1990. 12. 11, 90 도 694.

41) 독일에 있어서 통설 · 판례가 지지하는 견해이다(P.Bockelmann, Strafrecht, Allg. T., 3.Aufl., 1979, S.169ff; BGHSt 11, 7; 21, 59; 24, 31).

면 안된다고 하는 점에 있다.[42)]

이 설에 대해서는 형사정책적인 면에서 결과귀속이 부정되어지는 범위가 너무 넓다는 위험증가이론으로부터의 비판이 있다. 록신(C.Roxin)은 의사가 의학적 規準(lege artis)에 반한 수술을 시행하여 환자를 사망하게 한 사례에 있어서 주의의무위반관련설을 적용한다면, 합의무적으로 수술을 하였어도 환자가 사망할 가능성이 있는 이상 결과귀속이 인정되지 않게 되며, 무죄의 범위가 너무 넓어진다고 한다.

이것에 대하여 위험증가이론은 당해의 구체적 사정하에서 행위자의 의무에 반한 행위에 의해서 결과발생의 기회가 허용된 위험보다도 높아졌다면 구성요건충족적 의무위반이 있고 과실범이 성립한다는 것이다. 그리고 이 경우에 행위자의 행위가 허용된 위험을 증대시킨 경우에는, 설령 결함없이 행위했더라도 결과가 발생했으리라고 생각되는 경우에도 그 결과는 행위자에게 귀속되어야 한다고 한다.[43)] 왜냐하면 그 결과가 그렇지 않았더라도 발생하였을 것이라는 이유만으로 상당히 높고 더 이상 허용되지 않는 위험을 내포하고 있는 행위에 의한 결과야기를 불처벌로 하는 것은 올바르지 못하다. 입법자는 자신이 설정한 허용된 위험의 한계를 넘어 행위자가 그 위험을 증가시킨 경우에는, 특정의 경우에 일반적인 사회적 유용성을 고려하여 불가벌로 하였던 것을 더 이상 그대로 감수할 필요가 없는 것이다.[44)]

민사사건에서는 합리적인 배상의 타당성이라는 관점에서 인과관계의 추정이나 거증책임의 분배 등이 인정되어지는 것에 반해, 형사사건에서는 보다 엄밀한 논증이 필요하다는 것에 대해서는 異論없이 받아들여지고 있다. 그러나 실제에는 중대한 결과가 발생하면 형사사건에도 결과론적인 approach에 흐를 가능성이 있다는 것에 주의할 필요가 있다.

특히 부작위에 의해 결과가 발생하여 책임이 문제되어지는 경우에는 가정적 인과관계와 결과의 회피가능성의 판단이 경합하여 규범적인 판단이 우선하게 되어 사실적 분석이 간과되어질 수 있다는 점을 경계해야 한다. 여기에서는 두가지 점을 지적할 수 있다.

첫째는 부작위의 인과관계에 있어서는 일본최고재판소의 판례는 각성제의 주사에 의해 교란상태에 빠진 소녀를 방치한 사안에서 긴급의료를 행하였다면 求命이 십중

42) BGHSt 11. 7.
43) C.Roxin, Strafrechtliche Grundlagenprobleme, 1973, S.126
44) 위 학설의 대립에 대한 자세한 내용에 대해서는 이재석, 「형법에 있어서의 인과관계와 객관적 귀속」, 경북대 법학박사학위논문, 1992. 12, 148면이하 참조.

팔구 가능한 경우에 유기행위와 죽음의 결과사이의 인과관계는 "합리적인 의심을 능가하는 정도로 확실할 때"라고 하고 있다.[45] 이것은 단지 당해 치료행위에 의해서 회복의 가능성 내지 개연성이 있는 것만으로는 불충분하다는 것이다.

둘째 결과의 회피가능성을 고려하는 경우에 회피하기 위하여 요구되어지는 행위가 그 당시의 행위자에 의해서 가능해야 한다는 점이다. 이 점에 있어서는 아래의 판례가 보여주는 판단기준이 참고로 되어진다. "인과관계가 긍정되려면 적어도 당시에 있어 당해 분야의 질병의 진료에 종사하는 의사로서의 수준에 달한 지식을 가진 자라면 일반적으로 당해 환자의 증상을 정확하게 인식한 경우에는 당해 치료행위에 의한 회복의 개연성과 위험의 개연성을 비교형량할 때 그다지 주저함이 없이 그것을 실시할 것이라는 것이 인정되어지는 경우여야 한다."[46]

요컨대 단순한 결과발생의 위험성을 증대시킨 것만으로는 창출된 위험이 실현된 것은 아니기 때문에 결과귀속을 인정할 수 없다고 하여야 한다. 대법원이 할로테인 마취사건에서 '인과관계를 부정'한 것은 위험증대이론을 배제하고 주의의무위반관련설에 의해 판단한 것으로 볼 수 있다.[47]

이외에도 독일에서는 객관적 귀속이론의 중심분야의 하나로서 規範의 保護目的理論이 논의되고 있다. 결과범에 있어서 발생된 결과의 객관적 귀속을 위해서는 일정한 결과가 행위자의 행위로부터 조건관계가 인정되는 태양으로서 발생된 경우에도 다시 위험실현의 내용으로서 규범적 내용의 면에서 관련성이 요구된다. 규범의 보호목적이론 및 규범의 보호범위이론이 이에 해당된다. 규범의 보호목적이론이란 형법적 규범은 행위로부터 결과에 이르는 전형적 경과를 상정해서 설정하고 있는 것이다라는 전제에서 출발하는 귀속한정이론으로 어떤 행위자가 보호법익에 대하여 허용된 위험의 범위를 벗어나는 위험을 야기하였고 또한 이 위험이 실현되기까지 하였으나(결과의 발생), 그 인과과정을 제지하는 것이 당해 범죄구성요건(예컨대 살해금지)의 과제에 속하지 않는 경우에는 결과의 귀속은 이루어질 수 없다는 이론이다.[48]

따라서 규범의 보호목적이론은 주의의무가 구체적으로는 당해 법익보호에 도움이 되지만 그것은 추상적인 규범의 보호목적에 포함되어 있지 않은 경우이다. 이는 행위자가 위험창출에 의해서 위반한 금지·명령규범의 규범적 의미 내용이 구체적으로 발생한 결과의 회피와 관련성을 갖지 않는 경우에도 결과발생의 책임을 당해 규범위

45) 최고재판소 1989. 12. 15 刑集43. 13. 879.
46) 大阪地判 1979. 8. 9. 判時 947. 78.
47) 대법원 1990. 12. 11, 90 도 694.
48) RGSt 63, 392.

반에 돌린다는 것은 타당하지 않기 때문이다.[49)]

위의 이론들을 바탕으로 문제사안에 대한 대법원의 견해를 검토하면 피고인이 "농배양을 하지 아니한 과실과 피해자의 사망사이의 인과관계"의 판단에 있어 '주의의무위반관련설'의 입장에 있음을 알 수 있다. 즉, 대법원은 "피해자의 병명인 루드비히 안기나와 같이 이미 원인균이 알려진 경우라 할지라도 배농이 되었을 경우 원칙적으로 농에 대한 배양검사를 실시하여 적절한 약물을 선택하여야 한다는 것이므로, 피고인이 농배양을 하지 않은 것이 과실이라고 할 수는 있겠으나"라고 하여 피고인의 주의의무위반을 인정하고 있으나, "피고인이 농배양을 하지 않은 과실이 피해자의 사망에 기여한 인과관계있는 과실이 된다고 하려면, 농배양을 하였더라면 피고인이 투약해 온 항생제와 다른 어떤 항생제를 사용하게 되었을 것이라거나 어떤 다른 조치를 취할 수 있었을 것이고, 따라서 피해자가 사망하지 않았을 것이라는 점을 심리·판단하여야 한다"고 하여 적법한 대체행위와 주의의무위반관련설을 고려하고 있음을 알 수 있다.

요컨대 문제사안에 있어서와 같이 적법한 대체행위를 하였더라도 같은 결과가 발생할 가능성이나 개연성이 있는 경우에 피고인의 주의의무위반이 결과발생의 위험성을 증가시킨 경우에도 결과귀속은 부정된다고 하겠다. 그것은 합의무적 대체태도를 취하였을 경우에도 당해결과가 마찬가지로 발생하였을 경우에는 자연주의적 인과관계의 중요성이 흠결되었다고 하는 점, 그리고 문제사안의 사실적인 확정에 있어서는 in dubio pro reo의 원칙이 존종되지 않으면 안된다고 하는 점에서 객관적 결과귀속을 부인하는 것이 타당하다고 하겠다. 그러나 이 공식적용의 난점은 적법한 대체행위가 가져 올 결과를 용이하게 판단하기 어려운 점이다.[50)]

---

49) 일산화탄소중독사례(대법원 1991. 2. 12, 90 도 2547). 연탄가스 중독환자가 퇴원시 자신의 병명을 물었으나 환자를 그 병명으로 진단, 치료한 의사가 아무런 요양방법을 지도하여 주지 아니하여 병명을 알지 못한 환자가 퇴원 즉시 처음 사고 난 방에서 다시 자다가 재차 연탄가스에 중독된 경우 의사의 업무상과실 유무 및 그 과실과 재차의 연탄가스 중독과의 인과관계 유무가 문제된 사례이다. 대법원은 피고인에게 의사로서의 업무상과실이 있다고 보아야 할 것이고, 이 과실과 재차의 일산화탄소 중독과의 사이에는 인과관계가 있다고 하였다. 그러나 이 사건에서 피해자들의 재차의 일산화탄소의 중독과 피고인의 요양방법에 대한 지도의무위반은 합법칙적 조건관계가 인정되어 인과관계가 긍정되나 이 경우의 중독결과의 회피는 의료법 제22조(요양방법의 지도의무)가 요구하는 요양방법의 지도의무가 규율하는 규범의 과제인 보호목적이 될 수 없다. 단지 주의의무의 반사적 효과에 불과하다 할 것이다〔김일수, 한국형법 I (총론 上), 박영사, 1996, 347면이하〕. 따라서 위험의 구체적 실현이라고 볼 수 없고 객관적 귀속이 부인되어야 할 것이다.

50) 신동운, 판례백선 형법총론, 경세원, 1997, 115면.

4. 문진 이외에 피해자의 임신여부 등에 대해 검진하지 않는 것이 피고인의 과실인지의 여부

(1) 원심은 "피해자에 대하여는 서울치과에서부터 항생제를 투여하였고 위 병원 구강악안면외과에 입원할 당시 이미 루드비히 안기나 증상을 보였으며 지속적인 항생제 투여에도 불구하고 그 증상이 호전되지 아니한 채 오히려 패혈증으로 의심할 수 있는 증상들이 추가적으로 나타나고 있었고, 임신여부는 환자의 면역 및 항균능력에 중대한 영향을 줄 수 있지만 피해자와 같이 미혼이면서 임신 초기인 임부로서는 자신의 임신 여부를 알지 못할 수 있으므로 피고인으로서는 피해자의 과거 병력에 대한 문진에 그칠 것이 아니라 임신반응검사와 같은 방법을 통하여 피해자의 임신 여부 등에 대하여도 검진할 업무상 주의의무가 있음에도, 피고인은 이에 대한 검진을 하지 아니한 과실이 있다"고 하고 있다.

대법원은 이 부분과 관련하여 "피해자의 과거 병력에 대한 문진에서 나아가 피해자의 임신 여부 등에 대하여도 검진하지 않은 것이 피고인의 과실이라고 하려면, 봉와직염에 감염된 여자환자라면 19세로서 미혼이라고 하여도 그 임신 여부 검사를 하는 것이 보편적임에도 불구하고 피고인이 그 검사를 하지 않았다거나 그와 같은 여자환자가 증세가 호전되지 않는 경우 임신에 의한 면역기능 저하를 당연히 의심하여 대처하여야 함에도 불구하고 피고인이 그러한 통상적인 예견과 판단도 하지 못한 것이라는 점이 밝혀져야 한다"라고 하여 사실인정에 대한 심리미진을 이유로 과실을 부인하고 있다.

의사가 환자의 신체를 조사해서(진찰), 환자의 병명이나 질병의 부위, 이것에 대한 적절한 치료방법 등을 결정하는 것은 '진단'으로, 이것에 근거하여 행하여지는 것이 '치료'이다. 환자에 대한 문진이나 신체의 외표의 검사, 검온, 청진 등과 환자의 침습의 규모가 적은 진찰행위에 의해서 진단이 내려지면 이것에 의해서 결정된 치료법으로 질병이 치유되는 경우도 있지만, 이 정도의 진찰에서 확정적인 진단이 얻어지지 않는 때에는 예측되는 질병의 범위내에서 무엇인가를 가설적으로 결정하여 이것에 대한 치료법이 효과를 가지는가의 여부가 경과의 관찰로서 경과를 보는 경우도 있으며, 보다 침습도가 높은 검사가 행해지는 경우도 있다. 여기에서 의료는 진단과정 → 진단 →치료라는 도식만이 아니라 진단과정 →진단 →치료 →진단과정 →진단 →치료라는 복잡한 과정을 거치는 경우도 허다하다.

따라서 이러한 진단과정 및 진단내용에 있어서 과실이 있는가의 의학적 적응의 여부를 판단하기 위해서는 의학정보학에 관한 지식이 행위자(의사)의 측에서도 그리고 판단자(재판관)의 측에서도 불가결한 것이라는 점에 유의할 필요가 있다. 여기에서 말하는 의학정보학이란 단지 질병이나 치료법에 관한 의학적 지식만을 말하는 것이 아니라 그것에 근거하여 의사가 환자에 대해서 채택해야 할 가장 합리적인 조치를 결정하는 방법에 관한 학문이다. 예컨대 당해 환자의 질병으로부터 복수의 질병이 의심스러운 경우에는 다른 질병의 가능성을 유보하면서 의료 data를 기초해서 가능성이 높은, 게다가 그것을 가정해서 잘못된 경우에는 환자에게 주어지는 피해가 비교적 적은 질병을 가정하여, 그것을 전제한 치료나 검사, 경과관찰 등을 행하는 것이 유용하다.

그러나 현실에는 이러한 과학적 판단의 기초가 되는 data의 정비상황자체에 이미 상당한 문제가 있을 수 있다. 특히 최첨단의 의학적 지식, 데이터의 교류·보급에 관해서 더욱 그러하다. 이 때문에 일방에서는 회피할 수 있는 피해가 발생하여도, 다른 한편에는 증명될 수 있는 과실이 부정되어진다. 게다가 진단과정이나 진단내용을 둘러 싼 과실의 유무가 다투어지는 경우는 매년 증가되고 있으나, 여기에서 형사사건은 지극히 적은 수에 불과하다.

진단행위와 과실의 영역은 다른 의료사고의 문제영역과 비교하는 경우에 있어서도 형사사건으로 다루기 어려운 영역이라고 하겠다. 이것은 무엇보다도 진단이라는 행위 그 자체가 전문적인 의료지식을 필요로 하는 것이기 때문에 의학의 문외한인 재판관에 의한 그 適·不適의 판단을 용이하게 허락하지 아니하기 때문이다. 따라서 대부분의 사건에는 과실판단의 중요한 보조자료로서 의학적 전문가에게 감정 등을 의뢰하고 있지만, 그것만으로는 문제가 해결되는 것은 아니며 재판관측에서도 이러한 감정을 비판적으로 음미하여 이해하기 위해 일정한 정도의 의학 혹은 자연과학의 지식이 필요하다.

현실에서 기소된 케이스는 '지나치게 심한 실수'로 보여지는 것에 한정하는 경향으로서, 이것이 사실상 '형법의 謙抑性'을 실현하고 있는 것이지만, 이것은 '유죄가 확실한 케이스에 한정하여 기소한다'고 하는 검찰실무의 경향에 의한 것으로서 경우에 따라서는 검사의 재량에 의해 통상은 기소되지 아니한 케이스도 기소되어 유죄로 될 여지가 있다고 보여진다. 법의 지배를 관철하기 위해서는 이 분야에서도 형사과실을 민사과실보다 한 단계 높은 레벨에 한정하는 해석론의 전개가 필요하다.

(2) 문제사안에서 대법원은 "문진 이외에 피해자의 임신여부 등에 대해 검진하지 않는 것이 피고인의 과실인지의 여부"에 대해 "피해자의 과거 병력에 대한 문진에서 나아가 피해자의 임신 여부 등에 대하여도 검진하지 않은 것이 피고인의 과실이라고 하려면, 봉와직염에 감염된 여자환자라면 19세로서 미혼이라고 하여도 그 임신 여부

검사를 하는 것이 보편적임에도 불구하고 피고인이 그 검사를 하지 않았다거나 그와 같은 여자환자가 증세가 호전되지 않는 경우 임신에 의한 면역기능 저하를 당연히 의심하여 대처하여야 함에도 불구하고 피고인이 그러한 통상적인 예견과 판단도 하지 못한 것이라는 점이 밝혀져야 한다"고 하고 있다. 즉, 주의의무위반의 판단과 관련하여 피고인과 동일한 사정에서 행위하는 동종업무의 종사자에 있어, "봉와직염에 감염된 여자환자라면 19세로서 미혼이라고 하여도 그 임신 여부 검사를 하는 것이 보편적임에도 불구하고 피고인이 그 검사를 하지 않았다거나" 혹은 "그와 같은 여자 환자가 증세가 호전되지 않는 경우 임신에 의한 면역기능 저하를 당연히 의심하여 대처하여야 함에도 불구하고 피고인이 그러한 통상적인 예견과 판단도 하지 못한 것이라는 점이 밝혀져야 한다"고 하고 있다. 따라서 대법원은 피고인의 행위가 일반적인 의학준칙에 위배되는 과실이 있는가의 여부판단이 미진하다고 적시하고 있다.

여기에서 먼저 대법원이 진단을 위해 환자에게 문진한 것을 이유로 당해 의료행위에 대한 과실을 부정하는 것은 타당하다고 할 수 없다. 의료행위에 있어 제한된 범위내에서의 단순한 반복적 처치를 환자에게 위임한 예외적 경우 이외에는 의사는 환자의 적절한 행동을 신뢰할 수 있는 것은 아니며 신뢰의 원칙을 적용할 위험방지분배의 원리가 적용될 여지가 없다 하겠다.[51] 따라서 피해자에게 입원시부터 지속적인 항생제 투여에도 불구하고 그 증상이 호전되지 아니한 채 오히려 패혈증으로 의심되는 증상들이 추가적으로 나타나고 있음을 고려할 때 환자의 면역 및 항균능력에 중대한 영향을 줄 수 있는 임신반응검사와 같은 방법을 통하여 피해자의 임신 여부 등에 대하여도 검진할 업무상 주의의무가 있다고 하겠다.

Ⅳ. 결 어

형법은 시민의 자유에 대해 우리의 법질서가 인정하고 있는 가장 가혹한 制裁를 그 수단으로 하고 있기 때문에 형법이 가져야 하는 최후수단성과 투명성, 예측가능성을 고려할 때 형법이 의료영역에 있어 무모하게 개입하는 것은 바람직하지 않으며 예방과 조정이라는 더 온건한 형태의 입법과 사회정책적 수단의 보조영역에서 그 기능을 찾아야 할 것이다. 따라서 의료형법은 의료책임법보다는 좁은 범위의 의료과오만을 규율해야 한다. 업무상의 과실에 의한 의료사고의 경우에 어느 정도의 형사책임을 추급할 것인가의 여부는 개별국가에 있어 법질서의 선택문제이다. 우리의 경우

51) 이재상, 전게서, 188면.

에 있어 형사실무와 관련하여 한계영역의 사례에 있어 사법적 판단은 多種・多樣하며 반드시 안정된 판단기준이 확립되어 있다고 말할 수 없다.

따라서 의료과실이 문제되는 사안에 있어 형사책임을 긍정할 수 있을 정도의 요건이 충족되었다고 할 것인가의 여부를 판단하기 위해서는 먼저 그 판단의 오류를 불식하기 위해 의료판례의 민사적 평가의 全體像을 정확하게 파악하는 것이 필요 불가결하다고 하겠다. 또한 실제에 있어 가벌성의 여부와 관련하여 起訴기준의 운용 및 사법적 판단에 있어서도 좀 더 치열한 법리논쟁과 함께 신중한 음미가 필요함은 물론 풍부한 선진사례의 비교법적 검토가 요청된다.

제6장
정당방위와 면책적 긴급피난

Ⅰ. 사건개요 및 판결이유

1. 사건개요

피고인 김보은은 9세때 의붓아버지 김영오로부터 성추행을 당하고 12세때 강간을 당한 이래 초·중·고·대 2학년때까지 김영오로부터 성행위 불응시 피고인 자신과 가족들에게 가해지는 심한 폭행과 공포분위기 속에서 성행위를 강요당해왔고, 김영오의 협박으로 인해 도망갈 엄두도 못낸 채 김영오의 통제·감시·구속과 지배상태하에서 이 사건범행 무렵까지 김영오와의 성관계를 계속적으로 강요받아 왔다.

피고인 김보은의 생모 김영자도 딸이 의붓아버지 김영오로부터 강간을 당하고 있는 사실을 알면서도 해결책을 마련해 주거나 방패막이 역할을 하지 못한 채 오히려 김영오로부터 협박과 폭행을 받아 두려움을 느낀 상태에서 딸 김보은이 김영오의 성적 상대로 응해주도록 회유·설득·조장·방치하여왔다.

그러던 중 피고인 김보은이 남자친구인 같은 피고인 김진관에게 자신과 위 김영오와의 관계를 고백하자 함께 번민하던 양 피고인은 위 김영오를 살해하는 것이 피고인 김보은으로 하여금 성적 노예상태에서 벗어나게 하는 유일한 길이라고 생각한 나머지 피해자 김영오를 살해하고 강도로 위장하기로 공모한 후, 피고인 김진관은 이 사건 전날 서울 창동시장에서 범행에 사용할 식칼, 공업용테이프, 장갑 등을 구입하여 가지고 범행장소인 충주에 내려가서 피고인 김보은과 전화통화로 범행시간을 정하고 약속된 시간인 1992.1.17. 01:30경 피고인 김보은이 열어준 문을 통하여 피해자의 집안으로 들어 간 다음, 이어서 피해자가 술에 취해 잠들어 있는 방에 몰래 들어가 피해자의 머리맡에서 식칼을 한손에 들어 피해자를 겨누고 양 무릎으로 피해자의 양팔을 눌러 꼼짝 못하게 한 후 피해자를 깨워 피해자가 제대로 반항할 수 없는 상태에서 피고인 김보은을 더 이상 괴롭히지 말고 놓아 주라는 취지의 몇마디 이야기를 하다가 들고 있던 식칼로 피해자의 심장을 1회 찔러 그 자리에서 살해하고 강도

살인을 당한 것처럼 위장하기 위하여 죽은 피해자의 양 발목을 공업용 테이프로 묶은 다음 현금을 찾아 태우고, 장롱·서랍 등을 뒤져 범행현장에 흩어 놓고 나서 피고인 김진관은 강도에게 당한 것처럼 피고인 김보은의 브래지어 끈을 칼로 끊고 양손목과 발목을 공업용테이프로 묶은 다음 달아나고, 피고인 김보은은 양손목과 발목이 공업용테이프로 묶인 채 옆집에 가서 강도를 당하였다고 허위로 신고하였다.

2. 판결이유

(1) 정당방위 또는 과잉방위를 주장하는 부분에 대하여

원심이 인정한 바와 같이, 피고인 김보은이 약 12살때 부터 의붓아버지인 피해자의 강간행위에 의하여 정조를 유린당한 후 계속적으로 이 사건 범행 무렵까지 피해자와의 성관계를 강요 받아왔고, 그 밖에 피해자로부터 행동의 자유를 간섭받아 왔으며, 또한 그러한 침해행위가 그 후에도 반복하여 계속될 염려가 있었다면, 피고인들의 이 사건 범행당시 피고인 김보은의 신체나 자유 등에 대한 현재의 부당한 침해상태가 있었다고 볼 여지가 없는 것은 아니나, 그렇다고 하여도 판시와 같은 경위로 이루어진 피고인들의 이 사건 살인행위가 형법 제21조 소정의 정당방위나 과잉방위에 해당한다고 하기는 어렵다.

정당방위가 성립하려면 침해행위에 의하여 침해되는 법익의 종류, 정도, 침해의 방법, 침해행위의 완급과 방위행위에 의하여 침해될 법익의 종류, 정도등 일체의 구체적 사정들을 참작하여 방위행위가 사회적으로 상당한 것이었다고 인정할 수 있는 것이어야 할 것인데(당원 1966.3.15. 선고 66도63 판결, 1984.6.12. 선고 84도683 판결 각 참조), 피고인들이 사전에 판시와 같은 경위로 공모하여 범행을 준비하고, 술에 취하여 잠들어 있는 피해자의 양팔을 눌러 꼼짝 못하게 한 후 피해자를 깨워 피해자가 제대로 반항할 수 없는 상태에서 식칼로 피해자의 심장을 찔러 살해한다는 것은, 당시의 상황에 비추어도 사회통념상 상당성을 인정하기가 어렵다고 하지 않을 수 없고, 피고인들의 범행의 동기나 목적을 참작하여도 그러하므로, 원심이 피고인들의 판시 행위가 정당방위에 해당한다거나 야간 기타 불안스러운 상태하에서 공포, 경악, 흥분 또는 당황으로 인하여 그 정도를 초과한 경우에 해당한다는 피고인들의 주장을 배척한 조처도 정당하고, 거기에 소론과 같은 법리를 오해하거나 채증법칙을 어긴 위법이 있다고 할 수 없다.

정당방위의 성립요건으로서의 방어행위에는 순수한 수비적 방어뿐 아니라 적극적 반격을 포함하는 반격방어의 형태도 포함됨은 소론과 같다고 하겠으나, 그 방어행위는 자기 또는 타인의 법익침해를 방위하기 위한 행위로서 상당한 이유가 있어야 하는 것인데, 피고인들의 판시 행위가 위에서 본바와 같이 그 상당성을 결여한 것인 이상 정당방위행위로 평가될 수는 없는 것이므로, 원심이 피고인들의 이 사건 범행이 현재의 부당한 침해를 방위할 의사로 행해졌다기 보다는 공격의 의사로 행하여졌다고 인정한 것이 적절하지 못하다고 하더라도, 정당방위행위가 되지 않는다는 결론에 있어서는 정당하여, 이 사건 판결의 결과에 영향이 없는 것이다.

(2) 기대가능성이 없었다는 주장에 대하여

사실관계가 원심이 인정한 바와 같다면, 피고인들에게 기대가능성이 없다는 주장을 배척한 원심의 조처도 수긍할 수 있고 거기에 기대가능성의 법리를 오해한 위법이 없다.

Ⅱ. 논점의 소재

먼저 이 사건에서 피고인 김보은과 김진관이 '피해자 김영오를 살해하고 강도로 위장하기로 공모한 후 식칼로 피해자의 심장을 1회 찔러 살해한 것'은 살인죄의 구성요건을 충족함은 물론 '공동하여 죄를 범한 경우'인 공동정범의 성립요건을 충족함은 이론의 여지가 없다. 문제는 본 사안에 있어 피고인들의 행위가 위법성조각사유 특히 정당방위에 해당하는가, 혹은 책임이 조각되는 사유가 존재하는가가 문제되어진다.

대법원은 이와 관련하여 본 사안이 형법 제21조 소정의 정당방위나 과잉방위에 해당하는가의 여부 및 기대가능성 여부를 논하고 있다.

Ⅲ. 사안의 검토

1. 정당방위

먼저 대법원은 피고인들의 "이 사건 범행은 피고인 김보은이 9살 때 의붓아버지인 피해자 김영오로부터 최초로 강제추행을 당한 이래 12살때부터 이사건 범행당시까지 계속적으로 성관계를 강요당하여 왔음은 물론이고 심지어 일상적인 감정표현등을 포함한 일체의 행동의 자유를 피해자로부터 통제, 감시받아 오다가 이러한 부당한 침해를 벗어나 자신의 정당한 권리를 찾기 위한 수단으로 저지른 것이며 피해자의 성격이 포악하여 위 강간사실을 폭로하거나 피고인 김보은이 이를 피하여 피해자의 곁을 떠나려 하는 경우에는 더욱 가혹한 보복이 뒤따를 것이 예상되어 다른 수단을 선택할 여지가 없었으므로 결국 피고인들의 이사건 범행은 피고인 김보은이 피해자로부터 강간으로 인한 정조권 및 신체의 자유, 행복추구권이 침해되고있는 것을 방위하기 위하여 저지른 것으로서 정당방위에 해당하여 위법성을 조각한다"는 주장에 대하여, "피고인들의 이 사건 범행당시 피고인 김보은의 신체나 자유등에 대한 현재의 부당한 침해상태가 있었다고 볼 여지가 없는 것은 아니나"라고 하여 정당방위의 성립요건 중 방위가 가능한 상황인 '현재의 부당한 침해'에 관한 요건을 인정하고 있는 듯하다. 그러나 "정당방위가 성립하려면 침해행위에 의하여 침해되는 법익의 종류, 정도, 침해의 방법, 침해행위의 완급과 방위행위에 의하여 침해될 법익의 종류, 정도등 일체의 구체적 사정들을 참작하여 방위행위가 사회적으로 상당한 것이었다고 인정할 수 있는 것이어야 할 것인데, 피고인들이 사전에 판시와 같은 경위로 공모하여 범행을 준비하고, 술에 취하여 잠들어 있는 피해자의 양팔을 눌러 꼼짝 못하게 한 후 피해자를 깨워 피해자가 제대로 반항할 수 없는 상태에서 식칼로 피해자의 심장을 찔러 살해한다는 것은, 당시의 상황에 비추어도 사회통념상 상당성을 인정하기가 어렵다고 하지 않을 수 없고"라고 하여 정당방위의 또 다른 요건인 '상당한 이유'의 요건을 충족하지 못하고 있음을 지적하고 있다. 이는 정당방위의 성립요건인 ① 현재의 부당한 침해가 있을 것, ② 자기 또는 타인의 법익을 방위하기 위한 행위일 것, ③ 상당한 이유가 있을 것의 세가지 요건 중 ③의 요건이 결여되어 정당방위가 성립되지 않는다고 하고 있다.

(1) 정당방위의 성립요건

정당방위는 "자기 또는 타인의 법익에 대한 현재의 부당한 침해를 방위하기 위한 상당한 이유가 있는 행위"를 말한다. 국가에 의한 권력독점은 법치국가에 있어서의 분쟁의 해결은 본래 국가기관에 의해 법이 정한 절차에 따라야 하며 사적인 자력행위나 실력행사를 일반적으로 금지하고 있다. 그러나 이러한 구제를 기대할 수 없는 긴급상황하에서는 국가권력은 후퇴하지 않을 수 없다. 즉, 긴급상태는 그 예외로서 인정되어지고 있다.

정당방위는 그 범위의 차이는 있었으나 동서고금을 막론하고 사회적 발전단계, 국가체제의 상위를 초월해서 불가벌적 행위로서 일반적으로 승인되어 오고 있다. "정당방위는 역사를 가지지 아니한다"((Die Notwehr hat keine Geschichte)는 법언은 여기에서 유래한다고 할 수 있다.[1] 현재의 부당한 침해에 대해서 반격행위를 행하는 것은 인간의 자기보존본능이며, 따라서 정당방위는 자연법적인 것으로서 위법성조각사유 중에서 가장 오래된 연혁을 가지고 있다. 따라서 통치권이 확립되어 법익이 존중되며 공력구제가 발달한 오늘날에 와서도 자력구제의 필요성은 여전히 요청된다 할 것이다. 즉, 인간의 불완전성과 함께 공력구제의 제도가 아무리 정치하게 입법화되어졌다 하여도 법익을 유감없이 보전하기 위해서는 역시 긴급상태의 경우에는 자력구제의 필요성은 보충적으로 허용되지 않을 수 없다.

정당방위는 긴급피난・자구행위와 함께 우리 형법이 규정하고 있는 위법성조각사유의 하나이다(형법 제21조). 정당방위는 가장 전형적인 위법성조각사유로서 일종의 자연법상의 권리이며 현재의 부당한 침해를 방위하기 위한 행위이므로 부정 대 정의 관계이다. 그것은 전통적으로 "정은 부정에 양보할 필요가 없다"((Das Recht braucht dem Unrecht nicht zu weichen)는 명제가 기본사상을 이루고 있다.[2] 현재 독일에서는 정당화근거로서˙정당방위의 기본원리를 이원적으로 구상하는 것이 통설이다. 정당방위는 긴급피난과는 달리 단지 피공격자 자신의 법익보호만이 아니라 동시에 법질서의 확증에도 기여하는 것이다.[3] 여기에서 긴급상황에 있어서 정당방위를 인정함으로써 개인이 불법에 대하여 법을 방위하는 방위행위를 허용하는 근거는 자기보전본능상 허용된다고 하는 자기보호의 원리((Selbstschutzprinzip)와 피공격자는 불법한 공격자에 대해서 법을 알게 한다는 법질서수호의 원리(Rechtsbewährungsprinzip)가 널리 인정되고 있다.

요컨대 국가는 시민에게 정당방위권을 부여하여 자신의 법익보호만이 아니라. 법의 대리인 또는 옹호자로서 불법에 대항하는 것을 인정하고 있다. 그러나 자신의 법익보호만이 아니라 법의 확증을 위해서도 행위하는 것이 되려면 방위의 필요성이 있으면 무엇을 해도 좋다는 것은 아니고 어떠한 경우에도 그것에 상응하는 절제있는 방위가 요구되는 것이다. 법질서수호의 원리 중에는 사회적 분쟁의 적정한 해결 및 충돌하는 이해관계의 적정한 조정을 도모하는 형사정책적 요청이 함축되어 있다고 해석되어진다.

---

1) Liszt/Schmidt, Lehrbuch des Deutschen Strafrechts, Bd.1, 26.Aufl., 1932, S.192.
2) RGSt 21, 170; A.F.Berner, Lehrbuch des deutschen Strafrechts, 5.Aufl., 1871, S.144; 曾根威彦, 刑法における正當化の理論, 成文堂, 1980, 97面 參照.
3) BGHSt. 24, 356.

형법 제21조 제1항은 정당방위의 성립요건으로 ① 현재의 부당한 침해가 있을 것, ② 자기 또는 타인의 법익을 방위하기 위한 행위일 것, ③ 상당한 이유가 있을 것을 요구하고 있다.

1) 현재의 부당한 침해가 있을 것

(가) 침해의 현재성

정당방위는 방위행위의 전제로서 현재의 부당한 침해를 요한다. 여기에서의 침해란 법익에 대한 공격으로 작위, 부작위를 불문하며 침해의 현재성이 있어야 한다. 침해의 현재성이란 법익에 대한 침해가 "지금 행해지려고 하는 목전에 임박한 경우이거나 행해지고 있는 경우 혹은 침해행위는 종료되었으나 현장에서의 위법상태가 계속중인 경우"를 말한다. 즉, 침해행위가 반드시 실행에 착수됨을 요하지 아니하며 방위행위를 지체함으로써 그 기회가 곤란하게 되어지는 경우에는 침해의 현재성이 인정되어진다. 또한 범죄행위가 기수에 이른 경우에도 법익침해가 현장에서 계속되어 사실상 종료되기 이전까지에는 침해의 현재성의 요건을 충족한다. 예컨대 절도범을 추격하여 도품을 탈환하는 행위는 법익침해가 현장에서 계속되어지는 경우로서 정당방위가 성립되어 위법성을 조각하게 된다. 이러한 요건을 충족하지 않는 과거의 침해나 장래의 침해는 침해의 현재성이 부정되어 정당방위가 성립되지 아니함은 물론이다.

본 문제사안에 있어 이 사건 범행 무렵까지 피고인 김보은은 피해자 김영오로부터 성관계를 계속적으로 강요받아 왔으며, 이 사건범행 당시에는 피고인 김보은이 피고인 김진관을 약속된 시간에 문을 열어주어 피해자의 집안으로 들어오게 한 다음 피해자가 술에 취해 잠들어 있는 방에 들어가 피해자를 깨워 살해하였다. 위 사실에서 피고인 김보은이 '약속시간에 문을 열어 준 점 등'에서 피해자와 함께 있었다는 사실만으로 체포 · 감금이나 협박상태에 있었다고 할 수 없음은 물론 법익에 대한 침해가 지금 행해지려고 하는 임박한 경우라고도 할 수 없다. 따라서 침해의 현재성의 요건은 인정될 수 없다.

그러나 대법원은 "피고인 김보은이 약 12살때 부터 의붓아버지인 피해자의 강간행위에 의하여 정조를 유린당한 후 계속적으로 이 사건 범행 무렵까지 피해자와의 성관계를 강요 받아왔고, 그 밖에 피해자로부터 행동의 자유를 간섭받아 왔으며, 또한 그러한 침해행위가 그 후에도 반복하여 계속될 염려가 있었다면, 피고인들의 이 사건 범행당시 피고인 김보은의 신체나 자유 등에 대한 현재의 부당한 침해상태가 있었다고 볼 여지가 없는 것은 아니나"라고 하여 현재의 부당한 침해상태가 있었다고

볼 여지가 있다고 하였다.[4)]

(나) 예방적 정당방위의 정당화 여부

여기에서 침해의 현재성과 관련하여 '예방적 방어행위가 정당화될 것인가'가 문제되어진다.[5)] 예컨대 상습적인 남편의 폭력에 견디다 못해 아내가 과음하여 수면 중에 있는 남편을 살해하는 경우로서 이전의 침해행위가 장래적으로 반복될 '지속적 위험(Dauergefahr)'이 존재하는 경우이다.

이미 고찰한 바와 같이 정당방위의 정당화근거는 개인보호와 법질서의 수호에서 구하는 견해가 널리 승인되어지고 있다. 특히 후자와 관련하여 정당방위는 '불법에 대한 전체의 투쟁수단'으로 이해하여, 정당방위권의 행사에 있어서도 인도적 · 집단주의적 견지에서 법질서의 전체적 이익을 해하지 아니하는 한도내에서만 인정되어야 할 것이다.

정당방위는 사회적 정당성의 관점에서 본다면 그것은 본래 국가자신에 귀속하는 '법의 확증'의 임무를 대행하는 것이다. 즉, 정당방위는 '국가형벌권의 늘어난 팔'(verlängerter Arm staatlichen Strafrechts)의 기능을 수행한다.[6)] 여기서 개인은 법질서의 옹호자로서의 지위를 부여받고 있다. 거듭 개인에게 단호한 정당방위권을 승인하는 것에 의하여 타인의 법익을 위법하게 공격하는 것이 일반적으로 위하되어 잠재적인 장래의 공격자에 대한 일반예방이라는 부수적 효과도 수반한다.[7)] 즉, 공격이 과감한 반격을 받을 것이라는 것을 의식하는 것에 의해서 불법의 수행이 사전에 저지되는 것이다.

다른 한편 법질서수호의 원칙이 정당방위의 정당화 근거가 됨에 의하여 전체로서의 법질서수호의 이익이 없는 때에는 정당방위를 부정해야 한다는 정당방위의 제한의 문제가 제기된다.[8)] 법질서가 예외적으로 방위행위에 의한 그 효력확정을 필요로

---

4) 같은 견해로서는 하태훈, 사례중심 형법강의(총론), 법원사, 1998, 145면.

5) BGHZ 27, 289.

6) W.Hassemer, Bockelmann - Festschrift, S.240.

7) 록신(C.Roxin)은 정당방위의 예방기능과 관련하여 「자기보호의 원칙은 피공격자의 방위에 의해서 개개의 공격자의 위법행위의 실현이 저지되는 것이라는 의미에서 특별예방(Spezialprävention)의 기능을 하며, 이것에 대해서 법질서수호의 원칙은 공격에 대한 방위에 의해서 잠재적인 법위반자에게 위험없이는 어느 누구에게도 위법한 공격을 할 수 없을 것이라는 것을 실증하는 것에 의해서 일반예방(Generalprävention)의 기능을 하여 국민의 법에 대한 충성심을 견고하게 하는데 적합하다」고 한다(C.Roxin, ZStW 93, S.73f).

8) F.W.Krause, Bruns - Festschrift, S.76; 록신(C.Roxin)은 통설에 따라 정당방위의 정당화근거를 개인보호와 법질서수호의 원칙에서 구하고 이것에 대한 형사정책적 기능을 전자에는 특별예방기능을, 후자에는 일반예방의 기능을 과하는 점에 특색이 있다. 또한 이러한 기능의 상호관계에 있어서는 개인의 보호가 정당방위의 기초라는 의미에서 자기보호의 원칙이 일차적으로 고려되

하지 않을 때 사회적 · 법적 근거는 탈락되고 방위행위의 요구성도 배제된다는 것이다. 이것은 비록 정당방위가 '正'의 입장에 선다고 할 지라도 이것이 국가에 의한 사회질서의 통제에 역행되는 경우에는 일정한 한계를 갖지 아니할 수 없으며, 방위행위는 제한된 상황을 전제로 하여 제한된 행위로 나타날 때에만 정당화될 수 있다. 이상에서 법질서수호의 원칙은 한편으로 정당방위권의 행사를 확대하는 기능을 가짐과 동시에 법질서수호의 이익이 없는 때에는 정당방위를 부정하는 정당방위권의 행사를 제한하는 기능을 동시에 가지고 있음을 알 수 있다.

종래의 개인주의 · 자유주의 사상에 입각하고 있던 형법관에 있어서는 정당방위의 개인적 근거인 자기보호의 원칙이 중요시되었으나, 오늘날에 있어서는 사회적 근거인 법질서수호의 원칙이 강조되어 법질서의 전체적 이익을 고려하여 정당방위를 제한해야 한다는 논의가 정당방위의 중심문제가 되고 있다.[9] 이러한 기본원리에 의하면 구체적인 정당방위의 해석론도 또한 이러한 원리로부터 연역되어질 수 있다. 따라서 이러한 기본원리에 의할 때 현재 우리나라의 정당방위론에 요청되어지는 정당방위의 한계를 명백히 하여 그것의 부당한 확대도, 특히 우리 판례가 보여주는 지나친 제한을 견제하는 이론적 기초를 제공할 필요가 있다 하겠다.

예방적 정당방위를 허용할 것인가의 문제에 있어서도 정당방위의 정당화 근거에 관한 원칙들을 고려할 때 정당방위는 긴급성을 배경으로 하는 시간적 · 공간적인 특수사정에 의해 국가의 구조를 요청할 수 없는 예외상황에서 인정되어지는 긴급권임을 감안할 때, 현재의 침해행위가 구체적으로 목전에 임박한 경우가 아님에도 불구하고 종전의 침해행위가 계속 반복될 염려가 있다는 것을 이유로 '침해의 현재성'을 확대적용하는 것은 타당하다고 할 수 없다.[10] 즉, 이미 행하여진 침해행위는 과거의 침해에 해당하며 장래에 있어 동일한 침해의 반복위험은 그것이 지속적인 경우에도 장래의 예상되는 침해에 불과하며 정당방위의 요건인 침해의 현재성을 부인하는 것이 타당하다. 따라서 문제의 사안에 있어서도 장래의 성행위의 강요예상은 장래에 나타날 침해에 해당하며 정당방위의 요건을 결한다고 하겠다.

(다) '부당한' 침해

다음으로 '부당한' 침해에 있어 부당함이란 위법함을 말한다. 여기에서의 위법이란

어야 하지만, 이 원리에 의할 때에는 침해에 대한 방위가 필요하면 항상 방위가 허용되게 되어 이 제도의 운용에 탄력성이 결여되기 때문에, 일반예방의 견지에서 개개의 사안의 특수성에 따라 보호의 종류와 정도의 수정이 필요하게 되며, 이 수정작용을 '법질서수호의 원리'가 담당하게 된다고 한다(C.Roxin, ZStW 93, S.76f).

9) Maurach/Zipf, Strafrecht, Allg.T., Tb.1, 5.Aufl., 1977, S. 380.

10) 신동운, 판례백선 형법총론, 경세원, 1997, 198면; 이재상, 형법연습, 신조사, 2002, 151면.

단순한 형법상 불법을 의미하는 것이 아니라 법질서 전체의 판단에서 비추어 내려지는 실질적 위법개념을 말한다. 따라서 형법상의 불법에 해당되지 않는 경우에도 정당방위가 가능하며(예컨대 과실손괴의 경우) 더구나 이때의 침해행위는 부당한 침해행위이면(부정 대 정의 관계) 족하며 유책함을 요하지 아니한다. 따라서 정신병자 등의 책임무능력자의 침해행위에 대해서도 정당방위가 가능하다. 이에 의하면 위 사안에서 피고인 김보은이 김영오로부터의 심한 폭행과 공포분위기 속에서의 성행위의 강요당함은 부당한 침해의 요건을 충족함에 의문이 없다.

2) 자기 또는 타인의 법익을 방위하기 위한 행위일 것

(가) 자기 또는 타인의 법익

여기에서의 법익은 법에 의해 보호되는 일체의 이익을 말한다. 따라서 생명·신체·명예·재산·자유·가족관계·애정관계 등을 포함한다. 여기서의 법익은 자기의 법익 이외에 국가형벌권의 늘어난 팔의 기능인 법질서수호의 원칙에 의거 긴급구조의 형식으로 타인의 법익에 대한 정당방위를 인정하고 있다. 여기에서의 타인이란 정당방위자 이외의 자연인, 법인 등을 포함하며 이 경우에 타인의 의사는 문제되지 아니한다.

문제는 '사회적·국가적 법익'을 위한 정당방위를 허용할 것인가 하는 문제이다. 그러나 공공의 질서유지는 국가의 임무이며 개인에게 이들 법익에 대한 정당방위를 허용함은 일상적인 질서유지의 기능을 私人이 담당하는 결과가 되어 이들 행위는 오히려 법질서수호의 원칙이 교란될 위험성이 커지게 되므로 이를 부인하는 것이 타당하다. 그러나 국가나 공공단체가 재산권의 주체가 되어 개인적 법익이 문제되어지는 절도 등의 경우에 있어서는 정당방위가 허용됨은 물론이다.

본 사안에 있어 개인의 성적 자유 내지 애정의 자유는 정당방위의 대상법익에 해당하며 성행위의 강요에 대해 정당방위가 가능함은 물론이다.

(나) 방위하기 위한 행위

방위행위에는 주관적 정당화요소로서 '방위의사'가 존재해야 한다. 이 때의 방위의사는 방위행위의 유일한 동기일 필요는 없으며 분노, 증오 등 다른 동기가 개재된 경우에도 방위의사가 주된 경우에는 가능하다. 방위행위에는 부당한 침해에 대해 순수한 방어적 측면에서 수비적 방어에 그치는 보호방위와 적극적 공세에 기한 반격을 행하는 공격방위가 모두 여기에 해당한다. 그리고 방위행위는 그 성질상 침해행위자 및 그 도구에 대해서만 행해져야 함은 물론이다.

본 사안에서 대법원은 "정당방위로서의 방어행위에는 순수한 수비적 방어뿐만 아니라 적극적 반격을 포함하는 반격방어의 형태도 포함됨은 소론과 같다고 하겠으나… …원심이 피고인들의 이 사건 범행이 현재의 부당한 침해를 방위할 의사로 행해졌다기 보다는 공격의 의사로 행하여졌다고 인정한 것이 적절하지 못하다고 하더라고"하여 방위의사를 인정할 여지가 있음을 인정하고 그 판단을 유보하고 있다.

문제사안에 있어 피고인 김보은은 이 사건 범행 무렵까지 피해자 김영오로부터 성관계를 계속적으로 강요받아 왔으며 심지어 일상적인 감정표현 등을 포함한 일체의 행동의 자유를 피해자로부터 통제·감시받아 오다가 이러한 부당한 침해를 벗어나기 위한 행위로서 분노와 복수 등의 동기가 함께 작용하여 법익침해자인 피해자 김영오에 대하여 적극적 공세에 기한 반격행위를 한 경우로서 '방위의사가 주된 의사'이므로 방위의사가 인정되며 따라서 정당방위의 성립을 위한 요건인 '방위하기 위한 행위'의 요건을 충족한다 할 것이다.

3) 상당한 이유가 있을 것

정당방위의 요건으로서 현재의 부당한 침해에 대한 방위행위는 상당한 이유가 있을 것이 요구되어진다. 상당한 이유란 침해에 대한 방위가 사회상규에 비추어 인정되어지는 정도를 넘지 아니하고 당연시 됨을 의미하는 것으로 '방위의 필요성'을 말한다. 여기에서 방위의 필요성이란 침해의 즉각적인 배제가 기대됨과 함께 동시에 위험의 제거가 보장되는 것을 의미하는 것으로, 침해를 방어하기 위한 수단이 여러 가지가 있는 경우에는 침해행위자에게 상대적으로 피해가 적은 방법을 선택할 것을 요구함을 말한다(상대적 최소방위의 원칙). 방위행위가 상당한 이유가 있느냐의 여부의 판단은 객관적으로 판단한다.

상당성의 요건과 관련하여 정당방위는 부정 대 정의 관계이므로 보충성의 원칙과 법익균형성의 원칙을 엄격하게 요구하지 아니한다. 따라서 방위행위가 침해행위를 격퇴하기 위한 유일한 수단 내지 최후의 수단이거나, 방위행위에 의해 보호되는 법익과 침해법익사이에는 균형을 요구하지 아니한다.

대법원은 정당방위에 있어 상당성의 요건과 관련하여 "정당방위가 성립하려면 침해행위에 의하여 침해되는 법익의 종류·정도·침해의 방법·침해행위의 완급과 방위행위에 의하여 침해될 법익의 종류 정도 등 일체의 구체적 사정을 참작하여 방위행위가 사회적으로 상당한 것이었다고 인정할 수 있는 것이어야 한다"고 판시하고 있다.[11] 이와 관련하여 서구와 달리 우리의 실무에 있어서는 매우 인색하게 제한된 범위에서만 소극적으로 정당방위를 인정하고 있다. 정당방위와 관련하여 주목되는 판례로서 '강제추행범의 혀를 깨문 행위가 정당방위에 해당된다고 본 사례'가 있다. 즉, "갑과 을이 공동으로 인적이 드문 심야에 혼자 귀가중인 병 여자에게 뒤에서 느닷없이 달려들어 양팔을 붙잡고 어두운 골목길로 끌고 들어가 담벽에 쓰러뜨린 후 갑이 음부를 만지며 반항하는 병여의 옆구리를 무릎으로 차고 억지로 키스를 함으로 병여가 정조와 신체를 지키려는 일념에서 엉겁결에 갑의 혀를 깨물어 설절단상을 입혔다면 병여의 범행은 자기의 신체에 대한 현재의 부당한 침해에서 벗어나려고 한 행위로서 그 행위에 이르게 된 경위와 그 목적 및 수단, 행위자의 의사 등 제반사정에 비추어 위법성이 결여된 행위이다"고 하고 있다. 이는 정당방위에 관한 종래의 소극적 실무운용에서 볼 때 매우 적극적인 진보적 판례로 보여진다. 그러나 이후에도 우리의 실무운용은 정당방위의 인정에 있어 소극적인 종전의 태도를 견지하고 있음을 볼 수 있다. 더구나 종래의 정당방위와 관련한 대법원의 논지는 보충성의 원칙과 법익균형성의 원칙을 함께 고려하고 있는 듯한 인상을 지울 수 없다.[12)]

이와 함께 최근에는 정당방위와 관련한 독일의 논의에 편승하여 정당방위의 제한에 관한 논의가 국내에서도 중요논제로서 다루어지고 있다. 그러나 독일에 있어서와 같이 정당방위가 비교적 넓게 인정되어지는 법질서에 있어서의 제한의 문제를 그대로 우리에게 적용하는 것의 당부에 대해서는 신중할 필요가 있다. 20세기에 들어와 독일에 있어서 종래의 준엄한 정당방위권을 사회윤리적 관점에서 제한을 가하는 방향으로 정착되어 가고 있으나 이는 우리의 운용현실과 비교할 때 그래도 상대적으로 훨씬 더 강력한 정당방위권이 보장되고 있다.

또한 법질서의 안정을 이유로 하여 긴급상황하에 있어서의 예외적 권리로서의 자기방위권을 부정하는 것에 대해서도 신중함이 요청되어진다. 그것은 법질서의 안정이 반드시 예외적 긴급상황의 존재를 전면적으로 배제하는 것이 아니기 때문이다. 특히 규정된 요건의 해석을 초월한 원리적 관점에서의 제한은 더욱 그러하다. 따라서 만약 이러한 관점에서 제한해야 할 경우가 있다면 그것은 도대체 그러한 행위를 정당방위라고 인정하는 것이 이 제도의 존재의의 자체를 부정해버린다고 생각되어지는 자기모순적인 경우에 한정해야 할 것이다.

오늘날 정당방위권의 제한이 문제로 되는 제경우에 있어서도 제한의 이론적 근거에 대해서는 의무적 측면에서 기대가능성을 고려해서 상대방의 공격의 회피가능성 혹은 보다 위험성이 적은 방위수단을 취할 가능성이 있을 때 정당방위권의 제한을 고려하는 입장과, 권리적 측면에서 침해권행사의 적정성을 문제로 하여 권리남용이

---

11) 대법원 1984. 4. 24, 84 도 242.

12) 김일수교수도 우리 대법원판례가 전통적으로 정당방위의 성립요건에서 법익교량적 사고를 갖고 있는 것은 옳지 않다고 지적하고 있다(김일수, 형법연습, 두성사, 1997, 296면 참조).

라는 일반적 원칙에서 정당방위권의 제한을 고찰하는 입장의 대립이 있다. 또 다른 견해는 극히 경미한 침해에 대한 정당방위에 있어서는 충돌이익의 균형성이라는 기준도 제시되고 있다.

그러나 이상의 제견해들은 일반적·추상적인 판단기준이므로 정당방위권 제한의 실질적 판단기준은 실제의 문제해결을 위해서는 거듭 개별사건의 전사정을 자기보호의 원칙과 법질서수호의 원칙에 비추어 구체적으로 검토할 필요가 있다 하겠다. 이리하여 먼저 공격의 회피가 요청되는 경우인가 아닌가, 회피가 요청되는 경우에는 회피가능성이 있는가의 여부, 회피가 불가능한 경우에는 거듭 상대방에게 보다 경미한 방어수단을 취할 가능성이 있는가, 그리고 침해이익이 방어이익과 비교해서 현저한 균형을 잃고 있지 않은가 등이 함께 고려되어져야 할 것이다.

정당방위의 제한의 이론적 근거에 관한 독일 형법학계의 이론구성에 있어서도 이에 대한 논쟁은 형법학에서 중요한 문제점으로 대두되고 있으나 아직도 해명되어져야 할 영역으로 남아 있다. 현 단계는 자유주의 시대의 정당방위권을 근간으로 하면서 사회윤리적 제한이라는 이름아래 부분적인 수정이 가해지고 있는 상태이나, 어떻게 또 어느 정도까지 정당방위권을 제한할 수 있는가에 대해서는 아직도 의견이 다툼이 심하다[13].

다음으로 정당방위권의 사회윤리적 제한이 죄형법정주의의 요청과 모순되지 아니한가 하는 점이다. 즉, 실정법의 문언과 달리 형사정책적 고려에 근거하여 정당방위에 의한 일정행위의 정당화 가능성을 부당하게 제한하는 것이 아닌가 하는 것이다[14].

그러나 정당화사유라고 하는 규범의 성질상 어떤 행위가 정당방위라고 인정할 것인가의 여부는 단지 형법의 규정요건에 의거하여 판단할 것이 아니라 전법질서의 정신에 까지 소급해서 고려해야 하며, 이 경우에 있어 죄형법정주의의 요청도 당연 완화되지 않을 수 없다[15]. 게다가 정당화사유는 구성요건과 같이 범죄행위나 의무위반을 기술하는 것이 아니라 일정의 법익침해행위가 당해의 구체적 상황하에서 전법질서에 기초하여 허용할 것인가의 여부를 논하는 허용명제이다. 즉, 사회적 갈등을 낳는 사회생활관계는 단지 형법에 의해서만 규율되는 것이 아니라 전법질서에 있어서의 다른 여러 가지의 법적 규율을 받게 되는 것으로부터, 정당방위에 의해서 정 대 부정의 관계에 있는 갈등의 해결에 있어서도 단지 개념적으로 고정된 형법의 형식적

13) K.Marxen, Die “sozialethischen”Grenzen der Notwehr, 1979, S.19.
14) W.Hassemer, Bockelmann - Festschrift, S.228ff.
15) C.Roxin, Kriminalpolitik und Strafrechtssystem, 2.Aufl., 1973, S.31f.

요건을 충족하는가의 여부에 의할 것이 아니라, 사안의 전사정을 구체적·개별적으로 검토해서 정당방위에 내재하는 한계를 정하는 정당방위의 실질적인 질서원리, 즉 자기보호의 원칙과 법질서수호의 원칙에 비추어 볼 때 과연 정당방위가 인정될 것인가의 여부를 검토해야 할 것이다[16]. 그러나 실정법의 문언을 완전히 무시한 순수한 사회윤리적·형사정책적 고려에 기초해서 정당방위권을 인정하는 범위를 축소하여 가벌성의 범위를 확대하는 것은 죄형법정주의에 반하는 것으로 허용되어질 수 없다할 것이다.

판례의 문제사안에 있어서는 "피고인들이 사전에 판시와 같은 경위로 공모하여 범행을 준비하고, 술에 취하여 잠들어 있는 피해자의 양팔을 눌러 꼼짝 못하게 한 후 피해자를 깨워 피해자가 제대로 반항할 수 없는 상태에서 식칼로 피해자의 심장을 찔러 살해한다는 것은, 당시의 상황에 비추어도 사회통념상 상당성을 인정하기가 어렵다고 하지 않을 수 없고"라고 하고 있다. 상당성의 요건은 방위의 필요성이 충족됨을 말하며 본 사안에 있어 침해의 현재성이 인정됨을 전제하더라도 필요성의 원칙인 상대적 최소방위의 원칙에 위배되어 상당성을 결한다고 하겠다. 즉, 피고인들이 문제의 성행위의 강요행위에 대해 법익침해행위자에게 살해 이외의 상대적으로 피해가 적은 방법들이 고려되어질 수 있기 때문이다. 그러나 이미 고찰한 바와 같이 본 사안에 있어서는 피고인 김보은에 대한 법익침해의 현재성이 인정될 수 없으므로 본 건과 관련한 상당성의 판단은 의미를 가지지 아니한다.

2. 긴급피난

문제의 사안에 있어 피고인들의 행위가 위법성조각사유인 정당방위에 해당하지 않은 경우에 긴급피난에 해당하는가의 여부가 문제되어진다. 대법원은 판결이유에서 이 문제를 쟁점으로 삼고 있지 않으나 피고인들의 행위가 '위법성을 조각한다'는 주장과 관련하여 판단을 요한다.

---

16) C.Roxin, ZStW 93, S.78, 80(록신에 의하면 정당화사유는 구성요건과 같이 현실의 단면의 유형화된 기술로서 입법자에 의해서 구상될 수 있는 것이 아니라, 오히려 그것은 다수의 구성요건과 그리고 전혀 다른 사안에 적용할 수 있는 것이다. 정당화사유는 사물의 본성상 준구성요건적 현실기술에 의거하는 것이 아니라, 단지 정당방위의 경우에는 자기보호와 법질서수호의 원칙이라는 제원리에 의해서만 규제되는 이익충돌을 다루는 것이다. 정당방위에 관한 해석의 한계를 짓는 것은 이러한 원리의 내재적 구조 뿐이다고 하고 있다). 정당방위권의 사회윤리적 제한이 죄형법정주의의 요청과 모순되지 아니한가에 대한 자세한 논급은 山中敬一, 正當防衛の限界, 成文堂, 1985, 40面以下 參照.

(1) 정당화적 긴급피난

형법 제22조 제1항은 정당화적 긴급피난의 성립요건으로 ① 자기 또는 타인의 법익에 대한 현재의 위난이 있을 것, ② 위난을 피하기 위한 행위일 것, ③ 상당한 이유가 있을 것을 요한다.

여기에서의 위난이란 법익에 대한 위험이 있는 상태를 말하며, 위난의 현재성은 이미 위난상태에 있는 경우는 물론 곧 위난이 발생할 것이 확실하게 예상되는 경우를 말한다. 현재성의 요건과 관련하여 긴급피난에서의 위난은 정당방위의 경우보다 넓은 개념이다.[17] 여기에서 이전의 침해행위가 장래적으로 반복될 지속적 위험도 위난의 현재성이 인정된다. 본 사안과 관련하여 피고인 김보은에 대한 피해자 김영오의 성관계의 계속적 강요는 위난의 현재성의 인정이 가능하다. 다만 긴급피난에 있어 '상당한 이유'와 관련하여 정방방위와 비교하여 상대적으로 엄격한 원칙들이 요구되어지며, 그 내용으로서는 보충성의 원칙과 우월적 이익의 원칙, 그리고 수단의 적합성이 충족되어야 함에도, 본 사안에 있어 피해자에 대한 살해행위는 보충성의 원칙을 결여하고 있음은 물론 피난행위에 의해 보전되는 이익이 성적 자유 내지 애정의 자유임에 반하여 피난행위로 인하여 희생되는 이익인 생명인 점을 감안할 때 우월적 이익의 원칙도 흠결되어 상당성의 요건을 구비하고 있지 않음을 알 수 있다.

(2) 면책적 긴급피난

법익이 동등한 이익간에 또는 생명·신체와 같이 이익의 비교형량이 곤란한 이익사이에 충돌이 발생한 위난의 경우에 그 중 하나의 이익을 희생시키는 경우에는 기대불가능성을 이유로 책임이 조각되어진다. 면책적 긴급피난의 위난의 현재성은 정당화적 긴급피난에서의 그것보다 상대적으로 넓은 개념이다. 여기에서 이전의 침해행위가 장래적으로 반복될 지속적 위험도 위난의 현재성이 인정됨은 물론이다. 따라서 본 사안과 관련하여 피고인 김보은에 대한 피해자 김영오의 성관계의 계속적 강요는 위난의 현재성의 인정이 가능하다.

또한 면책적 긴급피난의 경우에도 '상당한 이유가 있을 것'이 요구되어진다. 문제사안에 있어 피고인 김보은에게 면책적 긴급피난이 문제되어질 수 있다. 의붓아버지인 피해자 김영호로부터 폭행과 공포분위기에서의 지속적인 성행위의 강요, 철저한 통제와 감시, 생모조차 딸이 강간당하고 있다는 것을 알면서도 해결책을 마련해 주

---

17) 김일수, 전게서, 297면.

거나 방패막이 역할을 하자 못한 채 피해자의 협박과 폭행이 두려워 딸에게 성적 상대로 회유·설득·조장·방치한 사실 그리고 피해자의 특수한 사회적 신분 등을 고려할 때 외부의 도움이나 국가의 공권력이 별 구제수단이 될 수 없다고 판단되어지는 상황을 고려할 때,[18] 극복할 수 없는 동기의 압박이 수반되어 어린 시절부터의 사건무렵까지에 이르는 철저한 성적 노예상태에서의 탈출의 수단으로서의 남자친구인 피고인 김진관과의 살해의 공모를 통한 살인은 보충성의 원칙과 이익균형의 원칙을 충족한다고 할 수 있으며 따라서 피고인 김보은에게 면책적 긴급피난이 고려되어질 수 있다.[19]

Ⅳ. 결 어

본 사례에서 피고인 김보은과 김진관의 행위는 살인죄의 공동정범에 해당하며 이들의 행위가 위법성조각사유인 정당방위에 해당하는가에 대해서는 침해의 현재성의 요건을 결하며, 다만 피고인 김보은에게는 면책적 긴급피난이 고려되어질 수 있다 하겠다.

18) BGH NJW 1966, 1823; NStZ 1984, 21.
19) 김일수, 전게서, 302면 참조.

제7장
사회보호법 제5조의 '재범의 위험성'에 관한 검토

Ⅰ. 서 설

최근 한 일간신문은 우리의 사회보호법상의 보호감호제도와 관련하여 『2004년 10월 3일 형 만기를 앞두고 보호감호 재심청구소송을 진행 중인 폭력 조직 '범서방파' 두목 김XX에 대해 법원이 10월 1일 감호영장을 발부했다. 이에 따라 김XX는 16년 6개월간의 복역기간이 끝난 뒤에도 인천구치소에 수감된 상태에서 보호감호 재심청구소송 1심 재판을 받게 되었다.

인천지법 형사합의 3부는 이날 열린 3차 공판에서 "김XX를 구속한 상태에서 재판을 진행한다" 며 직권으로 감호영장을 발부했다. 재판부는 "최근 보호감호 근거 법령 일부에 대하여 폐지 내지 개정 움직임이 있지만, 대법원이 거듭 사회보호법이 위헌이 아니다고 판시한 바도 있다"며 "김XX의 수감생활이 3일로 끝나게 되지만 구속재판의 필요성이 인정되어 감호영장을 발부한다" 고 밝혔다』 고 전하고 있다.[1](조선일보 2004. 10. 2).

한편 사회보호법상의 보호감호제도에 관하여 국가인권위원회는 '사회보호법 폐지 및 치료감호 대체법안 마련 권고안'을 제시한 바 있으며 국회에서도 '사회보호법폐지법률안'이 제안된 바 있다[2]. 그리고 대한변호사협회도 국회에 발의된 폐지법률안에 대하여 찬성한다는 의견을 제시한 바 있다.[3]

---

1) 조선일보 2004. 10. 2.

2) 2003. 8. 28 서상섭의원 외 13인(의안번호 2575) 그리고 2003. 12. 5 최용규의원 외 49인(의안번호 2982)이 사회보호법폐지법률안을 발의한 바 있다. 제안이유는 다음과 같다. "권위주의시대에 제정된 사회보호법상의 보호감호처분 등은 그 성격과 기능이 형벌과 유사함에도 범죄자에게 부과된 형벌집행이 종료된 후에 범죄인의 개선과 사회보호라는 명분으로 다시 이와 같은 처분을 하고 있기 때문에 당사자의 입장에서는 수용하기 어려울 뿐더러 현재 우리 사회가 가지는 사회복지적 기능에 의해서도 이들 범법자의 개선과 재사회화에 대한 효과를 충분히 기대할 수 있다고 보기 때문에 이를 폐지하려는 것이다"고 하고 있다(서상섭의원 대표발의 제안이유).

3) 대한변호사협회는 국회 법제사법위원회에 제출된 '사회보호법폐지법률안에 대한 의견'에서 "형법은 상습범과 누범에 대한 가중규정을 두고 있으며, 나아가 상습범과 누범 등에 대한 가중처

그러나 사회보호법의 폐지주장에 대해 일부에서는 "보호감호제에 대한 충분한 이해가 없는 논의는 자칫 범죄에 대한 국가의 대응력을 약화시키게 되는 커다란 문제가 발생될 것"이라고 우려하는 견해가 있다.[4)]

본장에서는 현행 보호감호제도의 존폐논란과 관련하여 이를 유지·개선하려는 의견과 즉각적인 폐지의견이 대립되고 있는 현실과 관련하여, 대법원과 헌법재판소가 사회보호법상의 보호감호처분의 합헌성의 논거로 삼고 있는 견해에 대한 정당성의 당부를 비판적으로 고찰하고자 한다.

Ⅱ. 대법원 판결 및 헌법재판소의 결정요지

1. 대법원 판결요지

대법원은 사회보호법 제5조 규정의 위헌여부와 관련하여 『사회보호법 제5조의 규정이 일사부재리의 원칙, 이중처벌금지의 원칙, 죄형법정주의를 규정한 헌법 제13조에 위반된다 할 수 없으며 또한 재판을 받을 권리를 침해하는 것이라고 할 수도 없다』고 판시하고 있다(대법원 1993.9.14. 선고 93감도67).[5)]

벌규정을 두는 특정범죄가중처벌등에관한법률, 폭력행위등처벌에관한법률 등 특별법에서 매우 높은 법정형을 정하고 있다. 여기에 다시 보호감호제도를 추가적으로 두지 않더라도 충분히 양형으로 규율이 가능한 것이다. 상습범과 누범가중 규정을 두고 있는 현 제도 하에서의 보호감호제도는 사회를 보호한다는 미명 하에 이중처벌을 허용하는 셈이다. 이 제도를 일부 개선한다고 하여 인권침해문제가 해결될 수는 없다. 따라서 보호감호제도를 폐지하고 치료감호에 대하여는 별도의 입법을 하는 것이 타당하므로 사회보호법폐지법률안에 대하여 찬성한다"는 의견을 제시한 바 있다 [‘사회보호법폐지법률안에 대한 의견’, 대한변호사협회, 2003. 12. 30(국회법제사법위원회에 제출)].

4) 이재상교수는 "민주화가 범죄인의 관용을 의미하는 것이 아닌 것과 같이 재사회화도 범죄인의 자유만을 요구하는 것이 아니다. 범죄의 습벽에서 벗어나지 못하는 상습범을 국가가 방치하는 것은 형사정책과 형사사법에 대한 국가의무의 포기를 결과한다고 해야 한다. 국보위에서 제정된 법률이라는 이유만으로 그 형사정책적 배경을 고려하지 않고 그 법률은 위헌인 악법이므로 개폐되어야 한다는 것은 타당하다고 할 수 없다. 보호감호의 형사정책적 가치에 대한 신중한 재검토가 필요하다고 생각된다"고 하고 있다(이재상, 「보호감호의 가치와 적정절차」, 법률신문 1811호, 1989. 1).

5) 이후에도 대법원은 사회보호법상의 감호처분의 위헌성 여부와 관련하여 「사회보호법에 의한 감호처분은 징역형에 병과하는 보호처분의 일종으로서 형벌과 같이 볼 수 없으므로 그것이 헌법과 법률에 정한 죄형법정주의의 원칙에 위반된다고 볼 수 없고, 또 그 보호감호에 관한 규정이 일사부재리의 원칙을 정한 헌법의 규정에 위반한 것이라고 할 수 없다」고 하고 있다(대법원 1995. 12. 8. 95 도 2162, 95 감도 100).

2. 헌법재판소의 결정요지

(1) 헌법재판소(헌법재판소 1989. 7. 14. 88 헌가 5, 8, 89 헌가 44)는 구 사회보호법 제5조 제1, 2항의 위헌여부에 관한 결정요지에서 다음과 같이 판시하고 있다.

『가. 구(舊) 사회보호법 제5조 제1항은 전과나 감호처분을 선고받은 사실 등 법정의 요건에 해당되면 재범의 위험성 유무에도 불구하고 반드시 그에 정한 보호감호를 선고하여야 할 의무를 법관에게 부과하고 있으니 헌법 제12조 제1항 후문(後文), 제37조 제2항 및 제27조 제1항에 위반된다.

나. 같은 법(法) 제5조 제2항의 보호감호처분은 재범의 위험성을 보호감호의 요건으로 하고 있고, 감호기간에 관한 7년의 기한은 단순히 집행상의 상한으로 보아야 하므로 헌법 제12조 제1항 후문(後文)에 정한 적법절차에 위반되지 아니한다.』 고 판시하고 있다.

(2) 헌법재판소가 위 사건 위헌법률심판사건을 심리하던 도중, 심판의 대상인 법 제5조의 규정이 위 결정요지에 합치하게 일부 개정되었다.

(3) 이후 헌법재판소는 보호감호처분의 위헌성여부에 대하여 『사회보호법 제5조 제1호 중 "재범의 위험성" 부분은, 그 위험성 유무를 법관이 개개의 구체적 사건을 대상으로 사후에 예측 판단하는 것이어서 구체적 기준을 미리 규정하는 것은 입법 기술상 불가능할 뿐 아니라, 그 의미가 사회적으로 인식되어 있어서 법관에 의한 법의 해석과 적용이 일반에게 예측될 수 있다는 점에서, 헌법 제12조 제1항 후문의 적법절차의 원칙이나 헌법 제13조 제1항의 죄형법정주의에 위배된다고 할 수 없고, 또한, 보호감호처분은 재범의 위험성이 있고 특수한 교육·개선 및 치료가 필요하다고 인정되는 자에 대하여 사회복귀를 촉진하고 사회를 보호하기 위하여 헌법 제12조 제1항을 근거로 한 보안처분으로서, 그 본질과 추가하는 목적 및 기능에 있어 형벌과는 다른 독자적 의의를 가진 사회보호적인 처분이므로, 그것이 헌법 제13조 제1항 소정의 거듭처벌금지의 원칙에 위반된다거나 헌법 제15조의 직업선택의 자유를 침해한다고는 할 수 없다.』 고 판시하고 있다.[6] .

- 「판시내용」 사회보호법 제5조 제1호 중 "재범의 위험성" 부분의 위헌 여부에 관한 판단

---

6) 헌법재판소 2001. 3. 21, 99 헌바 7.

(가)"재범의 위험성" 부분이 헌법 제12조 제1항 후문의 적법절차의 원칙 및 헌법 제13조 제1항의 죄형법정주의에 위반되는지 여부

우선, 사회보호법 제5조 제1호는 보호대상자가 동종 또는 유사한 죄로 2회 이상 금고이상의 실형을 받고 형기합계 3년 이상인 자가 최종형의 전부 또는 일부의 집행을 받거나 면제를 받은 후 다시 동종 또는 유사한 별표의 죄를 범한 경우 재범의 위험성이 있다고 인정되는 때에 보호감호에 처하도록 규정하고 있고, 같은 법 제7조 제3항은 보호감호시설에의 수용은 7년을 초과할 수 없다고 규정하고 있으며, 같은 법 제20조 제1항은 법원이 감호청구된 사건을 심리하여 그 청구가 이유 있다고 인정할 때에는 판결로써 감호를 선고하여야 하고, 그 이유 없다고 인정할 때 등에는 판결로써 청구기각을 선고하도록 규정하고 있는 한편, 같은 법 제25조 제1항은 피보호감호자에 대하여 집행개시 후 매 1년 가출소여부를, 가출소한 피보호감호자에 대하여 매 6월 집행면제여부를 심사·결정하도록 규정하고 있다.

여기에서 보호처분의 본질적 요소인 행위자의 재범의 위험성은 그가 장래에 다시 범죄를 범할 개연성을 의미하는 것으로서 장래의 예측에 따른 불확실성을 가지고 있음은 부정할 수 없으나, 재범의 위험성 유무에 대한 판단은 법관의 재량에 일임되어 있고, 재범의 위험성이 있는지 여부는 법관이 개개의 구체적 사건을 대상으로 사후에 예측 판단하는 것이어서 그 구체적 기준을 미리 망라하여 규정하는 것은 입법 기술상 불가능할 뿐 아니라 이를 미리 규정하지 않는다고 하더라도 그 의미가 사회적으로 인식되어 있어서 법관에 의한 법의 해석과 적용이 일반에게 예측될 수 있다 할 것이며, 또한 위에서 살펴본 사회보호법의 각 법률조항에 의하면, 같은 법 제5조 제1호 소정의 보호감호는 재범의 위험성이 있다고 인정되는 때에만 선고되도록 규정되어 있을 뿐만 아니라, 그 요건에 해당하는 경우 법원으로 하여금 반드시 보호감호를 선고하여야 하는 강제적 규정도 있지 아니하고, 그 집행기간의 상한도 규정되어 있으며, 재범의 위험성이 소멸하였을 경우에 대비하여 가출소심사를 통한 보호감호의 부정기성도 구현되어 있다 할 것이므로, '재범의 위험성' 부분을 포함한 사회보호법 제5조 제1호가 헌법 제12조 제1항 후문의 적법절차의 원칙에 위반된다거나 헌법 제13조 제1항의 죄형법정주의에 위배된다고는 할 수 없다.

(나)"재범의 위험성" 부분이 헌법 제13조 제1항의 거듭처벌금지의 원칙에 위반되거나 헌법 제15조의 직업선택의 자유를 침해하였는지 여부

보호감호와 형벌은 다같이 신체의 자유를 박탈하는 수용처분이라는 점에서 서로 유사한 점이 있기는 하나, 보호감호처분은 재범의 위험성이 있고 특수한 교육·개선 및 치료가 필요하다고 인정되는 자에 대하여 사회복귀를 촉진하고 사회를 보호하기 위하여 헌법 제12조 제1항을 근거로 한 보안처분으로서 그 본질과 추가하는 목적 및 기능에 있어 형벌과는 다른 독자적 의의를 가진 사회보호적인 처분이므로, 형벌과 보호감호를 서로 병과하여 선고한다고 해서 그것이 헌법 제13조 제1항 소정의 거듭 처벌금지의 원칙에 위반된다고 할 수 없다(헌재 1989. 7. 14, 88 헌가 5 등; 헌재 1991. 4. 1, 89 헌마 17 등; 헌재 1996. 11. 28, 95 헌바 20 참조).

또한, 위와 같이 보호감호와 그 요건인 '재범의 위험성'이 헌법의 여러 규정에 위반되지 아니하는 점, 사회보호법 제7조 제1항(1996. 12. 12 법률 제5179호로 개정된 것)이 피보호감호자에 대하여는 보호감호시설에 수용하여 감호·교화하고 사회복귀에 필요한 직업훈련과 근로를 과할 수 있으며 근로는 피보호감호자의 동의가 있는 때에 한한다고 규정하는 한편 제2항에서 보호감호시설의 장은 직업훈련·근로·치료 기타 감호·교화에 필요하다고 인정되는 때에 적당한 기관에 피보호감호자의 감호 등을 위탁할 수 있다고 규정하고 있는 점 등에 비추어, 비록 보호감호제도가 직업선택의 자유라는 개인의 기본권을 다소 제한하고 있는 측면이 있다 하더라도 이는 헌법 제37조 제2항 소정의 질서유지 또는 공공복리를 위하여 필요한 경우에 해당하는 조항으로서 위헌이라고는 볼 수 없다 할 것이다.

(다)한편, 청구인은 사회보호법 제5조 제1호가 헌법에 위반된 법률인 구 사회보호법 중 제5조 제1항을 계승하여 개정된 법률조항이라는 주장을 하고 있는바, 앞에서 살핀 바와 같이 헌재 1989. 7. 14. 88 헌가 5등 결정은 구 사회보호법 제5조 제1항이 위헌이라는 판단을 하였으나, 그 사건의 심리 도중인 같은 해 3. 25. 감호요건에 관한 규정인 구 사회보호법 제5조는 법률 제4089호로써 그 중 일정한 죄를 범한 경우에 반드시 보호감호에 처하도록 한 필요적 보호감호제도(같은 법조 제1항)가 폐지되고 보호감호의 요건으로서 "재범의 위험성"을 명시하여 감호의 필요성에 관한 법관의 판단에 재량을 주게 된 사회보호법 제5조로 개정되었으므로, 사회보호법 제5조 제1호가 헌법에 위반된 구 사회보호법 제5조 제1항을 계승하여 개정되었다는 청구인의 위 주장은 이유 없다.

Ⅲ. 결정요지에 관한 검토

1. 대법원 판결 및 헌법재판소의 결정요지

먼저 대법원과 헌법재판소의 판단 내용을 요약 정리하면 다음과 같다.

1) 법정의 요건에 해당하면 재범의 위험성 유무에도 불구하고 반드시 그에 정한 보호감호를 선고하여야 할 의무를 법관에게 부과하는 필요적 보호감호제도는 헌법 제12조 제1항 후문(後文)에 정한 적법절차의 원칙에 위반됨은 물론, 헌법 제37조 제2항이 정한 과잉금지의 원칙에 반하며 나아가 법원의 판단재량의 기능을 형해화시켜 헌법 제27조 제1항에 정한 국민의 법관에 의한 정당한 재판을 받을 권리를 침해하여 헌법에 위반된다.

2) 재범의 위험성을 보호감호의 요건으로 하고 있는 임의적 보호감호는 헌법 제12조 제1항 후문(後文)에 정한 적법절차의 원칙 및 헌법 제13조 제1항의 죄형법정주의에 위반된다고 볼 수 없다.

3) 보호감호와 형벌은 비록 다같이 신체의 자유를 박탈하는 수용처분이라는 점에서 집행상 뚜렷한 구분이 되지 않는다고 하더라도 그 본질이 추구하는 목적과 기능이 전혀 다른 별개의 제도이므로 형벌과 보호감호를 서로 병과하여 선고한다하여 헌법 제13조 제1항이 정한 이중처벌금지의 원칙에 위반되는 것은 아니라 할 것이다. 또한 피보호감호자에 대하여는 직업훈련과 근로를 과할 수 있도록 하는 등이 규정이 직업선택의 자유라는 개인의 기본권을 다소 제한하고 있는 측면이 있다 하더라도 이는 헌법 제37조 제2항 소정의 질서유지 또는 공공복리를 위하여 필요한 경우에 해당하는 조항으로서 위헌이라고는 볼 수 없다 .

2. 보안처분제도의 의의

(1) 형벌은 법익과 법적 평화의 보호를 위해 범죄에 대하여 투쟁하고 그것을 통하여 장래의 범죄를 방지하기 위해서는 불가결한 제도이다. 그러나 형벌은 비난가능성이라는 의미에서의 책임을 전제로 하고, 책임의 양을 넘을 수 없는 제약을 받고 있기 때문에 특별예방적 기능에는 한계가 있다. 여기에서 책임에 상응하는 형벌을 통하여 일반국민에 대한 안전확보의 필요성이 전적으로 만족될 수 없는 경우에는 이러한 해결책은 난관에 봉착하게 된다. 즉, 형벌은 특별한 위험성을 가지고 있는 행위자에 대하여도, 위험성이 가중된 책임과 일치하지 않는 경우에는 보안과 개선의 필요

성을 전혀 고려할 수 없게 된다(예컨대 책임무능력자나 형기만료된 상습범죄인이 재범의 우려가 있는 경우).

보안처분은 바로 형벌의 이러한 제약성에서 출발하여 형벌이 불가능하거나 행위자의 특별한 사회적 위험성으로 인하여 형벌에 의하여 목적을 달성할 수 없는 경우에 사회의 안전을 보호하기 위하여 형벌을 보충해서 그것에 협력하는 수단으로서 형벌에 대체하거나 또는 형벌을 보충하는 순수한 예방적 성질의 국가적 범죄투쟁수단을 의미한다. 즉, 근대 형법의 책임주의에 의하면 책임능력자의 고의·과실에 기한 행위가 없으면 재범의 위험이 있다고 하더라도 형벌로서 다룰 길이 없게 된다. 따라서 위험한 행위자로부터 사회를 방위하기 위해서는 행위자의 치료·개선을 목적으로 하는 강제적 조치가 필요하게 된다. 따라서 보안처분은 이러한 행위자의 위험성에 착안해서 과해지는 것으로, 행위자의 위험성이 소멸할 때까지 계속되는 것이 이상적이므로 필연적으로 부정기적인 성격을 띠게 된다. 또한 보안처분은 형벌이 과거의 범죄를 전제로 해서 책임의 양에 따라 과해지는 것과 달리, 현재 또는 장래의 위험성을 기본적 징표로 제도의 효과성을 추구하기 때문에 합목적적인 이념이 지배되는 점이 많다.

요컨대 보안처분의 발생원인은 팽창된 개인주의의 책임이론과 형벌개념이 실제적으로 가져온 범죄예방 및 진압능력의 무력을 구제하고자 하는 점에 있으며,[7] 그것은 범죄로부터의 사회보전과 지고한 인도주의에 입각한 범죄인의 사회복귀라는 두 개의 주제 속에 함축되어 있다.[8] 사회방위란 개인을 초월한 사회 내지 사회체제를 방위하는 것이라고 해석하기 쉬우나, 사회방위의 근저에 있는 사상은 개인주의이며 이는 바로 시민적 안전에 의한 보호의 요구에 지나지 않는다.[9]

(2) 우리나라의 경우 國保委에 의해 1980년 12월 18일 법률 제3286호로 사회보호법이 제정·시행됨에 따라 범죄에 대한 국가적인 투쟁수단으로서 형벌 이외에 보안처분제도가 도입되어 우리나라의 범죄에 대한 제재체제에 중대한 변혁을 초래하게 되었다.[10] 그러나 이 법이 정치적 과도기에 갑자기 제정되었기 때문에 충분한 연구와 협의, 찬반의 공개적 토의가 없었고 시행의 준비기간도 부족하여 제도자체에 있어서

---

7) 安平政吉, 保安處分の理論, 酒井書店, 1970, 30面.

8) 이수성, 「보안처분에 관한 약간의 고찰」, 법학(서울대), 제8권, 제2호, 1966. 12, 110면 참조.

9) 平野龍一, 刑法の基礎, 東京大出版會, 1966, 123面.

10) 우리 헌법은 1972년 12월 27일의 제7차 개정헌법 이래로 보안처분의 입법적 근거를 명문화하였다("누구든지 법률과 적법한 절차에 의하지 아니하고는 처벌, 보안처분 또는 강제노역을 받지 아니한다"는 규정을 헌법 제12조 1항은 두고 있다. 특이할 것은 현행 헌법은 「적법한 절차」란 규정을 신설하였다); 사회보호법상의 보안처분의 합헌성에 대한 판례로는 대법원 1986. 2. 25, 85 도 2786 참조.

나 선고요건의 객관·명문화, 적용한계, 효율적 시행방법 등 그 운영에 있어서 많은 문제점을 갖고 있음이 주지의 사실이다.11)

3. 보안처분의 정당성의 근거

형법에 있어 형벌의 책임종속성은 장래의 범죄행위에 대한 형법의 예방적 과제를 단지 제한된 범위내에서 수행할 수 있을 뿐 이를 충족시키기는 어렵다.12) 여기에서 형벌이 갖는 한계를 보충함으로써 형법의 사회통제의 효율성을 提高하기 위하여 형법상이 책임과 무관하게(schuldunabhängig)「행위자의 위험성(Gefährlichkeit des Täter)」만을 목적으로 하는 순수한「목적처분(Zweckmaßnahme)」으로서의 통상의 형벌을 대체하거나 보완하는 처분을 필요로 하게 된다.13)

따라서 보안처분의 일반적인 목적은 범죄행위자를 치료·보호·개선·격리해서 그 자의 장래의 범죄(위험성)를 방지 또는 예방해서 공공의 안전과 이익을 보호하는 것이다. 그 점에서 보안처분은 장래의 위험성에 대처한다는 방향성 및 특별예방목적을 제도적으로 실현하고자 개개의 위험한 행위자에 대해서 내려지는 조치이다.14) 그러나 오늘날의 형법은 법치국가적 형벌권의 제도요청에 따라 심정형법을 배척하고 제도의 구체적 내용을 실증적으로 문제삼는다. 여기에서 개입의 목적과 그 수단의 정당성이 요구되어진다.

보안처분이 정당화되기 위해서는 법치국가적 원리에 기초해서, ① 현저한 위험성(Gefährlichkeit)의 존재, ② 비례성의 원칙(Grundsatz der Verhältnismäßigkeit) 등이 요구되어진다. 이하에서는 보안처분이 전제하고 있는 '현저한 위험성의 존재'와 관련하여 제기되는 제 문제와 비례성의 원칙을 상론하고자 한다.

---

11) 최근 국가인권위원회의 '사회보호법 폐지 및 치료감호 대체법안 마련 권고'결정에서도 사회보호법상 보호감호제도의 도입의 정당성의 문제와 관련하여 "사회보호법은 1980년 신군부의 집권과정에서 계엄포고 13호에 의거 실행된 '삼청교육'과 이들에 대한 사회격리를 위한 청송보호감호소의 설치 및 보호감호처분 등을 위해 국회가 아닌 국가보위입법회의에서 제정되었다. 이는 우리 사회보호법이 진정으로 사회에 위험한 누범이나 상습범에 대한 재사회화와 사회보호라는 본연의 목적을 위해서라기보다는 신군부의 집권과정에서의 왜곡된 의도에 의해 제정된 것으로 볼 수 있다. 따라서 도입목적과 그 과정에 있어 정당성이 결여된 것이다. 이후 현재까지 5차례의 개정이 있었으나, 필요적 보호감호제가 폐지되었을 뿐 보호감호제의 골격은 그대로 유지되었다"고 하고 있다('사회보호법 폐지 및 치료감호 대체법안 마련 권고', 국가인권위원회 결정, 2004. 1. 13).

12) H.H.Jescheck, Lehrbuch des Strafrechts, Allg. T., 3. Aufl., 1978, S. 648.

13) 배종대,「위험성의 종합판단」, 판례연구, 제4집(고대법학연구소), 1986. 12, 84면 참조.

14) 형벌의 유효성이 일반예방과 특별예방의 양면에 있어서 판단되는데 반해 보안처분은 특별예방적 효과만이 문제된다.

(1) 현저한 위험성의 존재

보안처분제도의 목적은 범죄반복의 위험성을 사전에 억지하는 것이다. 따라서 보안처분을 선고하기 위해서는 행위자의 장래의 위법행위에의 「위험성」이 존재해야 한다. 여기에서 위험성 개념의 의미확정은 보안처분제도의 중심적 과제로서 최근의 보안처분논쟁에도 위험성예측의 확실성의 문제가 주요 쟁점으로 되고 있다.

이 장래의 위법행위에의 「위험성」의 존재와 정도의 판단은 대단히 곤란하며 사회학적 · 의학적으로도 충분한 기준이 확립되어 있지 않다. 그러나 과거에 행하여진 원인된 범죄행위(Anlaßtat)로부터 「위험성」의 정도, 존재를 판단하는 것은 반드시 용이하지는 않지만, 그 범행의 내용과 범행에 이르게 된 과정 등으로부터 행위자에 대한 위험성의 징후판단은 일응 가능하다 할 것이다. 우리나라의 사회보호법도 제5조의 보호감호에 있어 과거의 범죄행위를 기초로 해서 '재범의 위험성' 여부의 판단을 요구하고 있다

1) 위험성의 개념

보안처분의 기초로서의 위험성은 행위자에 대하여 장래에 형벌로서 처벌되는 중대한 위법행위를 범할 재범의 위험 · 재범의 개연성(Wahrscheinlichkeit)를 의미한다. Müller는 보안처분에 있어서의 위험성(Gefährlichkeit)이란 "중대한 법위반행위를 행할 개연성, 고도의 우세한(überwiegend) 가능성이라고 정의하였다.[15] 대법원은 사회보호법 제5조 소정의 「재범의 위험성」이란 "피감호청구인이 장차 다시 죄를 저지를 것이라는 상당한 개연성이 있는 경우"를 말한다고 판시하고 있다.[16]

2) 위험성판단의 내용

보안처분에서의 위험성을 '재범의 개연성'이라고 할 때 문제는 '개연성'이다. 그것은 위험성의 예측을 어떠한 방법에 의해 가장 실제에 가까운 것으로 행할 수 있는가의 문제와 직결된다.

① 먼저 행위자에 의한 장래의 범죄행위의 기대는 행위자가 장래에 형벌로서 처벌되는 범죄행위를 할 확실성을 요구하는 것은 아니며, 장래에 우려되는 범죄행위에

---

15) Müller, Anordnung und Aussetzung freiheitsentziehender Maßregeln der Besserung und Sicherung, 1981, S. 60ff; 이재상교수는 「재범의 위험성이란 보호대상자가 앞으로 죄를 범하여 법적 평온을 깨트릴 확실한 개연성(bestimmte Wahrscheinlichkeit)을 의미한다」고 한다(이재상, 「보호감호에 있어서의 동종 또는 유사한 죄와 재범의 위험성」, 법조, 제31권, 제5호, 1982. 5, 30면).

16) 대법원 1995.3.10, 94 감도 69.

대한 법관의 개연성에 대한 확신형성으로 족하다. 그리고 단순한 재범가능성(Wiederholungsmöglichkeit)의 잠재적 위험(latente Gefahr)만으로는 부족하며,[17] 그것은 인간내심의 표출되지 않은 위험성이 아니라 범죄에 의하여 이미 입증된 위험성만이 문제된다. 왜냐하면 인간은 그 누구나 범죄를 범할 위험성이 없는 자가 없으며 그것은 정도의 문제이기 때문이다.

대법원도 재범의 위험성에 대하여 '재범의 위험성'이라 함은 "재범의 가능성만으로는 부족하고, 피감호청구인이 장래에 다시 죄를 범하여 법적 평온을 깨뜨릴 고도의 개연성이 있어야 하고, ……"라고 하여 고도의 개연성을 요한다고 하고 있다.[18] 따라서 행위자의 자유를 구속하는데 족할 정도로 고도의 개연성의 증명이 있어야 할 것이다.[19]

② 위험성의 정도는 침해가능성 및 기대되는 침해행위의 정도에 의하여 결정되어야 하며, 이것은 비례·균형의 원칙에 입각하여 신중히 판단되어져야 한다. 독일형법은 제66조(보호감호)에서 장래에 기대되는 법익침해의 중대성을 명시하고 있다.

③ 예상되는 범죄행위로 인한 위험성은 사회와 일반인에 대한 것을 요하지만, 행위의 중대성이 인정되면 일정 범위의 제한된 사람 또는 특정인에 대한 위험성이 있는 경우에도 족하다.

④ 행위자의 상태와 위험성간에는 인과관계가 있어야 한다.

3) 위험성 판단의 기준 및 시기

재범의 위험성에 대한 판단기준에 있어 대법원은 "피감호청구인의 직업과 환경, 연령, 가족관계, 당해 범행 이전의 행적, 그 범행의 동기, 회수, 수단, 범행 후의 정황, 개전의 정 등 제반 사정을 종합하여 판단하여야 하고, 또 당해 범행이 상습의 습벽에 의한 것이라 하여 재범의 위험성이 반드시 있다고 할 수 없다"고 하고 있다.[20]

장래에 대한 인간의 예측능력은 매우 불충분한 것이기 때문에 쉽게 필요한 확실성에 도달할 수 없다. 보안처분에 있어서도 위험성의 판단은 과거의 원인된 행위로부터 자동적으로 판단되는 것은 아니며, 그것은 단지 미래행위에 대한 하나의 간접적 징후에 불과하다.

따라서 여기에서의 위험성 판단의 기준은 행위와 행위자를 함께 고려해서 행위자의 인격과 그가 행한 과거의 원인된 범죄행위(Anlaßtat)를 판단자료로 한 전인격적인

---

17) 이재상, 사회보호법론, 경문사, 1981, 49면.
18) 대법원 1999. 5. 14, 99 도 791(99 감도 22).
19) 西原春夫, 保安處分論, 刑事政策講座, 第3券, 成文堂, 1972, 19面 參照.
20) 대법원 1999. 5. 14, 99 도 791(99 감도 22).

「종합판단(Gesamrwürdigung)」이어야 한다. 종합판단이라고는 하지만 모든 사건들은 대부분 원인행위에 의하여 판결의 논거가 이루어졌다. 따라서 학설과 판례에서 이견 없이 최소한으로 요구하고 있는 하나의 기준은 경미한 범죄(Begatelldelikte)는 원칙적으로 보안처분의 대상이 될 수 없다는 것이다. 대법원은 재범의 위험성에 대한 판단자료로서 전인격적인 종합판단을 원칙으로 하면서도, 실제에 있어서는 "최종전과로 인한 출소시기와 당해 범행간의 기간을 특히 중요시하고 있다."[21] 이는 위험성판단의 기준으로서 과거의 원인된 범죄행위는 장래의 행위자의 위험성에 대한 법적 징표(Indiz)로서의 의미를 가지기 때문이다.

다른 한편 위험성의 판단은 합리적이고 신중을 기해야 할 것이므로 적어도 기본적으로 위험성을 확실히 징표하는 일정 사유를 입법에 의해 가능한 한 구체화시켜 규정하고, 이에 해당하는 사유가 있는 경우 다시 법관이 구체적으로 위험성 여부를 판정하도록 하는 것이 타당할 것이다.[22]

위험성 판단의 시기와 관련하여 위험성에 대한 판단(Gefährlichkeitsprognose)은 장래에 대한 가정적 판단이며 예단(Prognose)로서의 성격을 가지고 있다. 따라서 위험성 판단의 기준시기는 범죄행위시가 아니라 보안처분이 선고 또는 집행되는 시기를 기준으로 하는 것이 타당할 것이다.[23] 독일 형법 제67조의c에서는 "자유형이 이와 병과된 자유박탈보안처분에 우선하여 집행된 경우 형집행 종료이전에 그 처분의 목적상 감호가 계속해서 필요한지 여부를 심사한다. 감호가 필요하지 아니하다고 판단되는 때에는 보호관찰을 조건으로 자유박탈보안처분의 집행을 유예할 수 있다"고 하고 있다.

(2) 보안처분과 비례성의 원칙(Grundsatz der Verhältnismäßigkeit)

독일형법 제62조는 「보안처분은 행위자에 의하여 실행된 범죄행위, 예견되는 범죄행위의 경중 및 행위자에 의하여 야기된 위험의 정도와 비례하지 아니할 경우에는 이를 명하여서는 아니된다」는 「비례성의 원칙」에 대한 명문규정을 둔 이래 보안처분을 제한하는 원리로서 보안처분에 있어서 지도이념이 되고 있다.[24]

Stratenwerth나 Nowakowski는 장래에 위법행위를 할 위험성이 있는 행위자로부터

21) 대법원 1995. 3. 10, 94 감도 69.
22) 각국의 입법례는 위험성에 대하여 일반적으로 전과회수와 죄질에 관한 제한을 두고 있다(독일 형법 제66조 1항. 우리의 사회보호법 제5조 제1호).
23) 이재상, 사회보호법론, 51면.
24) 독일형법은 1969년 6월 25일의 제1차 형법개정법률을 통하여 보안처분에 관한 비례성의 원칙을 형법에 명문화하였다.

자유를 박탈하기 위한 국가의 권리를 「비례성의 원칙」을 사용하여 설명하고 있다. 즉 「범죄방지라는 공공의 이익(사회방위)과 개개인의 박탈되는 인격권, 자유권 등의 개인적 이익을 고려해서 공공의 이익이 우월하다고 생각되는 경우에 보안처분은 정당화된다」고 하고,[25] "그렇지 못한 경우에는 사회가 장래의 범죄의 위험성을 감수하여야 한다. 이러한 주장을 Exner는 이미 1914년에 표명한 바 있으며 오늘날에는 위험성의 정도와 보안처분의 정도 사이의 「비례성의 원칙」이 일반적으로 승인되고 있는 것이다"라고 한다.[26]

이와 같이 비례의 원칙은 입법자 및 법원에 있어서 보안처분선고의 결정에 있어서 당연히 준수되어 온 원칙이기 때문에 독일형법 제62조는 새로운 법원칙의 창설이 아니라 기존 법원칙을 확인적으로 선언한 것에 지나지 않는다고 평가되고 있다.[27]

여기에서 비례성의 「종합판단」은 원인행위, 위험의 중대성, 그리고 개연성의 삼요소와 해당 보안처분의 부과에 수반되는 침해정도(Schwere des Maßregeleingriffs)를 「종합적」으로 평가하여 내려져야 한다.[28] 발생할 위험의 정도는 개연성의 정도, 시간적 접근 등에 의존한다.

따라서 보안처분을 정형화하는 최종관문은 비례성의 원칙 또는 초과금지(Übermaßverbot)의 원칙이다. 이것은 비례성의 기준인 원인행위, 위험의 중대성, 그리고 개연성은 먼저 개별적으로 검토되어져야 한다. 다음으로 당사자에 대한 처분기간, 효과, 해당처분에 의하여 발생하는 부담의 범위 등 해당 보안처분의 부과에 수반되는 침해의 강도를 고려해야 한다.

마지막으로 이러한 검토결과가 위의 개별기준의 심사결과와 대비되는 종합판단이 뒤따르게 된다. 독일형법 제62조는 "행위자에 의하여 행하여진 범죄행위의 의의", "그로부터 예견될 수 있는 범죄행위의 의의", "행위자로부터 야기되는 위험의 정도"를 비례의 원칙에 있어서 판단요소로 제시하고 있다.

이상과 같이 비례성의 원칙은 보안처분에 있어서 초실정법적인 정의이념이 궁극적인 표현으로서 보안처분의 전과정을 통한 지도이념이 되는 것이기 때문에 보안처분의 선고 및 선고된 보안처분의 집행과 집행중인 자의 석방에 관한 판단에 있어서도 적용되어야 한다.[29] 그리고 비례의 원칙은 보안처분에 있어 총괄적 제한규정이므로

---

25) F. Nowakowski, Zur Rechtsstaatlichkeit der vorbeugenden Maßnahmen, in: Festschrift für von Weber, 1963, S. 98ff.

26) F. Nowakowski, a. a. O., S. 105.

27) 독일형법에 있어 비례성의 원칙은 명문규정을 하기 위한 이전의 보안처분의 선고에 있어서도 이론상 실무상 인정되고 있었다(R. Maurach, Deutsches Strafrecht, Allg. T., 4. Aufl., 1971, S. 883); 실무상의 예로는 BGHSt 20, 232 참조.

28) BGHSt 24, 134ff.

구체적인 기준은 범죄학의 연구와 함께 형사사법에 있어 개별사례를 통하여 발견되어져야 할 과제라 할 것이다.

4. 결정요지에 관한 검토

(1) '재범의 위험성'부분이 헌법 제13조 제1항의 이중처벌금지의 원칙에 위반되는지의 여부

헌법재판소는 「보호감호와 형벌은 다같이 신체의 자유를 박탈하는 수용처분이라는 점에서 서로 유사한 점이 있기는 하나, 보호감호처분은 재범의 위험성이 있고 특수한 교육·개선 및 치료가 필요하다고 인정되는 자에 대하여 사회복귀를 촉진하고 사회를 보호하기 위하여 헌법 제12조 제1항을 근거로 한 보안처분으로서 그 본질과 추가하는 목적 및 기능에 있어 형벌과는 다른 독자적 의의를 가진 사회보호적인 처분이므로, 형벌과 보호감호를 서로 병과하여 선고한다고 해서 그것이 헌법 제13조 제1항 소정의 이중처벌금지의 원칙에 위반된다고 할 수 없다」고 하고 있다.

사회보호법은 형벌과 보안처분의 법적 성질에 관한 이원주의의 입장에서 양자의 병과주의를 채택하고, 자유박탈적 보호감호의 집행이 형과 병과된 경우에는 형벌선집행주의를 원칙으로 하고 있다(동법 제23조 제1항). 이는 ① 보호감호와 형을 함께 선고받은 자를 형벌만 선고받은 자에 대하여 유리하게 취급해서는 안되며, 보호감호의 최후수단으로서의 성질을 유지하기 위한 것이며[30], ② 보안처분은 형벌을 보충하는 것이므로 형벌이 집행된 후에 집행되어야 하며 형벌은 정기형임에 반하여 보안처분은 보통 부정기형이므로 형벌이 선집행되어야 한다는 것을 논거로 하고 있다.

이에 대해 사회보호법상의 보호감호제도가 헌법에 위반된다는 논자들은 다음과 같은 주장을 하고 있다. 즉, "오늘날 형벌사상은 응보가 아니라 범죄인의 개선 · 교육 및 그를 통한 사회방위를 목적으로 하고 있다. 사회보호법상의 보호감호제도 역시 형벌제도와 본질에 있어 동일한 교육형으로서 실질적인 차이를 발견할 수 없으며, 우리 형법 등에 있어 누범과 상습범을 가중처벌하는 규정을 두고 있음에도 동시에

---

29) Schönke-Schröder, Strafgesetzbuch, Kommentar, 21, Aufl., 1982, S. 644; 독일형법 제72조(보안처분의 경합) 제1항은 "수개의 보안처분의 요건을 충족하나 그 중 하나의 보안처분만으로도 그 목적을 달성할 수 있는 때에는 하나의 보안처분만을 명한다. 이 경우 적정한 수개의 보안처분 중에서 행위자에 대한 부담이 가장 경한 보안처분을 우선하여 명한다"고 하여 피처분자에게 가장 침해정도가 경미한 것을 선택할 것을 요구하고 있다. 이외에도 감호기간에 관한 독일형법 제67조의 d 참조.

30) 이재상, 형법총론, 박영사, 2002, 596면.

보호감호를 인정하는 것은 헌법 제13조의 이중처벌금지에 반하는 것임과 동시에 헌법 제10조(인간의 존엄과 가치), 헌법 제12조 제1항(적법절차에 의한 보안처분)의 견지에서 문제가 있다"고 적시하고 있다.[31)]

우리 형법은 형법각칙에서 사회방위를 목적으로 일종의 보안형벌(누범과 상습범에 대한 가중처벌 규정)을 인정하고 있음에도 불구하고 다시 사회보호법은 '동시에 보호감호를 인정'하고 있다. 이는 독일의 경우에 있어 종래의 위험한 상습범인에 대한 형의 가중규정(구법 제20조a)을 삭제해서 형법은 위험한 상습범인을 대상으로 한「보안감호(Unterbringung in der Sicherungsverwahrung)」을 규정하고 있는 것(형법 제66조)과 대비되어진다(독일은 형벌에 있어 누범이나 상습범에 대한 가중처벌규정은 존재하지 아니한다). 또한 사회보호법 제42조는 보호처분에 관하여 원칙적으로 행형법을 준용하도록 규정하고 있어 수형자와 동일한 처우를 하고 있음을 알 수 있으며, 사회보호법 제7조의 보호감호의 내용이 행형법 제1조(목적)와 유사하다. 여기에서 보호감호의 내용의 실질이 자유형과 유사함을 알 수 있다.

요컨대 형벌과 자유박탈을 수반하는 보안처분의 분리는 실제에 있어 자유의 박탈이라는 점에는 차이가 없고, 그 집행의 실태에 있어서도 실질적으로 구별이 곤란하며, 피구금자는 보안처분의 집행을 하나의 해악으로 느끼게 된다. 나아가 실제에 있어 피구금자는 그의 감방에서 쌍둥이처럼 닮은 다른 감방으로 간다는 것 이외의 아무 것도 아니게 된다.[32)] 따라서 이는 이중처벌금지, 과잉처벌금지에 반하는 것으로 위헌의 소지가 있다 하겠다.

이것과 관련하여 헌법재판소도 보호감호제도가 헌법 제13조 제1항의 이중처벌금지의 원칙에 위반되는 것은 아니라는 논거를 설시하면서 "보호감호와 형벌은 비록 다같이 신체의 자유를 박탈하는 수용처분이라는 점에서 집행상 뚜렷한 구분이 되지 않는다고 하더라도 그 본질이 추구하는 목적과 기능이 전혀 다른 별개의 제도이므로 … …"라고 하여 위 지적논거를 스스로 인정하고 있다.[33)]

형벌과 보안처분은 이론적으로 볼 때 동일시 될 수는 없지만 목적형론의 입장에서 집행단계에 있어서는 형벌과 보안처분의 교환으로서의 대체는 허용되어져야 한다. 따라서 '선고에 있어서는 이원주의, 집행에 있어서는 일원주의'가 타당하며, 우리의

31) 국가인권위원회 결정, 2004. 1. 13.

32) H. Welzel, Das Deutsche Strafrecht, 11. Aufl., 1969. S. 246; E. Kohlrausch는 이와 같은 이중처벌(Doppelbestrafung)의 가능성을 보안처분이라는 명칭에 의해 실질적으로 형벌을 과하는 "看板詐欺(Etikettenschwindel)"라고 비판한다(E. Kohlrausch, Sicherungshaft, ZStW, Bd. 44, 1924, S. 33).

33) 헌법재판소 1989. 7. 14. 88 헌가 5, 8, 89 헌가 44.

경우에 있어서도 형법각칙에서 사회방위를 목적으로 한 일종의 보안형벌(누범과 상습범에 대한 가중처벌 규정)규정을 삭제하여 위험한 상습범인을 대상으로 한 보안감호에 대해 보안처분선집행주의·대체주의로 전환하는 것이 사회복귀를 위한 개선교육처분으로서 효과적이라 할 것이다.34)

Roxin은 "형벌과 보안처분은 양자택일의 관계에 있는 것이 아니라 모두 법익보호와 再社會化에 봉사한다는 점에서 차이가 없다. 양자의 구별은 형사정책적으로 형벌은 책임원리에 의해, 보안처분은 우월적인 공공이익의 원리에 지배된다는 점에서만 가능하기 때문에 「목적은 일원적으로, 제재는 이원적으로」 해석함으로써 해결되어야 한다"고 한다.35)

여기에서 보호감호와 형벌이 병과된 경우에 독일의 입법례와 같이 감호처분의 사후개시제도에 의해 "법원은 자유형이 이와 병과된 자유박탁보안처분에 우선하여 집행된 경우 형집행 종료 이전에 그 처분의 목적상 감호가 계속해서 필요한지 여부를 심사하여 자유박탈보안처분의 집행을 유예하는" 제도도입이 필요하다(독일형법 제67조의c).

(2) '재범의 위험성' 부분이 헌법 제12조 제1항 후문의 적법절차의 원칙 및 헌법 제13조 제1항의 죄형법정주의에 위반되는지 여부

헌법재판소는 "제5조 제1호 소정의 보호감호는 재범의 위험성이 있다고 인정되는 때에만 선고되도록 규정되어 있을 뿐만 아니라, 그 요건에 해당하는 경우 법원으로 하여금 반드시 보호감호를 선고하여야 하는 강제적 규정도 있지 아니하고, 그 집행

---

34) 사회보호법은 치료감호처분에 대하여는 보안처분선집행주의, 대체주의를 채택하고 있다(동법 제23조 제2항). 대한변호사협회는 2003. 12. 30. 국회 법제사법위원회에 제출한 '사회보호법폐지법률안에 대한 의견'에서 "보호감호제도를 가지고 있는 나라들을 살펴보면 우리와는 제도적인 차이가 있다. 우선은 보호감호제도를 인정한다고 해도 형벌과의 관계에서 그 본질을 동일한 것으로 파악하고 범법행위에 대해 양자 중 어느 하나만을 부과하는 입법태도이다. 이는 형벌의 특별예방효과를 기대할 수 없을 때 범죄인에 대해 특별한 개선교육을 실시하기 위해 실시하는 것으로 영국, 스웨덴, 덴마크, 벨기에 등이 취하고 있다. 다음으로는 보호감호제도를 인정하여 형벌과 함께 보호감호를 함께 선고하되, 그 집행방법을 개선하여 형벌을 보호감호의 집행으로 대체할 수 있는 제도를 가진 경우이다. 이를 대체주의라고 부를 수 있는데 이들 나라는 형벌보다 보호감호를 먼저 집행하고 보호감호의 집행기간을 형기에 산입하며 보호감호을 집행한 후 형벌의 집행유예가능성을 인정하고 있다. 스위스가 이러한 제도를 취하고 있다"고 소개하고 있다. 또한 "독일에서는 지난 수십년간 연간 30여 명 내외의 범죄인에 대해서만 보호감호를 선고하고 있다"고 소개하고 있다.

35) C. Roxin, Schuld und Verantwortlichkeit als strfrechtliche Systemkategorien, in: Festschtift für Henkel, 1974, S. 171ff.

기간의 상한도 규정되어 있으며, 재범의 위험성이 소멸하였을 경우에 대비하여 가출소심사를 통한 보호감호의 부정기성도 구현되어 있다 할 것이므로, '재범의 위험성' 부분을 포함한 사회보호법 제5조 제1호가 헌법 제12조 제1항 후문의 적법절차의 원칙에 위반된다거나 헌법 제13조 제1항의 죄형법정주의에 위배된다고는 할 수 없다." 고 하고 있다.

보호감호의 중심적 과제인 재범의 위험성에 판단과 관련하여 현행 사회보호법은 다음과 같은 법제도상 그리고 제도 운용상의 비판이 함께 제기되고 있다. 사회보호법 제5조는 판결시 재범의 위험성 유무의 판단에 의한 보호감호여부의 판단은 법원이 하나, 판결시 감호기간은 선고되지 아니한다. 여기에서 보호감호시설에의 수용은 7년을 초과할 수 없으며(법 제7조 제3항), 이후 사회보호위원회는 피보호감호자에 대하여 그 집행개시후 매 1년 가출소여부를, 가출소한 피보호감호자에 대하여 매 6월 집행면제여부를 심사·결정하게 된다(법 제25조 제1항). 여기에서 선고이후 위험성 판단의 주체인 사회보호위원회는 법무부에 두며 이들 위원은 법무부장관이 위촉하는 위원으로 구성되며(법 제32조. 동법 시행령 제15조), 이것은 헌법 제27조(모든 국민은 헌법과 법률이 정한 법관에 의하여 재판을 받을 권리)에 반하는 것이며, 나아가 이들에 의한 피보호감호자에 대한 재범의 위험성 여부의 판단은 전문성, 객관성이 결여된 채 운영되고 있어[36] 제12조 제1항(신체의 자유. 적법한 절차에 의하지 아니하고는 보안처분을 받지 아니한다)의 침해로 볼 수 있다는 주장이다.[37]

이미 적시한 바와 같이 형벌과 자유박탈을 수반하는 보안처분의 분리는 실제에 있어 자유의 박탈이라는 점에는 차이가 없고 그 집행의 실태에 있어서도 실질적으로 구별이 곤란하며, 피구금자는 보안처분의 집행을 하나의 해악으로 느끼며, 나아가 피구금자는 그의 감방에서 쌍둥이처럼 닮은 다른 감방으로 간다는 것 이외의 아무 것도 아니다는 점에서 감호처분의 선고, 집행, 유예 등의 전과정에 있어 법원의 주도적 관여가 요청되어진다.

독일의 경우에 있어 선고이후 자유형 집행단계에서의 감호처분의 집행유예(형법 제67조의c 제1항), 감호처분의 집행의 계속을 유예할지의 여부(법 제67조의e)에 대해 법원이 판단하도록 하고 있다. 나아가 우리의 경우에 있어서도 독일형법 제62조와 같이 총괄적 제한규정으로서의 비례원칙을 명문화할 것이 요청된다.

---

36) 피보호감호자 전수조사 등 실태조사에서도 확인된 바, 피보호감호자 대부분은 보호감호처분의 전과정에서 전문가의 감정을 받아본 적이 없는 것으로 나타났다(국가인권위원회 결정, 2004. 1. 13).

37) 국가인권위원회 결정, 2004. 1. 13.

이것은 헌법재판소의 결정 내용 중 재범의 위험성을 보호감호의 요건으로 한 합헌 결정에 대해 (재판관 변정수, 재판관 김진우의) 반대의견으로 「사회보호법에 의하면 보호감호는 형의 선고와 동시에 선고하고(법 제20조 제2항) 보호감호와 형이 병과된 경우 그 집행은 형의 집행을 종료한 다음에 하도록 되어 있다(제23조 제1항). 그렇다면 형의 선고시에 판단해야 할 재범의 위험성은 판결 선고시가 기준으로 되어야 할 것이 아니라 형의 집행을 종료한 시점이 기준으로 되어야 할 것은 당연한 이치인데 법관에게 집행종료시라는 장래의 시점에서의 재범의 위험성 유무를 판결시에 미리 점치도록 하는 것은 무리한 요구이고 그 결과는 필경 형의 집행으로 인하여 재범의 위험성이 이미 교정되었을 수도 있는 사람을 무고하게 보호감호시설에 수용하여 불필요한 고통을 주게 될 가능성이 충분히 있다고 생각된다(집행개시 1년 후에야 가출소 여부를 심사받게 되어 있으므로 최소한 1년 간은 수용되어야 한다).」고 하고 「이는 인권이 침해될 우려 있는 것으로 적법절차에 의한 보안처분으로는 볼 수 없을 것이다.」라고 한 의견에서도 사회보호법의 위 내용들이 위헌적 소지가 있음을 알 수 있다.[38)]

(3) 보호감호의 집행현실이 헌법 제10조의 인간의 존엄성과 행복추구권를 침해하는지의 여부

대법원과 헌법재판소는 사회보호법상의 보호감호제도의 합헌성여부를 판단함에 있어 지극히 도식적으로 접근하여 제도운용의 현실에 대해서는 관심을 보이지 않고 있다.

그러나 보호감호의 집행현실에 있어 인권침해가 심각하다는 지적이 끊임없이 제기되어 왔다. 보호감호제도는 재범의 위험성이 있는 범죄인에 대하여 사회로부터 추방하는데 목적이 있는 것이 아니라 이를 교육·개선하여 사회에 복귀토록 하는 데 있는 것이므로 사회복귀를 촉진하는 범위내에만 피감호자의 기본권이 제한되어야 한다. 그러나 우리의 보호감호제도는 피감호자의 사회복귀를 위한 것이 아니라 오히려 격리에 의한 사회보호에 초점이 맞춰져 있어 피감호자에 대한 열악한 처우는 헌법 제10조(인간의 존엄성, 행복추구권)에 반한다는 주장이 제기되고 있다.[39)]

---

38) 헌법재판소 1989.7.14. 88 헌가 5, 8, 89 헌가 44.

39) 대한변호사협회가 2003. 12. 30. 국회법제사법위원회에 제출한 '사회보호법폐지법률안에 대한 의견'; 국가인권위원회의 실태조사에 의하면 "가출소자의 3년이내 재범률은 약 40%를 나타내고 있어 재범의 위험성에 대한 예측이 실패하였으며, 보호감호처분이 재범의 위험성에 대한 고려이기 보다 부족한 형벌을 메우는 보충적 수단으로 인식하고 실행되어져 왔다. 이러한 상황은 현재의 보호감호의 집행이 범죄인의 재사회화라는 본연의 임무가 아니라, 사회로부터

Ⅳ. 결 어

오늘날 서구제국을 비롯한 세계 각국이 개정작업 중이거나 개정한 현행 형법들은 범죄인의 사회복귀를 효율적으로 달성하기 위하여 형법상의 제재 또는 법적 효과를 합목적적·합리적으로 재편성하는데 그 특징이 있고, 이러한 노력의 하나로 형법학에서는 형벌편에서 형벌과 보안처분제도를 개별화의 이념 아래 실정에 맞는 최선의 방법을 찾기에 힘쓰고 있다.

이는 우리에게 있어서도 형벌제도의 기능을 보충해 그것에 협력하는 수단으로서 보안처분제도를 정비하는 것이 금일의 과제 중의 하나임은 물론이다. 그러나 민주화가 무작정 범죄인에 대한 관용만을 요구하는 것은 아니며, 국보위에서 제정된 권위주의시대의 법률이라는 이유만으로 보호감호제도가 가지는 순기능적 요소인 형사정책적 배경을 고려함이 없이 폐지되어야 한다는 주장들은 타당하다고 할 수 없다 하겠다.

여기에서 지금까지의 보호감호제도에 대한 비판적 시각은 대체로 보호감호제도 자체가 갖고 있는 해악성보다 실무관행이나 운용방법의 전근대성에서 비롯된 것임을 상기할 필요가 있다. 따라서 보호감호제도의 형사정책적 가치에 대한 신중한 재검토와 함께 위헌혐의를 받고 있는 관련 조항들에 대해 제도의 이념을 구현하는 방향으로 사회보호법을 개정하는 것이 바람직하다 하겠다. 즉, 보안·개선이라는 목적과 동시에 인권보장의 면을 강조해 보호감호의 요건을 엄격화하고 그 절차운용의 due process 및 사회친화적 처우를 강화하는 등 인권보장의 방책을 마련함과 함께 적용대상을 최소화하는 방향으로 사회보호법을 제도의 이념을 충실하게 구현하는 방향으로 개정 ▯ 보완하는 것이 타당하다고 하겠다.

▪ 사회보호법폐지의 논의경과

2003. 12. 5. 최용규의원 등이 발의한 사회보호법 폐지 법률안은 2004. 5. 29. 임기만료로 페기됨. 이후 2004. 9. 15. 최용규의원외 150인이 발의한 '사회보호법폐지법률안'이 2005. 6. 29. 본회의에서 수정 가결되어 2005. 8. 4. 법률 제7656호로 공포되었다. 그 내용은 다음과 같다. 「<u>사회보호법은 이를 폐지한다. 부칙 제2조(이미 선고된 보호감호 판결 및 집행에 관한 경과조치) 이 법 시행 전에 이미 확정된 보호감호 판</u>

격리와 출소후 범죄의 악순환을 양산하는 심각한 상황"이라고 진단하고 있다. 그리고 "우리의 교도행정의 현실을 고려할 때 향후 보호감호제를 유지하면서 보호감호의 취지에 부합하는 유럽수준의 모델로 개선은 어렵다"고 하면서 현행 사회보호법상 보호감호제도는 '제도'로서의 의의를 이미 상실했다고 결론짓고 있다(국가인권위원회 결정, 2004. 1. 13).

결의 효력은 유지되고, 그 확정판결에 따른 보호감호 집행에 관하여는 종전의 '사회보호법'에 따른다. 다만, 보호감호의 관리와 집행에 관한 사회보호위원회의 권한은 '보호치료법'에 따른 보호치료심의위원회가 행사한다. 여기에서 부칙 제2조는 사회보호법에 따라 이미 보호감호 판결을 받은 자에 대하여는 사회방위 및 판결의 집행력 확보 등을 위하여 판결의 효력을 유지하도록 하는 한편, 그 집행을 위하여 필요한 경과규정을 두었다.」

필자가 본장을 완성하여 '대구 · 경북 법학교수 · 검찰실무연구회'의 학술회의에서 발표이후 사회보호법이 위와 같은 논의경과를 거쳐 폐지된 것은 이미 지적한 바와 같이 보호감호제도 자체가 갖고 있는 해악성보다 실무관행이나 운용방법의 전근대성에서 비롯된 것임을 상기할 필요가 있다.

여기에서 대법원의 판결과 헌법재판소의 결정요지를 중심으로 한 본장의 논의내용은 장래적으로 형벌제도의 기능을 보충해 그것에 협력하는 수단으로서 보안처분제도를 정비하는 입법자료로서의 가치는 동 법률의 폐지의 전후를 불문하고 견지될 수 있을 것으로 사료된다. 그것은 본장의 이론적 논의의 중심인 '재범의 위험성'문제가 개별법제에 있어 어떠한 형식을 가지는가의 여부와 관계없이 보안처분이 정당화되기 위한 본질적인 핵심요소로서 중심적 과제이기 때문이다. 실제에 있어 장래의 위법행위에의 「위험성」의 존재와 정도의 판단은 대단히 곤란하며 사회학적 · 의학적으로도 충분한 기준이 확립되어 있지 않기 때문이다.

제8장
보호감호제도는 위헌인 악법인가

Ⅰ. 서 설

최근 보호감호제도의 존폐와 관련하여 보호감호제도의 유지·개선의견과 즉각적인 폐지의견이 팽팽히 대립되어 왔으며 국가인권위원회는 '사회보호법 폐지 및 치료감호 대체법안 마련 권고' 결정문을 법무부에 제출한 바 있으며,[1] 사회보호법폐지법률안이 최용규의원을 비롯한 50인의 발의에 의해 국회에 계류 중에 있다.[2] 본장에서는 이들 보호감호제도의 존폐와 관련한 논의의 당부에 대해 논하고자 한다. 실제에 있어 사회보호법상 보호감호제도는 이중처벌 및 피감호자 처우 등 집행현실의 문제점으로 인해 법제정 당시부터 지속적으로 인권침해의 논란이 제기되어 왔다.

Ⅱ. 논의상황

1. 법무부의 견해[3]

법무부는 보호감호제도 존폐논란과 관련하여 2003. 5 '보호감호 혁신방안'을 발표한 이래 법무부 정책위원회에 안건을 상정하여 논의한 결과 현행보호감호제도의 유지·개선의견과 즉각적인 폐지 의견이 팽팽히 대립하여 종국적인 결론을 내리지 못함에 따라, 보호감호제도의 존치를 전제로 그 대상을 사회적 위험성이 극히 큰 범죄로 제한하고, 가출소의 확대 등 사회 친화적 처우를 강화하는 등 제도의 이념을 충실히 구현하는 방향으로 사회보호법을 개정하기 위해 그 세부적인 준비작업을 진행

---

1) '보호감호제도 존폐 재검토키로', 법무부 보도자료, 2004. 1. 27.
2) '사회보호법폐지법률안'(최용규의원 대표발의), 2003. 12. 5(의안번호 2981). 동법률안은 2004. 5. 29. 임기만료로 폐기됨.
3) 법무부 보도자료, 2004. 1. 27.

하고 있음을 밝힌 바 있다.

이후 국가인권위원회로부터 '사회보호법 폐지 및 치료감호 대체법안 마련 권고' 결정문이 정식 접수됨에 따라 법무정책위원회에서 다시 보호감호제도의 폐지여부에 대한 논의를 한 후 가능한 한 빠른 시일 내에 법무부의 최종결론을 내릴 예정이라고 발표한 바 있다.

2. 국가인권위원회의 견해4)

국가인권위원회는 사회보호법상 보호감호제도가 심각한 인권침해의 문제점을 갖고 있으며, 현재 보호감호제도의 집행 여건상 개선하기에 한계가 있다고 판단하여 사회보호법 폐지를 통해 보호감호제도를 없애고, 치료감호 등에 대한 대체법안 마련을 권고하고 있다. 즉, 입법당시 보호감호제도가 상습범죄자와 특별히 위험성이 있는 범죄자에 대해 응보형 제도의 결함을 보충하기 위해 고안되었으나 우리나라의 형사정책 및 특수한 여건을 종합적으로 고려할 때, 현 시점에서 보호감호제도가 재검토될 필요성이 있다고 하고 있다.

국가인권위원회의 결정 중 결론 부분을 요약 소개하면 다음과 같다.

가. 보호감호제도는 본래 상습범죄자와 특별히 위험성 있는 범죄자에 대해서 응보형 제도의 결함을 보충하기 위해 고안된 제도이나, 오늘날의 형벌사상과 우리의 도입목적과 형사정책 및 특수한 여건 등을 고려해서 재검토될 필요성이 있다.

나. 사회보호법은 그 목적과 과정에 있어 정당성이 결여된 채 도입됨으로써 제정당시부터 인권침해의 논란을 야기해 왔다. 또한 오늘날 형벌과 보안처분이 그 본질에 있어 실질적 차이가 없다고 볼 때 우리 형법체계상 누범·상습범에 대한 보안형으로서 형벌가중규정이 있음에도 불구하고 보호감호를 부과함은 헌법 제13조(이중처벌금지)에 반할 수 있는 소지가 크다고 할 것이다.

다. 법원이 아닌 법무부 사회보호위원회에서 보호감호에 대한 가출소, 감호면제 등을 결정함은 헌법 제12조 제1항의 적법절차에 의한 보안처분으로 볼 수 없으며 제27조 헌법상 보장된 법관에 의한 재판받을 권리를 침해하는 것이다. 또한 사회보호법이 원칙적으로 행형법을 준용토록 하여 보호감호가 일반 형벌과 동일한 형태로 규정되고 집행됨으로써 헌법상 과잉처벌금지원칙에 반할 수 있는 것이다.

또한 보호감호 제반 과정에서 가장 중요한 부분인 재범위험성 예측에 전문적이고 객관적인 판단을 위한 규정 등이 결여됨으로써 헌법 제12조 및 시민적·정치적권리

---

4) '사회보호법 폐지 및 치료감호 대체법안 마련 권고', 국가인권위원회 결정, 2004. 1. 13.

에관한국제규약 제9조(신체의 자유와 안전 등)와 궁극적으로 헌법 제10조를 침해하여 인권침해성이 심히 우려되고 있다.

라. 보호감호의 집행현실에 있어서도 인권침해가 심각한 상황이다. 보호감호집행대상범죄군의 실태에서 볼 때, 보안처분으로서 보호감호제도의 목적에서 벗어나 비례성원칙에 반한 과잉처벌로 볼 수 있으며, 가출소 현황 및 재범율 등은 피보호감호자들에 대한 재범위험성 예측이 형식적으로 시행돼 왔으며 실무적으로 보호감호가 형벌에 대한 보충적 수단으로만 인식되거나 실행되어 왔다고 볼 수 있다.

마. 감호소의 지리적 위치, 수용생활, 의료시설, 작업환경, 근로보상금의 비현실성, 재사회화를 위한 교육 전반과 사회적응 프로그램의 내용과 운영 등 피보호감호자에 대한 현실적 처우 및 생활의 실태는 보호감호제도의 본래 취지에서 벗어날 뿐만 아니라, 헌법 제10조(인간의 존엄성, 행복추구권) 및 시민적·정치적권리에관한국제규약 제10조(자유를 박탈당한 모든 사람의 인간의 고유한 존엄성 존중 등) 등에 반 하고 유엔이 제시하고 있는 피구금자처우에관한최저기준규칙에도 크게 못미치는 열악한 상태에서 인권침해를 야기하고 있다.

바. 국가인권위원회가 외부 전문가들과 함께한 전문적 검토와 실태조사, 관련 실증자료 등에 대한 분석 등을 기초로 할 때, 지금까지 시행된 보호감호제도는 재범의 위험성을 낮추고, 범죄자의 사회복귀를 준비하고, 사회를 방위한다는 본연의 목적달성에 실패한 것으로 평가될 수 있다.

이상의 이유를 논거로 보호감호제도를 없애고, 그 근간이 되는 사회보호법을 폐지하는 것이 보다 국가의 사회보호와 인권보호의 책무에 부합할 것이다. 아울러 동 법에서 규정하고 있는 심신장애자 등에 대한 치료감호제는 별도의 대체법안을 마련할 수 있도록 하여야 할 것이다.

3. 사회보호법폐지법률안의 제안이유5)

2003. 12. 5 최용규의원 외 49인이 발의한 사회보호법폐지법률안의 제안이유는 다음과 같다. 즉, “현행 사회보호법상의 보호감호처분 등은 피감호자의 입장에서는 이중처벌적인 기능을 하고 있을 뿐만 아니라 그 집행실태도 구금위주의 형벌과 다름없이 시행되고 있어 국민의 기본권을 침해하고 있고, 사회보호법 자체도 지난 권위주의시대에 사회방위라는 목적으로 제정한 것으로 위험한 전과자를 사회로부터 격리하

5) ‘사회보호법폐지법률안’, 2003. 12. 5.

는 것을 위주로 하는 보안처분에 치중하고 있어 위험적인 소지가 있기 때문에 이를 폐지하여 국민의 기본권을 보장하려는 것이다"라고 하고 있다.

4. 대한변호사 협회6)

대한변호사협회는 국회 법제사법위원회에 제출된 '사회보호법폐지법률안에 대한 의견'에서 "형법은 상습범과 누범에 대한 가중규정을 두고 있으며, 나아가 상습범과 누범 등에 대한 가중처벌규정을 두는 특정범죄가중처벌등에관한법률, 폭력행위등처벌에관한법률 등 특별법에서 매우 높은 법정형을 정하고 있다. 여기에 다시 보호감호제도를 추가적으로 두지 않더라도 충분히 양형으로 규율이 가능한 것이다. 상습범과 누범가중 규정을 두고 있는 현 제도 하에서의 보호감호제도는 사회를 보호한다는 미명 하에 이중처벌을 허용하는 셈이다. 이 제도를 일부 개선한다고 하여 인권침해 문제가 해결될 수는 없다. 따라서 보호감호제도를 폐지하고 치료감호에 대하여는 별도의 입법을 하는 것이 타당하므로 사회보호법폐지법률안에 대하여 찬성한다"는 의견을 제시한 바 있다.

그리고 위의 결론에 대한 논거로서는 '재사회화를 저해하는 보호감호'와 '보호감호제도의 위헌성'을 들고 있다. 특히 보호감호제도의 위헌성과 관련하여 사회보호법 제정절차상의 문제', '이중처벌금지 원칙의 위배', '과잉처벌금지 원칙의 위배'를 지적하고 있다. 또한 보호감호제도의 폐지에 따른 대책으로서 '양형의 강화', '행형제도의 일원화', '갱생보호프로그램의 강화'를 주장하고 있다.

Ⅲ. 보안처분제도의 일반이론

1. 제도의 목적

(1) 형벌은 법익과 법적 평화의 보호를 위해 범죄에 대하여 투쟁하고 그것을 통하여 장래의 범죄를 방지하기 위해서는 불가결한 제도이다. 그러나 형벌은 비난가능성이라는 의미에서의 책임을 전제로 하고, 책임의 양을 넘을 수 없는 제약을 받고 있기 때문에 특별예방적 기능에는 한계가 있다. 여기에서 책임에 상응하는 형벌을 통

6) '사회보호법폐지법률안에 대한 의견', 대한변호사협회, 2003. 12. 30(국회법제사법위원회에 제출).

하여 일반국민에 대한 안전확보의 필요성이 전적으로 만족될 수 없는 경우에는 이러한 해결책은 난관에 봉착하게 된다. 즉, 형벌은 특별한 위험성을 가지고 있는 행위자에 대하여도, 위험성이 가중된 책임과 일치하지 않는 경우에는 보안과 개선의 필요성을 전혀 고려할 수 없게 된다(예컨대 책임무능력자나 형기만료된 상습범죄인이 재범의 우려가 있는 경우).

보안처분은 바로 형벌의 이러한 제약성에서 출발하여 형벌이 불가능하거나 행위자의 특별한 사회적 위험성으로 인하여 형벌에 의하여 목적을 달성할 수 없는 경우에 사회의 안전을 보호하기 위하여 형벌을 보충해서 그것에 협력하는 수단으로서 형벌에 대체하거나 또는 형벌을 보충하는 순수한 예방적 성질의 국가적 범죄투쟁수단을 의미한다.

즉, 근대 형법의 책임주의에 의하면 책임능력자의 고의·과실에 기한 행위가 없으면 재범의 위험이 있다고 하더라도 형벌로서 다룰 길이 없게 된다. 따라서 위험한 행위자로부터 사회를 방위하기 위해서는 행위자의 치료·개선을 목적으로 하는 강제적 조치가 필요하게 된다. 따라서 보안처분은 이러한 행위자의 위험성에 착안해서 과해지는 것으로, 행위자의 위험성이 소멸할 때까지 계속되는 것이 이상적이므로 필연적으로 부정기적인 성격을 띠게 된다. 또한 보안처분은 형벌이 과거의 범죄를 전제로 해서 책임의 양에 따라 과해지는 것과 달리, 현재 또는 장래의 위험성을 기본적 징표로 제도의 효과성을 추구하기 때문에 합목적적인 이념이 지배되는 점이 많다.

요컨대 보안처분의 발생원인은 팽창된 개인주의의 책임이론과 형벌개념이 실제적으로 가져온 범죄예방 및 진압능력의 무력을 구제하고자 하는 점에 있으며,[7] 그것은 범죄로부터의 사회보전과 지고한 인도주의에 입각한 범죄인의 사회복귀라는 두 개의 주제 속에 함축되어 있다.[8] 사회방위란 개인을 초월한 사회 내지 사회체제를 방위하는 것이라고 해석하기 쉬우나, 사회방위의 근저에 있는 사상은 개인주의이며 이는 바로 시민적 안전에 의한 보호의 요구에 지나지 않는다.[9]

(2) 우리나라의 경우 國保委에 의해 1980년 12월 18일 법률 제3286호로 사회보호법이 제정·시행됨에 따라 범죄에 대한 국가적인 투쟁수단으로서 형벌 이외에 보안처분제도가 도입되어 우리나라의 범죄에 대한 제재체제에 중대한 변혁을 초래하게 되었다.[10] 그러나 이 법이 정체적 과도기에 갑자기 제정되었기 때문에 충분한 연구와

---

7) 安平政吉, 保安處分の理論, 酒井書店, 1970, 30面.
8) 이수성, 「보안처분에 관한 약간의 고찰」, 법학(서울대), 제8권, 제2호, 1966.12, 110면 참고.
9) 平野龍一, 刑法の基礎, 東京大出版會, 1966, 123面.
10) 우리 헌법은 1972년 12월 27일의 제7차 개정헌법 이래로 보안처분의 입법적 근거를 명문화하였다(“누구든지 법률과 적법한 절차에 의하지 아니하고는 처벌, 보안처분 또는 강제노역을 받

협의, 찬반의 공개적 토의가 없었고 시행의 준비기간도 부족하여 제도자체에 있어서나 선고요건의 객관·명문화, 적용한계, 효율적 시행방법 등 그 운영에 있어서 많은 문제점을 갖고 있음이 주지의 사실이다.[11)]

2. 입법례(독일의 경우)

오늘날 세계 각국은 보안처분제도에 대한 그 이론상의 논쟁이 어떠하든 실제상의 필요에 의해 이 제도를 채택하고 있다. 그러나 그 도입되는 형식은 보안처분의 본질과 관련하여 상이하다. 이하에서는 비교법적 고찰의 필요성을 위해 독일의 입법례를 간단히 고찰하고자 한다.[12)]

1987년 4월 1일 발효된 독일 형법은 총칙 제6절에서 「보안처분」의 규정을 두고 있다.

독일 형법총칙의 보안처분제도의 주요내용은 다음과 같다. 먼저 현행형법은 인권보장의 견지에서 보안처분의 남용을 방지하기 위하여 「비례성의 원칙(Grundsatz der Verhältnismäßigkeit)」을 명문화하여 "보안처분은 행위자에 의하여 행하여진 범죄행위, 예견되는 범죄행위의 경중 및 행위자에 의하여 야기된 위험의 정도와 비례되지 아니하는(außer Verhältnis stehen) 때에는 이를 명하지 아니한다"고 규정하고 있다(제62조). 다음으로 보안처분의 종류로는 제61조에서 ① 정신병원감호, ② 금단치료소감호, ③ 보안감호, ④ 보호관찰, ⑤ 운전면허취소, ⑥ 직업금지 등 6종의 보안처분을 규정하고 있다.

지 아니한다"는 규정을 헌법 제12조 1항은 두고 있다. 특이할 것은 현행 헌법은 「적법한 절차」란 규정을 신설하였다; 사회보호법상의 보안처분의 합헌성에 대한 판례로는 대법원 1986. 2. 25, 85 도 2786 참조.

11) 최근 국가인권위원회의'사회보호법 폐지 및 치료감호 대체법안 마련 권고'결정에서도 사회보호법상 보호감호제도의 도입의 정당성의 문제와 관련하여 "사회보호법은 1980년 신군부의 집권과정에서 계엄포고 13호에 의거 실행된 '삼청교육'과 이들에 대한 사회격리를 위한 청송보호감호소의 설치 및 보호감호처분 등을 위해 국회가 아닌 국가보위입법회의에서 제정되었다. 이는 우리 사회보호법이 진정으로 사회에 위험한 누범이나 상습범에 대한 재사회화와 사회보호라는 본연의 목적을 위해서라기보다는 신군부의 집권과정에서의 왜곡된 의도에 의해 제정된 것으로 볼 수 있다. 따라서 도입목적과 그 과정에 있어 정당성이 결여된 것이다. 이후 현재까지 5차례의 개정이 있었으나, 필요적 보호감호제가 폐지되었을 뿐 보호감호제의 골격은 그대로 유지되었다"고 하고 있다(국가인권위원회 결정, 2004. 1. 13).

12) 통일이후 독일은 동·서독간 40여년 이상 상호 이질적으로 유지되어 왔던 두개의 형법체제를 하나의 형법체제로 성공리에 통합한 바 있다. 1987년 4월 1일 발효된 현행 독일형법은 1871년 「독일제국형법전」을 근간으로 한 것으로서 총칙(제1조-제79조)과 각칙(제80조-제358조) 등 총 358개조문으로 구성되어 있다.

그리고 현행 형법규정 중 자유박탈을 수반하는 보안처분으로서는 ① 정신장애범죄자의 성신병원(Psychiatrisches Krankenhaus)감호(동법 63조), ② 알콜·흥분제중독자에 대한 보안처분으로서의 금단시설(Entsiehunsanstalt)에의 감호(동법 제64조), ③ 위험한 상습범인에 대한 형의 가중규정(구법 제20조a)을 삭제해서 형법은 위험한 상습범인을 대상으로 한 「보안감호(Unterbringung in der Sicherungsverwahrung)」을 규정하고 있다(동법 제66조).[13] 그리고 중대한 인격장애가 있는 누범자, 성충동범죄자, 상습범인으로서 위험성이 있는 만27세미만의 누범자·정신장애범죄자 등의 사회치료시설에의 수용(Unterbringung in einer sozialtherapeutschen Anstalt)(동법 제65조) 규정은 폐지되었다.

다음으로 자유박탈처분에 관한 일반규정으로서 형벌과의 관계에 있어 형법은 대체주의를 강화하고 있다. 즉 정신병원감호 및 금단치료소감호가 자유형에 부가하여 명하여진 경우에는 감호처분을 자유형보다 선집행한다(제67조 1항). 예외적으로 형의 전부 또는 일부가 감호처분보다 먼저 집행되는 경우로는 「보안처분의 목적이 형을 먼저 집행함으로써 보다 용이하게 달성되는 경우」로 한정하고 있다(제67조 2항). 또한 선집행된 감호처분의 집행기간은 3분의 2기간의 범위내에서 형기에 필요적으로 산입하도록 한다(제67조 4항).

또한 감호처분의 사후개시와 관련하여 "법원은 자유형이 이와 병과된 자유박탈보안처분에 우선하여 집행된 경우 형집행 종료이전에 그 처분의 목적상 감호가 계속해서 필요한지 여부를 심사한다. 감호가 필요하지 아니하다고 판단되는 때에는 보호관찰을 조건으로 자유박탈보안처분의 집행을 유예할 수 있다"고 규정하여 보안처분의 집행시기에 다시 필요성 여부를 심사하도록 하고 있다.

자유박탈을 수반하지 않는 개선·보안처분으로는 ① 보호관찰(제68조이하), ② 운전면허의 박탈(제69조 이하), ③ 직업금지(제70조이하) 등이 있다.

이상에서 독일 형법총칙의 보안처분에 있어서는 행위자의 개선(사회복귀)의 중점이 보다 중시되고 있음을 알 수 있다. 그리고 보안처분제도에 있어서 개선의 관점을 중시하면서도, 그것이 대상자의 인신의 자유에 대한 중대한 제약이 수반된다는 점을 명백하게 인정되고 있다. 그리고 이것은 「비례성의 원칙」의 명문화에 단적으로 표현되고 있다.

또한 보안처분과 형벌과의 관계에 있어서도 대체주의가 현저하게 강화되고 있다.

---

13) 보안처분제도와 관련하여 연방형법의 확장적용이 배제된 경우의 하나로서 구동독 형법상 대응규정이 없는 (연방형법만이 관련규정을 두었던) 보안감호처분(제66조) 조항은 죄형법정주의 원칙에 따라 구 동독지역에 잠정적으로 적용되지 아니하다가, 형법시행법률 제1조의a 개정에 따라 1995년 8월 1일 이후 행하여진 범죄에 대하여 이를 제한 없이 적용하게 되었다.

그것은 보안처분제도에 있어서 개선의 관점의 강조와 형벌제도에 있어서 특별예방관점의 중시결과로서, 개선·보안처분과 형벌과의 질적 차이가 감소함과 동시에, 양자 모두 자유에 대한 중대한 제약이란 점에서의 공통성을 직시하고 그것을 반영하고 있다. 그리고 보안처분의 무의미한 집행을 회피하려는 시도와 함께 처분전체를 개선중시의 관점에서 합목적적으로 구성하려고 하고 있다. 그것은 법원에 의한 처분의 변경, 취소, 유예 및 다른 감호처분의 집행에로의 이행 규정에서 잘 나타나고 있다(제67조, 제67조의a, 제67조의b, 제67조의c, 제67조의d, 제67조의e).

이와 같이 독일 형법총칙의 보안처분제도는 62년 초안과 대비하여 볼 때 개선의 관점을 중시함과 동시에 인권의 보장에도 세심한 배려를 하고 있음을 알 수 있다.

3. 보안처분제도의 법적 성질

형벌과 보안처분은 법적 성질에 있어 동질적인가, 이질저인가의 문제는 종래로부터 학파간의 논쟁의 초점이었다. 즉 근대학파는 양자간의 본질적인 차이를 인정하지 않지만, 고전학파는 그것을 긍정한다. 도의적 책임론 및 응보이론의 입장에 의하면「형벌은 본질적으로 과거의 범죄에 대한 도의적 비난을 요소로 한 응보인데 반하여, 보안처분은 행위자의 사회적 위험성에 대한 사회보안의 견지에서 장래에 있어서 사회적 침해의 예방을 목적으로 하는 사회방위와 본인의 교정·교육을 목적으로 하는 처분이다」. 형벌의 기초는 책임이지만 보안처분의 기초는 성격의 위험성이다. 형벌은 범죄를 필연적으로 전제로 하지만 보안처분은 단적으로 위험한 성격에 착안한다.[14] 이것은 이원주의의 체계를 기초로 하는 입법례의 지배적 견해이다.

그러나 근자에는 형벌과 보안처분과의 차이보다도 유사성·공통성에 착안해서 일원적으로 보려는 견해가 대두했다.[15] 신사회방위학파는 범죄투쟁의 형사정책적 견지에서 범죄의 방위진압이라는 사회목적적인 면에서 볼 때 형벌과 보안처분의 구별은 불필요하게 된다.[16]

이원론과 일원론이라는 표현은 결합과 분리라는 표현에 근거하며 이 양자를 적극적으로 결합할 것인가, 소극적으로 분리할 것인가의 문제이다. 형벌조직과 보안적 조직의 비교·비판은 국가적 혹은 사회적 제관계, 학문적 방향, 사적 발전의 독특한 상태 등을 고려해서 이해되어져야 한다. 이 양자의 관계에 있어서는 부정기형과의 문제, 형벌과 보안처분의 택일 또는 보충의 문제, 형벌의 집행전 또는 집행후의 보안처

14) 森下 忠,「刑罰と保安處分との關係」, 刑事政策の現代的課題, 有斐閣, 1977, 174面.
15) 1953년의 제6회 국제형사법학회는 형벌과 보안처분과의 일원화(unification)을 논제로 했다.
16) 森下 忠, 前揭書 175面.

분의 집행에 관한 문제 등 많은 논의가 전개되고 있다.

(1) 이원주의(Zweispurigkeit; Dualismus)

책임형벌과 위험성 보호의 혼동을 거절하는 입장으로 형벌과 보안처분은 그 본질 및 내용에 있어 상이하다는 것을 근거로 해서 양자는 「분리」된다는 것이다. 따라서 형벌과 보안처분은 동시에 선고되고 중복적으로 집행되며(엄격한 이원주의, Das System der strengen Zweispurigkeit), 집행순서의 문제에 있어서는 형벌과 보안처분의 쌍방이 언도된 경우 형벌과 보안처분간에는 그 집행면에 있어서 어느 것을 선집행할 것인가의 문제가 있다. 이 경우 형벌의 선집행주의와 보안처분 선집행주의가 있으나 형의 선집행주의 원칙이 일반적이다. 이것은 보안처분은 형벌을 보충하는 것이므로 형벌이 집행된 후에 집행되어야 하며 형벌은 정기형임에 반하여 보안처분은 보통 부정기형이므로 형벌을 선집행해야 한다고 한다.[17] 우리의 사회보호법도 이원주의의 입장에 해당한다(제23조 제1항)

Hanack는 「이원주의의 위기」로서 이하의 諸點을 지적하고 있다.

① 이원주의는 책임원리를 형해화할 위험이 있다. 보안처분은 원칙적으로 책임형법에 의한 특별한 제한을 받지 않기 때문에 보안처분의 적용은 책임의 정도를 초과하는 처분이 선고될 위험성이 있다는 것이다. 이 점에 대해서 이원론은 「위험성」을 전제한 보안처분으로 설명하고 있으나, 최근의 보안처분논쟁에서도 위험성 예측의 확실성 문제가 여전히 중심과제로 되고 있음은 이러한 문제점을 불식하지 못함을 보여주고 있다.

② 형벌과 보안처분과의 혼동의 문제이다. Roxin은 "형벌과 보안처분은 양자택일의 관계에 있는 것이 아니라 모두 법익보호와 再社會化에 봉사한다는 점에서 차이가 없다. 양자의 구별은 형사정책적으로 형별은 책임원리에 의해, 보안처분은 우월적인 공공이익의 원리에 지배된다는 점에서만 가능하기 때문에 「목적은 일원적으로, 제재는 이원적으로」 해석함으로써 해결되어야 한다"고 한다.[18] 이 입장은 형사정책적 견지에서 책임주의 및 형벌·보안처분을 재구성하려는 견해로서 독일에서 많은 지지를 얻고 있다.

③ 형벌과 보안처분의 운용상의 구별에 있어서 E. Kohlrausch는 다음과 같은 문제

---

17) P. Noll, Schuld und Prävention unter dem Gesichtspunkt der Rationalisierung des Strafrechts, in: Festschrift für H. Mayerm 1966, S. 24; 西原春夫, 刑法總論, 成文堂, 1983, 503面.

18) C. Roxin, Schuld und Verantwortlichkeit als strfrechtliche Systemkategorien, in: Festschtift für Henkel, 1974, S. 171ff.

점을 지적하고 있다.[19] 형벌과 자유박탈을 수반하는 보안처분의 분리는 실제에 있어 자유의 박탈이라는 점에는 차이가 없고, 그 집행의 실태에 있어서도 실질적으로 구별이 곤란하며, 피구금자는 보안처분의 집행을 하나의 해악으로 느끼게 된다. E. Kohlrausch는 부정기의 보안감호의 경우 형사정책적으로 효과가 없으며, 실제에 있어 피구금자가 그의 감방에서 쌍둥이처럼 닮은 다른 감방으로 간다는 것 이외의 아무것도 아니게 된다고 하고 있다.[20]

이외에도 이원주의의 집행상의 문제점이 지적되고 있다. 즉, 형벌과 보안처분의 쌍방이 선고된 경우에 있어서 집행상의 순서의 문제이다.

입법례로서 독일의 형법은 의료적·개선적 처우를 기본으로 하는 정신병원감호(형법 제63조)나 금단치료소감호(형법 제64조) 경우에 있어서는 보안처분의 선집행을 인정한 반면(형법 제67조 제1항), 보호감호에 대해서는 형벌의 집행이 종료된 후에 집행하도록 하고 있다(독일형법 제67조). 우리나라의 사회보호법의 경우에도 보호감호와 형벌이 병과된 경우에 형을 선집행하도록 규정하고 있다(제23조 제1항). 그러나 이원주의는 일방의 집행에 의해 타방의 목적을 달성한 경우에 있어서도 타방을 집행하지 않을 수 없고, 그것은 곧 형사정책적으로 이중처벌이라는 정당성의 결함과 함께 필요이상으로 개인의 인권을 희생하게 하는 결함을 가지게 된다는 비난을 면할 수 없다.[21]

(2) 일원주의(Einspurigkeit; Monismus)

일원주의는 형벌과 보안처분을 본질적으로 동일하다고 보고 필요에 따라 형벌 또는 보안처분의 어느 하나만을 적용할 것을 주장한다(선택선고형주의), 형벌과 보안처분은 모두 사회방위와 범죄인의 개선·교육·사회복귀를 그 목적으로 하며, 보안처분도 윤리적으로 무색한 것이 아니라 행위자의 반사회적 위험성을 기초로 하여 과하는 사회방위처분이므로 양자의 본질적 차이는 없다.[22] 따라서 형벌의 특별예방적 효과를 기대할 수 없는 경우에는 형벌의 적용을 배제하고 보안처분을 적용해야 한다고 한다.

---

19) E. Kohlrausch, Sicherungshaft, ZStW, Bd. 44, 1924, S. 33.

20) E. Kohlrausch는 이와 같은 이중처벌(Doppelbestrafung)의 가능성을 보안처분이라는 명칭에 의해 실질적으로 형벌을 과하는 "看板詐欺(Etikettenschwindel)"라고 비판한다(E. Kohlrausch, a. a. O., S. 33).

21) 임웅, 형법총론, 법문사, 1999, 580면. 이원주의의 입법례로는 브라질, 프랑스, 이탈리아, 네덜란드, 독일 등이 있다.

22) 이재상, 사회보호법론, 경문사, 1981, 58면.

1921년 이탈리아 형법초안(Progetto preliminale di codice penale Italiano「Libro I」)은 Enrico Ferri(1856~1929)에 의해 책임과 형벌의 개념이 위험성과 사회방위처분에 의하여 대체되었으며(책임의 부정 · 위험성주의의 채용).[23] 그것은 「책임과 형벌없는 형법」으로서 종래의 도의적 책임에 대한 속죄개념으로부터 해방시켜 형사제재의 본질을 사회방위에 유효한 제재수단으로 보았다. 이들의 이론은 F. v. Listz(1851~1919)의 목적형주의를 거쳐[24] 이탈리아의 Gramatica와 프랑스의 Marc Ancel에 의하여 전개된 사회방위이론에 의하여 현재까지 전개되고 있다.[25]

일원주의에 대한 비판은 다음과 같다.

「형벌과 보안처분」의 결합인가 분리인가의 문제에 관한 일원주의는 특히 순수한 보안처분 일원주의는 국가형벌권의 제한원리로서 책임주의를 포기하게 된다. 즉 책임과 위험성의 구분은 상대화되고 책임은 행위자책임(Täterschuld) 내지 성격책임(Charaterschuld), 생활형성책임의 원리를 가지게 되어 이러한 책임이론은 책임주의의 포기를 의미한다.[26]

이것은 형법에 있어 책임을 국가형벌권에 대한 제약원리로 보는 소극적 책임주의의 변혁을 전제로 하는 것이므로 순수한 일원주의는 근대학파의 세계관을 전적으로 수용하는 국가구조하에서만 가능하다. 형벌을 폐지하고 보안처분(또는 사회방위처분)으로 일원화하려는 의미에서의 일원주의는 현재 거의 주장되고 있지 않지만, 형벌과 보안처분과를 범죄방지의 수단으로써 기능적으로 일원화하려는 경향은 현저하다.

다른 하나는 형벌과 보안처분의 중복이 문제가 되는 한정책임능력자의 경우에 있어 보안처분만을 선고하는 일원주의가 형사정책상 타당한 해결방법인가의 의문이 있다. 한정책임능력자에 대해 보안처분만을 선고할 경우 그것은 책임무능력자와 한정책임능력자를 동일하게 취급하는 것으로 되어 양자를 구분하는 형법의 취지에 합치되지 아니한다는 비판이 있다.[27]

그러나 형법상의 책임원칙은 형벌을 과하기 위한 필요요건이지만 책임이 있다고 해서 형벌을 과해야 하는 충분조건을 아니다. 형의 양정에 있어서는 위하력의 유지와 평등의 원칙을 침해하지 않는 범위내에서 특별예방효과에 근거한 형벌의 선고와

---

23) 平野龍一, 刑法總論 I, 1981, 9面 參照; 염정철, 「Lombroso교수의 이론과 학설 그리고 그 형법학적 의의」, 부산대 법학연구, 제1권, 제2호, 1957, 103면 이하 참조.

24) Listz는 1889년 네델란드의 Hamel과 벨기에의 Prins와 함께 국제형사법학회(Internationle Kriminalistische Vereinigung)을 설립하였고, 새로운 형사정책과 형법개정운동을 전개하여 고전학파와 근대학파 사이의 격렬한 논쟁을 야기시켰다.

25) 형벌이 특별예방효과를 기대할 수 없는 경우에 보안처분만을 부과하는 영국, 벨기에, 스웨덴, 덴마크 등이 여기에 해당한다.

26) 이재상, 전게서, 64면이하.

27) 상게서, 65면.

집행의 포기는 가능하다 할 것이다.

(3) 대체주의(Das vikalierende System)

국가가 강제적으로 시민의 자유를 제한하는 것을 「개입」이라고 한다면 개입이 정당화되기 위해서는, 개입의 목적이 정당하고 또한 그 목적을 위하여 사용되는 수단이 정당할 것이 요구된다. 현대의 국제적인 형사사조가 형사정책적 관점하에서 일원주의의 방향으로 진전하고 있으며, 형벌과 보안처분을 통합하기 위한 이론적·실천적인 노력이 진행되고 있는 바, 문제는 어떻게 전통적인 형법이론인 「책임에는 형벌, 위험성에는 보안처분」이라는 종래의 이원주의이론과 조화할 것인가가 문제된다.

여기에서 종래의 이원주의이론에 입각하면서 병과주의의 결함을 회피하기 위하여 집행상의 일원화를 도모하려는 이론이 나타나게 되었다. 대체주의는 이원주의를 유지하면서도 집행의 단계에 있어서 형벌은 책임의 정도에 따라 언제나 선고되고 그 집행단계에 있어서는 형벌보다 보안처분을 선집행하여 형벌을 보안처분에 의하여 대체하여 집행기간의 일부(임의적) 또는 전부의 형기에 산입(필요적)하거나, 보안처분의 집행으로 인하여 이미 치료적·개선적 효과가 달성된 경우 보안처분 집행후의 형벌의 집행에 대한 유예의 가능성을 그 내용으로 하는 제도로서, 형벌과 보안처분의 요건과 그 선고에 관하여는 이원주의가 적용되지만 집행의 면에 있어서는 일원주의를 취하는 이원주의와 일원주의와의 타협을 시도하는 주의를 말한다.[28)]

외국의 입법례로는 스위스·오스트리아 등이 대체주의를 채택하고 있다(오스트리아 형법 제24조 1항). 독일의 경우에 있어서는 정신병원감호, 금단치료소감호의 경우에 있어서는 "형기의 3분의 2 기간의 범위내에서 감호처분의 집행기간을 형기에 산입한다"하여 보안감호 이외에는 이 주의를 채택하고 있다.

여기에서 대체주의, 택일주의는 형식적으로는 이원주의를 유지하면서 형벌과 보안처분과 기능적 일원화를 도모하고 있다. 따라서 형벌과 보안처분과의 기능적 일원화의 방향이 금일의 세계적 경향이라 하겠다.

대체주의의 이론적 근거는 ① 형벌과 보안처분 양자가 모두 추상적 의미에서 「범죄의 방지」·「범죄자의 사회복귀」라는 공통의 목적을 추구하고 있으므로 목적에 대비한 필요한 수단으로서 집행에 있어서 보안처분은「형을 대체한다」. ② 양자의 집행순서에 있어서도 범죄자의 사회복귀라는 관점에서 볼 때 보안처분의 선집행이 구체적인 행위자의 개인적 처벌의 필요성과 관련할 때보다 합리적·합목적적이다. ③ 양

28) T. Lenckner, "Strafe, Schuld und Schuldfähigkeit", in Göppinger-Witter, Handbuch der forenischen Psychiatrie, 1972, S. 231.

자를 현실의 목적기능에서 볼 때 자유박탈을 수반하는 보안처분은 법익이 박탈 내지 제한이라는 관점에서 피구금자에게 미치는 영향을 동질적이기 때문에, 일반사회인이나 범죄자 모두에게 있어서 보안처분이 먼저 집행된 경우에 그 기간의 일부 또는 전부를 형기에 산입하거나 형벌의 집행에 대한 유예의 가능성은 이론적으로 정당화된다는 것이다.[29)]

이러한 의미에서 대체주의는 형벌과 보안처분이 관계를 순수이론적 측면보다도 실질적이고 형사정책적인 고려에 의하여 해결하고자 하는 이론이다. 이것은 종래의 형벌이론에 대한 혁신이라 할 수는 없어도 적어도 도의적 책임에 기한 응보사상에서 인간적인 형법(menschliches Strafrecht)에로의 진일보라 할 것이다.

우리나라의 사회보호법은 제23조에서 형벌과 치료감호가 동시에 선고된 때에는 대체주의를 채택하고(제2항) 보호감호의 경우는 병과주의를 취하고 있다(제1항). 그러나 이것은 형벌과 보안처분의 기능적 일원론의 세계적 입법 추세에서 볼 때 자유박탈적 보호감호의 경우도 보안처분선집행주의, 대체주의로 전환하는 것이 타당하다 할 것이다.

대체주의에 대해서는 다음과 같은 비판이 제기되고 있다.

① 형벌과 보안처분의 교환이라는 대체주의는 책임형법과 일치하지 않고, 형벌의 기능을 보안처분에 위임함으로써 형벌과 보안처분의 한계가 불명확하게 되면, ② 형벌과 보안처분이 동시에 선고된 경우 보안처분의 집행에 의하여 형벌의 집행은 종료되므로 형벌만을 선고받은 자에 비하여 유리한 결과를 초래하게 되어 정의 관념에 반하여, ③ 범죄행위를 이유로 의료적 보안처분이 선고된 자를 범죄행위를 범하지 아니한 심신장애자와 동등하게 취급하는 것은 부당한 것이 된다는 비판이 있다.[30)]

그러나 대체주의에 대한 이러한 비판은 형벌과 보안처분의 목적, 형법에 있어서 책임주의의 본질과 관련하여 다음과 같은 이유에서 타당하지 않다.

① 대체주의의 경우에 있어 형의 선고에 대하여는 양자의 대체가 허용되지 않고, 형벌과 보안처분의 교환으로서의 대체는 집행의 단계에서만 허용되므로 형벌의 본질적 기능은 그대로 유지된다 할 것이다. 그리고 책임주의에 있어서도 예방의 필요성이 없다면 형벌은 과해지지 않고 또는 제한된다는 명제는 일응 인정된다 할 것이며, ② 형벌과 보안처분은 그 목적과 법익의 박탈 내지 제한이라는 관점에서 행위자에게 미치는 영향은 동질적이며, ③ 동일한 책임을 가진 두 사람의 행위자 중 일인에게 다른 요소가 있는 경우에 이를 가볍게 취급하는 것은 형벌과 보안처분의 목적이 시민적 안정의 확보와 행위자의 사회복귀에 있다고 할 때 그 개념에 반하지 아니한다

29) 이재상, 전게서, 59면.
30) 상게서, 67면이하.

할 것이다.[31)]

이상에서 형벌과 보안처분의 관계에 대한 우리의 결론은 다음과 같다.

① 형벌과 보안처분은 이론적으로 볼 때 완전히 동일시 될 수는 없다. 형벌은 범죄를 행한 것을 전제로 해서 그것에 대한 비난으로서 가해지는 법률적 제재이지만, 보안처분은 행위자의 위험성에 착안해서 과해지는 처분으로서 위법행위의 존재를 전제로 하는 경우에도 그 위법행위는 장래에 있어서 범죄반복의 위험성을 인정하기 위한 자료로서 의미를 가진다. 따라서 형벌은 과거의 범죄에 대한 규범적 응보의 의미를 가지고 있지만, 보안처분은 위험성의 제거를 목적으로 하는 조치로서 행위자의 현재 및 장래의 위험성이 보안처분의 조건이 된다.

그리고 ② 목적형론의 입장에서 혹은 집행기관과 관련하여 집행단계에 있어서는 형벌과 보안처분의 교환으로서의 대체는 허용되어져야 한다. 따라서 「선고에 있어서는 이원주의, 집행에 있어서는 일원주의」(Zweispurigkeit im Urteil-Einspurigkeit im Vollzuge)가 타당하다 할 것이다.[32)]

4. 보안처분의 정당성의 근거

형법에 있어 형벌의 책임종속성은 장래의 범죄행위에 대한 형법의 예방적 과제를 단지 제한된 범위내에서 수행할 수 있을 뿐 이를 충족시키기는 어렵다.[33)] 여기에서 형벌이 갖는 한계를 보충함으로써 형법의 사회통제의 효율성을 提高하기 위하여 형법상이 책임과 무관하게(schuldunabhängig) 「행위자의 위험성(Gefährlichkeit des Täter)」만을 목적으로 하는 순수한 「목적처분(Zweckmaßnahme)」으로서의 통상의 형벌을 대체하거나 보완하는 처분을 필요로 하게 된다.[34)]

따라서 보안처분의 일반적인 목적은 범죄행위자를 치료・보호・개선・격리해서

---

31) 여기서의 시민적 안전이란 「시민의 생명・신체 및 재산이 보호되고 있는 상태」를 의미한다. 그리고 사회복귀의 개념은 ① 윤리적 교정, ② 위하에 의한 행위의 재사회화, ③ 사회적 생활관계의 조정 등 3종의 의미가 있다(澤登俊雄, 「行刑の目的と國家の處遇權」, 平場安治博士還曆祝賀・現代の刑事法學(下), 有斐閣, 1977, 346面).

32) 사회보호법 제23조 1항은 위험한 상습범에 대한 보호감호처분에 대하여는 병과주의를 채택하고 있다. 이것은 위험한 상습범이 형벌로부터 면제되어 일반범죄자보다 유리하게 처우되는 부당한 결과를 피하고, 보호감호라는 최후의 형사정책적 수단은 형벌이 과해지 후에 집행하는 것이 타당하다는데 근거하고 있다. 그러나 보호감호의 형벌과의 병과는 기본권보장의 이념과 일치하지 않으며……형벌과의 대체성을 인정하는 것이 타당하다(정영석, 형사정책, 법문사, 1986, 294면).

33) H.H.Jescheck, Lehrbuch des Strafrechts, Allg. T., 3. Aufl., 1978, S. 648.

34) 배종대, 「위험성의 종합판단」, 판례연구, 제4집(고대법학연구소), 1986. 12, 84면 참조.

그 자의 장래의 범죄(위험성)를 방지 또는 예방해서 공공의 안전과 이익을 보호하는 것이다. 그 점에서 보안처분은 장래의 위험성에 대처한다는 방향성 및 특별예방목적을 제도적으로 실현하고자 개개의 위험한 행위자에 대해서 내려지는 조치이다.[35] 그러나 오늘날의 형법은 법치국가적 형벌권의 제도요청에 따라 심정형법을 배척하고 제도의 구체적 내용을 실증적으로 문제삼는다. 여기에서 개입의 목적과 그 수단의 정당성이 요구되어진다.

보안처분이 정당화되기 위해서는 ① 법치국가적 원리에 기초해서, ② 현저한 위험성(Gefährlichkeit)의 존재, ③ 비례성의 원칙(Grundsatz der Verhältnismäßigkeit) 등이 요구되어진다. 이하에서는 보안처분이 전제하고 있는 '현저한 위험성의 존재'와 관련하여 제기되는 제 문제와 비례성의 원칙을 상론하고자 한다.

(1) 현저한 위험성의 존재

보안처분제도의 목적은 범죄반복의 위험성을 사전에 억지하는 것이다. 따라서 보안처분을 선고하기 위해서는 행위자의 장래의 위법행위에의 「위험성」이 존재해야 한다. 여기에서 위험성 개념의 의미확정은 보안처분제도의 중심적 과제로서 최근의 보안처분논쟁에도 위험성예측의 확실성의 문제가 주요 쟁점으로 되고 있다.

이 장래의 위법행위에의 「위험성」의 존재와 정도의 판단은 대단히 곤란하며 사회학적·의학적으로도 충분한 기준이 확립되어 있지 않다. 그러나 과거에 행하여진 원인된 범죄행위(Anlaßtat)로부터 「위험성」의 정도, 존재를 판단하는 것은 반드시 용이하지는 않지만, 그 범행의 내용과 범행에 이르게 된 과정 등으로부터 행위자에 대한 위험성의 징후판단은 일응 가능하다 할 것이다. 우리나라의 사회보호법도 동법 제5조의 보호감호에 있어 과거의 범죄행위를 기초로 해서 '재범의 위험성' 여부의 판단을 요구하고 있다

1) 위험성의 개념

보안처분의 기초로서의 위험성은 행위자에 대하여 장래에 형벌로서 처벌되는 중대한 위법행위를 범할 재범의 위험·재범의 개연성(Wahrscheinlichkeit)를 의미한다. Müller는 보안처분에 있어서의 위험성(Gefährlichkeit)이란 "중대한 법위반행위를 행할 개연성, 고도의 우세한(überwiegend) 가능성이라고 정의하였다.[36] 대법원은 사회보호

---

35) 형벌의 유효성이 일반예방과 특별예방의 양면에 있어서 판단되는데 반해 보안처분은 특별예방적 효과만이 문제된다.

36) Müller, Anordnung und Aussetzung freiheitsentziehender Maßregeln der Besserung und Sicherung,

법 제5조 소정의 「재범의 위험성」이란 "피감호청구인이 장차 다시 죄를 저지를 것이라는 상당한 개연성이 있는 경우"를 말한다고 판시하고 있다.[37)]

2) 위험성판단의 내용

보안처분에서의 위험성을 "재범의 개연성"이라고 할 때 문제는 "개연성"이다. 그것은 위험성의 예측을 어떠한 방법에 의해 가장 실제에 가까운 것으로 행할 수 있는가의 문제와 직결된다.

① 먼저 행위자에 의한 장래의 범죄행위의 기대는 행위자가 장래에 형벌로서 처벌되는 범죄행위를 할 확실성을 요구하는 것은 아니며, 장래에 우려되는 범죄행위에 대한 법관의 개연성에 대한 확신형성으로 족하다. 그리고 단순한 재범가능성(Wiederholungsmöglichkeit)의 잠재적 위험(latente Gefahr)만으로는 부족하며,[38)] 그것은 인간내심의 표출되지 않은 위험성이 아니라 범죄에 의하여 이미 입증된 위험성만이 문제된다. 왜냐하면 인간은 그 누구나 범죄를 범할 위험성이 없는 자가 없으며 그것은 정도의 문제이기 때문이다.

대법원도 재범의 위험성에 대하여 '재범의 위험성'이라 함은 "재범의 가능성만으로는 부족하고, 피감호청구인이 장래에 다시 죄를 범하여 법적 평온을 깨뜨릴 고도의 개연성이 있어야 하고, ……"라고 하여 고도의 개연성을 요한다고 하고 있다.[39)] 따라서 행위자의 자유를 구속하는데 족할 정도로 고도의 개연성의 증명이 있어야 할 것이다.[40)]

② 위험성의 정도는 침해가능성 및 기대되는 침해행위의 정도에 의하여 결정되어야 하며, 이것은 비례·균형의 원칙에 입각하여 신중히 판단되어져야 한다. 독일형법은 제66조(보호감호)에서 장래에 기대되는 법익침해의 중대성을 명시하고 있다.

③ 예상되는 범죄행위로 인한 위험성은 사회와 일반인에 대한 것을 요하지만, 행위의 중대성이 인정되면 일정 범위의 제한된 사람 또는 특정인에 대한 위험성이 있는 경우에도 족하다.

④ 행위자의 상태와 위험성간에는 인과관계가 있어야 한다.

1981, S. 60ff; 이재상교수는 「재범의 위험성이란 보호대상자가 앞으로 죄를 범하여 법적 평온을 깨트릴 확실한 개연성(bestimmte Wahrscheinlichkeit)을 의미한다」고 한다(이재상, 「보호감호에 있어서의 동종 또는 유사한 죄와 재범의 위험성」, 법조, 제31권, 제5호, 1982. 5, 30면).

37) 대법원 1995.3.10, 94 감도 69.

38) 이재상, 사회보호법론, 49면.

39) 대법원 1999. 5. 14, 99 도 791(99 감도 22).

40) 西原春夫, 保安處分論, 刑事政策講座, 第3券, 成文堂, 1972, 19面 參照.

3) 위험성 판단의 기준 및 시기

재범의 위험성에 대한 판단기준에 있어 대법원은 "피감호청구인의 직업과 환경, 연령, 가족관계, 당해 범행 이전의 행적, 그 범행의 동기, 회수, 수단, 범행 후의 정황, 개전의 정 등 제반 사정을 종합하여 판단하여야 하고, 또 당해 범행이 상습의 습벽에 의한 것이라 하여 재범의 위험성이 반드시 있다고 할 수 없다"고 하고 있다.[41]

장래에 대한 인간의 예측능력은 매우 불충분한 것이기 때문에 쉽게 필요한 확실성에 도달할 수 없다. 보안처분에 있어서도 위험성의 판단은 과거의 원인된 행위로부터 자동적으로 판단되는 것은 아니며, 그것은 단지 미래행위에 대한 하나의 간접적 징후에 불과하다.

따라서 여기에서의 위험성 판단의 기준은 행위와 행위자를 함께 고려해서 행위자의 인격과 그가 행한 과거의 원인된 범죄행위(Anlaßtat)를 판단자료로 한 전인격적인 「종합판단(Gesamrwürdigung)」이어야 한다. 종합판단이라고는 하지만 모든 사건들은 대부분 원인행위에 의하여 판결의 논거가 이루어졌다. 따라서 학설과 판례에서 이견없이 최소한으로 요구하고 있는 하나의 기준은 경미한 범죄(Begatelldelikte)는 원칙적으로 보안처분의 대상이 될 수 없다는 것이다. 대법원은 재범의 위험성에 대한 판단자료로서 전인격적인 종합판단을 원칙으로 하면서도, 실제에 있어서는 "최종전과로 인한 출소시기와 당해 범행간의 기간을 특히 중요시하고 있다."[42] 이는 위험성판단의 기준으로서 과거의 원인된 범죄행위는 장래의 행위자의 위험성에 대한 법적 징표(Indiz)로서의 의미를 가지기 때문이다.

다른 한편 위험성의 판단은 합리적이고 신중을 기해야 할 것이므로 적어도 기본적으로 위험성을 확실히 징표하는 일정 사유를 입법에 의해 가능한 한 구체화시켜 규정하고, 이에 해당하는 사유가 있는 경우 다시 법관이 구체적으로 위험성 여부를 판정하도록 하는 것이 타당할 것이다.[43]

위험성 판단의 시기와 관련하여 위험성에 대한 판단(Gefährlichkeitsprognose)은 장래에 대한 가정적 판단이며 예단(Prognose)로서의 성격을 가지고 있다. 따라서 위험성 판단의 기준시기는 범죄행위시가 아니라 보안처분이 선고 또는 집행되는 시기를 기준으로 하는 것이 타당할 것이다.[44] 독일 형법 제67조의c에서는 "자유형이 이와 병과된 자유박탈보안처분에 우선하여 집행된 경우 형집행 종료이전에 그 처분의 목적상

41) 대법원 1999. 5. 14, 99 도 791(99 감도 22).
42) 대법원 1995. 3. 10, 94 감도 69.
43) 각국의 입법례는 위험성에 대하여 일반적으로 전과회수와 죄질에 관한 제한을 두고 있다(독일 형법 제66조 1항. 우리의 사회보호법 제5조 제1호).
44) 이재상, 사회보호법론, 51면.

감호가 계속해서 필요한지 여부를 심사한다. 감호가 필요하지 아니하다고 판단되는 때에는 보호관찰을 조건으로 자유박탈보안처분의 집행을 유예할 수 있다"고 하고 있다.

(2) 보안처분과 비례성의 원칙(Grundsatz der Verhältnismäßigkeit)

독일형법 제62조는 「보안처분은 행위자에 의하여 실행된 범죄행위, 예견되는 범죄행위의 경중 및 행위자에 의하여 야기된 위험의 정도와 비례하지 아니할 경우에는 이를 명하여서는 아니된다」는 「비례성의 원칙」에 대한 명문규정을 둔 이래 보안처분을 제한하는 원리로서 보안처분에 있어서 지도이념이 되고 있다.[45]

Stratenwerth나 Nowakowski는 장래에 위법행위를 할 위험성이 있는 행위자로부터 자유를 박탈하기 위한 국가의 권리를 「비례성의 원칙」을 사용하여 설명하고 있다. 즉 「범죄방지라는 공공의 이익(사회방위)과 개개인의 박탈되는 인격권, 자유권 등의 개인적 이익을 고려해서 공공의 이익이 우월하다고 생각되는 경우에 보안처분은 정당화된다」고 하고,[46] "그렇지 못한 경우에는 사회가 장래의 범죄의 위험성을 감수하여야 한다. 이러한 주장을 Exner는 이미 1914년에 표명한 바 있으며 오늘날에는 위험성의 정도와 보안처분의 정도 사이의 「비례성의 원칙」이 일반적으로 승인되고 있는 것이다"라고 한다.[47]

이와 같이 비례의 원칙은 입법자 및 법원에 있어서 보안처분선고의 결정에 있어서 당연히 준수되어 온 원칙이기 때문에 독일형법 제62조는 새로운 법원칙의 창설이 아니라 기존 법원칙을 확인적으로 선언한 것에 지나지 않는다고 평가되고 있다.[48]

여기에서 비례성의 「종합판단」은 원인행위, 위험의 중대성, 그리고 개연성의 삼요소와 해당 보안처분의 부과에 수반되는 침해정도(Schwere des Maßregeleingriffs)를 「종합적」으로 평가하여 내려져야 한다.[49] 발생할 위험의 정도는 개연성의 정도, 시간적 접근 등에 의존한다.

---

45) 독일형법은 1969년 6월 25일의 제1차 형법개정법률을 통하여 보안처분에 관한 비례성의 원칙을 형법에 명문화하였다.

46) F. Nowakowski, Zur Rechtsstaatlichkeit der vorbeugenden Maßnahmen, in: Festschrift für von Weber, 1963, S. 98ff.

47) F. Nowakowski, a. a. O., S. 105.

48) 독일형법에 있어 비례성의 원칙은 명문규정을 하기 위한 이전의 보안처분의 선고에 있어서도 이론상 실무상 인정되고 있었다(R. Maurach, Deutsches Strafrecht, Allg. T., 4. Aufl., 1971, S. 883); 실무상의 예로는 BGHSt 20, 232 참조.

49) BGHSt 24, 134ff.

따라서 보안처분을 정형화하는 최종관문은 비례성의 원칙 또는 초과금지(Übermaßverbot)의 원칙이다. 이것은 비례성의 기준인 원인행위, 위험의 중대성, 그리고 개연성은 먼저 개별적으로 검토되어져야 한다. 다음으로 당사자에 대한 처분기간, 효과, 해당처분에 의하여 발생하는 부담의 범위 등 해당 보안처분의 부과에 수반되는 침해의 강도를 고려해야 한다.

마지막으로 이러한 검토결과가 위의 개별기준의 심사결과와 대비되는 종합판단이 뒤따르게 된다. 독일형법 제62조는 "행위자에 의하여 행하여진 범죄행위의 의의", "그로부터 예견될 수 있는 범죄행위의 의의", "행위자로부터 야기되는 위험의 정도"를 비례의 원칙에 있어서 판단요소로 제시하고 있다.

이상과 같이 비례성의 원칙은 보안처분에 있어서 초실정법적인 정의이념이 궁극적인 표현으로서 보안처분의 전과정을 통한 지도이념이 되는 것이기 때문에 보안처분의 선고 및 선고된 보안처분의 집행과 집행중인 자의 석방에 관한 판단에 있어서도 적용되어야 한다.[50] 그리고 비례의 원칙은 보안처분에 있어 총괄적 제한규정이므로 구체적인 기준은 범죄학의 연구와 함께 형사사법에 있어 개별사례를 통하여 발견되어져야 할 과제라 할 것이다.

Ⅳ. 사회보호법상의 보호감호는 폐지되어야 하는가.

우리나라에서도 1980년 12월 18일 국보위가 입법제정한 사회보호법의 제정과 함께 범죄에 대한 국가적인 투쟁수단으로서 형벌외에 보안처분제도가 본격적으로 도입되어 시행되기 시작하였다. 그러나 이 법은 사전에 충분한 연구와 공개적인 토론과정 없이 정치적 과도기에 갑자기 제정되었기 때문에, 이중처벌금지 위반여부 등 제도자체에 대한 입법적 불비와 함께 피보호감호자 처우 등 그 운영에 있어서도 인권침해 등 많은 문제점이 노정되어 5차례에 걸쳐 개정이 되었으나 입법초기에 재범의 위험성을 요건으로 하지 않는 필요적 보호감호제도가 폐지된 것 이외에는 초기의 골격이 그대로 유지되고 있다.[51] 이하에서는 보호감호제도를 중심으로 '사회보호법 폐지 및

---

50) Schönke-Schröder, Strafgesetzbuch, Kommentar, 21, Aufl., 1982, S. 644; 독일형법 제72조(보안처분의 경합) 제1항은 "수개의 보안처분의 요건을 충족하나 그 중 하나의 보안처분만으로도 그 목적을 달성할 수 있는 때에는 하나의 보안처분만을 명한다. 이 경우 적정한 수개의 보안처분 중에서 행위자에 대한 부담이 가장 경한 보안처분을 우선하여 명한다"고 하여 피처분자에게 가장 침해정도가 경미한 것을 선택할 것을 요구하고 있다. 이외에도 감호기간에 관한 독일형법 제67조의 d 참조.

51) 국가인권위원회는 "사회보호법이 진정으로 사회에 위험한 누범이나 상습범에 대한 재사회화

치료감호 대체법안 마련권고'를 주장하는 논자들이 주장하는 견해에 대해 이들 주장의 정당성 여부를 검토하고자 한다.[52)]

1. 보안처분의 형법전내의 수용문제

먼저 보안처분제도의 형법전내의 수용문제이다. 우리의 사회보호법의 경우에 있어 벨기에의 사회방위법처럼 독립의 단행입법을 두고 있는 점이 특색이다. 그러나 대부분의 선진입법례가 보안처분에 관한 규정을 형법총칙 중에 형벌과 함께 규정하고 있는 점을 고려할 때, 사회보호법 등 각종의 보안처분을 종합·정비하여 형법총칙에 수용하고 있는 독립적인 장을 신설하여 처분의 종류, 대상·기간·형과의 관계 등 그 원칙의 기본적 사항만을 규정하도록 하고, 그 절차에 필요한 구체적인 사항은 형사소송법과 행형법에 규정하도록 하는 것이 바람직하다 할 것이다.

요컨대 보안처분은 그 성격상 불가피한 것이 아닌 한 형법전에 흡수하여 사법처분이자 형사처분의 성격을 갖도록 함이 보안처분의 본질이나 인권보장적 측면에서 볼 때 타당하다. 독일의 경우에 있어 형법총칙편 제3장 '범죄에 대한 법률효과' 제6절에서 보안처분에 관한 규정을 두고 선고 및 집행의 순서, 다른 처분으로의 이해, 감호처분의 유예, 감호처분의 사후개시 등에 있어 세심한 인권배려를 통해 전과정을 사법처분의 성격에서 법원이 관여하고 있다(제63조~제67조의g).

2. 이중처벌금지의 문제

사회보호법은 형벌과 보안처분의 법적 성질에 관한 이원주의의 입장에서 양자의

와 사회보호라는 본연의 목적을 위해서라기보다는 신군부의 집권과정에서의 왜곡된 의도에 의해 제정된 것으로 도입목적과 그 과정에 있어 정당성이 결여된 것이다"고 지적하고 있다(국가인권위원회 결정, 2004. 1. 13).

이러한 견해에 대해 이재상교수는 "민주화가 범죄인의 관용을 의미하는 것이 아닌 것과 같이 재사회화도 범죄인의 자유만을 요구하는 것이 아니다. 범죄의 습벽에서 벗어나지 못하는 상습범을 국가가 방치하는 것은 형사정책과 형사사법에 대한 국가의무의 포기를 결과한다고 해야 한다. 국보위에서 제정된 법률이라는 이유만으로 그 형사정책적 배경을 고려하지 않고 그 법률은 위헌인 악법이므로 개폐되어야 한다는 것은 타당하다고 할 수 없다. 보호감호의 형사정책적 가치에 대한 신중한 재검토가 필요하다고 생각된다"고 하고 있다(이재상, 「보호감호의 가치와 적정절차」, 법률신문 1811호, 1989. 1).

52) 사회보호법 폐지를 위한 공동대책위원회(공동대표 최병모 변호사외 3인)는 2004. 2. 4. 국회기자회견장에서 '사회보호법 폐지를 촉구하는 사회 원로 및 대표, 인사 선언'을 발표한 바 있다(대한변협신문, 2004. 2. 16).

병과주의를 채택하고, 자유박탈적 보호감호의 집행이 형과 병과된 경우에는 형벌선집행주의를 원칙으로 하고 있다(동법 제23조 제1항). 이는 ① 보호감호와 형을 함께 선고받은 자를 형벌만 선고받은 자에 대하여 유리하게 취급해서는 안되며, 보호감호의 최후수단으로서의 성질을 유지하기 위한 것이며[53], ② 보안처분은 형벌을 보충하는 것이므로 형벌이 집행된 후에 집행되어야 하며 형벌은 정기형임에 반하여 보안처분은 보통 부정기형이므로 형벌이 선집행되어야 한다는 것을 논거로 하고 있다.

이에 대해 국가인권위원회는 다음과 같은 요지의 문제점을 적시하고 있다. 즉, "오늘날 형벌사상은 응보가 아니라 범죄인의 개선·교육 및 그를 통한 사회방위를 목적으로 하고 있다. 사회보호법상의 보호감호제도 역시 형벌제도와 본질에 있어 동일한 교육형으로서 실질적인 차이를 발견할 수 없으며, 우리 형법 등에 있어 누범과 상습범을 가중처벌하는 규정을 두고 있음에도 동시에 보호감호를 인정하는 것은 헌법 제13조의 이중처벌금지에 반하는 것임과 동시에 헌법 제10조(인간의 존엄과 가치), 헌법 제12조 제1항(적법절차에 의한 보안처분)의 견지에서 문제가 있다"고 적시하고 있다.[54]

먼저 우리 형법은 형법각칙에서 사회방위를 목적으로 일종의 보안형벌(누범과 상습범에 대한 가중처벌 규정)을 인정하고 있음에도 불구하고 다시 사회보호법은 "동시에 보호감호를 인정"하고 있다. 이는 독일의 경우에 있어 종래의 위험한 상습범인에 대한 형의 가중규정(구법 제20조a)을 삭제해서 형법은 위험한 상습범인을 대상으로 한 「보안감호(Unterbringung in der Sicherungsverwahrung)」을 규정하고 있는 것(형법 제66조)과 대비되어진다(독일은 형벌에 있어 누범이나 상습범에 대한 가중처벌규정은 존재하지 아니한다). 또한 사회보호법 제42조는 보호처분에 관하여 원칙적으로 행형법을 준용하도록 규정하고 있어 수형자와 동일한 처우를 하고 있음을 알 수 있으며, 사회보호법 제7조의 보호감호의 내용이 행형법 제1조(목적)와 유사하다. 여기에서 보호감호의 내용의 실질이 자유형과 유사함을 알 수 있다.

요컨대 형벌과 자유박탈을 수반하는 보안처분의 분리는 실제에 있어 자유의 박탈이라는 점에는 차이가 없고, 그 집행의 실태에 있어서도 실질적으로 구별이 곤란하며, 피구금자는 보안처분의 집행을 하나의 해악으로 느끼게 된다. 나아가 실제에 있어 피구금자는 그의 감방에서 쌍둥이처럼 닮은 다른 감방으로 간다는 것 이외의 아무 것도 아니게 된다.[55]

53) 이재상, 형법총론, 박영사, 2002, 596면.
54) 국가인권위원회 결정, 2004. 1. 13.

따라서 이는 이중처벌금지, 과잉처벌금지에 반하는 것으로 위헌의 소지가 있다 하겠다.[56]이에 대해 우리의 헌법재판소는 "보호감호처분은 재범의 위험성이 있고 특수한 교육·개선 및 치료가 필요하다고 인정되는 자에 대하여 사회복귀를 촉진하고 사회를 보호하기 위하여 헌법 제12조 제1항을 근거로 한 보안처분으로서, 그 본질과 추가하는 목적 및 기능에 있어 형벌과는 다른 독자적 의의를 가진 사회보호적인 처분이므로, 그것이 헌법 제13조 제1항 소정의 거듭처벌금지의 원칙에 위반된다거나 헌법 제15조의 직업선택의 자유를 침해한다고는 할 수 없다"고 판시하고 있다.[57]

형벌과 보안처분은 이론적으로 볼 때 동일시 될 수는 없지만 목적형론의 입장에서 집행단계에 있어서는 형벌과 보안처분의 교환으로서의 대체는 허용되어져야 한다. 따라서 '선고에 있어서는 이원주의, 집행에 있어서는 일원주의'가 타당하며, 우리의 경우에 있어서도 형법각칙에서 사회방위를 목적으로 한 일종의 보안형벌(누범과 상습범에 대한 가중처벌 규정)규정을 삭제하여 위험한 상습범인을 대상으로 한 보안감호에 대해 보안처분선집행주의 · 대체주의로 전환하는 것이 사회복귀를 위한 개선교육처분으로서 효과적이라 할 것이다.[58]

또한 독일의 입법례와 같이 감호처분의 사후개시제도에 의해"법원은 자유형이 이와 병과된 자유박탁보안처분에 우선하여 집행된 경우 형집행 종료 이전에 그 처분의 목적상 감호가 계속해서 필요한지 여부를 심사하여 자유박탈보안처분의 집행을 유예

---

55) H. Welzel, Das Deutsche Strafrecht, 11. Aufl., 1969. S. 246.

56) 사회보호법상의 감호처분의 위헌성 여부와 관련하여 대법원은 "사회보호법에 의한 감호처분은 징역형에 병과하는 보호처분의 일종으로서 형벌과 같이 볼 수 없으므로 그것이 헌법과 법률에 정한 죄형법정주의의 원칙에 위반된다고 볼 수 없고, 또 그 보호감호에 관한 규정이 일사부재리의 원칙을 정한 헌법의 규정에 위반한 것이라고 할 수 없다"라고 하고 있다(대법원 1995. 12. 8. 선고 95도2162,95감도100. 사회보호법 제5조, 헌법 제12조 제1항, 제13조 제1항).

57) 헌법재판소 2001. 3. 21. 99 헌바 7 ［각하 · 합헌］.

58) 사회보호법은 치료감호처분에 대하여는 보안처분선집행주의, 대체주의를 채택하고 있다(동법 제23조 제2항). 대한변호사협회는 2003. 12. 30. 국회 법제사법위원회에 제출한 '사회보호법폐지법률안에 대한 의견'에서 "보호감호제도를 가지고 있는 나라들을 살펴보면 우리와는 제도적인 차이가 있다. 우선은 보호감호제도를 인정한다고 해도 형벌과의 관계에서 그 본질을 동일한 것으로 파악하고 범법행위에 대해 양자 중 어느 하나만을 부과하는 입법태도이다. 이는 형벌의 특별예방효과를 기대할 수 없을 때 범죄인에 대해 특별한 개선교육을 실시하기 위해 실시하는 것으로 영국, 스웨덴, 덴마크, 벨기에 등이 취하고 있다. 다음으로는 보호감호제도를 인정하여 형벌과 함께 보호감호를 함께 선고하되, 그 집행방법을 개선하여 형벌을 보호감호의 집행으로 대체할 수 있는 제도를 가진 경우이다. 이를 대체주의라고 부를 수 있는데 이들 나라는 형벌보다 보호감호를 먼저 집행하고 보호감호의 집행기간을 형기에 산입하며 보호감호을 집행한 후 형벌의 집행유예가능성을 인정하고 있다. 스위스가 이러한 제도를 취하고 있다"고 소개하고 있다. 또한 "독일에서는 지난 수십년간 연간 30여 명 내외의 범죄인에 대해서만 보호감호를 선고하고 있다"고 소개하고 있다.

하는"제도도입이 필요하다(독일형법 제67조의c).

3. 재범의 위험성에 대한 판단문제

보호감호의 중심적 과제인 재범의 위험성에 판단과 관련하여 현행 사회보호법은 다음과 같은 법제도상 그리고 제도 운용상의 비판이 함께 제기되고 있다. 사회보호법 제5조는 판결시 재범의 위험성 유무의 판단에 의한 보호감호여부의 판단은 법원이 하나, 판결시 감호기간은 선고되지 아니한다. 여기에서 보호감호시설에의 수용은 7년을 초과할 수 없으며(법제7조 제3항), 이후 사회보호위원회는 피보호감호자에 대하여 그 집행개시후 매 1년 가출소여부를, 가출소한 피보호감호자에 대하여 매 6월 집행면제여부를 심사·결정하게 된다(법 제25조 제1항). 여기에서 선고이후 위험성 판단의 주체인 사회보호위원회는 법무부에 두며 이들 위원은 법무부장관이 위촉하는 위원으로 구성되며(법 제32조. 동법 시행령 제15조), 이것은 헌법 제27조(모든 국민은 헌법과 법률이 정한 법관에 의하여 재판을 받을 권리)에 반하는 것이며, 나아가 이들에 의한 피보호감호자에 대한 재범의 위험성 여부의 판단은 전문성, 객관성이 결여된 채 운영되고 있어[59] 제12조 제1항(신체의 자유. 적법한 절차에 의하지 아니하고는 보안처분을 받지 아니한다)의 침해로 볼 수 있다는 주장이다.[60]

이미 적시한 바와 같이 형벌과 자유박탈을 수반하는 보안처분의 분리는 실제에 있어 자유의 박탈이라는 점에는 차이가 없고 그 집행의 실태에 있어서도 실질적으로 구별이 곤란하며, 피구금자는 보안처분의 집행을 하나의 해악으로 느끼며, 나아가 피구금자는 그의 감방에서 쌍둥이처럼 닮은 다른 감방으로 간다는 것 이외의 아무 것도 아니다는 점에서 감호처분의 선고, 집행, 유예 등의 전과정에 있어 법원의 주도적 관여가 요청되어진다.

독일의 경우에 있어 선고이후 자유형 집행단계에서의 감호처분의 집행유예(형법 제67조의c 제1항), 감호처분의 집행의 계속을 유예할지의 여부(법 제67조의e)에 대해 법원이 판단하도록 하고 있다. 나아가 우리의 경우에 있어서도 독일형법 제62조와 같이 총괄적 제한규정으로서의 비례원칙을 명문화할 것이 요청된다.

---

59) "피보호감호자 전수조사 등 실태조사에서도 확인된 바, 피보호감호자 대부분은 보호감호처분의 전과정에서 전문가의 감정을 받아본 적이 없는 것으로 나타났다"(국가인권위원회 결정, 2004. 1. 13).

60) 국가인권위원회 결정, 2004. 1. 13.

4. 재사회화를 저해하는 보호감호

보호감호제도는 재범의 위험성이 있는 범죄인에 대하여 사회로부터 추방하는데 목적이 있는 것이 아니라 이를 교육·개선하여 사회에 복귀토록 하는 데 있는 것이므로 사회복귀를 촉진하는 범위내에만 피감호자의 기본권이 제한되어야 한다. 그러나 우리의 보호감호제도는 피감호자의 사회복귀를 위한 것이 아니라 오히려 격리에 의한 사회보호에 초점이 맞춰져 있어 피감호자에 대한 열악한 처우는 헌법 제10조(인간의 존엄성, 행복추구권)에 반한다는 주장이 제기되고 있다.[61]

국가인권위원회의 실태조사에 의하면 "피보호감호자의 원인범죄에 있어 단순재산죄가 70-80%에 이르며, 전형적이 보호감호대상범죄인 특정강력범죄, 방화죄 등 매우 위험한 범죄는 7.1%에 불과하였다(보호감호처분대상 범죄군이 단순재산범에 집중). 또한 가출소자의 3년이내 재범률은 약 40%를 나타내고 있어 재범의 위험성에 대한 예측이 실패하였으며, 보호감호처분이 재범의 위험성에 대한 고려이기 보다 부족한 형벌을 메우는 보충적 수단으로 인식하고 실행되어져 왔다. 이러한 상황은 현재의 보호감호의 집행이 범죄인의 재사회화라는 본연의 임무가 아니라, 사회로부터 격리와 출소후 범죄의 악순환을 양산하는 심각한 상황"이라고 진단하고 있다.[62] 그리고 "우리의 교도행정의 현실을 고려할 때 향후 보호감호제를 유지하면서 보호감호의 취지에 부합하는 유럽수준의 모델로 개선은 어렵다"고 하면서 현행 사회보호법상 보호감호제도는 '제도'로서의 의의를 이미 상실했다고 결론짓고 있다.

V. 결 어

오늘날 서구제국을 비롯한 세계각국이 개정작업 중이거나 개정한 현행 형법들은 범죄인의 사회복귀를 효율적으로 달성하기 위하여 형법상의 제재 또는 법적 효과를 합목적적 · 합리적으로 재편성하는데 그 특징이 있고, 이러한 노력의 하나로 형법학에서는 형벌편에서 형벌과 보안처분의 개별화의 이념 아래 실정에 맞는 최선의 방법을 찾기에 힘쓰고 있다. 또한 우리에게 있어서도 형벌제도의 기능을 보충해 그것에 협력하는 수단으로서 보안처분제도를 정비하는 것은 금일의 과제 중의 하나이다. 여

---

61) 대한변호사협회가 2003. 12. 30. 국회법제사법위원회에 제출한 '사회보호법폐지법률안에 대한 의견'.

62) 국가인권위원회 결정, 2004. 1. 13.

기에서 보안처분제도의 정비에 있어서 우선 유의해야 할 것은 보안·개선이라는 목적과 동시에 인권보장의 면을 강조해 보안처분의 요건을 엄격화하고 그 절차의 due process 등 인권보장의 방책을 마련하는 것이 필요하다 할 것이다.

우리의 사회보호법상의 보호감호제도는 법제정당시부터 위헌시비와 함께 인권침해의 논란이 지속적으로 제기되어 왔으며 최근에는 국가인권위원회의 '사회보호법폐지 및 치료감호 대체법안마련 권고' 결정문이 국회의장과 법무부장관에게 제출된 바 있으며 사회보호법폐지법률안이 국회에 상정되어 있다.

이미 고찰한 바와 같이 독일형법과 달리 우리 형법은 형법각칙에서 사회방위를 목적으로 일종의 보안형벌(누범과 상습범에 대한 가중처벌 규정)을 인정하고 있음에도 불구하고 다시 사회보호법은 "동시에 보호감호를 인정"하고 있다. 또한 사회보호법 제42조는 보호처분에 관하여 원칙적으로 행형법을 준용하도록 규정하고 있어 수형자와 동일한 처우를 하고 있다. 따라서 집행현실에 있어 보호감호처분은 누범이나 상습범죄인을 사회로부터의 격리를 위한 목적의 구금위주의 형벌과 같이 운용하고 있음을 알 수 있다.

여기에서 현행의 사회보호법의 보호감호제도가 소극적인 관련규정의 개정 등을 통해 인권침해를 불식하고 헌법에 합치하는 보안처분 본래의 목적을 달성하는 것은 난망한 전형적인 악법이라 하겠다. 따라서 우리의 인권수준이 전반적으로 개선될 때까지 보안처분 본질과 부합하지 아니한 사회보호법을 폐지하고 형법전내의 보안형벌로서 보호감호의 영역을 담당함과 함께 치료감호 등에 한해서 대체입법을 마련하여 운용하는 것이 보다 합당할 것이다.

▪ 사회보호법폐지의 논의경과

2003. 12. 5. 최용규의원 등이 발의한 사회보호법 폐지 법률안은 2004. 5. 29. 임기만료로 폐기됨. 이후 2004. 9. 15. 최용규의원외 150인이 발의한 '사회보호법폐지법률안'이 2005. 6. 29. 본회의에서 수정 가결되어 2005. 8. 4. 법률 제7656호로 공포되었다. 그 내용은 다음과 같다. 「사회보호법은 이를 폐지한다. 부칙 제2조(이미 선고된 보호감호 판결 및 집행에 관한 경과조치) 이 법 시행 전에 이미 확정된 보호감호 판결의 효력은 유지되고, 그 확정판결에 따른 보호감호 집행에 관하여는 종전의 '사회보호법'에 따른다. 다만, 보호감호의 관리와 집행에 관한 사회보호위원회의 권한은 '보호치료법'에 따른 보호치료심의위원회가 행사한다. 여기에서 부칙 제2조는 사회보호법에 따라 이미 보호감호 판결을 받은 자에 대하여는 사회방위 및 판결의 집행력 확보 등을 위하여 판결의 효력을 유지하도록 하는 한편, 그 집행을 위하여 필요한 경과규정을 두었다.」

그러나 본장를 학술지 '대구법학'에 발표이후 우리의 주장논지의 결론과 같이 당해법률은 폐지되었으나 본장의 논의내용은 장래적으로 형벌제도의 기능을 보충해 그것에 협력하는 수단으로서 보안처분제도를 정비하는 입법자료로서 가치있는 일이라 사료된다. 즉, 보안처분제도의 정비에 있어서 우선 유의해야 할 것은 보안·개선이라는 목적과 동시에 인권보장의 면을 강조해 보안처분의 요건을 엄격화하고 그 절차의 due process 등 인권보장의 방책을 마련하는 일이다. 그것은 동 폐지법률이 제도본질의 문제보다는 입법기술상의 오류인 이중처벌의 문제, 그리고 피감호자 처우 등 집행현실의 문제에 기인한 인권침해의 논란에 연유된 것이기 때문이다.

제9장
전단적 의료행위의 형법적 평가

Ⅰ. Informed consent[1)]

의료행위에 있어 의학적 적응이나 의술적 적정은 의학이나 의술의 전문영역에 속하는 것으로서 객관화하는 것이 가능하지만, 동의는 환자측의 대응에 의존하는 점에서 개별적인 동시에 대인적 성격을 가진다. 종래에는 의료가 본래적으로 환자의 건강증진이라는 이익을 도모하는 행위인 이상 의학적 적응과 의술적 적정성이 보장되어지면 환자의 동의는 반드시 필요한 요건이 아니라는 것이 일반적이었지만, 최근에는 오히려 환자를 의료의 주체로서 이해하고 환자의 자기결정권이 강조되면서 동의의 중요성이 자각되어지고 있다. 그리고 이러한 informed consent 이론은 환자의 동의가 없는 "전단적 의료행위"의 법적 평가에 영향을 미치게 되었다.

여기에서의 동의란 "의사가 의료행위를 행함에 있어서 환자가 당해 의료행위에 대하여 이성적인 결정을 할 수 있도록 치료행위의 동기와 범위, 난이도, 긴급성, 치료효과, 처치이후의 부작용의 가능성 등에 대한 충분한 정보를 제공한 뒤에 사전에 그 동의를 얻어야 한다고 하는 원칙"을 말한다. 여기에서 치료를 실시하는 의사와 그것을 받는 환자의 관계를 종래의 시혜적·온정적 관계가 아니라 환자를 의료에 있어 하나의 주체로 인정하여, 의료침습에 대한 환자의 동의는 의료행위에 대한 일방적 受認이나 면책이 아니라 인간으로서의 존재의 기초인 신체의 불가침성에 대한 환자의 자기결정이라 할 수 있다.

따라서 대법원은 환자의 수술승낙권을 침해하는 경우에는 불법행위가 성립한다는 판례가 있다.[2)] 그러나 환자의 동의가 없는 의학적 준칙에 따른 의료행위가 형법상의 상해죄에 해당하는가하는 의문이 생긴다. 이것과 관련하여 학설은 의료행위와 동의를 불가분적인 것으로 생각하여 긴급피난에 해당하는 경우 이외에는 상해죄에 해당

---

1) 'Informed consent'란 의사가 당해 의료행위를 함에 있어서 환자가 이성적인 意思決定을 할 수 있도록 의료행위와 관련한 충분한 정보를 제공받고 한 환자의 동의를 의미한다.

2) 대법원 1979. 8. 14, 78 다 488.「환자가 후유증이 수반되는 수술을 승낙한 것으로는 볼 수 없는 경우에는 환자의 승낙권을 침해함으로서 위법한 수술을 한 것이어서 불법행위가 성립된다.」

한다는 설과[3] 의료의 이익을 독립적으로 평가하여 상해죄가 불성립한다는 설이[4] 대립되고 있다. 그러나 실제에 있어서는 의료행위에 대한 환자의 동의는 광범위하게 추정되어 환자의 명시적인 의사에 반하는 의료행위의 경우가 문제로 되어진다. 이 경우에 있어 처음부터 상해죄와 무관계하다고 할 것인가 하는 점은 문제로 남지만, 발생한 피해에 대해서 과실범의 성립이 문제되어진다고 해야 할 것이다.[5]

Ⅱ. 동의의 법적 효과

여기에서 동의권자는 법적 · 임상적인 면에서 숙지 후 동의할 수 있을 정도로 판단

---

3) 치료와 환자의 승낙의 일체불가분성을 강조하여 치료행위는 상해죄의 구성요건해당성은 있으나 환자의 승낙에 의해 위법성이 조각된다는 견해를 지지하는 견해가 여기에 속한다〔박상기, 형법총론, 박영사, 1999, 149면이하; 임웅, 형법총론, 법문사, 2001, 188면). 독일 판례의 일관된 입장이기도 하다(RGSt. 25, 375; 38, 34; BGHSt. 11, 111; 12, 379)〕. 대법원도 의료행위를 피해자의 승낙에 의해 위법성이 조각된다고 판시한 경우가 있다(대법원 1993. 7. 27, 92 도 2345, 「산부인과 전문의 수련과정 2년차인 의사가 자신의 시진, 촉진결과 등을 과신한 나머지 초음파검사 등 피해자의 병증이 자궁외 임신인지, 자궁근종인지를 판별하기 위한 정밀한 진단방법을 실시하지 아니한 채 피해자의 병명을 자궁근종으로 오진하고 이에 근거하여 의학에 대한 전문지식이 없는 피해자에게 자궁적출술의 불가피성만을 강조하였을 뿐 위와 같은 진단상의 과오가 없었으면 당연히 설명받았을 자궁외 임신에 관한 내용을 설명받지 못한 피해자로부터 수술승낙을 받았다면 위 승낙은 부정확 또는 불충분한 설명을 근거로 이루어진 것으로서 수술의 위법성을 조각할 유효한 승낙이라고 볼 수 없다. 따라서 난소의 제거로 이미 임신불능 상태에 있는 피해자의 자궁을 적출했다 하더라도 그 경우 자궁을 제거한 것이 신체의 완전성을 해한 것이 아니라거나 생활기능에 아무런 장애를 주는 것이 아니라거나 건강상태를 불량하게 변경한 것이 아니라고 할 수 없고 이는 업무상 과실치상죄에 있어서의 상해에 해당한다」).

4) 의료행위의 법적 평가와 관련하여 정당행위로서 위법성이 조각된다는 견해(배종대, 형법총론, 홍문사, 1993, 291면; 대법원 1976. 6. 8, 76 도 144, 「피고인이 태반의 일부를 떼어낸 행위는 그 의도, 수단, 절단부위 및 그 정도 등에 비추어 볼 때 의사로서의 정상적인 진찰행위의 일환이라고 볼 수 있으므로 형법 제20조 소정의 정당행위에 해당한다.」), 혹은 상해죄의 구성요건해당성이 없다는 견해(김일수, 형법총론, 박영사, 1996, 617면; 김종원, 형법각론(상), 법문사, 1971, 59면; 유기천, 형법학(총론강의), 일조각, 1980, 183면; 이재상, 형법총론, 박영사, 2002, 275면; 이형국, 형법총론, 법문사, 1999, 170면)가 여기에 속한다.

5) 환자의 의사에 반하는 의료행위가 결과적으로 건강의 증진이 얻어지면 상해죄는 해당되지 아니하며 자유의 침해에 해당한다는 비상해죄설의 입장의 경우에도, 의술의 법칙에 반하여 결과적으로 건강이 악화된 경우에는 身體侵襲自體도 위법하게 된다고 하지 않을 수 없다. 다만 행위자가 의료행위를 행하는 것으로 생각하는 한 고의범에는 해당하지 않으며 과실범이 성립한다고 해야 할 것이다. 따라서 이것은 건강의 증진 여부를 환자의 동의에 의존하는 상해죄설을 취하는 경우에도 행위자의 건강증진의사가 있다면 고의범은 성립하지 않는다고 할 수 밖에 없다.

력이 있어야 한다. 여기에서의 동의능력은 행위능력이나 책임능력을 요하지 아니한다. 일반적으로 성인의 경우에는 정신병자 등 의사무능력자인 경우이외에는 판단능력이 있는 것으로 간주된다. 그리고 여기에서의 임상적 판단능력에는 획일적으로 결정되는 것이 아니라 시간이나 질병의 상태에 따라 영향을 받을 수도 있다. 특히 안락사 등과 관련하여 판단능력이 없는 자에 관한 논쟁을 불러 일으켰다. 여기에서 임상적으로 판단능력이 없는 자의 경우에 과거에 판단능력이 있었다면 현재의 상황에 처한 경우에 어떻게 판단하였을까를 생각하는 것은 매우 유용한 일이라 하겠다.

일반적으로 미성년자는 의학적 결정을 하기에 법적으로 무능력하다고 가정하지만 이러한 원칙에는 여러 가지의 예외가 있을 수 있다. 즉, 개인의 성숙도에 따라 실제적인 이해력과 판단력이 있는지의 여부 그리고 당시의 상황 등을 고려하여 판단해야 할 것이다. 또한 법적인 절차나 출산 등을 통하여 동의권자로 인정받을 수가 있다.[6)]

의료행위에 있어 환자의 동의는 치료행위 이전에 행해져야 하며 동의의 방식은 문제되지 아니하지만 일반적으로 구두와 서면에 의한 동의가 있을 수 있다. 어떤 상황에서는 환자의 행동이 동의로 볼 수도 있다. 예컨대 예방접종을 받으려고 줄에 서 있는 자가 자기는 이전에 예방접종을 맞았다고 말하였으나 다시 주사를 맞기 위하여 팔을 내 놓았다면 주사를 맞는 것에 동의한 것으로 볼 수 있다.

최근에는 서면동의가 일반적으로 이용되고 있지만 서면동의서가 환자와 의사간의 충분한 의견교환을 방해할 수 있다는 지적이 있다. 실제에 있어 환자에게 충분한 정보를 제공하려는 목적보다는 의사를 소송으로부터 보호하려는 목적이 더 강한 것으로 비쳐질 수 있다. 판례는 수술에 앞서 한 면책서약의 의미와 관련하여 "수술에 앞서 이 수술로 인하여 발생하는 어떠한 결과에 대하여도 하등의 이의를 제기치 아니한다고 서약하였다 하여도 이 서약은 신의칙이나 형평의 원칙상 집도의사의 위법행위를 유서하고 그로 인한 청구권을 미리 포기한 취지라고 해석되지 않는다"고 하고 있다.[7)]

---

6) 형법은 피해자가 자신의 법익을 처분할 수 있는 경우라 할지라도 그 법익이 개인만이 아니라 공동체에 중요한 의미를 가지는 경우에는 이러한 처분에는 일정한 제한이 행해지며 이것은 한 국가의 입법정책과 밀접한 관련을 가진다. 여기에서 그 이론적 위치와는 별개로 그 효과가 항상 동일한 것은 아니다. 즉, 피해자의 승낙이 범죄의 성립에 전혀 영향을 미치지 못하는 경우〔예컨대 13세 미만자에 대한 간음·추행죄(제305조) 등〕, 혹은 구성요건해당성이 배제되거나 위법성이 조각되는 경우(제24조), 그리고 낙태죄에 있어서와 같이 본인의 동의가 있는 경우에도 위법하며 단지 형의 감경사유에 불과한 경우도 있다(제269조 제2항). 또한 비범죄화되기 위해서는 안락사나 존엄사 문제에 있어서와 같이 피해자의 동의이외에도 다른 필요조건의 충족을 요구하는 경우도 존재한다.

7) 서울고법 1983. 5. 13, 82 나 1384.

III. 전단적 의료행위

1. 전단적 의료와 상해죄

이미 고찰한 바와 같이 의료행위의 형법적 평가와 관련하여 '치료와 환자의 승낙의 일체불가분성을 강조하여 치료행위는 상해죄의 구성요건해당성은 있으나 피해자의 승낙에 의하여 위법성이 조각된다'는 견해에 의하면 의료에 있어서 환자의 주체성과 관련한 자기결정권의 보호라는 측면에서는 타당하지만 환자의 승낙을 결한 전단적 치료행위는 치료의 成否에 관계없이 더구나 성공한 의료침습의 경우에도 상해죄 등이 성립하게 된다는 난점이 있다. 즉, 이러한 전제에 선다면 필요한 동의를 결한 수술침습은 위법하게 신체에 실력을 가한 것으로 되어 유효한 동의를 결한 전단적 의료는 모두 상해죄를 성립하게 된다.

그러나 이후 고찰하는 바와 같이 의료행위에 있어서 환자의 주체성과 관련한 동의의 여부문제에 있어서도 아직도 해명되어야 할 불명확한 부분이 잔존하고 있다. 이것은 먼저 직업윤리적인 의무와의 구별이 선결문제이지만 나아가 설명의무의 구체적인 판단기준자체도 불투명한 부분이 남아 있으며, 이러한 설명의무의 현상을 방치하여 환자의 동의권(informed consent)의 중요성만을 강조하는 것은 무책임한 일이며, 더구나 그것을 전제로 한 범죄화를 논하는 것은 자가당착이라 하겠다. 따라서 보다 가벌성을 기초짓기 위한 확실한 전제가 선행되어야 할 것이다.

2. 의료행위의 상해성

독일의 형법이론에 있어 의사의 치료행위가 상해죄의 구성요건해당성이 배제된다는 학설이 통설인 것은 상해죄 규정(독일형법 제223조)이 '타인을 신체적으로 학대하거나 건강을 해한 자'로 규정하고 있는 것도 하나의 이유이지만 성공해서 환자의 질환을 치유·완화하여 증상의 악화를 방지한 수술이 상해죄의 구성요건해당성이 있는 것으로 보는 것은 부당하다.[8] 또한 생리적 기능을 해한다는 의미에서의 "상해"의 개념은 이러한 것을 포함하지 않는다고 해석해야 하며, 민사적으로 과실문제로 처리한 것을 형사적으로 고의범으로 취급하는 것은 균형을 잃은 것으로 환자의 동의를 결한 수술을 상해라고 하여 가벌적인 실질이 있다고 할 수 없다.

---

8) Bockelmann, Strafrecht des Arztes, 1968, S.66ff; Welzel, Das deutsche Strafrecht, 11.Aufl., 1969, S.289.

그러나 전단적 의료와 관련하여 상해죄의 성립이 가능한 경우가 존재할 수 있다. 예컨대 정신과 의료행위에 있어 그 전부에 대해 환자의 추정적 승낙을 구하는 것은 지나친 것이지만, 전단적 치료행위의 미명하에 행해지는 의학적으로 무가치한 행위는 상해죄의 고의범을 성립한다. 따라서 행위자의 처치가 주관적으로 치료의 목적을 가질 것, 그리고 이러한 행위가 객관적인 치료행위에 필요한 것일 것과 상당성의 요건을 구비한 것으로 평가되는 경우에만 범죄성이 부인되어진다. 예컨대 정신병원에서 수술이 환자의 반항에 대한 보복으로서 행하여진 경우에는 상해죄가 성립하는 것은 이러한 경우에는 상해의 고의가 부정될 수 없기 때문이다.

3. 전단적 의료죄

의료에 있어 환자의 자기결정권을 보호하기 위해서는 전단적 의료행위에 대한 구성요건을 신설할 필요가 있다.[9] 독일의 형법개정작업에서는 제2차대전전부터 1962년의 개정초안에서 환자의 동의가 결여된 의료행위를 처벌하는 전단적 의료(eigenmächtige Heilhandlung)죄의 제안이 주장되고 있었다. 이것은 의료행위 그 자체가 상해죄의 구성요건에 해당한다는 문제와도 관계가 있지만, 동의가 결여된 의료행위에 형사책임을 부담시킬 길을 선택하는 경우에 바로 상해죄로 처벌하는 것이 아니라 의료행위를 받을 것인가의 여부에 대한 판단에 필요한 정보를 제공하지 않았다는 것에 의해 올바르게 의사결정을 행할 자유를 침해한다고 하는 면에서 처벌근거를 구해야 한다는 가벌적 평가의 일정 방향을 나타내고 있다. 그러나 나찌 시대에는 독일과 연계하여 형법개정을 진행한 오스트리아에서는 1937년에 개정이 실현되었지만(舊 449조aⅠ, 현 제110조 Ⅰ)[10] 독일에서는 실현되지 않았다. 개정을 저지하는 입장에서는 처벌 그 자체를 부정하는 입장이 아니라 상해죄로서 처벌하면 족하다는 입장에서 이러한 가벌적 평가를 선호하는 입장인 것에 유의해야 한다.[11] 그러나 현실의 처벌

---

9) 김영환, 「의료행위의 형법해석학적 문제점」, 형사판례연구(2), 1994, 62면; 정현미, 의료과오의 형사법적 책임, 한국형사정책연구원, 1998, 39면.

10) 오스트리아 형법 제110조 "1) 의료준칙에 의한 경우에도 타인을 동의없이 진료한 자는 6월이하의 자유형, 또는 360일 이하의 일수벌금형에 처한다. 2) 행위자가 치료의 지연으로 환자의 생명이나 건강이 중대한 정도로 위험할 것을 예상하여 동의를 얻지 않은 경우에는, 그 예견되는 위험이 발생하지 않고 그가 필요한 주의의무를 다 하였다면 이를 알 수 있은 때에도 제1항과 동일하게 처벌할 수 있다."

11) 이미 고찰한 바와 같이 독일판례는 의료행위의 형법적 평가와 관련하여 '치료와 환자의 승낙의 일체불가분성을 강조하여 치료행위는 상해죄의 구성요건해당성은 있으나 피해자의 승낙에 의하여 위법성이 조각된다'는 일관된 견해를 견지하고 있다(BGHSt. 11, 111; 12, 379). 이외에도 Schönke/Schröder/Eser, StGB, 25.Aufl., 1997, §223. Rn.31.

례가 있는 것은 아니지만 건강의 회복·유지를 가져 온 의료행위까지도 상해죄로서 다루는 것은 가벌적 평가에 문제가 있다 하겠다.

요컨대 전단적 치료행위 그것 자체가 상해죄에 해당한다고 법리구성을 하는 것은 이론상 무리가 있다고 하겠다. 여기에서 이러한 행위는 자유로운 의사결정에 대한 범죄로서 현행법상 강요죄(형법 제324조) 혹은 감금죄(형법 제276조)로서의 가벌성만이 문제가 되어진다.[12] 그러나 강요죄는 폭행 또는 협박으로 사람의 권리행사를 방해함으로써 성립하는 범죄로서 사람의 의사결정의 자유와 그 활동의 자유를 보호법익으로 하고 있는 반면, 감금죄 또한 불법하게 사람을 체포·감금하여 사람의 신체적 활동의 자유를 침해하는 것을 내용으로 하는 범죄이다.

여기에서 환자의 동의를 결한 전단적 의료행위에 대해 이와 같은 죄책으로 벌하는 것이 가능한가에 대해서는 회의적이다.[13] 따라서 양죄는 전단적 치료행위의 當罰的 사례의 극히 사소한 補足에 지나지 않으므로 여기에서 이러한 행위에 대한 현저한 가벌성의 간격이 생긴다는 것은 분명하게 된다.[14] 또한 현행 헌법이 보장하고 있는 기본권에서 유래하는 환자의 자기결정권 침해행위에 대해 그 制裁가 본질적으로 제약되어 있는 민법상의 해결책에 이러한 문제의 해결을 전면적으로 위임하는 것은 바람직하지 않으며, 이런 이유에서 이것에 대한 형법적 보호도 단념할 수 없는 일이라 하겠다. 그러나 이 간격을 죄형법정주의 위반의 혐의를 받으면서까지 현행 형법의 해석에 의해 보충하려고 하는 것은 이미 해석론의 임무를 일탈한 것으로 타당하다고 할 수 없다.

나아가 의사로서의 양심적인 판단에서 의술적으로 적정한 치료를 실시해서 양호한 치료결과를 가져왔음에도 불구하고 그것이 환자의 의사에 상응하는 것이 아니라고 하는 것만을 이유로 해서 의사를 상해죄로 벌하는 것은 의사의 善意와는 균형되지 않는 과도한 누명을 씌우는 것이 된다. 따라서 이것을 피하기 위해서는 독일의 형법학자의 압도적 다수가 지지하고 있는 상해죄의 구성요건과 병행하여 "전단적 치료"를 위한 특별한 구성요건을 신설하는 것이 타당하다.

이것은 의료인에게 자신의 환자에 대해서 다른 영역에서는 허용되지 아니하는 특권을 행사하는 것을 인용하는 것이 아니라, 진료행위를 법적으로 평가하는 경우에는 이미 지적한 바와 같이 다른 의미를 가지는 것은 진료행위 그 자체에는 다른 행위에서는 볼 수 없는 특수성이 내포되어 있기 때문이다.

---

12) 유기천, 전게서, 193면; 이재상, 전게서, 275면.
13) 정현미, 전게서, 38면.
14) Schönke/Schröder/Eser, a.a.O., §223. Rn.29.

Ⅳ. 보호자의 동의

법령 등에 의해 환자의 의사에 반한 강제적 의료가 허용되어지는 이외의 경우에는 환자의 승낙·동의에 의해 의료행위를 하는 것이 원칙이다. 다만 이것은 환자본인이 동의를 하는 것이 가능한 경우에 한하는 것으로서 스스로의 의사를 표명할 수 없는 중증의 구급환자 등에게 있어서는 동의를 구할 필요는 없다 하겠다. 또한 판단능력이 없는 유아나 정신장애자의 경우도 적정한 의료행위에 불가결한 의료관계자와 환자와의 신뢰관계를 유지하기 위해 가능한 한 본인을 납득시켜야 하지만 보호자의 동의는 본인의 동의와 동일시된다. 그러나 미성년자 일반의 의사를 민법상의 무능력자라는 것에 의해 획일적으로 이들 의사를 무시하는 것은 잘못된 것으로 이 경우에 보호자의 자의적인 거부는 유기치사상죄 등을 구성하는 것으로 이를 무시할 수 있다.

예컨대 유효한 승낙을 할 수 없는 환자의 법정대리인이 부당하게 대리권을 남용하여 수혈이외에는 다른 치료방법이 없는 환자의 경우에 이것을 거부하여 사망하게 한 경우에 대리권은 정당하게 행사된 것으로 볼 수 없다.[15)]

그러나 보호자의 동의와 그 한계는 반드시 명확하지 않다. 판례는 학교에서 부상한 초등학생의 創傷의 봉합에 보호자의 설명·승낙을 요하지 아니한다고 하고 있다.[16)] 이 이외에 가족의 동의는 추정적 동의의 근거를 제공할 뿐이라 하겠다. 성인환자의 경우에 오빠의 승낙으로써 환자의 승낙에 갈음할 수 있는지 여부에 대해 판례는 소극적이다.[17)]

---

15) 친권자의 종교적 신념에 따른 수혈거부(대법원 1980. 9. 24, 79 도 1387 유기치사. 「의사가 권하는 최선의 치료방법인 수혈이라도 하지 않으면 그 환자가 사망할 것이라는 위험이 예견가능한 경우에, 아무리 생모라고 할지라도 자신의 종교적 신념이나 후유증 발생의 염려만을 이유로 환자에 대하여 의사가 하고자하는 위의 수혈을 거부하여 결과적으로 그 환자로 하여금 의학상 필요한 치료도 제대로 받지 못한 채 사망에 이르게 할 수 있는 정당한 권리가 있다고는 할 수 없는 것이며, 그때에 사리를 변식할 지능이 없다고 보아야 마땅할 11세 남짓의 환자 본인이 가사 그 생모와 마찬가지로 위의 수혈을 거부한 일이 있다고 하여도 이것이 피고인의 위와 같은 수혈거부 행위가 위법한 것이라고 판단하는데 어떠한 영향을 미칠만한 사유가 된다고 볼 수는 없으므로, 같은 취지에서 피고인의 판시 소위가 유기치사죄에 해당한다고 판단한 원심의 조치에 논지가 지적한 바와 같은 심리미진, 판단유탈 및 유기치사죄에 대한 법리오해, 치료방법을 선택할 수 있는 자유권의 행사인 정당행위에 관한 법리오해와 종교의 자유를 보장한 헌법위반 등의 위법사유가 있다고 할 수 없으므로 논지는 모두 이유없다」).

16) 福岡地小倉支判 1983. 8. 26, 判タイムズ, 523號, 187面. 본장에 있어 일본의 의료사고와 형사판례에 관해서는 中山研一/泉 正夫, 醫療事故の刑事判例, 成文堂, 1993을 참고하여 고찰하였으며 이하 해당부분의 개별 인용의 註표기는 생략한다.

17) 성인 환자의 오빠의 승낙으로써 환자의 승낙에 갈음할 수 있는지 여부(대법원 1992. 3. 13. 90 가합 45545. 「의사의 의료행위는 진료계약에 터잡아 행하여지는 것이 보통이지만 의사가 선량한 관리자의 주의의무를 다하여 적절한 의료행위를 행하는 한 그 내용에 관하여는 상당히

Ⅴ. 의료행위에 있어서 환자의 주체성

이하에서는 이미 개괄적으로 고찰한 환자의 동의의 형법적 효과 등과 관련하여 의료행위에 있어서 환자의 주체성과 연관된 문제들인 자기결정권의 문제, 환자의 명시한 의사에 반한 수술 등을 검토하기로 한다.

1. 환자의 자기결정권

환자의 동의가 중시되는 것은 의료에 있어 환자의 주체성을 확립하여 자기결정권을 보호하기 위한 것이지만, 형법 제252조의 촉탁승낙에 의한 살인·자살관여죄는 생명에 관계되는 자기결정의 법적 한계를 보여주고 있다. 여기에서 우리 형법은 생명에 대한 자기결정권이 점차 강화되는 세계적 입법추세에 따라 제한된 범위내에서 조심스럽게 이를 인정하고 있음을 알 수 있다.

이것과 관련하여 안락사는 격렬한 육체적 고통으로부터의 해방이라는 긴급피난적인 행동을 본인의 명시한 의뢰라는 자기결정의 보증으로서 비범죄화하려는 주장이 제기되고 있다. 또한 말기의료의 문제로서 존엄사의 경우에는 의식을 상실한 고통이 없는 상태에서의 기술적인 延命措置를 제거하여 死期를 앞당기는 것으로 비범죄화의 射程범위에 포함하려 하고 있다.[18] 여기에서는 말기의료의 비용부담이나 효율이라는

광범위하게 의사의 재량에 맡겨진 측면이 존재하는 것을 부정할 수는 없으나, 한편으로 의사의 진단 또는 치료를 위한 의료행위가 환자의 신체나 그 기능에 대한 침해행위의 측면도 가지고 있는 이상 환자도 자기의 생명과 신체의 기능을 어떻게 유지하는가에 대하여 스스로 결정하는 권능을 가지는 것이라 할 것이니, 비록 의사의 적절한 판단에 의한 의료행위라 하여도 환자의 승낙이 있었을 때 비로소 그 위법성이 소각되는 것이라 할 것인데, 일반적으로 진료계약의 체결에 의하여 당연히 환자의 신체나 그 기능에 대한 침해행위에 대하여 환자의 승낙이 있었던 것이라고 간주할 수는 없으므로, 진료계약으로부터 당연히 예측되는 위험성이 경미한 침해행위를 제외하고는 긴급한 사태로서 환자의 승낙을 받을 시간적인 여유가 없거나 설명에 의하여 환자에 악영향을 미치거나 의료상 악영향을 가져오는 경우 등 특별한 사정이 없는 한, 담당의사로서는 원칙적으로 환자의 병상, 의사가 필요하다고 생각하는 의료행위와 그 내용, 그것에 의하여 생길 것으로 기대되는 결과 및 그것에 수반하는 위험성, 당해 의료행위를 실시하지 않을 경우에 생길 것으로 예견되는 경과와 대체가능한 다른 치료방법 등에 관하여 환자에게 설명을 하고 환자의 개별적인 승낙을 받을 의무가 있고 환자의 신체에 대한 침해행위에 대하여 환자의 승낙이 없었던 경우에 있어서는 의사의 행위가 치료목적으로서 성공되었는지 여부에 관계없이, 앞서 본 특단의 사정이 없는 한 위법하다는 평가를 면할 수 없고, 환자가 성인으로서 판단능력을 가지고 있는 이상 친족인 오빠의 승낙으로써 환자의 승낙에 갈음하는 것은 허용되지 아니한다」).

18) 소극적 안락사를 허용할 것인가의 여부에 대해 조사자의 72%가 찬성하고 있다. 한국갤럽은 전국 성인 1075명을 대상으로 한 전화조사에서 응답자의 72%가 찬성했으며 반대는 27%에

경제적인 고려도 무관하지 않지만 의료기술에 의한 후견적인 연명을 거부하는 것이다. 이것은 또한 죽음의 자기 결정이 권리화되고 있는 것에 의해 이러한 경향들이 의료전반에 영향을 미친 것이라고 할 수 있다.

이하에서는 환자의 자기결정권과 관련하여 최근에 논쟁이 가열되고 있는 안락사에 관해 상론하고자 한다. 안락사란 '불치의 질병으로 死期가 임박한 환자로서 극심한 육체적 고통을 겪고 있는 경우에 고통을 완화시키는 의료적 처치가 생명을 단축시키는 경우'에 촉탁·승낙에 의한 살인죄(형법 제252조 제1항)의 위법성을 조각할 수 있느냐의 문제이다. 안락사의 문제는 1960년대 이후 '인간에게 품위있게 죽을 권리'가 논의되면서 본격화되었다. 예컨대 미국의 경우 1960년대의 반전운동, 여성해방운동, 소비자보호운동 등과 함께 환자의 인권운동의 일환으로 주장되기 시작되었다.

안락사의 유형은 생명의 단축을 가져오는 안락사를 간접적 안락사, 소극적 안락사, 적극적 안락사로 분류하고 있다.

① 불치의 질병으로 死期가 임박한 환자로서 극심한 육체적 고통을 겪고 있는 경우에 고통을 완화시키는 의료적 처치가 생명을 단축시키는 경우인 간접적 안락사,

---

그쳤다. 소극적 안락사에 대한 연령층별 의견으로 찬성은 20대가 78%, 30대가 74%, 40대 73%, 50대 이상 62% 등으로 저연령층에서 더 높았으며, 학력별로는 중졸이하 56%, 고졸 73%, 대재 이상 79% 등 고학력층일수록 지지하는 경향을 보였다. 소극적 안락사를 반대하는 이유에 대해서는 '생명경시풍조를 조장할 우려'(37%), '인간의 생명에 대한 결정은 신의 영역'(37%) 등이었다(조선일보 2001. 4. 22).

대한의사협회는 소위 '소극적 안락사'와 낙태, 태아의 성감별, 대리모 등을 제한적으로 허용하는 내용의 지침을 제정, 선포한 바 있다. 그러나 윤리지침 가운데 일부조항을 현행 형법, 의료법 등에 저촉될 뿐만 아니라 생명윤리와 관련된 내용이어서 뜨거운 논란을 빚을 전망이다. 의협은 이들의 제정배경에 대해 소극적 안락사나 낙태, 성감별, 대리모 등 논란이 되는 행위들이 실제 의료현장에서 상당부분 음성적으로 이루어지는 현실을 인정하고 의사들에게 명확한 기준을 제시하려고 하는 의도였다고 한다. 의협이 제시하고 있는 구체적 논거는 다음과 같다. ① 소극적 안락사가 실제에 있어서는 병원에서의 죽음을 客死로 간주하는 사회적 정서와 함께 음성적으로 행해지고 있으며, ② 의학기술이 발전과 함께 소생불능의 환자 등의 경우에도 상당기간 목숨을 유지하는 것이 가능하나 이는 사회적으로 자원낭비이며 가족들에게 경제적·정신적 고통을 수반할 따름이다. ③ 낙태의 경우에 연간 150만건 이상 무차별적으로 이뤄지고 미혼모도 양산되는 실정이며, 대리모는 입양을 꺼리는 사회풍조 때문에 수천만원을 들여 암암리에 이루어지고 있으며, ④ 성감별의 경우에 있어서는 실제에 있어서는 음성적 목적으로 광범위하게 이뤄지는 것으로 추정되며 낙태목적이 아닌 부모의 알권리의 충족 차원에서 허용되어야 한다는 것이다.

그러나 시민단체와 종교계는 이러한 의협의 윤리지침에 대해 생명경시를 가속화할 것이라는 이유에서 거세게 반발하고 있다(중앙일보 2001. 11. 16). 이들 견해를 일별해 보면 의협의 이러한 주장은 다분히 의료현실과 그 부작용을 간과한 자신들의 입장에서 일방적인 메시지의 성격이 강하다.

② 불치의 질병으로 지적 판단능력이 상실된 말기의 식물인간상태의 환자로서 인공적 생명연장장치에 의한 연명되는 경우에 이를 제거하여 사망하게 하는 경우의 소극적 안락사 혹은 존엄사(이 경우는 간접적 안락사와는 달리 육체적 고통이 문제되지 아니하는 반면 환자의 자기결정권이 존재하지 아니한다는 점에서 구별되어진다), 그리고 ③ 불치의 환자에게 고통을 덜어주기 위해 적극적으로 생명단축의 시술을 하는 적극적 안락사(예컨대 치사량의 진통제를 일시에 투여하여 사망하게 하는 경우)로 구별되어진다.

국내의 형법학자들의 견해는 제①유형인 생명단축이 의료적 처치에 의한 고통제거의 부수적 결과로 발생하는 간접적 안락사와 제②유형인 식물인간의 상태에 있는 환자의 치료를 중단하는 소극적 안락사(부작위에 의한 안락사)를 일정한 요건하에 찬성하는 견해가 우세하다.[19] 안락사가 위법성을 조각하기 위한 요건으로[20] ① 현대의학의 견지에서 불치의 질병으로 死期가 임박하였을 것, ② 환자의 육체적 고통이 극심할 것, ③ 환자의 진지한 촉탁·승낙이 있을 것, ④ 안락사가 환자의 육체적 고통을 완화하기 위한 목적으로 행할 것, ⑤ 자격있는 의사에 의해 그 방법이 윤리적으로 타당한 방법으로 행하여 질 것을 요한다. 그러나 오늘날 육체적 고통제거를 목적으로 하는 안락사는 진통의술의 발달로 그 의의가 반감되고 있다. 이제 논의의 핵심은 품위 있게 죽을 권리에 초점이 옮겨지고 있다.

안락사를 허용하는 법적 근거는 사회상규에 위배되지 아니하는 행위(형법 제20조)로서 위법성이 조각된다고 해석하는 것이 타당하다.[21] 여기에서 환자의 생명단축을 목적으로 하지 않는 간접적 안락사는 크게 문제될 것이 없다. 적극적 안락사도 일정한 요건 하에 허용하자는 견해에 대해서는[22] 이것은 인간의 존엄과 가치에 반하며 남용의 위험성이 상존하기 때문에 동기가 안락사의 본래 목적을 위한 것이라도 허용될 수 없다고 하겠다.[23]

---

19) 박상기, 형법총론, 152면; 배종대, 형법총론, 홍문사, 2001, 266면이하; 이재상, 전게서, 275면 이하.

20) 名高屋高判 1962. 12. 22. 高刑集 第15卷 9號, 674面.

21) 이재상, 「안락사의 형태와 허용한계」, 김종원교수화갑기념논문집, 법문사, 1991, 581면; 임웅, 전게서, 191면.

22) 유기천, 전게서, 194면; 이형국, 형법총론연구 Ⅰ, 법문사, 1986, 276면; 정성근/박광민, 형법총론, 삼지원, 2001, 291면.

23) 김일수, 전게서, 313면; 박상기, 전게서, 152면; 배종대, 전게서, 267면; 이재상, 전게서, 276면; BGHSt 37, 379; 대한의사협회도 최근 발표한 의사윤리지침 제30조(회복불능환자의 치료중단)에서 "의학적으로 회생가능성이 없는 환자의 자율적 결정이나 그에 준하는 가족 등 대리인의 판단에 따라 환자나 대리인이 생명유지치료 등 진료의 중단이나 퇴원을 문서로서 요구할 경우 의사가 수용할 수 있다"고 하고 있다. 그러면서도 적극적 안락사에 대해서는 분명한 반대입장을 개진하고 있다(조선일보 2001. 11. 15).

소극적 안락사의 정당화 근거는 환자의 자기결정권에 근거하고 있다. 여기에서 환자의 자기결정권과 관련하여 본인이 스스로 의사표시를 할 수 없는 경우에 두가지 대안이 제시되고 있다. 그 하나는 친권자 등에 의한 의사표시의 대행의 방법이며, 다른 하나는 환자의 생전의 의사(Living will)를 존중하는 것이다. 그러나 친권자 등의 의사는 단순한 추정에 불과하다는 면에서 문제가 있다.

미국에서 이용되고 있는 생전의 유언형식인 'Living will'이란 장차 자기에게 시행되어질 의료의 내용에 대해서 지적·정신적 의사결정능력이 있을 때 미리 의사표시를 해 두는 것을 말한다. 특히 불치의 말기상태에 있어 의료행위에 의해 죽음이 연장되거나 잠정적으로 방지될 수 있는 경우에도 이러한 연명적 의료에 대한 거절의 의사표시를 사전에 해 두는 것과 관련하여 사용되어지고 있다. 이 경우에 의사는 환자의 자기결정권을 존중하여 아직 사망전이라도 법적으로 효력있는 일종의 유언으로 이를 받아들이도록 하는 제도이다. 1969년 미국의 안락사 교육협의회(Euthanasia Educational Council)에서 선언되어 1976년 미국의 캘리포니아주에서 이를 인정하여 '자연사법'이란 명칭으로 처음 입법화되었다.

안락사와 관련한 입법례로서는 미국에서는 현재 유일하게 Oregon 州가 1994년 주민투표를 통해 '의학적으로 도움받는 자살'을 허용하는 법을 통과시켜 시행하고 있다. 오리건주의 의사들은 '안락자살은 의학이 도저히 도울 수 없는 지경에 이른 말기환자들의 고통을 줄일 수 있는 마지막 의학적 수단'이라고 하고 있다. 오리건주의 조치 이후 연방대법원이 안락사의 허용여부를 각주의 권한으로 인정했으나 1999년 10월 미 연방하원이 안락사금지법을 통과시켰고 이듬해 4월 상원도 이 법안을 통과시켰다. 네덜란드는 1993년 의회가 정한 가이드 라인을 지키는 범위에서 안락사를 인정해 오다가 2001년 4월 하원에 이어 상원이 안락사를 허용하는 법안을 통과시켰다. 이 안락사 합법화 법안은 의사들에게 환자의 자발적 의지에 따르도록 하고 최소한 1명 이상의 다른 의사와 상담을 거쳐야 한다고 하고 있다.

일본의 경우는 안락사의 반대분위기가 압도적이다. 일본 후생성은 '연명치료의 거부, 안락사'라는 표현조차 너무 자극적이고 지적하면서 '말기치료의 바람직한 모습'으로 표현을 부드럽게 하자고 건의할 정도로 이 문제를 터부시하고 있다.[24)]

이 외에도 특별한 합의에 의해서 최고의 의료수준을 요구하는 것도 자기결정권에 속하지만 고액의 자기부담이 필요한 장기이식 등과 같은 선진의료를 경제적인 이유로 단념하는 것도 또한 그 예의 하나이다. 판례는 환자의 경제적 이유에 의한 정밀치료거부와 이에 따른 부작용이 의사의 업무상 과실치상죄에 해당하는가의 여부에

24) 조선일보 2001. 4. 13.

대해 소극적이다.[25)]

2. 환자의 명시한 의사에 반한 수술

환자의 명시한 의사에 반한 수술과 관련하여 예측할 수 없는 사망의 위험을 회피하기 위해 症狀의 악화를 방지하기 위한 것인 때에는 수술 이전에 절대적으로 거부의사를 표명한 환자의 의사에 구속되지 않은 경우가 예정될 수 있다. 이러한 경우에는 수술을 중지해서 전신마비로부터의 覺醒을 가진 동의를 구할 여지도 존재하지 않지만, 事後에 동의를 기대할 수 있는 것이 일반적이다. 나아가 예견되는 동의가 없는 경우에 분쟁화할 여지가 있지만, 이러한 긴급사태에서의 구명조치는 수술의 시작시점에서 의식이 있어 거부되어도 긴급피난으로서 허용되어진다.

사전에 환자가 거부한 것은 아니지만 수술 내용이 사전의 승낙의 범위를 초월하는 경우에는 문제가 되어진다. 예컨대 수술 중 乳癌이 의심되어 유방절제를 한 예이다. 승낙을 구할 시간적 여유가 없는 절박한 생명의 위험이 있는 경우 등 긴급피난에 해당하는 경우에는 별개이지만, 기능적 외관적으로 중대한 결과를 발생하는 수술의 경우 등에 있어서는 문제가 될 수 있다.

또한 다른 일방에서는 환자의 의사에 반하여 강제의료가 허용되어지는 경우가 있다. 예컨대 법정전염병 환자의 강제수용 등에 의해 직접적 강제가 있는 경우, 일정 종류의 예방접종, 건강진단, 검진 등이 그것이다. 자살기도자나 hunger strike 중의 수형자, 그리고 피검사자의 건강을 해하지 않은 범위에서 법원의 영장에 의한 약물범죄피의자의 강제채혈도 인정된다.[26)] 그러나 이 경우에도 인간의 존엄과 가치를 침해하는 피검사자의 건강을 장기간에 걸쳐 현저히 침해하거나 증거물을 찾기 위한 외과수술은 어떤 경우에도 허용되지 아니한다.[27)] 무수혈수술의 가능성이 확대되면서 여

---

25) 대법원 1983.5.24, 82 도 289. 「피해자가 1979.5.7 타병원에서 절개수술까지 권유받았으나 경제적인 이유로 이에 불응하고 퇴원하여 민간요법치료를 하다가 같은 달 10일 피고인의 진찰을 받고 일단 종합병원에 가서 진단과 치료를 받을 것을 권고받았으나 경제적 사정을 호소하면서 피고인의 치료를 요구하여 피고인이 피해자의 병상에 비추어 봉과직염으로 진단하고 우측슬하부 절개수술을 하였으나 밤톨만한 응고된 혈괴만이 검출되어 혈관질환에 의한 증상으로 판단하고 세균감염에 대비한 조치를 취하고 아울러 즉시 혈관촬영이 가능하고 수술시설이 갖추어진 종합병원으로 갈 것을 강력히 제시하고 괴사의 위험성이 있음을 경고하였으나 피해자는 이에 불응하고 민간요법으로 치료를 계속하다가 같은 달 21일 타병원에서 괴사로 진행되고 있는 우측하지를 절단받기에 이른 경우라면 피고인에 있어서 치료시술상 요구되는 주의의무를 해태하였다고 볼 수 없다」.

26) 신동운, 형사소송법 I, 법문사, 1997, 265면; 이재상, 형사소송법, 박영사, 2001, 286면.

27) 이재상, 형사소송법, 286면.

호와의 증인 등의 종교적 신조에 의한 수혈거부가 용인되어져야 할 범위가 확대되고 있지만, 중대한 건강침해의 위험을 방지하기 위하여 혹은 필요한 범위에서의 최소한도의 침습은 허용된다.

3. 설명의무

(1) 문제점

환자의 자기결정권이라는 새로운 인권의식을 건강의 회복을 목적으로 하는 의료분야에서 어떻게 조화시켜 제도화할 것인가의 문제와 관련하여 동의의 유효성의 전제요건인 설명의무에 대한 몇가지 문제점을 고찰하면 다음과 같다.28)

먼저 설명의무의 법적 성질과 관련하여 이것이 단순한 환자의 승낙의 유효성의 논리적 전제가 아니라 하나의 법적의무이며, 이는 진료채무로부터 발생하는 부수적·파생적 의무가 아니라 진료채무와 병렬하여 존재하는 독자적 의무라고 하겠다.

원래 형법학에서는 총론문제로서 피해자의 승낙·동의가 문제되어 그 효과나 유효요건이 논하여지고 있지만, 법적 효과가 부여되는 승낙·동의에 있어서도 그것은 동의능력이 있는 자의 眞意에 의한 동의임을 요한다. 촉탁·승낙에 의한 살인죄의 경우에 있어서도 동의가 이러한 요건을 결한 경우에는 살인죄가 성립한다. 그리고 독일 형법학에서는 전단적 의료행위의 문제의 전제로서 일찍부터 설명의무(Aufklärungspflicht)의 문제가 논의되었다.

민사의료재판에서는 환자의 동의를 받아 행하여진 의료행위가 過誤 내지 실패한 경우 혹은 예상외의 장애가 발생한 경우에 있어서, 환자의 자기결정권 침해를 이유로 하여 동의의 법적 효과를 다투는 형식으로 손해배상청구를 확대하는 수단으로 援用되었다. 즉, 환자의 동의에 관한 민사문제로서 그 판단에 필요한 사정을 지득한 다음 동의가 요구되어지는 것과 관련하여 1972년의 캔터베리(Canterbury) 판결을 계기로 민사의료재판에서 의료과오가 증명되지 않은 경우에도 설명의무해태라는 우회적인 방법으로 의료측에 손해배상책임을 부담시키려는 법기술적인 논리로서 이용되어 70년대 후반까지 맹위를 떨쳤다.29)

---

28) Ulsenheimer, Arztstrafrecht in der Praxis, 1988, S.50ff.

29) Canterbury v. Spence, 409 U.S. 1064(1972). 신경외과의사 스펜스(Spence)는 미성년자인 켄터베리(Canterbury)에게 수술시행후 하반신의 심각한 마비를 초래하게 하여 목발에 의해서만 보행이 가능하게 되었다. 수술전 담당의사는 수술의 위험에 대한 질문에 대하여 "다른 수술보다 위험성이 높은 것은 아니다"라고 하고 신체마비의 위험성에 대해 고지하지 않은 것이 문제되

'설명의무위반'의 법논리에 대해 한 의사는 이렇게 독백하고 있다. "변호사들조차 자신의 소송의뢰인에게 지키지 않는 설명행위를 다른 전문 직업군에게는 중대한 책임요소로 몰아붙이는 것이다. 의사는 의학이라는 학문으로 환자를 치료하는 사람이다. 의사의 치료행위과정에서 비(非)의사인 환자나 보호자의 경험과 능력은 아무런 도움이 되지 않는다. 또 설명을 하지 않는 행위는 의사의 과실과는 아무런 상관관계가 없다. 환자에게 설명을 잘 하면 치료효과가 좋다는 가설은 트집거리에 지나지 않는다. 설명의 충실도는 의사들도 그 한계를정하기 어려운 법인데, 의학을 모르는 법률가들이 그 한계를 정하는 것은 서글픈 일이다. 당연히 의사들은 법률가의 이런 시각을 단호히 거부한다. 재판부가 의료과오소송에서 설명의무위반을 배상책임의 한 부분으로 평가하는 행위는 치료를 하는 의사에게는 치료방해행위로 느껴질 뿐이다. 오히려 의료사고를 유발하는 한 요인으로 될 수 있다"고 하고 있다.[30)]

의료계의 이러한 시각은 아직도 우리의 의료인들이 종래 건강의 회복이라는 절대명제 앞에 환자는 의사에게 모든 것을 일임하였던 과거의 향수에서 벗어나지 못하고 있거나, 의료에 있어 환자의 주체성과 연관된 자기결정권 사상의 잘못이해에서 비롯된 것이라 하겠다. 또한 현실이 이러함에도 불구하고 여전히 의사는 환자와 상호대립된 관계에 놓여 있다기 보다는 환자의 건강의 회복이라는 한가지 목적을 위해 상호 협력하는 관계에 놓여 있으며, 따라서 환자개인의 의사의 존중과 건강의 회복이라는 두가지 가치를 둘러싸고 의사의 설명의무와 치료의무의 건전한 공존을 위하여 이 분야의 조속한 이론정립이 요구된다 하겠다.

오늘날에는 수술에 의해서 어떠한 결과를 발생해도 불평을 하지 않을 것이라는 포괄적 수술승낙서가 일반적 면책효과를 가지는 것이 아니라는 것에 異論은 없다.[31)] 다만 대법원은 우리 의료현실을 감안하여 손해배상의 범위를 제한함으로써 공평부담의 원칙을 견지하고 있다.[32)]

었다. 이에 원고는 'lack of informed consent'등을 이유로 소송을 제기하였다. 이 사건은 의사의 설명의무의 범위와 관련하여 "의사들의 의료관행(medical usage)이 아니라 법이 정하는 기준이어야 한다"고 하였다.

30) 민경찬, 「의료사고 불공정 감정 백태」, 신동아, 1997. 12, 424면이하.

31) 수술에 앞서 한 의사에 대한 면책서약의 의미(서울고법 1983. 5. 13, 82 나 1384. 「수술에 앞서 이 수술로 인하여 발생하는 어떠한 결과에 대하여도 하등의 이의를 제기치 아니한다고 서약하였다 하여도 이 서약은 신의칙이나 형평의 원칙상 집도의사의 위법행위를 유서하고 그로 인한 청구권을 미리 포기한 취지라고 해석되지 않는다」).

32) 의사의 설명의무 위반으로 인하여 위자료만을 청구하는 경우와 모든 손해를 청구하는 경우에 있어서 설명의무 위반과 결과 사이의 상당인과관계의 존재 요부(대법원 1994. 4. 15, 93 다 60953. 「가) 일반적으로 의사는 환자에게 수술 등 침습을 가하는 과정 및 그 후에 나쁜 결과

그리고 이 때의 동의는 치료행위 이전에 구체적인 의료행위에 있어서 요구되어지는 것이다. 그리고 이때의 동의가 과실평가에 영향을 주는 것은 부정할 수 없다. 그 효과가 어느 범주에 미치는가는 반드시 명확하지 않지만 이러한 종류의 설명과 동의가 과실책임을 경감·해방하려고 하는 것을 시사함은 물론이다. 그러나 현실적으로 문제가 되고 있는 것은 사전에 구체적인 설명을 하지 않고 예기하지 않은 결과가 발생한 경우이다. 여기에서는 동의를 구하기 전에 충분한 설명을 하지 않은 것, 따라서 설명의무위반의 법적 책임이 추급되어진다. 판례는 수술을 하기 전에 의사로서 환자에게 하여야 할 구체적인 설명의무를 다하지 아니한 경우에 과실이 인정된다고 하고 있다.33)

(2) 설명의무의 범위와 정도

환자의 동의의 전제는 환자가 의사결정을 할 수 있도록 의료행위와 관련한 충분한 정보를 제공하는 일이다. 또한 여기에서 의사의 설명의무를 법적 책임의 문제로 하

발생의 개연성이 있는 의료행위를 하는 경우 또는 사망 등의 중대한 결과 발생이 예측되는 의료행위를 하는 경우에 있어서 응급환자의 경우나 그 밖에 특단의 사정이 없는 한 진료계약상의 의무 내지 위 침습 등에 대한 승낙을 얻기 위한 전제로서 당해 환자 또는 그 가족에게 질병의 증상, 치료방법의 내용 및 필요성, 발생이 예상되는 위험 등에 관하여 당시의 의료수준에 비추어 상당하다고 생각되는 사항을 설명하여 당해 환자가 그 필요성이나 위험성을 충분히 비교하여 그 의료행위를 받을 것인가 여부를 선택할 수 있도록 하는 의무가 있다.

나) 의사가 위 "가"항의 설명의무를 위반한 채 수술 등을 하여 환자에게 사망 등의 중대한 결과가 발생한 경우에 있어서 환자측에서 선택의 기회를 잃고 자기결정권을 행사할 수 없게 된 데 대한 위자료만을 청구하는 경우에는 의사의 설명결여 내지 부족으로 선택의 기회를 상실하였다는 사실만을 입증함으로써 족하고, 설명을 받았더라면 사망 등의 결과는 생기지 않았을 것이라는 관계까지 입증할 필요는 없으나, 그 결과로 인한 모든 손해를 청구하는 경우에는 그 중대한 결과와 의사의 설명의무 위반 내지 승낙취득과정에서의 잘못과의 사이에 상당인과관계가 존재하여야 하며, 그 경우 의사의 설명의무의 위반은 환자의 자기결정권 내지 치료행위에 대한 선택의 기회를 보호하기 위한 점에 비추어 환자의 생명 신체에 대한 의료적 침습 과정에서 요구되는 의사의 주의의무 위반과 동일시 할 정도의 것이어야 한다」).

33) 대법원 1987. 4. 28, 86 다카 1136. 「의사로서는 성형수술이 그 성질상 긴급을 요하지 아니하고 성형수술을 한다 하더라도 외관상 다소간의 호전이 기대될 뿐이며 다른 한편으로는 피부이식수술로 인한 피부제공처에 상당한 상처로 인한 후유증이 발생할 가능성이 있음을 고려하여 수술전에 충분한 검사를 거쳐 환자에게 수술 중 피부이식에 필요하거나 필요하게 될 피부의 부위 및 정도와 그 후유증에 대하여 구체적인 설명을 하여준 연후에 그의 사전동의를 받아 수술에 임하였어야 할 업무상 주의의무가 있음에도 불구하고 이에 이르지 아니한 채 막연한 두피이동술 및 식피술 등의 수술에 관한 동의만 받았을 뿐 양 대퇴부의 피부이식에 대한 내용 및 그 후유증 등에 대하여 구체적으로 설명하여 주지 아니하고 수술에 이르렀다면 이 사건 성형수술로 피해자가 입은 상해는 의사의 위와 같은 주의의무를 다하지 아니한 과실로 인한 것이라고 할 것이다」.

는 것에 대한 문제성은 동의를 필요로 하지 아니하는 경우가 있을 수 있다는 것 이외에도 그 의무범위가 불명확한 점에 있다. 의사가 부담하는 설명의무의 범위는 당시의 동일 전문분야의 의사라면 일반적으로 제공할 정도의 형태와 양의 정보로서 환자가 자기에게 가해지는 의료침습을 이해하고 이를 기초로 하여 그것을 수용할 것인가의 여부의 의사표시를 하기 위하여 필요한 판단에 영향을 미칠 가능성이 있는 의학적 정보의 모든 것을 말한다. 이것에 대해서는 환자의 병명과 증상, 위험성의 정도, 치료의 성질 즉, 치료방법의 내용 및 그 필요성, 예상되는 효과, 제공되는 치료방법의 채택에 따른 위험성(예컨대 성공확률이나 장애의 발생가능성, 장애의 내용과 정도 등), 채택하지 않을 경우의 예상되는 문제점, 대체가능한 치료법, 환자에게 질문의 기회제공 등을 말한다.[34]

이 중 특히 치료방법의 선택은 일차적으로 당해 의사가 결정할 문제이나 수개의 치료방법이 병존하고 상이한 위험성과 가능성이 있는 경우에는 반드시 설명을 요하는 부분이라고 하겠다.[35] 실제에 있어 의사가 부담하는 환자에 대한 설명의무의 범위와 관련하여 의료실무에서 거의 행하여지고 있지 않은 것이 대체 가능한 치료법이다. 이는 대개의 경우 의사가 자신들의 시설이나 인력의 미비 등에 의해 제공할 수 없는 치료의 경우에 환자에게 설명하는 경우에 그러한 치료가 가능한 병원으로 전원할 경우의 경제적 손실을 막기 위한 이유 때문인 것으로 보인다. 따라서 설명의무를 판단하는데 있어서는 환자에게 이러한 기회가 박탈되지 않았는가의 문제를 검토할 것이 요구된다.

대법원은 설명의무의 범위를 상이한 치료방법이 있는 경우의 치료선택권뿐만 아니라 치료후 회복하는 과정에서의 요양방법지도의무까지도 확대하고 있다. 즉, “연탄가스 중독환자가 퇴원시 자신의 병명을 물었으나 환자를 그 병명으로 진단, 치료한 의사가 아무런 요양방법을 지도하여 주지 아니하여 병명을 알지 못한 환자가 퇴원 즉시 처음 사고 난 방에서 다시 자다가 재차 연탄가스에 중독된 경우 의사의 업무상과실 및 그 과실과 재차의 연탄가스 중독과의 인과관계가 있다고 보아야 한다”고 하고 있다.[36] 이외에도 “정기검사 시기에 맞추어 자궁암검사를 의뢰하기 위하여 처음 찾

---

34) 의사의 설명의무의 범위의 범위와 관련하여 관련판례는「의사가 수술을 시행함에 앞서 수술환자 또는 그 가족으로 하여금 수술을 받을 것인가 여부를 올바르게 결정하도록 하기 위하여 부담하는 설명의무의 내용은 당해 수술방법, 완치율 및 그 수술에 따라 통상적으로 야기될 수 있는 후유증 등에 국한된다 하겠고 의사의 의료상의 과오로 인하여 발생하는 부작용 등 의사자신으로서도 수술 시행전에 예상하지 못한 결과에 대하여 까지 설명하여줄 의무는 없다」고 하고 있다(서울고법 1983. 5. 13, 82 나 1384).

35) 정현미, 전게서, 157면.

36) 대법원 1991. 2. 12, 90 도 2547. (업무상과실치상)「자기 집 안방에서 취침하다가 일산화탄소(연탄가스) 중독으로 병원 응급실에 후송되어 온 환자를 진단하여 일산화탄소 중독으로 판명

아온 의뢰인에게 세포진검사와 질확대경검사를 실시하였을 뿐 아니라 조직검사로 인하여 발생할지도 모르는 후유증에 대하여 아무런 설명도 없이 조직검사까지 실시한 의사의 행위가 과잉진료 내지 설명의무 위반의 불법행위에 해당할 여지가 있다"고 본 사례가 있다.[37)]

어느 정도의 설명을 다하면 족한가의 정도와 관련하여 설명의무를 직업윤리적인 범위를 벗어난 법적 의무로 편입시키기 위해서는 신중한 배려가 필요하며, 일반적인 의료행위의 구체적 개별적인 문제의 전부를 설명하여 동의를 구할 필요는 없다. 이것과 관련한 학설로서는 평균적인 의사라면 설명할 수 있을 정보의 정도를 기준으로 하는 합리적 醫師說, 평균적인 환자라면 필요로 하는 정보의 정도를 기준으로 하는 합리적 환자설, 당해 환자가 판단하기에 필요로 하는 정보의 정도를 기준으로 하는 개별적 환자설, 평균적인 의사가 당해 환자가 판단을 위하여 필요로 할 것으로 생각한 정보의 정도로 하는 이중기준설 등이 주장되고 있다.

미국에서는 이성적인 의사에 의한 의료관행을 기준으로 하는 醫師基準說부터 환자기준설 등이 주장되고 있지만 각주의 입법에는 의료관행기준설이 유력하며,[38)] 환자기준설의 경우에도 가능성이 낮은 일반적인 의료거부의 이유로 되지 않는 사정의 설명은 요하지 않는다고 하는 이성적인 환자가 기준으로 되고 있는 것은 독일의 학설과 동일하다.[39)] 동의원칙을 철저히 하고 환자의 이해 위에서 동의가 이루어져야 한다는 관점에서는 개별적 환자설이 타당하다고 할 수 있으나 의사의 행위기준으로부터 의사에 대한 기대가능성이라는 요소를 완전히 제외하는 것은 의사에게 가혹하다는 비판이 제기되고 있다. 이러한 점에서 법적 강제의 범위에 있어서 의사에게 부당한 부담이 가해지는 것을 회피할 수 있는 이중기준설이 타당하다고 하겠다.[40)]

하고 치료한 담당의사에게 회복된 환자가 이튿날 퇴원할 당시 자신의 병명을 문의하였는데도 의사가 아무런 요양방법을 지도하여 주지 아니하여, 환자가 일산화탄소에 중독되었던 사실을 모르고 퇴원 즉시 사고 난 자기 집 안방에서 다시 취침하다 전신피부파열 등 일산화탄소 중독을 입은 것이라면, 위 의사에게는 그 원인 사실을 모르고 병명을 문의하는 환자에게 그 병명을 알려주고 이에 대한 주의사항인 피해장소인 방의 수선이나 환자에 대한 요양의 방법 기타 건강관리에 필요한 사항을 지도하여 줄 요양방법의 지도의무가 있는 것이므로 이를 태만한 것으로 의사로서의 업무상과실이 있고, 이 과실과 재차의 일산화탄소 중독과의 사이에 인과관계가 있다고 보아야 한다」. 동 판례와 관련한 논의로서는 이상돈, 의료형법, 법문사, 1998, 368면이하 참조.

37) 대법원 1998. 3. 27, 97 다 56761. 같은 취지에서 의사가 설명의무를 다하지 못함으로써 환자의 승낙권을 침해한 과실이 있다고 한 사례로서는 대법원 1992. 4. 14, 91 다 36710 참조.

38) Linzbach, Informed Consent, 1980, S.58.

39) Laufs, Arztrecht, 3.Aufl., 1984, S.56, Anm.11.

40) 일본에 있어서도 이중기준설이 유력하다(岩志 和一郎, 「醫療における患者の自己決定と醫師

분업적 의료와 관련하여 의사의 설명의무는 대단히 미묘한 문제를 제기한다. 예컨대 종합병원에서 치료와 수술을 받는 환자는 거기에 참여하고 있는 모든 의사로부터 직접 설명을 듣는 것이 아니라 지도·감독을 하는 의사에 의해 설명을 듣는 것으로 만족해야 한다.[41] 또한 마취의는 마취과정에서 또는 깨어나는 과정에서 수반되는 구체적 위험에 대해 설명하면 족한 반면, 외과의사는 수술에 의해 환자에게 야기되는 중요기능의 장애에 대하여 설명해야 할 위치에 있다 하겠다.

또한 의사의 설명의무의 정도는 환자의 질병의 심각성 정도와 관련성을 가지며 생사가 불분명하거나 豫後를 알 수 없는 질병일수록 의사자신의 독자적 판단에 의해 치료행위 여부를 결정해서는 아니되며 환자의 자기결정권에 내맡겨야 할 것이다. 이런 점에서 환자자신의 주체적인 판단에 의한 합리적인 결정을 담보하기 위해서 의사의 설명의무는 더욱 중요성을 가진다 하겠다.

판례는 의사의 설명의무의 내용과 그 정도와 관련하여 "의사에게 당해 의료행위로 인하여 예상되는 위험이 아니거나 당시의 의료수준에 비추어 예견할 수 없는 위험에 대한 설명의무까지 부담하게 할 수는 없으며, 설명의무의 주체는 원칙적으로 당해 처치의사라 할 것이나 특별한 사정이 없는 한 처치의사가 아닌 주치의 또는 다른 의사를 통한 설명으로도 충분하다"고 하고 있다.[42] 또한 의사가 수술 등에 대한 환자의 승낙을 얻기 위한 설명의무는 "그 의료행위 에 따르는 후유증이나 부작용 등의

の責任」, 韓日法學會 第17回 國際學術會議 資料集, 1999. 9. 11, 86面).

41) 안동준, 「치료상의 실수에 대한 의사의 법적 책임」, 김종원교수화갑기념논문집, 법문사, 1991, 338면; 대법원 1999. 9. 3, 99 다 10479.

42) 의사의 설명의무의 내용과 그 정도(대법원 1999. 9. 3. 99 다 10479. 「가) 일반적으로 의사는 환자에게 수술 등 침습을 가하는 과정 및 그 후에 나쁜 결과 발생의 개연성이 있는 의료행위를 하는 경우, 또는 사망 등의 중대한 결과 발생이 예측되는 의료행위를 하는 경우에 있어서 진료계약상의 의무 내지 침습 등에 대한 승낙을 얻기 위한 전제로서 당해 환자나 그 법정대리인에게 질병의 증상, 치료 방법의 내용 및 필요성, 발생이 예상되는 위험 등에 관하여 당시의 의료수준에 비추어 상당하다고 생각되는 사항을 설명하여, 당해 환자가 그 필요성이나 위험성을 충분히 비교해 보고 그 의료행위를 받을 것인가의 여부를 선택할 수 있도록 할 의무가 있는 것이지만, 의사에게 당해 의료행위로 인하여 예상되는 위험이 아니거나 당시의 의료수준에 비추어 예견할 수 없는 위험에 대한 설명의무까지 부담하게 할 수는 없으며, 설명의무의 주체는 원칙적으로 당해 처치의사라 할 것이나 특별한 사정이 없는 한 처치의사가 아닌 주치의 또는 다른 의사를 통한 설명으로도 충분하다.
나) 안과수술 후 갑자기 나타난 예측불가능한 시신경염으로 환자의 시력이 상실된 경우, 수술 전에 그 수술의 필요성, 방법, 합병증에 대하여 자세히 설명하였고 수술 전후에 걸쳐 환자의 기왕병력인 신경섬유종의 변화 유무를 관찰하였으나 아무런 변화가 없었으며, 수술 부위가 시신경과는 무관한 안검 부위로서 시신경염으로 인한 시력상실은 통상적으로 예견되는 후유증이 아니라는 점에 비추어 그에 대한 의사의 설명의무 및 자기결정권을 침해한 것으로 볼 수는 없기에 의료과실을 부정한다」.

위험발생 가능성이 희소하다는 사정만으로 면제될 수 없으며, 그 후유증이나 부작용이 당해 치료행위에 전형적으로 발생하는 위험이거나 회복할 수 없는 중대한 것인 경우에는 그 발생 가능성의 희소성에도 불구하고 설명의 대상이 된다"고 하고 있다.[43)]

나아가 "의사의 설명이 환자로 하여금 의학지식 및 기술상 합리적인 진료행위를 비합리적인 근거로 거부하게 하는 결과를 초래할 염려가 있다는 사정만으로는 의사의 설명의무가 면제된다고 할 수 없는 것이고, 또 의사의 후유증 위험에 대한 설명이 환자를 직접적으로 위태롭게 하는 신체적, 정신적 반응 또는 치료목적을 좌절시키는 반응을 일으킬 염려가 있었다고 인정할 만한 증거를 찾아볼 수 없으므로, 위와 같은 염려가 있었음을 전제로 하여 이른바 의사의 치료특권의 차원에서 설명의무가 면제되어야 한다는 주장은 받아들일 수 없다"고 한 사례도 있다.[44)]

Ⅵ. 결 어

본장에서는 전단적 의료행위와 관련한 몇가지 문제사안을 검토하였다. 이것에 대한 우리의 결론을 요약하면 다음과 같다.

먼저 의료행위에 있어 환자의 자기결정권을 보호하기 위해서는 전단적 의료행위에 대한 구성요건을 신설할 필요가 있다. 요컨대 전단적 의료행위는 형법상 상해라고 볼 수는 없다. 또한 현행 헌법이 보장하고 있는 기본권에서 유래하는 환자의 자기결정권의 침해에 대해서, 그 制裁가 본질적으로 제약되어 있는 민법상의 해결책에 전면적으로 위임되어 있는 것은 중대한 문제로서 이것에 대한 형법적 보호도 단념할 수 없는 일이라 하겠다. 그러나 이러한 간격을 죄형법정주의 위반의 혐의를 받으면서까지 현행 형법규정의 해석에 의해 보충하려고 하는 것은 이미 해석론의 임무를 벗어날 것이라고 하겠다. 게다가 의사로서의 양심적인 판단에 근거하여 의술적으로 적정한 치료행위를 통해 양호한 치료결과를 가져왔음에도 불구하고 그것이 환자의 의사에 상응하는 것이 아니라고 하는 것만을 이유로 해서 의사를 상해죄로 벌하는 것은 의사의 善意와는 균형되지 않는 과도한 오명을 씌우는 것이 된다.

다음으로 의료행위에 있어 환자의 주체성과 관련한 동의의 여부문제에 있어서는 아직도 해명되어야 할 불명확한 부분이 다수 상존하고 있음을 알 수 있다. 따라서

---

43) 대법원 1996. 4. 12, 95 다 56095.
44) 대법원 1995. 1. 20, 94 다 3421.

이러한 현상을 방치한 채 환자의 동의권의 중요성만 강조한 채 이것을 전제하여 범죄화 문제를 논하는 것은 자가당착이며 이들 문제의 가벌성을 기초짓기 위해서는 전제문제의 투명성 확립이 선행되어야 할 것이다.

현실에 있어 의료행위와 관련하여 야기되어지는 제문제에 대해 어느 범위까지 형사책임을 추급할 것인가의 여부는 개별국가의 법질서 선택문제이다. 우리의 경우에 있어서는 오늘날 과실범에 대한 대폭적인 비범죄화의 경향과 함께 의료형사사건은 그 수가 적을 뿐만 아니라 형사과실의 운용이나 범죄화의 기준, 양형면에 있어 안정적인 공정한 실무기준이 확립되어 있다고는 할 수 없다.

제10장
수사와 인권

Ⅰ. 서 설

우리의 헌법은 매우 상세한 형사절차상의 인권보장규정을 두고 있다. 이것은 시민적 자유를 수호하려는 근대법사상의 표현으로 전 형사절차의 지배원리는 헌법의 이념에 충실한 형사소송의 실현이 요구되어진다. 그 중에서도 피의자의 인신구속은 효율적인 형사사법의 기능과 개인의 자유에 대한 기본권의 보호라는 대립되는 이익이 정면으로 충돌하는 가장 예민한 문제영역이라고 할 수 있다. 형사소송법의 개정에 있어서도 인신구속제도의 개선이 항상 핵심적 쟁점이 되고 있는 것은 이 점 때문이다. 여기에서 형사소송이란 범인의 처벌만을 지향하여 진실을 추구하는 것이 아니며 피의자 및 피고인의 절차상의 권리와 이익을 적극적으로 보장하는 법의 적정절차의 보장이 선행되어질 것을 요구하고 있다. 따라서 인신구속은 무죄추정의 원칙, 강제수사법정주의, 영장주의 등 헌법정신에 합당하게 운용되어질 것이 요구되며, 이러한 운용의 기본원칙은 그 요건을 보다 엄격하게 하고 체포·구속기간을 단축함과 함께 체포 및 구속에 있어서 적정절차의 원칙을 유지하여 인신구속의 예외적 성격을 관철하는 것이 그 요체라 할 것이다.

피의자의 인신구속과 관련하여 일부에서는 피의자의 인권보장을 위하여 불구속수사 및 재판의 원칙은 점진적으로 확대되어야 하며, 영장실질심사제도의 도입과 함께 우리의 인신구속제도의 운용이 수사현실이나 국민의 법감정을 도외시한 채 시행되어지고 있다는 우려가 제기되고 있다. 그러나 지금까지의 우리의 형사사법관행은 적법절차의 이념보다도 실체적 진실주의의 이념이 과도하게 전면에 부상하여, 법정구속사유와는 별개로 관행적인 기준으로서의 법외적인 사유인 소위 '위장된 구속사유'들이 구속여부의 결정에 작용하여 왔음은 주지의 사실이다. 또한 이러한 사법관행은 구속제도의 목적이나 의미를 정확하게 인식함이 없이 '대충 구속으로 '몰아가는 큰 원인으로 작용하여 구속수사가 원칙인 것처럼 운영되어 왔음을 부인할 수 없다.

요컨대 이러한 오도되어진 관행들은 국가형벌권의 근거와 한계에 대한 오해에서 비롯된 것으로 '원칙의 회복과 잘못된 관행의 타파'라는 측면에서 반드시 극복되어야 할 과제이다. 따라서 인신구속법의 개선에 있어서의 要諦는 구속의 예외적 성격을 관철하는 것이라 할 것이다.[1] 여기에서 구속제도 운용의 기본원칙은 그 요건을 보다 엄격하게 하고 체포·구속기간을 단축함과 함께 체포 및 구속에 있어서 적정절차의 원칙을 유지하여 구속제도의 예외적 성격을 관철하여 제도의 적정성을 유지하는 것이다. 그리고 이러한 원칙은 우리의 형사절차운용에 있어서도 당위명제라고 할 것이다. 本稿에서는 현행 형사소송법에 있어서의 인신구속제도를 비교법적으로 고찰하여 수사의 효율성과 기본적 인권의 보장이라는 상호 모순되는 형사소송법의 두 이념이 보다 적절히 조화될 수 있는 합리적 대안을 제시하고자 한다.

Ⅱ. 인신구속제도 운용의 기본원칙

우리는 누구나 범죄를 범하지 않았음에도 불구하고 범죄의 혐의를 받아 피의자·피고인이라는 곤란하고 당혹스러운 지위로 전락할 가능성을 배제하지 못한다. 또한 국가권력의 수단인 형사사법은 불가피하게 개인의 권리침해를 수반하며, 이러한 형사절차는 有罪人에 대하여 뿐만 아니라 無罪人에 대하여도 진행되며 나아가 제3자의 이익을 침해할 수도 있다. 여기에서 이러한 가능성으로부터 우리 모두를 보호하고자 하는 데에 형사소송법의 존재의의가 있으며, 문명사회는 이러한 이념달성을 위해 이것에 합당한 제도마련과 함께 정의로운 형사절차의 운용이 요구되어진다. 따라서 형사소송법을 지배하는 이념은 형법법규의 완전한 실현과 함께 형사소추기관의 침해로부터 개인의 자유를 보호하는 것으로 모든 규정은 이러한 충돌하는 이익을 조화하는 것을 목적으로 한다.

형사소송법에 있어 인신구속을 제한하여 인권을 담보하는 원리로서 무죄추정의 원칙과 비례성의 원칙이 있다.

1. 無罪推定의 原則

피의자·피고인에 대한 인신구속제도의 운용은 헌법과 형사소송법이 지향하는 법원리인 무죄추정(Unschuldvermutung)의 법리(헌법 제27조 제4항, 법275조의2)에 의해서 엄격히 제한되지 않으면 안되는 必要惡이다.[2] 형사절차에서 피의자 또는 피고인

---

1) Böing, “Der Schutz der Menschenrechte im Strafverfahren,” ZStW 91, 387.

2) 헌법 및 형사소송법은 검사의 공소제기에 의하여 유죄판결의 가능성이 보다 구체화된 피고인

이 유죄의 확정판결이 있기도 전에 유죄로 취급되어 부당한 처우를 받는 상황이 허용되는 경우에는 우리 헌법이 표방하고 있는 '價値의 世界'의 핵심적인 내용으로서 기본권의 이념적 기초인 '인간으로서의 존엄과 가치'(헌법 제10조)를 침해하는 것이 되기 때문이다. 따라서 무죄추정의 원칙은 搜査節次와 公判節次의 전과정을 지배하는 지도원리이다. 그 내용을 상론하면 다음과 같다

먼저 무죄추정의 원칙은 형사절차에 있어 피의자·피고인이 절차의 주체로서의 지위를 가짐과 함께, 이러한 지위의 향유는 피의자에 대한 수사와 피고인에 대한 재판이 원칙적으로 불구속 상태에서 이루어질 것을 요구하게 된다. 즉, 형사절차에서 有罪의 확정판결이 있기까지는 무죄로 추정되는 피의자·피고인에 대하여 구속을 무제한적으로 허용한다는 것은 그 자체가 무죄추정의 법리에 반하게 되는 것이다. 이외에도 무죄추정의 법리는 구속을 제한하는 지도원리로 작용할 뿐만 아니라 일단 구속된 경우에도 가급적 석방되어 시민적 자유를 향유시킬 것을 요구하고 있다. 그리고 구속된 피의자나 피고인에 대하여는 구속 이외의 불필요한 고통을 과하지 않을 것을 요구한다. 따라서 피의자·피고인에 대한 접견교통권의 보장, 부당한 대우의 금지 등은 이러한 원칙의 실현으로 볼 수 있다.

다음으로 무죄의 추정을 받는 자에게 형벌과 같은 성격의 강제처분은 과할 수 없으므로 인신구속은 어떠한 경우에 있어서도 事前刑罰(vorgenommene Strafe)로서의 성

만을 무죄추정의 주체로 명시하고 있으나(헌법 제27조 제4항, 형소법 제275조의2), 공소제기된 피고인이 무죄로 추정되는 이상 피고인보다 전 단계에서 단순히 범죄의 혐의를 받고 있음에 불과한 피의자에 대하여 무죄추정의 원칙이 적용되는 것은 당연하다(헌재 1992. 1. 28. 결정, 91헌마111; 이재상, 형사소송법, 박영사, 2003, 106면). 그리고 세계인권선언(제11조 1), 그리고 '시민적 및 정치적 권리에 관한 규약'(제14조 2)에 있어서도 형사피고인의 무죄추정의 원칙을 규정하고 있다.

미국 연방대법원은 미결구금이 무죄추정의 원칙에 반한다는 주장에 대하여, "무죄추정은 형사재판의 단계에서 거증책임분배에 관한 원칙이므로 재판이전에는 적용될 수 없고, 따라서 미결구금과는 연관성이 없다"고 판시한 적이 있다〔Bell v. Wolfish, 441 U.S. 520(1979)〕. 그러고 이러한 논지를 예시하면서 동 판시내용을 적극적으로 긍정하는 국내의 견해도 볼 수 있다(이태훈, 「미국의 인신구속제도와 운영실태」, 법조, 제490권, 1997. 7, 17면). 이태훈검사는 "우리 대법원은 무죄추정원칙을 오해하고 있는 듯하다. … … 무죄추정원칙은 우리 대법원이 오해하고 있는 것처럼 수사단계에서 적용되는 원칙이 아니고 오로지 재판단계에서만 적용되는 거증책임의 분배에 관한 원칙에 불과하다."고 한다.

그러나 위 연방대법원의 판시내용은 납득하기 곤란하다. 무죄추정의 원칙은 수사절차에서 공판절차에 이르기까지 형사절차의 전과정을 지배하는 지도원리이며, 따라서 "무죄추정의 원칙은 피의자가 유죄판결이 확정되기 이전에는 모든 면에서 '항상' 일반인과 동등하게 취급하라는 의미는 아니다"는 논지가 보다 타당하다 할 것이다〔미국의 인신구속에 대해서는 이재석, 「미국의 체포·구속제도」, 사회과학연구(대구대 사회과학연구소), 제4집, 제3호, 1998. 2, 1면이하 참조〕.

질을 가질 수 없으며, 이것에 의한 형벌의 목적을 추구하기 위한 일반예방(혹은 특별예방)의 효과를 기대하는 것도 허용되지 않는다.[3] 특히 수사기관이 종래에 있어서의 수사관행과 같이 특정의 유해행위를 단속하기 위하여 구속수사를 원칙으로 하겠다고 공언함으로써 인신구속에 의하여 일반예방의 효과를 달성하려고 할 때에는 무죄추정의 원칙은 중대한 도전을 받게 된다. 또한 수사의 편의나 자백획득의 수단, 범죄에 대한 응징 그리고 피해회복의 수단으로서 인신구속을 악용하는 것은 허용되어지지 아니한다. 이러한 위장된 구속사유(apokryphen Haftgründe) 는 무죄추정의 법리에 반한다.

요컨대 구속은 수사 및 재판에 있어서 원칙이 아니라 다른 방법에 의해서는 형사소송의 목적을 달성할 수 없다고 인정되는 경우에 있어 불가피한 최후의 수단(Ultima ratio)으로 사용될 때에만 정당성이 부여되어진다 하겠다.[4]

2. 比例性의 原則(過剩禁止의 原則)

헌법의 비례성의 원칙(Grundsatz der Verhältnismäßigkeit)은 국가는 刑事節次에 의하여 개인을 범죄자로 처벌하는 경우에도 그의 기본권을 최대한 존중해야 하며 그 제한은 필요최소한이어야 한다는 원칙이다. 이것은 법치국가원리와 기본권의 본질에서 유래하는 것으로 全刑事節次를 지배하는 원칙으로 과잉금지의 원칙(Verbot des Übermaßes)이라고도 한다. 따라서 비례성의 원칙은 강제처분의 실행과 기간 및 방법을 제한하는 이념이 된다.[5]

---

3) Wolter, "Untersuchungshaft, Vorbeugungshaft und vorläufige Sanktionen", ZStW 93, 453f.

4) 이재상, 전게서, 104면; Böing, ZStW 91, 380; 헌법재판소도 국가보안법 제19조에 대한 헌법소원과 관련하여 무죄추정의 원칙의 결과로서 不拘束搜査·不拘束裁判의 원칙을 천명하고 있다. 관련판시를 요약하면 다음과 같다. 「신체의 자유를 최대한으로 보장하려는 헌법정신, 특히 무죄추정의 원칙으로 인하여 불구속수사·불구속재판을 원칙으로 하고 예외적으로 피의자 또는 피고인이 도피할 우려가 있거나 증거를 인멸할 우려가 있는 때에 한하여 구속수사 또는 구속재판이 허용될 따름이며, 구속수사 또는 구속재판이 허용될 경우라도 인신의 구속은 신체의 자유에 대한 본질적인 제약임에 비추어 그 구속기간은 최소한에 그쳐야 하는 바, 국가보안법 제7조(찬양·고무 등) 및 제10조(불고지)의 죄는 구성요건이 특별히 복잡한 것도 아니고 사건의 성질상 증거수집이 더욱 어려운 것도 아니어서 굳이 수사기관에서 일반형사사건의 최장구속기간 30일보다 더 오래 피의자를 구속할 필요가 있다고 인정되지 아니함에도 불구하고, 국가보안법 제19조가 제7조 및 제10조의 범죄에 대하여서까지 형사소송법상의 수사기관에 의한 피의자 구속기간 30일보다 20일이나 많은 최장 50일까지 구속기간을 더 연장할 수 있도록 인정한 것은 결국 헌법 제37조 제2항의 기본권제한입법의 원칙을 현저하게 위배하여 피의자의 무죄추정의 원칙을 침해하는 것이 명백하다(일부위헌결정)」고 판시하고 있다(헌재 1992. 4. 14. 결정, 90헌마82).

이에 의하여 인신구속은 구체적 사건의 개별적·사실적 상황을 고려하여 수사의 목적달성에 적합하여야 하고, 다른 수단에 의하여는 그 목적을 달성할 수 없을 뿐 아니라 적합한 수단 가운데 최소한의 기본권 침해를 가져오는 수단을 선택하여야 하며, 이와 같은 수단의 선택이 인신구속의 목적과 그것이 수반하는 기본권 침해 사이에는 균형이 있어야 한다. 따라서 비례성의 원칙은 체포와 구속이 법적으로 허용되는 경우에도 그 명령과 집행 또는 계속을 한계 지우는 기능을 한다. 형사소송법에 있어서도 수사는 원칙적으로 임의수사에 의하고 「강제처분은 이 법률에 특별한 규정이 있는 경우에 한하며, 필요한 최소한도의 범위 안에서만 하여야 한다」(법 제199조 제1항)고 규정하고 있다.[6] 따라서 구속은 형사소송의 목적을 달성할 수 없는 경우에 최후의 수단으로만 인정되어야 하며, 기대되는 형벌의 범위를 넘을 수 없다. 예컨대 구속이 선고될 형보다 장기간일 때 혹은 벌금형이나 집행유예를 선고할 것임에도 불구하고 구속을 계속하는 것은 이 원칙에 반한다고 할 수 있다. 형사소송법이 「多額 50만원이하의 벌금, 구류 또는 과료에 해당하는 죄의 현행범인에 대하여는 범인의 주거가 분명하지 아니한 때에 한하여 현행범인으로 체포할 수 있다」(법 제214조)고 규정하고 있는 것도 비례성의 원칙을 표현한 것이라고 할 수 있다.[7]

또한 구속의 사유가 소멸되었거나 保釋制度나 拘束執行停止制度 등 구속보다 경미한 침해에 의하여 구속의 목적을 달성할 수 있음에도 불구하고 구속을 계속하는 것은 비례성의 원칙에 반한다고 해야 한다.[8] 이외에도 피고인에게 집행유예판결의 선고가 예상됨에도 불구하고 구속을 계속하는 경우에도 여기에 해당한다.

3. 종래의 人身拘束制度의 운용과 현실

인신구속은 형사소송의 진행을 확보하기 위하여는 불가결한 수단이라 할 수 있다. 그러나 구속은 피의자·피고인의 자유제한에 의하여 형사소송에의 출석을 보장하고 증거를 인멸함에 의한 수사와 심리의 방해를 제거하기 위한 제도이며, 단순히 自白 등의 수사의 편의나 범죄에 대한 응보를 위한 것은 아니다.

---

5) 이재상, 전게서, 26면, 202면; Roxin, Strafverfahrensrecht, 24.Aufl., 1995, S.268; Rüping, “Der Schutz der Menschenrechte im Strafverfahren,” ZStW 91, 358.

6) 배종대·이상돈교수는 「앞으로 더 많은 현행법규정이 비례성의 원칙의 관점에서 재해석될 수 있고 또 새로운 형사소송법형성의 기초가 될 수 있을 것이다」라고 하고 있다(배종대/이상돈, 형사소송법, 홍문사, 2001, 206면 참조).

7) 이재상, 전게서, 224면; 법 제70조 제2항, 제201조 제1항 단서의 경미한 사건의 구속제한원칙도 이 원칙의 표현이라고 할 수 있다.

8) Gössel, Strafverfahrensrecht, 1977, S.71.

이러함에도 불구하고 종래에 있어 수사의 관행은 기동성이나 탄력성을 요한다는 이유로 제대로 법적 규제가 조명되지 않는 '암흑의 계곡'을 방불케 하였다. 현실에 있어 세간의 이목을 집중시킨 사건들은 여전히 위법성이 짙은 임의동행에 의하여 외부와 차단된 상태에서 철야수사를 진행하고 있으며, 형사실무에 있어서는 구속에 형벌기능을 부여함으로써 범죄혐의와 유죄판결의 차이를 망각하고 있다. 이러한 경향은 언론이나 일반인의 법감정에 있어서도 나타나고 있다. 즉, 외형적으로는 무죄추정의 원칙에 의한 불구속 수사의 원칙을 주장하면서도 사회적 이목을 집중시키는 사건이나 본인이 이해관계의 당사자가 되는 사건에 있어서는 피의자에 대하여 구속을 통한 징벌적 효과를 당연한 것으로 생각하고 있다.

현실에 있어 인신구속은 가장 강력한 고통이다. 따라서 인신구속제도의 운용은 헌법과 형사소송법이 규정하고 있는 기본원칙에 의하여 신중하게 운영되어야 할 것이다. 그 이유는 다음과 같다.[9)]

먼저 인신의 구속은 피의자나 피고인에게 있어서는 가정과 사회생활로부터의 격리를 의미한다. 이것은 삶의 근간이 되는 직장을 잃게 하고 가족들에게 있어서도 생계유지의 기회를 박탈하여 심각한 경제적 위기에 봉착하게 한다. 또한 인신구속은 일반인에게 유죄의 인상을 심어주어 사회생활을 영위하는데 있어서 불가결한 피의자 또는 피고인의 명예를 침해하며 직업적인 범죄인 등과의 공동생활을 통하여 형벌에 대한 두려움과 함께 온갖 수모를 안겨준다. 이러한 위기의식은 그 가족들에게 있어서도 동일하다.

다음으로 인신구속은 변호인의 변호활동이 제때에 정당하게 이루어질 수 없는 등 피의자 또는 피고인의 자기 방어의 기회를 제한 받게 하며, 피해자의 부당한 합의요구 또는 보복감정의 충족을 위한 수단으로 악용될 수 있다.

인신구속제도의 운용의 중요성 및 그 남용으로 인하여 발생할 수 있는 폐해가 이러함에도 불구하고 종래에 있어 구속제도의 운용실태는 糾問的 搜査觀에 입각한 수사의 편의나 재판의 원활한 진행을 우선적으로 고려하는 입장에서 구속제도를 운용하여 왔다.[10)]

---

9) 이재상, 전게서, 228면; 차용석, 형사소송법연구, 박영사, 1983, 102면.

10) 2001년의 제1심 형사공판사건 중 구속사건의 비율은 45.3%에 이르고 있다(즉, 2001년의 형사공판사건 총 198,506건 중 구속사건수는 90,014건이다). 이는 1997년의 구속기소율 54.5%에 비해 현저하게 낮은 수치이다. 반면에 2001년도 구속영장청구사건은 총 121,031건으로 이 중 영장발부건수는 105,815건으로 발부율은 87.4%에 이르고 있으며, 이 중 구속으로 起訴된 인원수는 90,014명으로 발부 대비 구속기소율은 85.1%이다. 이는 1997년의 구속영장청구건수 대비 발부율 82.2%, 영장발부 대비 구속기소율 80.5%에 비해 영장발부율이나 구속기소율 모두 약간 증가된 경향을 보이고 있다(사법연감, 법원행정처, 2002, , 552면, 578면 참조) . 또한 2001년도의 제1심 형사공판사건 처리결과를 보면 구속 공판인원수 총 89,990명 중 생명형이 선고

Ⅲ. 수사절차에 있어 인권보장을 위한 몇가지 제언

1. 逮捕令狀制度

(1) 逮捕令狀制度의 운용현실

우리의 형소법에 처음으로 도입된 체포영장제도가 본래의 입법취지와는 달리 이용율이 극히 저조하여 유명무실화되고 있어 문제점으로 대두되고 있다. 대법원의 통계에 의하면 2001년 구속영장이 청구된 인원수는 121,031명임에 비해 체포영장이 청구된 인원수는 18,714명에 불과하다.[11] 이것은 법원에서는 검찰이 체포영장을 신청하는 경우 거의 대부분 발부를 해 주고 있음에도 불구하고 구속영장이 청구된 피의자 중 체포영장에 의해 체포된 피의자는 극히 미미한 것으로 나타나 검찰과 경찰은 체포영장제도를 거의 이용하고 있지 않는 것으로 보여주고 있다.

1995년 형사소송법의 개정에 의해 체포제도가 도입된 것은 "구속영장 없는 경찰서 보호실 유치행위는 위법한 구금"이라는 대법원 판결 이후 수사기관의 불법구금의 지양 내지 신병확보제도의 미비에 따른 법관의 사법적 억제하에 수사의 원활화(수사활동의 기회를 제도적으로 보장)를 위한 대비책으로 도입되어졌다. 따라서 실무에 있어 체포영장제도는 수사기관이 구속요건을 충족하는 수사자료를 미확보한 상태에서 피의자를 체포함으로써 수사를 진전시켜 구속사유를 확보한 뒤에 다시 구속영장을 발부 받아 구금하게 하는 수단으로 이용되어질 것을 예정하고 있다. 그러나 현실에 있어서는 위 통계가 증명하듯 48시간의 단기간 체포를 위하여 수사기관 특히 사법경찰관이 "임의동행이나 긴급체포"에 의하지 않고 검사에게 신청하여 검사의 청구로 법관으로부터 체포영장을 발부 받는 번잡한 절차를 이용하려 하지 않고 있다.

된 인원수는 9명, 그리고 자유형(실형)이 선고된 인원수는 38,101명으로 구속 공판인원수의 42.3%에 불과하다(사법연감, 468면 참조).

이상의 통계자료를 통하여 형사공판사건에 있어 구속사건이 차지하는 비율이 여전히 높고, 또한 수사를 위한 구속영장발부인원 중 14.9%의 인원이 검사의 기소여부 결정단계에서 석방되고 있는 점, 그리고 생명형 및 자유형(실형)의 선고비율이 구속 공판인원수에 비하여 현저하게 낮은 점 등을 지적할 수 있다. 이러한 점들은 실무에 있어 소송의 준비절차인 수사에 있어서의 수사기관의 합목적적이고 탄력적인 활동이 요구되는 점, 그리고 소송의 동적 · 발전적 성격을 고려하더라도 여전히 구속이 남용되어 왔음을 부인할 수 없다고 하겠다.

11) 2001년 체포영장의 청구인원은 18,714명으로 영장발부건수는 18,662명이며, 기각인원은 불과 52명에 불과하여 영장발부율이 99.7%에 달함을 알 수 있다(사법연감, 828면). 이는 수사기관의 청구가 있는 경우에 극소수를 제외하고는 체포영장이 발부됨을 알 수 있다.

더구나 현행법은 긴급체포에 대해 검사가 한 긴급체포는 아무런 사후 승인절차가 없고, 사법경찰관의 경우에만 사후 즉시 검사의 승인만 받게 되어 있어(법 제200조의 3 제2항) 구속영장을 청구할 수 있는 48시간 동안은 법원의 어떠한 절차나 검증도 거치지 않은 상태에서 피의자를 구금할 수 있도록 되어 있다. 따라서 운용현실에 있어서는 긴급체포의 남용으로 피의자의 체포에 관하여 체포영장에 의한 체포를 원칙으로 하여 영장주의를 실현하려고 한 취지는 무의미하게 되었으며, 또한 임의동행의 탈법적 인신구속은 체포제도의 도입에도 불구하고 근절되지 않고 있음을 알 수 있다.[12)]

(2) 逮捕要件의 問題

체포의 요건에서 고찰한 바와 같이 대부분의 立法例는 체포의 요건으로 "죄를 범하였다고 의심할 만한 상당한 이유"가 있으면 족한 것으로 하고 있다.[13)] 체포는 초

---

12) 이재상, 전게서, 216면. 현재 수사기관의 수사관행은 종전과 동일하게 전화 등을 이용하여(출석요구서를 발송하는 것은 이례적인 것으로 보인다) 출석을 요구하고 피의자가 임의출석하는 형식으로 조사하는 것으로 보인다.

13) 피의자신문은 임의수사이고 [진술거부권이 보장된 피의자에 대하여 진술을 강제할 수 없으며(헌법 제12조 제2항), 여기에서 피의자신문의 법적 성질은 피의자의 임의의 진술을 듣는 임의수사에 불과하다], 체포가 반드시 피의자신문만을 위한 제도가 아니므로(신병의 확보) 우리의 형소법이 피의자의 '출석요구불응 또는 불응의 우려'를 체포의 요건으로 하고 있는 것에 대해서는 입법론적으로 문제가 있다고 하겠다.
일본의 경우에 있어서는 형사소송법 제199조 제2항에서 「재판관은 피의자가 죄를 범하였다고 의심하기에 족한 상당한 이유가 있다고 인정되는 때에는… … 체포장을 발부한다」고 규정하고 있다. 따라서 범죄혐의의 상당성만 있으면 체포의 요건은 충족된다. 미국의 경우에도 연방과 모든 주에서 체포영장(Warrant for arrest)은 혐의자가 "죄를 범하였다고 의심할 만한 상당한 이유"만 있으면 治安判事(magistrate)가 발부하며, 아는 "지체없이(without unnecessary delay)" 판사 앞으로 인치하는 직무를 명하는 명령장이다(Ferdico, Criminal Procedure, 4th edition, 1989, p.75).
미국 연방헌법 수정 제4조 및 제14조는 令狀主義原則을 천명하고 있다 [Mincey v. Arizona, 437 U.S. 385, 390(1978)]. 그러나 미국의 형사실무에 있어서는 체포(arrest)에 있어 영장주의는 오히려 예외에 속하며 공공장소에서의 重罪(felony)의 경우(연방 및 다수의 州의 制定法에 있어 사형 또는 장기 1년 이상의 징역에 해당하는 것이 felony이다라고 정의하고 있다. LaFave/Israel, Criminal Procedure, 1985, pp.4 - 5)에 있어서는 경찰관은 현행범이 아닐지라도 피의자가 죄를 범하였다고 의심할 만한 상당한 이유(probable cause)가 있으면 事前令狀을 취득할 수 있을 때에도 독자적 판단에 의하여 영장 없이 체포할 수 있는 無令狀逮捕가 허용된다 [United States v. Watson, 423 U.S 411(1976)]. 물론 미국에 있어 이처럼 체포의 형식적 요건이 크게 문제되지 아니하는 것은 이들의 형사절차의 특징에서 연유되는 것이기도 하다. 즉, 체포행위와 사법적 심사 사이의 시간적 밀착성(연방형사소송법 제5조 "체포된 피의자는 지체없이 연방치안판사에게 인치되어야 한다"고 규정하고 있다), 그리고 광범위하게 허용되는 보

동수사 단계에서 피의자를 구속에 선행하여 단기간의 신체의 자유를 제한하는 제도이므로, 형소법과 같이 범죄혐의의 상당성 이외에 '출석요구불응 또는 불응의 우려'라는 체포의 요건을 요구하는 것은 체포의 본질과 일치할 수 없고, 영장주의가 적용되는 한 체포의 요건을 이와 같이 엄격하게 제한할 필요도 없다고 하겠다. 또한 체포영장제도의 운용현실에 있어서도 '체포영장제도의 유명무실화'가 문제되는 상당부분은 형소법이 범죄혐의의 상당성 이외에 수사기관의'출석요구불응 또는 불응의 우려'를 그 요건으로 규정하고 있는 것에 기인하는 것으로 보여지므로 위 요건은 삭제하는 것이 입법론적으로 타당하다고 생각된다. 일부에서는 이 요건을 둔 것이 체포를 가능한 한 제한하려는 취지라고 해석하고 있다.[14]

그러나 이와 같은 요건들에 의해 법원이 체포영장을 지나치게 엄격한 요건 하에 발부하는 경우, 피의자 신병의 조기확보라는 실무상의 필요성을 법관의 사법심사를 통한 체포제도에 의해 합법화하였음에도 불구하고 임의동행이나 보호실유치와 같은 탈법적인 수사관행이 재연될 소지가 있고 동시에 긴급체포의 남용 또한 우려된다.[15)]

석의 이용가능성(피고인의 구속은 예외적이다) 등에 의하여 합리성이 담보되기 때문이다.

프랑스 형사소송법은 令狀에 의하지 아니하고 피의자의 신병을 확보할 수 있는 제도인 保護留置(garde à vue)를 인정하고 있다. 즉, 사법경찰관은 일정한 범죄행위로 혐의를 받고 있거나 또는 범죄의 증인으로 생각되는 자 등을 법관의 관여 없이 24시간 이내에서 유치할 수 있다(법 제63조 제1항).

체포의 요건과 관련하여 우리의 경우에 있어서도 법무부의 개정안에 있어서는 "죄를 범하였다고 의심할 상당한 이유"가 있으면 족한 것으로 하였으나, 국회의 심의과정에서 체포제도의 남용을 억제하기 위하여"출석요구불응 또는 불응의 우려"라는 요건을 추가하였다(대검찰청, 형사소송법 제정 · 개정자료집, 1997, 791면).

14) 이재상, 전게서, 218면.

15) 정동기, 「형사소송법의 개정 배경」, 저스티스, 제29권 제2호(한국법학원), 1996. 9, 50면 참조; 반대의 견해로서 이재상교수는 "출석요구에 응하지 않는다는 요건을 요구함으로써 체포를 어렵게 했다는 주장은 타당할 수 없다. 피의자가 출석요구에 응하지 않거나 그러한 우려조차 없을 때에는 불구속으로 수사한다고 하여 불합리한 점은 없으며, 그럼에도 불구하고 피의자에게 도망이나 증거인멸의 위험이 있는 때에는 긴급체포 또는 구속의 수단에 의하면 족하다고 할 것이다"라고 한다〔이재상, 「형사소송법상 체포와 구속제도의 문제점」, 법학논집, 제2권, 제1호(이화여대 법학연구소), 1997. 5, 75면〕.

그러나 실제에 있어 ① 피의자가 수사기관에 자수하거나 자진 출석하였다고 하여 체포영장을 발부 받을 수 없다면 당연히 긴급체포의 요건인 '체포의 긴급성'도 결여되어진다고 할 수 있고, ② 또한 체포되지 아니한 피의자에 대한 구속영장 청구의 증가는 구속이 갖는 烙印效果 등을 고려할 때 바람직하지 않으며, 체포제도의 도입취지 등을 고려할 때 체포영장제도 운용의 활성화를 통하여 단기간 동안 피의자의 신병을 확보하여 조사를 진행한 후 다시 구속여부를 결정하게 하여, 종래의 경직화된 구속수사의 관행을 탈피하게 하여 탄력성 있는 강제수사관행을 정착하게 하는 것이 바람직하다 하겠다〔松尾浩也, 刑事訴訟法(上), 弘文堂, 1979, 97面 參照; Wolter, ZStW 93, 464(체포제도에 의해 구속의 신속성과 신중성의 상충하는 요구가 동시에 수용 가능하다)〕.

犯罪嫌疑의 相當性의 해석과 관련하여 체포영장을 발부하기 위한 범죄혐의의 정도가 구속영장 발부의 경우와 동일한가에 대하여 견해의 대립이 있다.

다수설은 체포영장을 발부하기 위한 범죄혐의의 정도는 구속영장발부의 경우와 동일하다는 견해이다. 즉, 여기에서의 범죄의 혐의에 대한 상당한 이유란 합리적인 평균인을 기준으로 하여 무죄의 추정을 깨뜨릴 수 있을 정도의 피의자가 구체적인 범죄를 범하였을 高度의 蓋然性을 말하며, 따라서 체포의 요건으로서의 범죄혐의의 정도는 구속영장발부의 그것과 동일하다고 한다.[16] 그리고 이러한 논거로서 형사소송법은"죄를 범하였다고 의심할 만한 상당한 이유가 있고"라는 요건을 법 제200조의2 제1항 및 제201조 제1항에서 각각 동일하게 규정하고 있기 때문이다고 한다.

이에 대하여 체포영장을 발부하기 위한 혐의의 정도는 구속영장 발부의 경우보다 약한 혐의로 족하다고 하는 견해이다.[17] 그 논거는 다음과 같다.

체포는 구속의 전단계인 수사초기의 단계에서 이루어지는 것으로 그 효력기간이 48시간에 불과하고, 구속에 대하여는 영장청구시에 被疑者審問 등 더욱 엄격한 사법적 심사가 이루어지는 점 및 체포시에도 구속영장청구시와 같은 정도의 소명을 요구하는 것은 체포를 구속영장청구와 같이 취급하는 것으로서 체포제도를 별도로 존치한 입법취지에도 부합하지 아니할 뿐만 아니라, 증거를 수집하기 위하여 임의동행을 강요하는 등 과거의 부당한 수사관행을 재발할 우려가 있는 점 등에 비추어 보면, 구속시의 소명보다는 약한 정도로도 족하다는 견해이다.

먼저 이러한 견해의 대립은 형소법이 체포제도를 새로이 도입하면서 범죄혐의에 관한 요건에 있어서 구속과 체포 사이에 차등을 두지 않고 있기 때문에 문제되어지고 있다. 수사 초동단계에서의 단기적 체포가 '죄를 범하였다고 의심할 만한 상당한 이유'만으로 가능하다면 수사 성숙단계에서의 장기적 구속은 '죄를 범하였다고 판단할 만한 상당한 이유'로 제한하는 판단의 엄격함에 의하여 양자를 구별할 필요가 있음에도 불구하고 현행법은 그것을 看過한 것이다.

요컨대 다수설의 위와 같은 견해는 규정의 문리해석에 충실한 것으로 볼 수 있으나, 이와 같은 해석은 체포제도를 도입한 입법취지인 임의동행의 관행개선 및 구속요건보다 낮은 정도인 범죄혐의의 상당성이 인정되는 일정한 소명자료만으로도 영장을 발부 받아 피의자의 신병을 단기간내에 適法節次에 따라 확보할 수 있도록 하기 위한 본래의 취지에 부합할 수 없다 하겠다. 또한 체포영장에 대한 이처럼 지나치게

---

16) 배종대/이상돈, 전게서, 234면; 신동운, 형사소송법 Ⅰ, 법문사, 1997, 165면; 이재상, 전게서, 217면.

17) 박형남, 「신설된 인신구속제도의 운용방안」, 새로운 인신구속제도 연구, 법원행정처, 1996, 135면이하 참조.

엄격한 운용은 수사기관이 소명자료의 구비를 위해 피의자신문을 위한 임의동행을 조장하게 되고 나아가 영장에 의한 체포를 기피하게 하여 긴급체포를 남용하게 될 것이다.

현행법의 체포제도가 피의자를 조사하여야만 구속여부를 판단할 수 있는 때와 반드시 구속할 필요는 없으나 피의자에 대한 조사가 꼭 필요한 때에 유용한 제도라고 할 때 더욱 그러하다. 따라서 체포영장을 발부하기 위한 혐의의 정도는 구속영장 발부의 경우보다 약한 혐의로 족하다고 하는 견해가 타당하다 할 것이다.18)

2. 緊急逮捕制度

(1) 緊急逮捕에 있어서 事後逮捕令狀의 排除와 令狀主義

형소법은 긴급체포를 영장에 의한 체포의 예외적인 경우로 규정하고 있음에도 불구하고 체포영장에 의한 체포와 동일하게 48시간 이내에 구속영장을 청구하면 족하도록 하였다. 따라서 긴급체포의 경우에 긴급체포이후의 구속에만 영장주의를 적용한 것으로 체포시부터 구속영장을 청구하여 판사가 구속영장발부의 결정기간까지 無令狀逮捕를 인정한 것이 된다.19)

이것에 대한 立法 論旨는 다음과 같다. 즉, "긴급체포후 事後逮捕令狀의 청구를 요하지 아니하도록 규정한 점에 대하여는 법원의 긴급체포에 대한 適法性 審査가 결여되어 違憲의 소지가 있다는 견해가 있으나, 긴급체포후 구속의 필요가 없어 석방한

18) 일본의 경우에 있어서도 체포영장의 발부사유로서의 범죄혐의의 정도는 緊急逮捕에 있어서의 "충분한 이유"(형사소송법 제210조)나 구류의 요건인 「상당한 이유」(법 제207조, 제60조 제1항)보다 근거가 약해도 좋다고 해석하고 있다(松本時夫/土本武司, 條解刑事訴訟法, 弘文堂, 1993, 313面).
특히 체포영장 발부요건으로서의 '상당한 이유'의 범죄혐의의 정도가 구류의 요건인 "상당한 이유"보다 약한 혐의로 족한가에 대해서는, 수사의 발전적·단계적 성질, 먼저 재판관의 사법적 심사를 통한 체포라는 단기의 신병구속에 의하여 수사한 결과에 의해 단계적으로 보다 장기의 신병구속으로의 이행을 인정하는 현행법의 구조에 의하면, 구류의 요건으로서의 혐의보다도 낮은 정도로 족하다고 한다(藤永幸治/河上和雄/中山善房, 大コンメンタ－ル刑事訴訟法, 第3卷, 青林書院, 1996, 191面).

19) 이재상, 전게서, 222면; 형소법에 의하면 범죄의 혐의를 받고있는 일반 국민은 수사기관에 의하여 긴급체포되어 아무런 사후승인절차가 없이(법관의 통제 없이) 48시간 동안 고립무원의 상태에서 감금·조사 당할 수 있고 수사기관이 범죄혐의자를 조사한 후 범죄혐의가 확인되지 않더라도 48시간 이내에 석방해 버리면 문제되지 아니한다. 물론 이 경우 형법에 의하면 요건에 합치하지 않는 자의적인 긴급체포는 不法逮捕監禁罪(刑法 第124條)에 해당한다. 그러나 수사의 실제에 있어서는 피의자가 문제제기를 하지 않는 한 불법체포는 합법화되어진다.

경우에 사후체포영장을 청구하도록 하는 것은 48시간 내에 무용한 절차의 중복이 될 뿐만 아니라 오히려 구속기간이 장기화될 우려가 있고, 계속 구금의 필요가 있어 구속영장을 청구하는 경우에 구속요건이 체포의 요건보다 엄격하므로 보다 신중한 사법심사를 받게 되는 결과가 되어 따로 사후체포영장을 청구하는 것은 불필요한 것으로 보이며, 나아가 절차의 번잡성, 수사상 기밀유지 곤란 등의 이유로 수사기관이 긴급체포를 기피하고 탈법적인 수사관행을 계속할 우려가 있음을 감안한 것이다"라고 하고 있다.[20] 또한 "체포는 구속에 비하여 증명의 정도 및 구속기간에 있어 차이가 있으나 이는 양자의 법적 성질을 달리 볼 만한 질적 차이라고 할 수 없고, 오히려 기능적으로 고찰할 때 양자는 피의자의 신병확보라는 목적을 위하여 수행되는 수사기관의 강제처분절차라는 점에서 동일한 성질을 지닌 단일의 절차로 파악되어야 하기 때문에 체포와 구속을 준별하는 입장은 이론적으로도 타당하지 아니하며, 헌법 제12조 제3항 단서규정은 계속 구금의 필요가 있는 경우에 한하여 적용된다고 해석하여야 한다. 그리고 헌법상 긴급체포를 영장주의의 예외로 규정하고 있으므로 긴급체포후 바로 체포영장을 청구하지 아니하여도 위헌의 소지는 전혀 없다"는 것이다.[21)]

그러나 형소법이 긴급체포의 경우에 체포영장에 의한 체포와 동일한 효과를 인정하여 사후에 법관의 체포영장에 의한 통제를 요하지 않는 것은 영장주의에 반하는 것으로 위헌의 소지가 있다 하겠다. 헌법 제12조 제3항은 본문에서 체포·구속의 경우에 (事前)令狀主義의 원칙을 규정하면서 단서에서 일정한 요건 하에 영장주의의 예외를 인정하여 사후에 영장을 청구할 수 있도록 규정하고 있다. 즉, 제12조 제3항 단서는 영장의 배제를 허용한 것이 아니라 법관에 의한 사후통제를 예외적으로 인정한 것이기 때문이다.[22]

---

20) 대검찰청, 형사소송법 제정·개정자료집, 799면; 또한 정동기검사도 국회법제사법위원회의 형사소송법중개정법률안에 관한 공청회에서 동일한 견해를 피력하고 있다. 즉, "우리의 수사현실을 감안한다면 이 경우 수사기관은 2건의 영장청구에 48시간을 모두 소비하게 되어 수사의 효율성을 저해할 뿐만 아니라 수사의 장기화로 실질적으로 피의자에게 불리한 결과를 초래하는 등의 문제가 있다"고 한다(형사소송법 제정·개정자료집, 704면).

21) 검찰21세기연구기획단에서도 긴급체포후 체포영장의 발부여부에 대해 "범인의 身柄確保는 단순하고 간편하게 하여 적법절차의 범위 내로 수용하고 그 대신 구속심사를 강화하여 불법 또는 부당한 체포를 방지하는 방향으로 나가야 하므로 긴급체포후 계속 구금할 필요가 있는 경우 拘禁令狀을 발부 받고, 계속 구금할 필요가 없는 경우는 事後逮捕令狀을 발부 받지 아니하고 즉시 석방하도록 하여야 한다"하여 이와 같은 논지를 지지하고 있다(검찰21세기연구기획단, 구속제도정비방안연구, 대검찰청, 1995, 162면이하).

22) 종래의 긴급구속의 경우에 있어서도 이 원칙은 관철되었다. 즉, 긴급구속에 관한 사후영장은 헌법상의 요청으로(헌법 제12조 제3항 단서) 법관에게 事後拘束令狀을 청구하게 함으로써 긴급구속에 대한 적법성과 구속의 필요성에 대한 사법적 판단을 요하게 하였다. 따라서 사후영

즉, 이 경우에 헌법은 체포와 구속을 명백히 구분하고 있을 뿐만 아니라 동 단서 규정의 취지는 긴급체포후에는 반드시 체포영장을 청구하여 이를 발부 받아야 하며 다시 계속 구금의 필요가 있는 경우에는 별도의 구속영장을 요하는 것으로 해석된다.[23] 따라서 형소법에 있어서의 긴급체포는 사후영장에 의한 구속이 아니라 구속과는 별개의 영장에 의하지 아니한 체포제도이다. 따라서 신체의 자유를 속박하는 것을 본질로 하는 긴급체포에 대하여 아무런 사법적 통제를 하지 아니하는 것은 영장주의 원칙의 본질적 침해로 위헌의 소지가 있으므로 긴급체포후 즉시 사후체포영장을 청구하도록 하는 것이 타당하다 하겠다. 형소법이 사법경찰관에 의한 긴급체포에 대하여 실무현실을 내세워 검사의 사전지휘를 받지 않고 독자적 판단에 의하여 체포할 수 있도록 한 점에서도 그러하다.[24]

또한 운용현실에 있어서도 事後令狀에 의한 통제의 부담 없이 행사할 수 있는 긴급체포제도가 초동수사 단계에서 일선 수사기관의 원칙적인 인신구속제도로 활용되고 있어 체포에 관하여 체포영장에 의한 체포를 원칙으로 하는 형소법의 규정이 유명무실화되고 있는 점이다.[25] 이처럼 긴급체포제도가 남용된다는 것은 결과적으로

장은 긴급구속의 적법성에 관한 승인장인 동시에 구속의 계속에 대한 허가장의 성질을 가졌다.

23) 형소법에 있어서의 구속은 사전에 발부된 구속영장에 의한 구속만 인정된다는 점에서 영장에 의하지 아니한 체포도 인정되는 체포와 구별된다. 여기에서 긴급체포는 종래에 있어 긴급구속과는 달리 사후영장에 의한 구속이 아님은 명백해진다.

24) 배종대/이상돈, 전게서, 253면; 일본 형사소송법의 경우에는 긴급체포한 경우에는 '즉시 재판관의 체포장을 구하는 절차를 취하여야 한다'고 규정하고 있다(일본 형사소송법 제210조 제1항). 이 경우 실무에서는 그 시간적 한계를 10시간 전후로 보고 있다(令狀事務, 裁判所書記官硏修所 敎材, 第125號, 法曹會, 1991, 52面). 그리고 긴급체포후 유치의 필요가 없는 경우 등 피의자를 석방한 경우에도 긴급체포를 한 이상 체포장 청구절차는 취하여야 한다(松本時夫/土本武司, 前揭書, 334面; 平場安治 · 高田卓爾 · 中武靖夫 · 鈴木茂嗣, 注解刑事訴訟法(中), 青林書院新社, 1984, 112面以下; 犯搜規 第120條 第3項).
이 이외에도 영장에 의하지 않는 체포를 인정하는 입법례의 경우에 남용을 우려가 상존하므로 이것을 통제하는 제도적 장치를 마련하고 있다. 미국은 무영장체포를 허용하면서 '체포된 피의자는 지체없이 연방치안판사에게 인치되어야 한다'(연방형사소송법 제5조)고 하고 있고, 독일의 경우에 있어서도 긴급체포된 피의자는 '늦어도 체포된 다음날까지 관할구역 내의 영장담당법관에게 인치되어야 한다'(독일 형사소송법 제127조 제2항, 제128조)고 하고 있다. 대법원도 입법과정에서 형소법의 긴급체포제도는 위헌의 소지가 있고 수사기관의 자의적인 긴급체포의 운용으로 인하여 남용의 우려가 있다는 이유를 들어 사후에 바로 법관의 체포영장을 받도록 입법화 할 것을 주장한 바 있다.

25) 검찰21세기연구기획단에서는 긴급체포후 체포영장을 받지 아니할 경우 남용될 우려가 있는 긴급체포를 어떻게 통제하여야 할 것인가에 대하여 종전의 긴급구속에 대한 통제와 같이 검사의 긴급체포에 대하여는 내부결재를 통하여 적정히 운영되도록 하고, 사법경찰관의 긴급체포에 대하여는 원칙적으로 검사의 事前指揮를 받도록 하는 방안이 타당하다고 하고 있다(검찰21세기연구기획단, 구속제도정비방안연구, 164면).

예전과 같은 위법한 구금행위가 적법한 행위로 탈바꿈하는 결과를 야기하는 것으로 수사기관의 보다 신중한 긴급체포의 운영이 요구된다 하겠다. 왜냐하면 수사기관의 수사편의 내지 수사의 원활화는 어떠한 경우에 있어서도 적법한 절차와 신중한 인신구속이 전제되어야 하기 때문이다.

이상에서 긴급체포에 대한 영장주의의 관철은 시급하게 입법적 보완을 요하는 부분이라고 하겠다. 이미 고찰한 바와 같이 선진입법례에 있어서는 수사기관은 피의자를 영장 없이 강제연행만 할 수 있을 뿐이고, 구금조사는 사후영장에 의해서만 가능하고, 사후영장의 청구시기는 대개 체포후 즉시 할 것을 요구하고 있다. 따라서 형소법이 피의자의 체포에 관하여 체포영장에 의한 체포를 원칙으로 한다면 긴급체포는 영장주의의 예외로서 사후에 영장을 요하는 체포로서 즉시 체포영장을 받도록 하는 것이 타당하다고 할 것이다.[26] 긴급체포 후에 체포영장을 발부 받도록 하는 것은 원칙의 문제이지 정책적으로 판단할 타협의 대상은 아니기 때문이다.

(2) 緊急逮捕와 逮捕適否審査制度의 문제

형소법은 체포・구속적부심사의 청구권자로서 체포영장 또는 구속영장에 의하여 체포 또는 구속된 피의자에 한하여 체포・구속적부심사에 의한 법원의 사법적 통제를 허용하면서(법 제214조의2 제1항), 법관의 사법적 판단이 배제된 긴급체포 및 현행범으로 체포된 피의자 또는 위법하게 체포된 피의자에 대해서는 체포적부심사를 허용하고 있지 않다. 그러나 이것은 헌법 제12조 제3항이 구속뿐만 아니라 그 전단계인 체포에 대해서도 적법절차의 준수 및 법관의 영장을 요구하고 있는 점과 체포

실제에 있어 검찰의 긴급체포 피의자 비율 및 긴급체포된 피의자 중 석방되는 사람의 비율이 모두 증가해 국민의 인권보호 차원에서 긴급체포 남용방지책 마련이 시급하다는 지적이 제기되고 있다. 통합신당 천정배의원은 2003. 9. 22 서울 고검・지검에 대한 국회 법사위 국정감사에서 “전체 체포 피의자 중 긴급체포 피의자가 차지하는 비율이 2001년 13.9%에서 2002년 15.5%, 2003년 상반기에는 16.8%로 매년 증가하고 있다”며 ”게다가 긴급체포 피의자의 석방비율도 2001년 37.6%에서 2002년 42.1%, 2003년 상반기에는 44.7%로 매년 증가세”라고 밝혔다(조선일보, 2003. 9. 22).

26) 배종대/이상돈, 전게서, 253면; 신동운, 전게서, 163면이하; 이재상, 전게서, 222면, 76면; 우리나라가 가입한 ‘시민적 및 정치적 권리에 관한 국제규약선택의정서’제9조 제3항에서도 “범죄혐의로 체포되거나 구금된 자는 법관 또는 법률에 의하여 사법권을 행사할 권한을 부여받은 기타 관헌에게 신속히 인치되어야 하고 ”라고 규정하고 있다. 우리의 수사현실에 있어 미국과 달리 아직도 대법원이 위법수집증거(illegally obtained evidence)의 증거능력을 인정하고 있는 상황에서(대법원 1994. 2. 8, 93 도 3318; 1996. 5. 14, 96 초 88) 사법경찰관의 긴급체포권 남용을 견제할 수 있는 효율적인 통제장치가 없다는 것은 시급하게 입법적 보완을 요하는 부분의 하나이다.

적부심사청구권을 기본권으로 규정하고 있는 헌법 제12조 제6항에 반하는 것으로 위헌의 소지가 있다는 주장이 제기되고 있다.[27] 동규정에 의하면 영장에 의한 체포, 구속여부를 불문하고 사실상 체포, 구속을 당한 자는 적부심을 청구할 수 있는 것으로 해석되어지기 때문이다.

현실적으로 체포적부심사의 청구와 관련하여 긴급체포 및 현행범으로 체포된 피의자, 그리고 위법하게 체포된 피의자(임의동행에 의하여 보호실에 유치되어 있는 자) 등에 대하여 체포적부심사청구권을 인정할 것인가에 대해서는 견해의 대립이 있다.

먼저 위 청구권을 부정하는 견해에 의하면 형소법 제214조의2 제1항의 文理解釋에 의할 때 청구권자를 체포영장이나 또는 구속영장에 의하여 체포 또는 구속된 피의자에 제한하고 있는 이상, 긴급체포된 피의자나 현행범인으로 체포된 자 또는 위법하게 체포된 피의자는 체포영장에 의하여 체포된 자가 아니므로 체포적부심사청구권이 없다고 해석하여야 한다는 견해이다.[28]

이에 대하여 적부심의 청구를 긍정하는 견해는 헌법이 "누구든지 체포 또는 구속을 당한 때에는 適否의 심사를 법원에 청구할 권리를 가진다"(헌법 제12조 제6항)고 명시하고 있는 점에 비추어 볼 때 체포영장이나 구속영장에 의하지 아니하고 사실상 구금되어 있는 자(긴급체포되거나 현행범으로 체포된 피의자 또는 위법하게 체포된 피의자)도 당연히 적부심의 청구권을 가진다는 견해이다. 왜냐하면 헌법의 하위규범인 형사소송법이 아무런 법률유보도 없이 체포된 자이면 누구든지 청구할 수 있도록 규정된 헌법상의 체포적부심사권을 제한할 수 없기 때문에 이를 긍정하는 것이 타당하고, 만일 형소법상의 체포적부심사청구권자를 위와 같이 축소해석한다면 위헌의 소지가 있다는 견해이다.[29]

요컨대 형소법 제214조의2 제1항을 제한적인 열거조항으로 해석하여 문리해석에 충실할 때 적부심사의 청구권자는 체포영장 또는 구속영장에 의하여 체포 또는 구속된 피의자에 한하므로 긴급체포되거나 현행범인으로 체포된 피의자 또는 위법하게 체포된 피의자는 체포적부심사의 청구권이 없다고 해석되어진다. 그러나 이와 같이 해석한다면 동규정은 위헌의 소지가 있고, 형소법이 긴급체포와 현행범의 체포에 있어 사법적 통제가 배제된 무영장체포를 인정하고 있는 점, 그리고 청구권자를 체포영장 또는 구속영장에 의하여 체포 또는 구속된 피의자로 제한하여야 할 합리적인 이유가 존재하지 아니하며, 더구나 체포·구속적부심사제도가 수사기관의 피의자에 대한 불법한 체포·구속을 시정하기 위한 제도라는 점 등을 고려할 때 영장 없이 체

27) 검찰21세기연구기획단, 구속제도정비방안연구, 202면; 신동운, 전게서, 163면.
28) 백형구, 형사소송법강의, 박영사, 1997, 270면이하.
29) 배종대/이상돈, 전게서, 267면이하; 신동운, 전게서, 213면; 이재상, 전게서, 251면.

포된 피의자에게도 청구권을 인정하는 것이 타당하다. 또한 위와 같은 견해의 대립을 불식시키기 위하여 동규정에 대한 조속한 입법적 정비가 필요하다고 하겠다.[30)]

(3) 緊急逮捕의 남용에 대한 통제

이미 고찰한 바와 같이 긴급체포는 영장주의의 예외로서 긴급체포후 즉시 법관의 체포영장을 받도록 하는 것이 헌법의 요청이며 긴급체포의 남용에 대한 효율적인 통제방안이므로 시급하게 입법적 보완을 요하는 부분이다. 이것과 관련하여 현행법의 개정 이전에 있어서도 형소법 제200조의4 제1항에 따라 구속영장의 청구를 받은 판사는 긴급체포가 위법한 경우에 이것을 이유로 하여 구속영장의 청구를 기각할 수 있는가 하는 문제가 발생한다.

생각건대 긴급체포에 대하여는 사후체포영장주의의 관철 등에 의한 입법적 보완이 이루어질 때까지 그 남용 현실 등을 고려하여 불가피하게 긴급체포는 체포의 일종이면서 동시에 사후영장에 의한 구속의 성격을 가진 것으로 해석되어져야 할 것이다.

따라서 긴급체포된 자에 대하여 구속영장이 청구되었을 경우에 법원이 긴급체포의 적법성을 심사하고 이를 구속영장을 발부하는 데 고려하여야 할 것이다.[31)] 즉, 긴급체포의 요건을 갖추지 아니하는 경우(현행범의 경우도 동일함)에 구속사유에 관계없이 이러한 사유를 들어 구속영장을 기각하여야 한다. 특히 긴급체포의 남용을 방지하기 위하여 규정된 "긴급을 요하는 경우"에 해당하지 아니하는 경우 등이 대표적인 예이다. 예컨대 피의자가 수사기관에 자수하거나 자진출석한 때(피의자의 주거가 일정하는 등 체포영장을 받을 시간적인 여유가 충분히 있다고 인정되어지는 경우)에도

---

30) 대법원도 긴급체포된 피의자에게 체포적부심사 청구권이 있는지의 여부에 대하여 이를 긍정하고 있다. 관련판시를 요약하면 다음과 같다. 「헌법 제12조 제6항은 누구든지 체포 또는 구속을 당한 때에는 적부의 심사를 법원에 청구할 권리를 가진다고 규정하고 있고, 형사소송법 제214조의2 제1항은 체포영장 또는 구속영장에 의하여 체포 또는 구속된 피의자 등이 체포 또는 구속의 적부심사를 청구할 수 있다고 규정하고 있는 바, 형사소송법의 위 규정이 체포영장에 의하지 아니하고 체포된 피의자의 적부심사청구권을 제한한 취지라고 볼 것은 아니므로 긴급체포 등 체포영장에 의하지 아니하고 체포된 피의자의 경우에도 헌법과 형사소송법의 위 규정에 따라 그 적부심사를 청구할 권리를 가진다고 봄이 상당하다 할 것이다.」(대법원 1997. 8. 27, 97 모 21).
참고로 2001년의 체포 · 구속적부심사 청구사건의 석방률은 청구건수가 9,176건으로 이 중 3,899건이 석방되어 석방률은 42.5%를 보이고 있다(사법연감 2002, 481면).

31) 대법원도 송무예규에서 긴급체포나 현행범체포의 요건을 엄격히 심사하여 체포가 위법한 경우에는 구속영장의 청구를 기각하도록 하였다. 즉, 구속영장 청구를 기각하는 경우로서 "현행범체포나 긴급체포 등 체포가 위법한 경우"를 명시하고 있다 〔「인신구속사무의 처리요령(송형 96-4)」, Ⅲ.18.가.(4)〕.

사안이 중하다는 이유로 피의자를 긴급체포하고 검사의 사후승인을 받아 구속영장을 청구하는 경우이다.

3. 피의자의 구속제도

(1) 逮捕前置主義의 導入

일본에 있어 피의자의 구류청구는 반드시 체포를 전제하여 허용되며(逮捕前置主義), 미체포 상태에 있는 피의자에 대하여 직접 구류청구를 할 수 없다(법 제207조 제1항, 제204조, 제205조). 또한 체포전치주의에 있어 체포의 前置가 인정되기 위해서는 구류청구의 이유되는 사실과 체포장 기재의 피의사실이 동일하여야 한다. 이와는 달리 불구속 피고인의 起訴後의 勾留의 경우에는 체포전치주의는 적용되지 아니하고 곧 바로 구인장을 발부할 수 있다. 그러나 이 경우에도 구류질문은 필요하다.

미국의 인신구속제도는 체포(arrest)와 공판전의 석방(보석, bail)이라는 두가지 절차로 대별되어지며 실제에 있어 광범위한 불구속 수사 및 재판이 행하여지고 있다. 미국에 있어서는 매일 많은 사람들이 비교적 경미한 범죄의 혐의로 체포되어지고 있다. 여기에서 이러한 체포행위는 이들을 구금할 필요성이 있다고 판단되어지는 경우만이 아니라 형사사건을 개시하는 전통적인 방법이 체포이기 때문이다(체포전치주의의 채택).[32] 따라서 체포는 계속 장기간 구금(detention)할 것인지 여부를 결정하기 위하여 치안판사의 면전에 인치할 목적으로 존재한다.

우리의 경우에 있어서 형사소송법은 1995년의 제8차 개정에서 임의동행과 보호유치 등 탈법적 수사관행을 근절하고 수사과정에서의 적법절차를 담보하기 위하여 헌법에 규정된 체포제도를 도입하였으나 일본 등의 입법례와 달리 체포전치주의를 채택하지 않고 체포 · 구속 병열주의를 채택하고 있다.[33] 이처럼 형사소송법이 사전 절차없이 바로 피의자를 구속영장을 청구할 수 있도록 한 것은 주로 수사기관의 편의

---

32) 이재석, 전게논문, 6면이하.

33) 우리의 형사소송법은 체포전치주의를 적극적으로 도입하지 않았지만 입법제안자는 구속 이전에 체포의 전치절차를 거치는 것이 바람직하며 이것의 활용을 적극 기대하고 있는 듯하다 〔법무부의 대표로 형사소송법중개정법률안에 관한 공청회(국회 법제사법위원회, 1995. 11. 1)에 참석한 정동기검사의 진술, '구속제도가 종국처분적 성격을 띠게 됨에 따라 피의자를 일단 구속하게 되면 피의자는 명예가 실추되고 심각한 심리적 충격을 받게 되는 한편 직업상실의 위기를 맞게 되는 등 烙印效果로 인하여 심대한 타격을 입게 되고 쉽사리 구속상태에서 석방되기도 어려운 것이 현실이었다. 이러한 문제점을 해결할 수 있는 한 가지 방법이 체포제도의 도입이라고 할 수 있다.' 대검찰청, 형사소송법 제정 · 개정 자료집, 698면이하〕.

를 도모한 것으로 보인다.

그러나 미체포피의자에 대하여 바로 구속영장을 청구하는 제도는 체포영장제도 자체를 당초의 입법취지와는 달리 유명무실화하게 하며 체포제도의 조기정착에도 큰 장애가 되고 있으며, 나아가 체포되지 아니한 피의자는 수사기관에 협조적이기 때문에 구속사유인 '도망 또는 증거인멸의 위험'이 없고 단기간의 구금인 체포도 이루어지지 아니한 상태에서 곧 바로 장기간의 구금인 구속여부를 결정하는 것은 바람직하다고 할 수 없다.[34]

또한 현행법은 체포되지 아니한 피의자에 대하여 구속영장을 청구받은 지방법원판사는 구속의 사유를 판단하기 위하여 필요하다고 인정하는 때에는 구인을 위한 구속영장을 발부하여 피의자를 구인한 후 심문하게 하고 있다(법 제201조의2 제3항). 그러나 영장실질심사제도가 피의자의 인권을 보장하기 위하여 영장주의의 실효성을 확보함으로써 구속을 제한하고 규제하는 제도라는 것을 감안할 때 구속전 피의자심문을 위하여 구인하는 것은 입법론상 타당하다고 할 수 없다.[35] 즉, 형사소송법상의 구인은 출석의무 있는 자의 출석을 강제하기 위한 강제처분이며, 여기에서 피의자의 권리보호를 위하여 영장실질심사제도를 도입하면서 이를 위하여 피의자를 구인하게 하는 것은 적절하지 않다.

특히 체포영장제도의 운용현실에 있어 수사기관 특히 사법경찰관은 '임의동행이나

---

34) 이주홍, 「헌법과 형사재판」, 영장실질심사제도 II, 법원행정처, 1997, 49면이하; 이재상교수는 형사소송법중개정법률안에 관한 공청회(국회 법제사법위원회, 1995. 11. 1)에서 '체포제도를 도입하면서 체포를 거치지 않고 바로 구속영장을 발부하는 것을 허용하는 것은 문제이다. 체포할 필요조차 없는 피의자를 바로 구속해야 할 경우는 생각하기 어렵고, 이를 인정하는 경우에는 체포영장을 발부받거나 바로 구속영장을 발부하는 것이 수사기관의 재량에 의하여 좌우되어 체포제도를 도입한 취지가 무의미하게 되기 때문이다. 체포제도는 단순히 수사 초기의 피의자 신병확보를 용이하게 하기 위한 제도에 그치는 것이 아니라 피의자의 구속을 신중하게 하고 불필요한 구속을 단축하자는 취지에 근거하고 있으므로 이 경우에는 먼저 체포영장에 의하여 체포하고 피의자 심문을 거쳐서 구속하면 족하다고 할 것이다'라고 진술하고 있다(대검찰청, 형사소송법 제정 · 개정 자료집, 688면 참조).

신동운교수도 '체포제도가 제대로 활용되지 못하고 구속영장의 청구에서부터 시작되는 현재의 난맥상은 근본적으로 입법자의 불투명한 태도에 기인한다. … … 체포제도와 구속제도를 준별하지 아니한 채 피의자를 체포의 형태로 검거한 후 구속해도 좋고 체포단계를 생략한 채 미체포 피의자에 대한 구속영장의 형태로 구속해도 무방하다는 입법자의 안이한 상황인식이 체포제도의 정착을 가로막는 이유라고 생각된다.'고 하고 있다 〔신동운, 「인신구속제도를 둘러싼 법적용의 왜곡과 그 해결방안」, 사회병리와 법적 대응(근대법학교육 100주년기념 학술대회), 서울대 법학연구소, 1998. 2. 20, 43면〕.

35) 이재상교수는 체포되지 아니한 피의자를 구속하는 경우에는 먼저 구속영장을 발부한 후에 판사가 피의자를 심문하여 구속사유 없는 피의자를 석방하게 하는 제도가 타당하다고 하고 있다(이재상, 전게서, 235면이하).

긴급체포'에 의하지 않고 검사에게 신청하여 검사의 청구로부터 체포영장을 발부받는 통상체포의 번잡한 절차를 이용하려 하지 않고 있는 현실에서 더욱 그러하다. 우리의 수사현실을 고려할 때 체포제도가 도입된 이후에도 임의동행을 가장한 탈법적 수사관행(예컨대 긴급체포의 사유가 없음에도 불구하고 수사기관이 강제력을 행사하거나 심리적 압박을 가하여 연행하여 불법체포죄가 성립하는 경우)이 여전히 근절되고 있지 않으며, 이것을 제도적으로 법관의 사법적 통제하에 둘 필요성이 절실하다 할 것이다.[36] 따라서 이러한 문제점들을 해결하기 위하여 체포전치주의의 도입을 보다 적극적으로 검토해 볼 필요가 있다 하겠다.

체포전치주의를 인정하는 취지는 피의자에 대한 신병구속의 초기단계에서는 범죄의 혐의 및 신병구속의 필요성에 대한 판단은 매우 유동적이기 때문에 우선 48시간의 비교적 단기의 구속인 체포에 의한 신병구속을 선행하여, 수사를 통하여 여전히 범죄혐의 및 신병구속의 필요성이 인정되는 경우에 한하여 법관의 판단을 통하여 다시 장기적인 구속을 인정하는 신중한 절차를 취하는 것이 피의자의 인권보호의 요청에 보다 적합하며, 체포되지 아니한 피의자의 구속 전 피의자심문을 위한 구인제도의 폐해를 제거할 수 있기 때문이다.[37]

일부에서는 이러한 견해에 대하여 구속의 요건이 충족되는 경우에 바로 구속하는 것이 체포에 의한 신체구속의 기간이 없게 되어 구속의 장기화를 방지한다는 점에서 피의자에게 유리하다고 한다. 그러나 형사소송법은 체포기간을 구속기간에 산입하기

---

36) 신병부터 확보하여 수사를 행하는 일제 이래의 폐습적 수사관행은 적법절차의 헌법이념에 의하여 반드시 불식되어져야 할 요소이다. 형사소송법은 피의자신문을 임의수사의 한 방법으로 규정하고 있으며(법 제199조), 피의자신문에 있어 수사기관이 기본권과 관련한 헌법적 요청(무죄추정 및 진술거부권 등)들을 준수하여야 함에도 불구하고, 실제에 있어 수사의 본류가 피의자신문 중심으로 진행되고 있는 것은 유감스러운 일이다.
한 월간지가 전하는 다음 글에서 해방이후 50년이라는 긴 기간이 경과하였음에도 불구하고 수사현실에 있어서는 여전히 헌법적 이념에 부합하는 형사사법의 절차적 법치주의가 올바르게 정착되지 못하고 오도되어진 관행들에 의하여 운용되고 있음을 알 수 있다. "검찰내부에서는 법무장관의 인권수사 방침에 대해 현실을 모르는 소리라면서 '수사를 하지 말라는 소리냐'는 반발이 심심치 않게 들린다. 3월 20일 검찰조사를 받던 권영해 전 안기부장이 자해하고, 4월 23일 밤 개인휴대통신(PCS)사업자 선정비리로 대검에서 조사받던 한솔제지 이명철 상무가 자해를 시도한 사실이 알려지면서 검찰은 여론의 호된 질타를 받았다. 그래서인지 5월 들어 강경식 전 경제부총리와 김인호 전 경제수석의 경우 '출퇴근 조사'를 하는 등 조금은 달라진 듯했다. 그러나 변화는 오래 가지 못했다. 언론과 여론의 감시가 뜸해지자 검찰의 밤샘수사 관행은 슬그머니 되살아났다. 검찰은 경성비리사건과 관련, 국민회의 정대철부총재와 김우석 전장관을 모두 밤샘조사한 끝에 구속했다. 일선 검사들은 '피의자들은 밤이 되면 심리적으로 약해지고 새벽에야 자포자기해 범죄를 실토하게 된다'며 밤샘수사의 불가피성을 역설하고 있다."(신동아, 1998. 10, 105면이하 참조).

37) 平野龍一, 刑事訴訟法, 有斐閣, 1958, 103面.

때문에(법 제203조의2) 이러한 문제는 발생하지 아니한다. 또한 무용한 체포의 남발을 방지하기 위하여 미체포피의자에 대하여 구속영장이 청구된 경우에 서면 심사만에 의해 발부된 사전구속영장에 의해 피의자의 구속이 집행되면 지체없이 판사에게 인치하도록 하여 피의자심문을 한 후 계속 구속여부를 결정하는 독일의 입법례가 타당하다는 견해가 있으나[38] 위에서 적시한 우리의 수사현실을 고려할 때 체포전치주의의 도입이 보다 유용한 제도라고 하겠다.

요컨대 사전절차 없이 바로 피의자를 구속하는 것은 수사의 진행에 따른 사정변경이 있는 경우에도 수사기관에게 허용되어진 구속기간 동안 구속계속의 여부에 대한 판단을 일임해 버리는 결과가 되어 인신구속이 필요최소한도로 제한되어야 한다는 원칙과 부합되지 아니한다. 또한 체포제도는 구속의 경우와는 달리 피의자에게 미치는 烙印效果 등의 부담은 약화되어지는 한편 단기간의 신병확보 이후에 다시 구속여부를 결정하게 되므로 경직화된 구속수사의 관행을 탈피하여 탄력성있는 강제수사관행을 정착시킬 수 있음을 감안할 때,[39] 체포를 전치하여 구속의 필요성 여부에 대하여 다시 심사하게 하는 기능을 법관에게 부여하는 제도적 장치가 보다 문명국의 형사절차에 부합한다고 하겠다.

(2) 필요적 구속영장실질심사제도의 도입

1) 被疑者審問의 범위에 관한 법규정

형사소송법 제201조의2 제1항에서는 체포된 피의자에 대하여 구속영장을 청구받은 지방법원판사는 피의자 등의 신청이 있을 때에 한하여 판사가 재량에 따라 심문할 수 있으며, 동조 제3항에서 미체포피의자의 경우에는 판사가 필요하다고 인정할 때 피의자 심문을 행한다. 여기에서 형소법은 체포되지 아니한 피의자에 대하여는 물론 체포된 피의자의 경우에 있어 심문 신청이 있어도 여전히 판사가 심문을 하지 아니하고 구속영장을 발부할 수 있다.[40]

---

38) 이재상, 전게서, 235면이하; 황정근, 「구속영장실질심사제도의 개선방향」, 구속영장청구와 피의자심문, 1997년도 제21회 형사정책세미나자료집, 한국형사정책연구원.

39) 형사소송법중개정법률안에 관한 공청회(국회 법제사법위원회, 1995. 11. 1)에서의 정동기검사의 진술 참조(대검찰청, 형사소송법 제정·개정 자료집, 699면).

40) 대법원 1999. 8. 20, 99 도 2029, 「'형사소송법 제201조의2 제1항은 체포된 피의자에 대하여 구속영장을 청구받은 판사는 피의자 등의 신청이 있을 때에는 피의자를 심문할 수 있다'고 규정하여 영장을 발부함에 있어 피의자를 심문할 것인지 여부를 판사의 재량사항으로 정하고 있으므로, 피의자를 심문할 필요가 없다고 판단한 영장담당판사가 피의자를 심문함이 없이 영장을 발부하였다 하여, 영장발부에 관한 형사소송법의 규정을 위반한 위법이 있다고 할 수

2) 必要的 被疑者審問으로의 轉換

우리의 형소법은 임의적 영장실질심사제도를 채택하고 있다. 영장을 발부하는 재판은 다른 종국전 재판보다는 중요한 의미를 지닌다. 이것은 실제에 있어 일종의 短期自由刑의 선고나 거의 다름이 없기 때문이다. 그러므로 영장발부 여부의 심사에서는 사실조사도 할 수 있고 구두변론도 가능하게 하는 것이 당연하다. 따라서 구속에 있어 피의자측의 해명의 기회도 제공함이 없이 수사기관이 증거능력의 유무와 관계없이 일방적으로 제출한 자료들을 근거로 서면에 의한 재판으로 구속 여부를 결정하는 것은 전근대적인 규문주의의 잔재이다. 수사단계에서의 당사자주의 요청 및 피의자의 인권보장이라는 법의 적정절차의 요청의 당연한 반영으로서 실질심사는 국가의 의무사항으로 필요적으로 충실히 행하여져야 하며, 이 단계에서 구금으로 옮겨진 경우에는 판사로부터 피의자의 권리가 고지되고 보석도 허용되는 것은 문명국 수준의 절차라고 할 수 있다.[41]

우리에게 있어 필요적 피의자심문제도는 피의자와 법원 소재지의 거리관계, 법원과 수사기관에 지나친 부담을 준다는 이유에 의해 임의적인 것으로 입법화하였으나, 직접주의(Grundsatz der Unmittelbarkeit)의 원칙과 법원의 부당한 재량권을 고려한다면 영장실질심사제도는 법원의 영장발부의 편의나 수사기관의 비용과 업무량을 이유로 회피할 수 있는 것이 아니며 구속을 규제하기 위한 제도이므로 현행법규정을 필요적 심문절차로 개정하는 것이 바람직하다 하겠다.[42] 피의자가 피의자심문을 원하는 경우에 있어서도 판사의 불심문 결정으로 그 기회를 부여함이 없이 구속영장이 발부되는 경우를 상정할 때 이러한 논쟁에 대한 결론은 자명하다 할 것이다. 이미 고찰한 바와 같이 선진입법례에 있어서도 국제인권규약에 있어서도 이 원칙이 관철되어지고 있다.[43]

없다」. 2001년 수사를 위한 구속영장발부인원수는 105,815명으로 영장청구인원수 121,031명의 87.4%에 이른다(사법연감 2002, 479면).

41) 이재석, 전게논문, 14면이하 참조; 영장실질심사는 영장주의의 핵심으로서 이것을 임의적 제도로 운영하고 있는 나라는 없을 뿐만 아니라, 1990년 4월 10일 가입한 시민적 및 정치적 권리에 관한 국제규약(International covenant on civil and political rights. B규약) 제9조 제3항 제1문도 '범죄혐의로 체포되거나 구금된 자는 법관 또는 법률에 의하여 사법권을 행사할 권한을 부여받은 기타 관헌에게 신속히 인치되어야 하고, 또한 그는 합리적인 기간 내에 재판을 받거나 또는 석방될 권리를 가진다'고 규정하여 체포·구금된 피의자는 법관 등 면전에 신속히 인치되어 체포·구금의 적법 타당성 및 구속의 계속여부에 대한 심사를 받는 필요적 영장실질심사제도를 천명하고 있다.

42) 同旨 신동운, 전게서, 188면; 이재상, 전게서, 234면.

43) 황정근, 「국제인권규약과 영장실질심사제도」, 고시계, 1997. 9, 123면이하 참조; 신동운교수는 1995년 형사소송법 개정 당시에 영장실질심사에 관한 규정을 법원의 의무조항으로 규정하였더라면 제도시행 초기의 영장실질심사제도의 당부에 관한 소모적 논쟁은 없었을 것이라고 지

또한 구속사유는 검사나 법관의 주관적 추측이나 염려가 아니라 구체적 사실을 기초로 객관화되어야 한다. 따라서 통상인의 합리적 판단에 의하여 수긍할 수 있을 정도의 것임을 요한다. 여기에서 구속영장의 발부기준의 명확화와 함께 예측가능성의 부여가 필수적이다. 따라서 검사는 구속영장을 청구함에 있어 법정구속사유가 있음을 소명하여야 하며, 법원의 영장발부절차에 있어서도 구속의 요건에 대한 추론과정을 객관적으로 적시하는 것을 의무화하여야 한다. 인신구속이 자의적이라는 일반인의 편견을 불식시키기 위해서도 그러하다. 이와 함께 법정구속사유인 도망 또는 증거인멸의 염려를 판단하는데 참작할 긍정적 및 부정적 요소를 유형화하는 작업도 필요하다 하겠다.

이외에도 구속영장실질심사제도의 시행과 관련하여 변호인이 선임된 사건이 비선임 사건보다 영장기각률이 높은 것과 관련하여 일부에서는 '무전 구속 · 유전불구속'의 문제점이 노정되고 있다는 지적이 있다.[44] 이러한 문제에 대해서는 인신구속이 개인에게 미치는 영향을 고려할 때 필요적 피의자심문제도의 도입과 함께 공판절차에 못지 않게 중요한 영장실질심사에 있어서도 가정형편상 사선변호인을 선임하기 어려운 피의자에 대하여 체포 · 구속적부심사절차에서와 마찬가지로 국선변호제도를 확대하는 것이 타당하다고 하겠다.[45]

3) 令狀實質審査段階에서의 保釋制度의 채택

피의자 · 피고인은 全刑事節次過程에서 유죄의 확정판결을 받을 때까지 무죄로 추정되므로 이들에 대한 수사와 재판은 불구속으로 행하는 것이 원칙이다. 또한 불구속수사의 원칙을 견지하기 위해서는 피의자의 신병확보가 효율적으로 담보되어질 수 있는 보석제도의 활용이 필수적이며, 비교법적으로 볼 때 세계각국은 거의 일치하여 피의자에 대한 보석을 인정하고 있다. 그러나 우리의 수사관행은 범죄혐의자를 유죄의 확정판결을 받은 자와 동일시하는 규문적 수사관행과 인권의식의 결여에 의해 구속수사의 원칙과 보석불허의 관행이 정착되어 있다.

형사소송법은 이러한 비판을 의식하여 1995년의 제8차 개정에서 피의자석방제도의 확대라는 관점에서 피의자의 보석에 대하여 체포 · 구속적부심사절차에서 판사가 직권으로 보석을 허가하는 제도를 도입하였다(법 제214조의2 제4항).[46] 동 제도는 제한

적하고 있다(신동운, 전게논문, 38면).

44) 대검찰청, 「구속전 피의자심문제도 6개월 시행결과 분석」, 보도자료, 1997. 6. 28, 9면.

45) 체포 · 구속적부심사에 있어 국선변호인 이용율은 2001년을 기준으로 총 29458건(인원수 32140명)이다(사법연감 2002, 800면).

46) 1995년의 개정 이전의 형사소송법에 있어서 보석은 구속피고인에게만 인정되었다.

적이지만 보석제도를 피의자에 대하여서 까지 확대한 점에서 형사절차에 있어 피의자의 인권보호에 대한 새로운 의미부여가 가능하나, 피고인에게 인정되어진 권리보석과는 달리 별개 규정을 두지 아니하고 체포적부심사절차를 통하여 피의자에게 직권보석을 받을 기회를 부여하고 있는 점에 그 특색이 있다. 즉, 형사소송법의 보증금납입조건부 피의자석방제도는 피의자에게 보석청구권을 인정하지 아니하고 체포·구속적부심사의 청구가 있는 경우에 한하여 법원의 직권에 의하여 석방을 명하는 직권보석이다.

그러나 피의자의 보석을 체포·구속적부심사와 결합하여 그 기회를 부여하고 있는 것은 형사절차에 있어 무죄의 추정 및 피의자의 방어권 보장 등 헌법상의 제권리와 관련하여, 인신이 구속된 피의자는 불필요한 지체없이(without unnecessary delay) 신속하고 광범위한 보석기회가 제공되어야 하며 이러한 권리들이 자의적으로 부인되어서는 아니된다는 측면에서 볼 때 여전히 입법론상 문제가 있다고 하겠다.[47] 특히 보석과 체포·구속적부심사제도는 그 목적을 달리하는 제도로서 법원은 피의자가 불법구속으로부터의 체포·구속적부심사를 청구한 경우에 보석을 허가하는 것은 타당하다고 할 수 없고, 또한 피의자가 보석을 위하여 적법한 구속으로 적부심사의 청구사유에 해당되지 않음에도 불구하고 적부심사의 청구를 남발하게 하는 것은 바람직하다고 할 수 없다. 원래 피의자에 대한 보석제도는 적법한 구속을 전제로 체포·구속영장의 효력을 유지하면서 보증금 납입을 조건으로 구속의 집행을 정지하는 제도인 점에서, 체포·구속의 적법여부와 그 계속의 필요성을 심사하여 부적법하거나 부당하게 체포·구속되어 있는 피의자를 석방시키는 체포·구속적부심사제도와는 구별되어지기 때문이다.[48]

또한 현행법이 피고인에게는 필요적 보석을 원칙으로 하여 피고인에게 보석권을 인정하고 있음에도 불구하고 피의자의 보석은 직권보석 내지 임의적 보석으로 규정하고 있는 것은 보석제도의 본질과 일치할 수 없다.[49]

---

47) 이재상, 전게서, 259면; 차용석, 형사소송법, 세영사, 1997, 322면.

48) 1995년 형사소송법 개정시에 보증금납입조건부 피의자석방을 체포·구속적부심사절차에서 결정하도록 한 것은 양제도를 별도의 절차로 규정할 경우, 현실적으로 유사한 구제절차의 중복(수사기관이 피의자를 체포·구속하는 경우 체포적부심사, 구속영장실질심사, 구속적부심사, 기소전보석 등 4회에 걸친 법원의 중복심사)과 각 절차마다 수사기록이 법원에 송부되어 수사지연 등의 불합리한 점이 발생한다는 염려에서 이와 같이 규정하였다고 하고 있다(대검찰청, 형사소송법 제정·개정 자료집, 643면이하, 706면). 그러나 이러한 구제절차들은 우리의 형사사법제도가 적정절차의 이념보다 실체적 진실주의의 요청이 전면에 부상하고 있는 현실을 감안할 때 실제에 있어 실효성있는 제도적 장치로서 규범력을 발휘해 왔는가에 대해서는 회의적이다.

49) 이재상, 전게서, 259면.

보석제도가 활성화되어 있는 미국에서는 치안판사가 피의자를 심문하는 절차에서 보석을 허용하고 있고,[50] 우리의 경우에 있어서도 이와 같이 피의자심문시에 피의자에 대한 보석여부를 결정하여야 한다는 주장이 제기되고 있다.[51]

요컨대 피의자에 대하여도 체포·구속적부심사제도와 연계함이 없이 보석에 관한 규정을 준용하여 권리보석제도를 도입하여 이를 활성화하는 것이 타당하다 할 것이다. 영장실질심사단계에서의 피의자심문 절차에서 구속의 요건이 존재하는 경우에도 일정한 보석보증금을 납부하게 하고 석방하면 피의자의 출석을 담보할 수 있다고 판단되는 경우에는 판사가 즉시 보석을 허가하여 석방할 수 있도록 하는 것이 타당하다. 피의자의 보석은 수사절차에 있어 구속수사로 인하여 야기되어지는 강압수사의 위험을 방지할 수 있다는 점에서도 그러하다.

구속영장실질심사와 피의자보석제도의 연계시스템은 구속영장실질심사제도의 실천적 가치를 활성화함과 함께 영장기각결정으로 석방되는 경우에 야기되어지는 제문제에 대한 보완책으로도 바람직한 제도이다. 실제에 있어 이러한 제도 미비로 구속영장이 너무 쉽게 발부되어지는 경향이 있다.[52] 이 경우에 일단 구속을 하고 그 후 구

---

50) 미국에 있어서는 최초의 법정출석(the first or initial appearance before the Magistrate Judge) 절차에 있어 치안판사가 피의자에게 고발장에 기재된 범죄혐의사실의 요지를 고지하고, 그가 장래적으로 향유할 수 있는 권리인 보석을 받을 권리, 변호인의 선임권, 진술거부권 등을 고지한 후 체포요건을 심사하고, 보석석방(Release)이냐 예방구금(Detention)이냐를 결정한다.
이처럼 입법론적으로 고찰할 때 영장실질심사단계에서 구속으로 옮겨진 경우에는 판사로부터 피의자의 권리가 고지되고 보석이 허용되는 것이 문명국 수준의 형사절차라고 할 수 있다. 미국의 경우 이 단계에서 체포된 피의자 중 重罪(felony)의 경우는 30%, 그리고 輕罪(misdemeanor)의 경우에는 10%만이 계속 拘禁되고 나머지는 보석이 허가되어진다 [LaFave/Israel, Criminal Procedure, p. 14; 미국의 보석제도에 대해서는 이재석, 「미국의 보석제도」, 사회과학연구(대구대 사회과학연구소), 제5집, 제1호, 1998. 6, 4면이하 참조)

51) 손동권, 「구속영장실질심사제의 운용상 문제점과 그 개선책」, 법정고시, 1997. 12, 126면; 이재상, 전게서, 259면; 차용석, 형사소송법, 297면; 황정근, 「영장실질심사제도 시행의 의미와 과제」, 영장실질심사제도(실무상 문제점과 과제), 법원행정처, 1997, 443면이하 참조; 2001년 제1심 보석인원 및 허가율에 대해서는 구속기소인원총수 90,014명 중 보석청구인원은 24,673명으로 보석청구율은 27.4%이며, 보석허가인원은 12,304명으로 보석허가율은 49.9%이다(사법연감 2002, 580면).

52) 이러한 현상은 이응세판사의 다음 글에서 잘 나타나 있다. '영장실질심사를 통하여 영장청구기각이 많아지자 검찰 측에서는 피의자의 수사 또는 재판과정에서의 출석을 담보하는 아무런 대책이 없이 피의자를 석방한다는 비난을 하고 있고, 반대로 영장 실무를 담당하는 전담판사의 입장에서는 적당한 조건을 붙일 수 있다면 석방할 수 있다고 생각되는 피의자도 구속을 하여야 하는 경험을 하게 되었고, 구속 또는 무조건 석방이라는 양자택일밖에 할 수 없는 지금의 제도하에서는 증거인멸 또는 도망할 염려라는 본래의 구속사유 외에 사안의 중대성을 심각하게 고려하지 않을 수 없어 자칫 제도 시행 전보다 구속기준만을 수평적으로 낮추는 결과를 가져올지 모른다는 우려를 갖게 되었다.'(이응세, 「인신구속제도의 입법론적 개선방안」, 영장실질심사제도 Ⅲ, 법원행정처, 1997. 11, 219면).

속적부심을 청구하면 그때서야 비로소 보석을 허가하도록 한 형사소송법은 보석제도에 대한 이해가 부족한 입법이라는 지적을 면할 수 없다.

나아가 보석의 성격과 기능에 대해서도 지금까지의 제도보다 실험적이고 개방적인 입법의 추진이 요구되어진다. 구속의 목적은 처벌적인 것이 아니며 이것은 피의자가 유죄의 확정판결을 받은 후에만 구금될 수 있다는 헌법이념의 필연적인 추론이다. 그러나 피의자의 이러한 자유를 향유할 전통적 권리는 피의자가 도망할 가능성과 조화되어져야 하며, 보석은 이와 같이 서로 대립하는 이익을 융화시키기 위하여 차용되어진 방책이다. 여기에서 보증금을 몰수할 것이라는 위하는 보석의 조건위배의 유혹에 대한 효과적인 억제수단이라고 추정되어지고 있다.

그러나 이러한 추정은 피의자가 재산을 가지고 있다는 가정에 기초하고 있다. 피의자가 납부할 수 없는 과다한 보증금을 요구하여 구금을 계속하는 것은 법의 평등한 집행과 관련하여 중대한 문제가 제기되어진다. 부유한 자의 자유가 부정되지 않는 경우에, 빈곤자들 또한 자유를 획득하기 위한 담보로서의 충분한 재산을 가지지 않은 것에 의해 이들의 자유를 부정할 수 있을 것인가" 하는 점이다.[53] 실제에 있어 모든 피의자가 보석금을 제출해야 한다는 요구는 빈곤한 피의자에 대하여 차별을 발생하게 하였다. 따라서 우리의 경우에 있어서도, 종래의 보석제도인 보증금 보석(Money Bail)의 운용이 불합리하고 자의적으로 이루어지고 있다는 인식이 확산되면서 1966년의 연방보석개혁법을 시작으로 이미 다양한 보석개념을 도입하고 있는 미국 등 선진입법례를 고려하여 보다 개혁적이고 획기적인 입법의 제정이 요청되어진다.

예컨대 구속영장의 발부와 함께 보석허가의 내용으로 보석보증금의 납부이외에도 주거의 제한, 법원 또는 검사가 지정하는 일시·장소에 출석할 의무 기타 적당한 조건을 부가하거나(형소법 제214조의2 제5항), 프랑스의 입법례에서 채택하고 있는 사법통제부 석방결정의 경우에 내려지는 사법통제의 내용들이 논의의 대상이 될 수 있다(형소법 제138조 제2항). 사법통제의 내용으로는 주거제한, 공무소에 정기적 출석, 차량운행의 제한, 직업활동이나 일정한 사회활동의 금지, 피해자의 권리회복을 위한 담보조치의 이행 등을 규정하고 있다. 또한 미국에 있어서와 같이 피의자가 '고의로'(knowingly) 법정에 불출석한 경우에 대한 制裁로 보석보증금의 몰수 이외에 새로운 범죄를 구성하여 형을 과하는 방안이 검토되어질 수 있다 하겠다.[54]

---

53) Bandy v. United States, 81 S. Ct. 197-198(1960).

54) 18 U.S.C. 3145(d), 3146(b). 영국의 보석제도가 피의자와 보증인 사이의 사적 유대에 바탕을 둔 인적 보증을 기초로 하고 있는데 반하여, 미국의 경우에 있어서의 보석제도는 보증금 보석(Money Bail)의 형태로 발전되어 온 점이다. 그러나 1966년의 연방보석개혁법에 의하여 피의자의 보증서약에 의한 석방제도, 보석보증보험제도의 단점을 보완한 보석보증금예탁제도 및 조건부 석방프로그램 등이 도입되었다. 이후 1984년의 연방보석개혁법에 의한 예방적 구

4) 被疑者審問期間의 拘束期間 不算入

형사소송법은 피의자심문을 하는 경우 법원이 구속영장청구서 등을 접수한 날로부터 구속영장을 발부하여 검찰청에 반환한 날까지의 기간은 수사기관의 구속기간에 산입하지 아니한다(법 제201조의2 제8항). 이유는 피의자심문을 위하여 2일정도의 기간이 소요되며, 체포・구속적부심에 있어서도 심문기간을 구속기간에 불산입하는 점 등을 그 이유로 들고 있으나, 이것은 수사편의를 위하여 구속기간을 장기화하겠다는 발상에 지나지 않는다.[55] 이것은 수사단계에서의 구속기간의 적정여부와 관련하여 경찰의 피의자 구속기간이 10일이나 되는 외국의 입법례는 존재하지 않으며 그 기간의 단축 필요성이 제기되고 있는 점을 고려할 때 더욱 그러하다.[56] 나아가 동 개정규정은 피의자의 피의자심문의 신청권을 위축시키고, 나아가 수사기관이 피의자의 신청권포기를 유도하는 수단으로 악용될 우려마저 있다 하겠다. 따라서 동규정은 조속한 폐지가 바람직하다.

4. 국선변호인 선정의 확대

국선변호인은 피고인에게만 인정되고 피의자에게는 인정되지 않는다. 다만 체포・구속적부심사를 청구한 피의자가 법 제33조의 국선변호인 선임사유에 해당하고 변호인이 없는 때에는 국선변호인을 선정하도록 하고 있다(법 제214조의2, 제9항). 따라서 이 규정은 피의자에 대하여 국선변호를 인정하고 있는 유일한 예외이다.

금의 입법화와 함께 조건부 석방제도가 보완되었다(이재석, 「미국의 보석제도」, 4면이하 참조).

우리의 현행 보석보증보험제도에 대해서는'무자력자들의 불필요한 구속을 억제하고 보석제도를 활성화하기 위해 마련된 보석보증보험이 특정업체의 황금알을 낳는 사업으로 전락되고 있다'고 비판받고 있다(법률신문, 1998. 4. 27). 우리의 경우에 있어 제1심 보석인원수는 2001년을 기준으로 검토하면 구속기소인원 101,898명 중 보석청구인원은 34,919명이며 이 중 보석허가인원은 18,961명으로 보석청구율은 34.4%, 보석허가율은 54.3%이다(사법연감 2002, 580면).

55) 체포・구속적부심사가 청구된 경우에 법원이 수사관계서류와 증거물을 접수한 때부터 결정 후 검찰청에 반환될 때까지의 기간을 체포 또는 구속기간에 산입하지 않는 것에 대해서도(법 제214조의2 제12항), 체포・구속적부심사의 청구는 헌법에 의하여 구속된 피의자에게 인정된 권리로서(헌법 제12조 제6항, 제27조 제4항) 이 기간 동안 특별히 수사에 지장이 초래되는 것도 아니므로 위헌의 소지가 있어 폐지되어야 한다는 주장이 제기되고 있는 점을 고려할 때 '피의자심문기간의 구속기간 불산입' 규정의 신설은 타당하지 아니하다(신동운, 전게서, 224면; 이재상, 전게서, 259면).

56) 검찰21세기연구기획단, 구속제도정비방안연구, 178면; 형사소송법개정시안 제202조(사법경찰관의 구속기간)에서는 '사법경찰관이 피의자를 구속한 때에는 5일 이내에 검사에게 인치하지 아니하면 석방하여야 한다'고 하고 있다.

수사단계에 있어서의 피의자에 대한 방어권의 중요성은 공판절차 못지 않게 중요하다. 그것은 공판단계에서 국선변호인이 선정된다고 하여도 이미 방어의 기회를 놓치는 경우가 허다하기 때문이다. 여기에서 국선변호제도는 피의자에게도 확대하는 것이 바람직하다.57)

국선변호제도와 관련하여 인권보장을 위한 제도적 장치인 '시민적 및 정치적 권리에 관한 국제규약(International Covenant on Civil and Political Rights. B규약)'58) 제14조 3항은 "모든 사람은 그에 대한 형사상의 죄를 결정함에 있어서 적어도 다음과 같은 보장을 완전 평등하게 받을 권리를 가진다"고 하고, 제14조 3항 (b)에서는 "변호의 준비를 위하여 충분한 시간과 편의를 가질 것과 본인이 선택한 변호인과 연락을 취할 것", 그리고 (d)에서 "본인의 출석하에 재판을 받으며, 또한 직접 또는 본인이 선임하는 자의 법적 조력을 통하여 변호할 것. 만약 법적 조력을 받지 못하는 경우 변호인의 조력을 받을 권리에 대하여 통지를 받을 것. 사법상의 이익을 위하여 필요한 경우 및 충분한 지불수단을 가지고 있지 못하는 경우 본인이 그 비용을 부담하지 아니하고 법적 조력이 그에게 주어지도록 할 것"을 규정하고 있다.

미국연방대법원은 수정헌법 제5조의 '누구나 어떤 형사사건에서도 자기에게 불이익한 증인으로 될 것을 강요당하지 아니한다'는 自己負罪拒否의 特權(privilege against self-incrimination)에 근거하여 미란다 사건에서59) "구금된 피의자를 심문하기 위해서는 그에게 묵비권이 있음을 고지하여야 하고, 피의자가 한 어떠한 진술도 공판정에서 불이익한 증거로 사용될 수 있다는 설명을 요하며, 이 경우에 사선은 물론 국선변호인을 .선임받을 권리가 있으며, 외부와의 단절상태에서의 피의자에 대한 심문자체를 묵비권의 침해로 보고 피의자 심문을 받을 시에 변호인을 참여시킬 권리를 가

---

57) 어느 범위에서 피의자에 대한 국선변호를 인정할 것인가에 대해서는 견해가 상치되고 있다. 사형, 무기 등의 중대한 사건에 한정하여 일단 인정하자는 견해(강구진, 형사소송법, 학연사, 1982, 143면), 형소법 제33조의 국선변호인 선정사유에 해당하거나 필요적 변호사건에 대하여 국선변호인에 의한 변호가 필요하다고 인정되는 때에 인정하자는 견해(이재상, 전게서, 138면), 구속된 피의자가 법 제33조의 각호에 해당하거나 필요적 변호사건에 해당하는 경우로 한정하자는 견해(백형구, 형사소송법, 한국사법행정학회, 1998, 637면)가 있다. 현행법에 있어 피고인에 대한 국선변호인의 선정사유와 균형상 제2의 설이 타당하다 하겠다.

58) 1948. 12.10 제3회 UN총회에서'세계인권선언'(Universal Declaration of Human Rights)을 채택하였으나, 이 선언에는 인권보장을 위한 구체적인 장치가 결여되어 있어, UN경제사회이사회의 보조기관인 인권위원회가 ① 경제적, 사회적 및 문화적 권리에 관한 국제규약(A규약), ② 시민적 및 정치적 권리에 관한 국제규약(B규약), ③ 시민적 및 정치적 권리에 관한 국제규약 선택의정서(B규약 선택의정서)의 초안을 각 작성하여, 1966. 12. 16. 제21회 UN총회에서 채택하였다. 우리나라는 1990. 4. 10. 위 규약에 가입하여 같은 해 7. 10. 국내적으로 효력이 발생되었다.

59) Miranda v. Arizona, 384 U.S. 436(1966).

진다"고 하고 있다. 여기에서 연방대법원은 변호인의 참여를 묵비권의 내용으로 파악하고 있다.

독일에 있어 변호인의 조력을 받을 권리와 권리와 관련하여 형사소송법 제137항은 "피고인 또는 피의자는 절차의 모든 단계에서 변호인의 조력을 받을 수 있다"고 하고, "국선변호인은 필요적 변호의 경우에 있어서 피의자 내지 피고인 스스로가 변호인을 선임하지 않을 때 선정된다(법 제140조, 제141조)"고 하고 있다.

요컨대 흔히들 형사절차의 역사를 변호권 확대의 역사라고 한다. 형사절차에 있어 변호인의 조력을 받을 권리는 헌법상 적법절차의 이념 및 평등의 원칙, 당사자주의 소송구조를 실현하기 위한 대전제이다. 특히 피의자의 권리가 위협당하는 중요한 단계인 수사절차에서 효과적인 변호인의 조력을 받을 권리가 보장되어야 한다.

그러나 경제적 이유에 의해 사선변호인을 선임할 수 없는 피의자에게는 변호인참여권을 보장하더라도 아무런 의미가 없게 된다. 여기에서 우리 헌법은 국가의 부담으로 국선변호인을 선정하는 길을 열어두고 있다. 따라서 형사절차에 있어 적정한 헌법이념의 실현하기 위해 문명국에 있어서와 마찬가지로 우리의 경우에 있어서도 수사절차에 있어 국선변호인제도를 확대하여야 한다.[60]

5. 변호인의 피의자신문참여권

현행법은 한미행정협정사건의 피의자를 신문하는 경우 이외에는 피의사신문에 대한 변호인의 참여권을 인정하지 않고 있다.[61] 그러나 피의자 신문과정에서 인권침해를 방지하고 피의자신문조서의 내용적 정확성을 담보하기 위해서는 변호인의 피의자신문참여권을 보장하는 것이 타당하다.[62] 우리 헌법은 제12조 제2항에서 "모든 국민은 형사상 자기에게 불리한 진술을 강요당하지 아니한다"고 하고, 제4항에서 "누구든지 체포 또는 구속을 당한 때에는 즉시 변호인의 조력을 받을 권리를 가진다"고 규정하고 있다. 그리고 '시민적 및 정치적 권리에 관한 국제규약'제14조 제3항에서도

60) 배종대/이상돈, 전게서, 131면; 2001년 국선변호인 선정건수는 56,643건으로 1992년 25,361건보다 현격하게 증가하였음을 알 수 있다(사법연감 2002, 572면).

61) 한미행정협정 제22조 제9항, 동협정의 합의의사록 제22조 제9항 (마) 참조; 현행법에 있어서도 피의자신문조서 기재의 정확성에 관한 변호인의 이의진술권을 인정한 법 제48조 제5항을 근거로 변호인이 피의자신문참여권이 인정된다는 견해가 있다(신동운, 전게서, 621면). 그러나 동 규정은 변호인에게 피의자신문시 참여권을 인정한 것이 아니라 조서기재에 대한 이의진술권을 인정한 것에 불과하다(이재상, 전게서, 138면).

62) 강구진, 전게서, 143면; 배종대/이상돈, 전게서, 133면; 백형구, 형사소송법, 637면이하; 이재상, 전게서, 137면이하. 차용석교수는 구속된 피의자와의 접견교통권을 확대해석하여 참여권인정의 논거를 설명하고 있다(차용석, 형사소송법, 208면).

"모든 사람은 그에 대한 형사상의 죄를 결정함에 있어서 적어도 다음과 같은 보장을 완전 평등하게 받을 권리를 가진다"고 하고, (b)항에서 "변호의 준비를 위하여 충분한 시간과 편의를 가질 것과 본인이 선임한 변호인과 연락을 취할 것"과 (g)항에서 "자기에게 불리한 진술 또는 유죄의 자백을 강요당하지 아니할 것"을 규정하고 있다. 독일의 경우에 있어서도 검사의 피의자신문에 변호인의 참여권을 인정하고 있다(법 제163조의a 제3항, 제168조의c 제1항 · 제5항).

미국연방대법원은 미란다판결에서 "외부와의 단절된 고립무원의 상태에서의 피의자에 대한 신문자체를 묵비권의 침해로 보고 피의자 신문을 받을 시에 변호인을 참여시킬 권리를 가진다"고 하고 있다.[63] 따라서 이 법칙에 의해 수사기관이 피의자에 대하여 신문은 행하는 경우에는 피의자에게 변호인참여의 희망여부를 질문하고 희망하는 경우에는 변호인의 참여시까지 신문을 중단하도록 하고 있다.

변호인의 피의자신문참여권은 소극적 실체적 진실주의의 관점에서 요청되어진다. 수사기관이 피의자신문시에 변호인의 참여권이 인정되지 않는다면 실제에 있어 헌법이 국민의 기본권의 하나로서 보장하고 있는 진술거부권이나 변호인의 도움을 받을 권리는 空洞化되어 유명무실화될 수 있다.[64]

최근 대법원도 수사기관에서 피의자 신분으로 조사받는 과정에서도 변호인의 참여를 요구할 수 있고 수사기관은 특별한 경우가 아닌 한 이를 거절할 수 없다고 하고 있다. 대법원은 "국가보안법위반혐의로 구속 수감된 재독 사회학자 송두율교수의 조사과정에서 변호인의 입회를 허용해야 한다"는 법원결정에 대해 검찰이 제기한 재항고사건을 기각했다. 재판부는 결정문에서 "형사소송법에 구금된 피의자에 대한 조사과정에서 변호인이 참여할 수 있다는 명문규정은 아직 없지만 누구든지 체포 또는 구속을 당한 때에는 즉시 변호인의 조력을 받을 권리를 가진다고 선언한 헌법규정에 비춰 피의자 신문 단계에서도 변호인의 참여를 요구할 수 있고 그러한 경우에 수사기간은 이를 거절할 수 없는 것으로 봐야 한다"고 밝혔다. 재판부는 "다만 피의자 신문을 방해하거나 수사기밀을 누설하는 등의 염려가 있다고 의심할 만한 상당한 이유가 있는 경우에는 변호인의 참여를 제한할 수 있다"고 하고 있다.[65]

---

63) Miranda v. Arizona, 384 U.S. 436(1966).

64) 이재상교수는 "피의자가 수사기관의 신문시에 변호인의 도움을 받지 못한다면 변호인의 도움이 없는 것과 같다고도 할 수 있다"고 하고 있다(이재상, 전게서, 138면이하).

65) 조선일보 2003. 11. 12. 대한변협도 "현재 헌법이 보장하고 있는 변호인의 조력을 받을 수 있는 권리에는 당연히 수사기관의 피의자 신문시 그 참여권이 인정되어야 한다"고 하고 "물론 이러한 권리의 존부여부에 대한 논란을 멈추기 위해서는 형사소송법상 명문의 규정을 두는 것이 좋겠지만, 그러한 규정이 없다고 하여도 그 이유로 헌법상 요구되는 변호인참여권을 부정할 수 없다"고 주장하고 있다(대한변협신문 2003. 11. 10).
현행법은 변호인이 조사 중인 피의자를 만날 수 있는 접견권은 보장되어 있으나 피의자신문

6. 검사작성의 피의자신문조서에 대한 증거능력의 제한

형사소송법 제312조 제1항은 "검사가 피의자나 피의자 아닌 자의 진술을 기재한 조서와 검사 또는 사법경찰관이 검증의 결과를 기재한 조서는 공판준비 또는 공판기일에서의 원진술자의 진술에 의하여 그 성립의 진정함이 인정된 때에는 증거로 할 수 있다. 단, 피고인이 된 피의자의 진술을 기재한 조서는 그 진술이 특히 신빙할 수 있는 상태 하에서 행하여진 때에 한하여 그 피의자였던 피고인의 공판준비 또는 공판기일에서의 진술에 불구하고 증거로 할 수 있다."고 규정하고 있다. 동조항은 검사가 작성한 피의자신문조서의 증거능력 인정에 있어 성립의 진정을 조건으로 이를 인정하고 있음을 알 수 있다.

이는 검사의 준사법기관으로서의 지위와 함께 공익의 대변자로서 가지는 객관의무 등을 고려하여 증거능력의 요건을 완화하고 있다. 그러나 변호인의 피의자신문참여권이 인정되지 않는 현실에 있어 검사작성의 피의자신문조서의 신용성이 피의자에게 충분하게 담보될 개연성은 그리 높지 않다.

우리의 검찰은 임의동행의 형식을 빌어 철야수사를 예사로 하고 있으며 자백을 받아내기 위한 가혹행위가 근절되지 않고 있다.[66] 따라서 이러한 자백편중의 위법수사 관행을 불식하고 증거위주의 과학수사를 정착하기 위해서는 검사작성의 피의자신문조서의 경우에 있어서도 증거능력의 인정을 위한 요건을 현행법보다 엄격하게 하여 "공판준비 또는 공판기일에 그 피의자였던 피고인이나 변호인이 그 내용을 인정할 때에 한하여 증거로 할 수 있도록" 개정하는 것이 바람직하다.[67]

Ⅳ. 결 어

이미 고찰한 바와 같이 우리 헌법은 형사절차상의 인권보장을 위해 비교적 완벽한 법제를 가지고 있음에도 불구하고 실무현실에 있어서는 이러한 헌법정신에 합당한

참여권은 규정이 없으며, 대검지침에 따라 수사에 지장을 주지 않는 범위에서 허용되고 있다.

66) 2002년 10월 26일 서울지검 특수조사실에서 조직폭력에 의한 살인사건의 피의자가 철야조사 과정에서 혐의를 완강히 부인하자, 자백을 받아내려는 수사관들로부터 심한 가혹행위가 저질러져 피의자가 사망한 사건이 그 좋은 예의 하나이다. 대검 중수부는 최근 문제가 되고 있는 불법대선자금 관련과 수사에 있어서도 대기업의 회장들을 소환해 공공연하게 밤샘조사를 계속하고 있다(조선일보 2003. 11. 20).

67) 대한변호사협회가 2003. 6. 26. 국회에 제출한 형사소송법개정에 관한 청원에서도 동일한 내용의 주장이 포함되어 있다.

운용과는 괴리가 있음을 부인할 수 없는 실정이다. 이것은 우리의 형사사법관행이 적법절차의 이념보다도 실체적 진실주의의 이념이 과도하게 전면에 부상하여 규문적 수사관에 입각한 수사의 편의나 재판의 원활한 진행을 우선적으로 고려하는 입장에서 운용되어왔기 때문이다. 피의자신문의 법적 성질이 피의자의 임의의 진술을 듣는 임의수사에 불과함에도 범죄혐의자를 외부와의 접촉을 일체 차단한 채 자백획득을 위한 수단으로서의 밀실수사의 관행적 악습은 개선의 기미를 보이지 않고 있으며, 인신구속에 사전형벌기능을 부여함으로써 범죄혐의와 유죄판결의 차이를 망각하고 있다. 실제에 있어 강력사건이 발생하고 범인이 누구인지 모르는 상황에서 수사기관은 범인검거에 모든 수사력을 집중하며, 그 과정에서 용의선상에 오른 혐의자는 참을 수 없는 곤욕을 치르기 마련이고 이러한 인권의 침해는 용의자란 혐의 때문에 인권의 사각지대에서 용인되고 있다.

따라서 전근대적인 규문주의의 잔재를 청산하고 헌법의 이념에 충실한 문명국가의 형사절차의 실현을 위해서는 긴급체포의 남용에 대한 통제로서의 영장주의의 관철, 체포전치주의의 도입, 필요적 구속영장실질심사제도의 도입, 영장실질심사단계에서의 보석제도의 채택, 수사절차에 있어서의 국선변호인의 제도의 확대, 변호인의 도움을 받을 권리 그리고 진술거부권의 실질적 보장을 위한 변호인의 피의자신문참여권의 인정, 자백편중의 위법수사관행을 불식하고 증거위주의 과학수사를 정착하기 위해 검사작성의 피의자신문조서에 대한 증거능력의 제한 등의 형사절차의 보완이 요구되어진다.

■ 저자소개 ■

- 著者略歷 - 이재석

- 영남대학교 법학과 졸업
- 경북대학교 대학원(법학박사)
- 안동대학교 법학과 조교수
- 대구대학교 법과대학장
- Ohio University 교환교수
- 현재 대구대학교 법과대학 교수

- 저작물
  - ·인과관계와 객관적 귀속(박사학위논문)
  - ·의료과오와 형사책임(대구대학교 출판부, 2002)
  - ·형사법연구(대구대학교 출판부, 2003)
  - ·보안처분에 관한 연구, 정당방위와 면책적 긴급피난 등 다수의 논문

형 법 판 례 연 구

1판 1쇄 / 2006년 2월 28일
1판 2쇄 / 2008년 1월 30일
저 자 / 이 재 석
발 행 인 / 이 용 두
등 록 / 경산 제11호
발 행 처 / 대구대학교출판부
주 소 / 경북 경산시 진량읍 내리리 15번지
전 화 / (053) 850-5661~5664
팩 스 / (053) 850-5669
인 쇄 처 / 남경기획
정 가 / 20,000원
ISBN 89-7794-364-7-93360